KB178701

방법 · 은유 · 기획의 사상사

최 재 목 지음

지식과교양

머리말

연구를 한다는 것은 어떤 주제에 대해 깊게, 넓게, 또는 낯설게 바라보고 생각하는 일이다. 그러다가 가끔 착시, 착각도 일어나지만 그것도 연구의 한 표현법이라 말하고 싶다.

요즘은 덜 하지만 한 때 우리 사회에서는 지독하게도 '전공'-'전문 분야'를 따지던 때가 있었다. 이렇게 따지는 일은 경계를 명확히 하고, 영역을 나누며, 타자의 근접을 경계하면서 자신의 안전지대를 의식적-의도적으로 확보하려는 전략에 해당한다. 나이를 따지고, 학번을 따지고, 선후배를 따지는 일처럼 '전공'-'전문 분야'를 따지는 것은 좀 유치하지만 아직도 완전히 극복된 것은 아니다. 다행히 이런 분위기가 좀 바뀐 것이, 학간(學間)·학제(學際)란 말에서 알 수 있는 것처럼, 각 영역들의 '사이[間]'-'어울림[際]'과 같은 융·복합 연구 분위기의 등장 때문이다. 그만큼 사회가 달라졌다는 말도 되지만 한편으로는 한층 복잡해진 사회현상을 학문이라는 프레임 속에서 담아내야 함을 의미한다.

나는 일찍부터 이런 저런 방면으로 헤매고 다니며 연구를 해왔다. 문제의 관심 영역이 그만큼 넓었다는 말이다. 오지랖이 넓다는 말이

다. '한 분야에만 집중하지 왜그래' 라고 한다면 할 말이 없지만, 나의
연구 성향이 그러니 어쩔 수 없었다. 사정이 이렇다 보니 그간 진행해
온 연구들을 특정 주제로 묶을 수도 없었다. 다초점 렌즈를 끼고 연구
를 해오고 있었던 셈이다.

10여년 사이에도 다채로운 연구 집합들이 나타났고, 안타깝게도 특
정 주제로 묶는 식의 단행본은 불가능했다.

우선 이 책에서 묶은 것은 다음의 네 영역들이다.

Ⅰ. 은유와 기억과 기획
　　1. 韓國思想의 低流와 退溪學 - 朝鮮 儒教의 〈사상 '신체-얼굴'〉
　　　 試論 -
　　2. 退溪思想과 '거울'의 隱喩
　　3. 칼과 방울의 은유 -동아시아사상사에서 남명 조식 읽기 試論-
　　4. '어둠(蒙)'에서 '빛(光)'으로의 기획 -『擊蒙要訣』의「革舊習」
　　　 章 ·「持身」章을 중심으로 -
　　5. 농암(籠巖) 김주(金澍)에 대한 '기억' 형성의 인문적 성찰
Ⅱ. 독도와 일본, 성찰과 제언
　　6. 독도 연구에 대한 성찰과 제언
　　7. 울릉도에서 獨島가 보이는 조건 '風日淸明'의 해석
　　8. 韓國에서 '日流'의 現狀 - 특히 일류 붐의 '한계'와 그 극복방안
　　　 논의를 중심으로 -
Ⅲ. 신체와 환경과 고향
　　9. 환경의 관점에서 읽는 중국 고대 사상 試論

위에서 보듯이 생소한 주제들이 섞여 있는데 철학, 인문학, 넓게는 문화를 다루는 사람으로서, 관심 있는 영역들을 질주해 본 셈이다.

음악 용어로 표현한다면 일종의 '폴리포니'라고 할 것이다. 서로 다르면서 화음을 이루고 있다고 본다. 그래서 위의 내용들을 묶는 주제로 이 책의 제목을 나는 '방법 · 은유 · 기획의 사상사'로 정했다. 그것은 사상사 혹은 문화사 '속에서 보여지는' 은유와 방법과 기획이기도 하지만, '연구자 자신의 안목 내에서 보여지는' 그것이기도 하다.

다소의 혼란 속에서 주제의 상상력을 느끼거나, 개념들의 인지적 유동성이 보여주는 스릴도 함께 느낄 수 있었으면 좋겠다.

상업성이 없는 이 책을 출판해준 〈지식과교양〉에 감사드린다.

2017년 11월 6일
대구 시지동 목이재에서
최재목 쓰다

6

차례

방법 · 은유 · 기획의 사상사

01/ 韓國思想의 低流와 退溪學
- 朝鮮 儒敎의 〈사상 '신체-얼굴'〉試論 -

1. 서언-한국 전통사상의 저류와 퇴계학이라는 문제-

한국 성리학(性理學)의 핵심은 퇴계(退溪) 이황(李滉. 1501-1570)을 통해서 거의 완성되었다 하여도 과언이 아니다. 퇴계사상의 근저에는 한편으로는 중국 송(宋)·원(元)·명(明)의 성리학(性理學)이 깔려 있고, 다른 한편으로 한국 전통사상이 저류하고 있다.

논의에 들어가기 전에 전통사상과 퇴계사상이 어떻게 관련되는지 거시적으로 정리해두기로 한다.[1]

---

1) 이에 대한 기본 발상과 논의는 다음 논고를 참고하여 요약, 기술하였다.
 • 최재목, 「咸錫憲과 陽明學」, 『양명학』32, (한국양명학회, 2012.8)
 • 최재목, 「탄허의 철학사상에 보이는 '會通'적 사유의 근저-예언, 민족주의, 신비주의 '풍류도적 방법'에 대해-」, (대발해동양학한국학연구원 한국불교사연구소, 2013.6)
 • 최재목, 「聖人을 꿈꾼 조선시대 여성철학자 張桂香 -한국 '敬' 사상의 여 성적 실

첫째로, 하늘 섬김(敬天)의 사상적 전통이다. 이 전통은 한국의 고대(新羅, 花郎道, 風流)에서부터 퇴계에 이르고 영남학파(嶺南學派)를 거쳐 동학(東學)과 근대기 시인 윤동주(尹東柱)에까지도 계승된다. 이 경천의 전통은 퇴계의 '이(理)' 이해를 '활동-작용'적인 것으로 하게 만들며, 그의 사상에 '경(敬)'이 부각되는 주요 요인이기도 하다.

둘째로, 천인무간(天人無間)의 사상적 전통이다. 천인무간이란 하늘(天)과 사람(人) 사이는 '지적(知的) · 논리적'인 통합의 노력이 없이도 '자명하게' '원래' 간극이 없이(無間) '하나(一元)'라는 사상이다.[2] 이것은 중국적인 천인합일(天人合一) 사상과 다른 성격을 갖는다. 중국적인 천인합일에서는 인간(人)과 하늘(天) 사이를 통합(合一)하려는 '지적(知的) · 논리적' 긴장이 보인다. 그러나 한국 성리학에서는 중국적인 통합(=合一)의 긴장감이 사라지고 근원적인 '하나'(一元)의 열정과 지향성이 보인다. 이것은 조선성리학, 퇴계 사상에서도 드러난다.

셋째로, 통(通)의 사상적 전통이다. 통은 소통, 달통, 회통이란 말에서 보듯이, 가로로 세로로 모두 통한다는 횡설수설(橫說竪說) · 종횡무진(縱橫無盡)의 뜻을 지니며, 흩어진 개개사물들을 연결하고, 모으고, 껴안고, 기르고, 키워주는 역할을 한다. 이 정신은 '무애(無碍)', 포함삼교(包含三敎), 접화군생(接化群生) 등에서 보이며, 강력한 통일과 통합, 즉 하나됨을 지향하는 다이내믹한 힘을 드러낸다. 특히 '통(通)' 정신은 우리나라 사상사에서 특징을 드러내는 '집약'의 사유로

천에 대한 한 試論-」, 『양명학』37, (한국양명학회, 2014.4)

2) 이에 대한 논의는 이기동, 「麗末 · 鮮初期 '天人無間'의 一元的 人間觀」, 『동양삼국의 주자학』, 정용선 옮김, (성균관대학교출판부, 2003), 197-217쪽의 논의를 참조.

이어진다. 그리고 '통'의 정신은 '회통적' 인간을 지향한다. 이런 인간
상은 사방팔방으로 '통'하는 인간 즉 '툭 트인' 인간이다. 이렇게 '툭 트
인' 인간은 단순히 '아는 것'(知), '지키는 것'(保)과는 차원이 다르다.
다시 말해서, 『삼일신고(三一神誥)』에서 「으뜸 밝은이를 '통'이라 하
고, 중간 밝은이로 '지(知)'라고 하고, 아래 밝은이로 '보(保)'라고 한
다(上哲通, 中哲知, 下哲保)」[3]고 하듯이, '통'은 상철(上哲)로 간주된
다. 한국 철학사상가들 가운데서 내로라하는 개성 있는 사람들은 대
체로 '통'을 지향하였다. 원효(元曉, 617-686), 수운(水雲) 최제우(崔
濟愚, 1824-1864), 범부(凡父) 김정설(金鼎卨, 1897-1966), 다석(多
夕) 유영모(柳永模. 1890-1981), 탄허(吞虛, 1913-1983), 함석헌(咸
錫憲, 1901-1989) 등에서 보여지는 지식체계의 특징이 그렇다. 이것
은 최치원의 「난랑비서(鸞郞碑序)」에 제시된 '포함삼교'(包含三敎)적
방법론의 전개라 하겠다. 포함삼교의 방법이 펼쳐지면 '횡설수설'(橫
說竪說)과 '무애'(無碍)의 사상이 되고, 접히면 '집약'의 사상이 된다.
집약은 다시 「도설(圖說), 종요(宗要), 절요(節要), 집요(輯要)」의 형
태로 나타난다. 예컨대 원효(元曉. 617-686)가 많은 불경 연구를 『화
엄경종요(華嚴經宗要)』·『열반경종요(涅槃經宗要)』등등의 '종요(宗
要)' 형태로 제시하였고, 의상(義湘. 625~702) 또한 『화엄일승법계도
(華嚴一乘法界圖)』를 그려서 화엄(華嚴)의 광대한 세계를 7언 30구
210자로 집약시켰다. 유학 방면에서는 일찍이 양촌(陽村) 권근(權近.
1352~1409)이 『입학도설(入學圖說)』에서 '도설(圖說)'의 형식을, 율

---

3) 『三一神誥』: 人物同受三眞, 曰性命精, 人全之物偏之, 眞性無善惡, 上哲通, 眞命無淸
　濁, 中哲知, 眞精無厚薄, 下哲保.

곡(栗谷) 이이(李珥, 1536~1584)는 『성학집요(聖學輯要)』편찬에서 '집요(輯要)'의 형식을, 그리고 정조(正祖) 때는 고전 편찬에서 '백선(百選)'의 형식을 활발히 활용한 바 있다. 퇴계는 『주자서절요(朱子書節要)』의 편찬에서 '절요(節要)'의 형식을, 아울러 『성학십도』에서는 당대의 지식을 열 폭의 도설로 집약하는 형식을 취하고 있다.[4] 이것이 다름 아닌 통(通) 사상이 피워낸 지식 편집-설계(디자인)의 성과라고 하겠다. 적어도 한국사상의 저류와 퇴계학의 연관을 고려할 경우 이러한 몇 가지 점들을 간과해서는 안 될 것이다.

아울러 우리가 한국사상사에서 퇴계를 고려할 경우 다음 세 가지를 짚어볼 필요가 있다.

첫째, 중국 성리학적 학지(學知)와 텍스트를 조선적(朝鮮的) 지식의 지평으로 이행시키는데 적지 않은 기여를 한다. 일반적으로 중국의 사상이나 학설 혹은 텍스트가 한국에 전래되어 이해, 정착되기까지 많은 시간과 노력이 필요한데 퇴계에서도 그 뚜렷한 흔적이 보인다. 퇴계와 인연이 깊은 『심경부주(心經附註)』[5]는 - 그 정확한 연대는 알 수 없지만 - 조선에 전래되어 중종18년(1523) 이전 이미 광주(光州)에서 간행되는 바, 퇴계는 성균관에 유학할 때 여관에서 처음으로 『심경부주』를 구입하여 읽었다(23세), 그런데 그 주(註)가 모두 정주(程朱)의 어록(語錄)에서 발췌한 문장들이라 구절조차 떼어 읽기 어려워서 수개월 고심하고 다른 책을 참고하는 등의 숙고 끝[6] 온전

---

4) 금장태, 『『聖學十圖』와 퇴계철학의 구조』, (서울대 출판부, 2003), 3쪽의 각주1) 참조.
5) 송대의 서산(西山) 진덕수(眞德秀. 1178-1235)가 편찬한 『심경(心經)』에다 명대의 정민정(程敏政)이 부주(附註)하여 간행한 것이다.
6) 만일 이해하지 못하는 곳이 있더라도 억지로 알려지지 않고 시간이 지난 뒤 다시

히 이해할 수 있었다고 한다. 우여곡절을 거쳐 『심경부주』는 마침내 퇴계에게 심학의 연원과 마음을 다스리는 방법을 알려주었고, 그 심학은 그를 감동케 하고 분발하게 만들었다. 마침내 『심경부주』는 그에게 신명(神明)이나 엄부(嚴父)같은 존경의 대상이 되었다.[7] 처음에 구절조차 떼어 읽기 어려웠던 『심경부주』가 '신명-엄부'처럼 존숭되기에 이른다는 이야기는 퇴계의 피와 땀으로 이국(異國)의 텍스트와 학지(學知)가 우리의 에토스, 마인드에까지 진입하는 과정을 리얼하게 보여주는 것이다. 둘째, 퇴계는 영남학파-학맥의 계보 즉 '도통(道統)'을 선명하게 제시한 인물이다. 시초(기원)를 이루는 선현들의 이른바 '진리(道)의 계보(족보) 만들기'는 그 이야기를 처음 시작하는 후배를 잘 만나야 한다. 물론 그런 이야기를 시작한 후배도 그 계보 속에 들어가데 될 것이다. 퇴계는 영남 이학(理學)의 시원으로 회재(晦齋) 이언적(李彦迪. 1491-1553)을 처음으로 들게 된다. 만일 없었다면 회재는 영남학파의 시원으로 추도되는 일도 없었을 것이다. 퇴계에 의해 영남학 '기원-시원'의 스토리텔링이 시작된다. 회재는 그가 활동하던 시기에 명성이 널리 알려지지 않았기에, 세상에서 그의 진면목을 제대로 인식하지 못했다. 회재와 함께 10여년간 조정에 있었던 퇴계 역시 생존 시에는 그다지 우러러보지 않았다. 그러나 회재 사후에 그의 서자인 이전인(李全仁)의 부탁으로 행장을 짓게 되며, 그 작업에 앞서 회재의 유저(遺著)와 사적(事蹟)을 보고 난 뒤, 비로소

펼쳐서 마음을 비우고 그 의미를 풀이하여, 마침내 이해하지 못하는 곳이 하나도 없었다고 한다.

7) 이 부분은 최재목, 「李退溪의 陽明學觀에 대하여 - 退溪의 독자적 心學 형성 과정에 대한 一試論 -」, 『퇴계학보』제113집, (퇴계학연구원, 2003.6), 20-21쪽을 참고.

그의 학문의 내용과 규모를 짐작하고 존숭하기에 이른다.[8] 퇴계는 회재의 「행장(行狀)」(=「회재이선생행장(晦齋李先生行狀)」)을 쓰면서 이렇게 언급했다: 「우리 동국(東國)은 고래(古來)로 인현(仁賢)의 덕화(德化)는 입었지만 도학(道學)은 전해오지 않았다. 고려 말에서 조선[本朝]에 이르기까지 호걸(豪傑)의 선비(士)로서 이 도(道)에 뜻을 두기도 하고, 세상에서도 또한 도학자로 붙여진 사람이 없지는 않았다. 그러나 그 당시를 상고해 보면 대부분 (『중용』에서 말하는) 「밝으면 성실하다(明誠)」는 결실을 거두지 못했다. 또한 후세에도 도학의 연원을 밝혀낼 수 없으므로 오늘날까지 눈에 띄지 않는 상태이다. 그런데 우리 회재 선생은 전수(傳受)한 곳이 없는 데도 스스로 이 학문(=道學)에 분발하여, 어두운 가운데서 날이 갈수록 빛나서(闇然日章)[9] 도덕은 행실에 부합하고 두드러진 저술이 나옴으로써 언설이 후세에 전하게 된 분은 우리 조선에서는 찾아봐도 선생 같은 분이 드물 것이다.」[10] 퇴계는 회재 사후에 그를 영남 도학과 사림의 선배로서

---

8) 최영성, 「5. 성리학의 발전과 이론적 체계화」, 『한국유학사상사·2』, (아세아문화사, 1995), 257쪽.
9) 『中庸』의 「君子之道, 闇然而日章」에 따른 것임.
10) 퇴계는 회재의 「行狀」(「晦齋李先生行狀」)을 쓰면서 이렇게 언급했다.
  「우리 동국(東國)은 고래(古來)로 인현(仁賢)의 덕화(德化)는 입었지만 도학(道學)은 전해오지 않았다. 고려 말에서 조선[本朝]에 이르기까지 호걸(豪傑)의 선비(士)로서 이 도(道)에 뜻을 두기도 하고, 세상에서도 또한 도학자로 붙여진 사람이 없지는 않았다. 그러나 그 당시를 상고해 보면 대부분 (『중용』에서 말하는) 「밝으면 성실하다(明誠)」는 결실을 거두지 못했다. 또한 후세에도 도학의 연원을 밝혀낼 수 없으므로 오늘날까지 눈에 띄지 않는 상태이다. 그런데 우리 회재 선생은 전수(傳受)한 곳이 없는 데도 스스로 이 학문(=道學)에 분발하여, 어두운 가운데서 날이 갈수록 빛나서(闇然日章) 도덕은 행실에 부합하고 두드러진 저술이 나옴으로써 언설이 후세에 전하게 된 분은 우리 조선에서는 찾아봐도 선생 같은 분이 드물 것이다.」(李滉, 「晦齋李先生行狀」, 『國譯 晦齋全書』, (黙民回甲記念事業會,

칭송하기 위해 처음으로 '4현'[四賢: ① 한훤당(寒暄堂) 김굉필(金宏弼. 1454~1504), ② 일두(一蠹) 정여창(鄭汝昌. 1450~ 1504), ③ 정암(靜菴) 조광조(趙光祖. 1482~1519), ④ 회재(晦齋) 이언적(李彦迪. 1491~1553)]의 한 사람으로 추대하였다. 이후 회재는 영남학의 시초를 이루게 되며, 영남의 지식 계보가 만들어진다.

셋째, 퇴계는 양촌(陽村) 권근(權近. 1352-1409)의 사상적 작업을 계승하여, 심화시켜가는 형태로 한국사상의 신체-얼굴을 형성하는 역할을 한다. 즉 양촌에게서 처음 성립하는 '직립보행(直立步行)'하는 '신체'와 '얼굴=초상'이 퇴계에 이르러 '지(智)'의 측면을 더욱 강화, 강조하는 형태로 진행된다. 이것은 조선사상의 신체-얼굴이라 부를 만한 하나의 '사건'으로 간주하고 싶다. 다시 말해서 퇴계에게서, '지(智)'가 '인의례(仁義禮)'의 도덕적 능력을 갖춘(藏) 것으로 보는 이른바 '지장(智藏)'설이 형성되는 것이다.[11] '지장'은 '앎(지식)의 씨알을 지닌 두뇌'를 은유한다.

'장(藏)'은 '생장수장(生長收藏)'의 장(藏)이고, 춘하추(春夏秋)를 갖춘 동(冬)이고, 원형리(元亨利)를 갖춘 정(貞)이며, 목화금(木火金)을 갖춘 '수(水)'이다. 퇴계는, 「물[水]이 생기고 양(陽)이 시작되는 것은 감방(坎方)의 상징이라[12]. 구름 되고 비가 되어 널리 만물에 혜택주네. 알맞은 때 어기지 않아야 천도(天道)가 빛난다오.(「북방의 黑龍에

1974), 812쪽.)(번역문은 807쪽을 참고하여 수정하였음.)

11) 일반적으로 '지장'(知藏)이라 하면, 장주(藏主) 즉 대장경 등이 보관된 서고를 관리하거나 선원(禪院)에서 경장(經藏)을 관리하는 사람이나 직책을 말한다. 물론 이 지장(知藏)과 지장(智藏)은 의미가 다르다.

12) 河圖에서 1과 6을 북방에 배치하는데, 1·6은 물을 말하며, 1은 陽이므로 天이 된다. 『周易』卷首 「河圖之圖」참조.

게 지내는 祈雨文」, 『퇴계선생문집』권45)」라는 사고를 가지고, 가뭄 때에 수(水)를 관장하는 북방의 흑룡(黑龍)을 향해 제사를 지냈다.

퇴계의 「천명신도(天命新圖)」에서 알 수 있듯이 하늘과 통하는 인간 두뇌의 정수리 부분에 '수(水)-지(智)-정(貞)-동(冬)-장(藏)'을 명확히 위치시킨다. 이것은 天(=우주)의 '꼭지점'(極)을 인간 내에 영유(領有)하는 것이자 '천인무간(天人無間)'-'인내천(人乃天)'의 논리적, 신체적 근거를 마련하는 것이다. 이것은 다른 말로 하면 사상의 실천적 매뉴얼화이자 한국이라는 시공간에서의 사상적 신체가 '독립(獨立)'하고 '직립보행(直立步行)'하는 것을 의미한다.

이 글에서는 특히 조선 유교에서 성립하는 조선사상의 '신체-얼굴'(이 논문에서는 〈사상의 '신체-얼굴'(Body-Face of Thought in Joseon Neo-Confucianism)〉로 명명하고자 한다) 성립에 대해서 초점을 맞추고 그것이 갖는 사상사적, 문화사적인 의미를 짚어보는 형태로 논의를 진행하고자 한다. 물론 이 논문은 퇴계사상 나아가서는 한국사상을 또 다른 각도에서 조망해보려는 하나의 시론이라 하겠다.

2. 봉인된 한국유교와 퇴계학, 퇴계의 초상화

1) 포복절도 수준으로 평가된 '조선 유교'

조선통감부의 초대 통감이었던 이토 히로부미(伊藤博文, 1841-1909)가 본 한국 유교는 포복절도할 수준, 다시 말해서 당시 최고의 유생들의 지성은 요즘말로 '초딩'(초등학생) 수준으로 평가되고 있었다.[13] 즉 그는, 한국은 고려(高麗) 이전에는 뛰어난 문화를 가지고 있어서 일본이 그것을 수입하거나 영향을 받았지만, 통감부 당시, 근대기 한국은 미개하여 선진국인 일본의 문명으로부터 배워야 한다고 간주하였다. 그에게 반일 유생(儒生)들은 '문명'으로 가는 길을 막는 장애였다. 그래서 그는 망국에 분개하며 구국의 의병을 일으킨 유생들을 '한국을 구하는 방법을 모른다.'고 평했다.

의병의 대표적 존재였던 최익현(崔益鉉) 그리고 그와 함께 일군에 체포되었던 김승민(金升旼)에 대해서 이토는 이렇게 평가한다: 「심산유곡 지역에 거처함으로써 수목과 마주보고 앉아 있는 김승민과 같은 무리는 세계의 대세를 달관하거나 국가를 잘 다스리기 위한 뛰어난 식견을 가질 리가 없다」[14] 「(최익현과 김승민과 같은 유자는) 공맹(孔孟)의 가르침을 우러러 존경하고 사서오경(四書五經)이나 섭렵하고 (중국 고대) 주나라 시대의 정치적 가르침[治敎]이나 씹어대는[咀嚼] 것을 능사로 하여 세상의 변천에 대응할 활동적인 능력이 없는 것이다. …. (이러한 한국의 유자들은) 새롭게 불문(佛門)에 귀의한 스님이 불경을 암송하는 것과 같이 기존의 정해진 텍스트만을 암송하는 데에 머물러 초등학생들이 배우는 정도의 지식에 불과한 것이다.」[15]

아울러 최익현이 죽은 뒤, 그가 대마도 유배시에 쓴 『일기』를 읽은 이토는 「포복절도(抱腹絶倒)하지 않을 수 없다」라고 혹평하고, 「한국 일류 유생(儒生)이 이 수준이니 한국 유생이 고집 세고 사리에 어두우

---

13) 이에 대해서는 최재목, 「이토 히로부미(伊藤博文)의 한국 유교관(儒教觀)」, 『한국과 이토 히로부미』, 이토 유키오 외, (선인, 2009)./崔在穆, 「伊藤博文の韓國儒教觀」, 『伊藤博文と韓國統治』, 伊藤之雄 外, (ミネルヴァ書房, 2009)을 참조.

14) 伊藤博文, 『伊藤博文伝』下卷, 春畝公追頌會, 1940, 728-729쪽.

15) 伊藤博文, 『伊藤博文伝』下卷, 春畝公追頌會, 1940, 730-731쪽.

며[頑冥], 시세(時勢)에 뒤떨어지는[迂遠] 것은 당연하다」라고 술회
하였다.[16]

일본 명치기(明治期)의 국가주의 철학 건립에 기여한 이노우에
테츠지로(井哲上次郎, 1856-1944)의 제자 엔도 류키치(遠藤隆吉,
1874-1946)는, 1903년(명치 36년) 『지나철학사(支那哲學史)』를 증
보하여 출판한 『지나사상발달사(支那思想發達史)』의 권말에 '이퇴계
론(李退溪論)'을 상세히 게재한다. 거기서 퇴계가 새롭게 '발견'되는
동시에 일본 유교에 비해 그(퇴계)에 대해 매우 저급한 평가를 내리는
데 그 내용은 대략 이렇다: 「이퇴계의 사상은 불행하게도 새로운 견해
(新知見)가 없다. 주자의 사상을 거의 전후 모순이 없도록 만들었다.
하지만 그것은 어디까지나 무의식적으로 부지불식간에 진보시킨 것
이었고, 주자학의 결점을 무자각적으로 수정한 것에 머문 수준이다.
그래서 조선 유학은 한사람의 소라이(=오규 소라이/荻生徂徠)도 한
사람의 진사이(=이토 진사이/伊藤仁齋)도 없다.」그리고 다카하시 토
오루(高橋亨, 1878-1967)도 조선유학에서 '당쟁(黨爭)', '주리파·주
기파'의 대립을 발견하는 방식의 편파적 이해를 한다. 결국 조선 유교
는 저급한 주자학사(朱子學史)였거나, 무의미한 당쟁의 반복이었거
나, 일본의 고학파(古學派)인 오규 소라이나 이토 진사이 같은 탁월한
인물을 탄생시키지 못했다는 평가에 그친다. 최근 이런 '봉인되었던
조선 유교' 평가에 대해 일본 내부에서 이의제기와 수정의 움직임이

---

16) 1908년 7월 29일, 경성 일본인클럽(日本人俱樂部)에서 재한(在韓) 신문기자에게
행한 강연(伊藤博文, 「日本は韓國の獨立を認承す」, 小松綠 編, 『伊藤公全集』第二
卷, (昭和出版社, 1928), 460쪽).

적극 일어나고 있는 것은 다행이라 생각된다.[17]

하지만, 타자의 눈으로 부정, 왜곡, 오인된 한국 유교가 그들 스스로에 의해 그동안 봉인되었던 몸을 풀어헤치고 새로운 지평을 여는 동안 우리는 우리의 내부에 갇힌 조선 유교에 대한 부정적 시선을 온전히 걷어치워 왔는가라는 성찰이 필요한 부분이다. 사실 우리 학계에서도 퇴계 평가가 부정적이었던 적이 있다. 예컨대 이기영은 원효 이야기를 하는 가운데, 퇴계를 「주자의 꼬봉[18]이자, 충실한 주구였」다고 평가[19]한 적이 있다. 퇴계가 주자의 부림만을 받은 이학(理學)의 추종자란 말이다. 이런 경우가 80년대 이전의 평가를 대변한다고 하겠다.

---

17) 이에 대한 것은 井上厚史, 「封印された朝鮮儒教」, 『現代思想 · 3 (〈特輯: いまなぜ儒教か〉』, (青土社, 2014), 118-124쪽 참조.

18) 꼬봉이란 일본어로 '오야붕(親分 · 보스)에 대한 '꼬붕'(子分 · 계보원)으로, '신하나 부하'를 말하며, 주구(走狗, 注口, 誅求)란 '그릇에 따로 내민 부리'로 '남의 시킴을 받고 그 사람이 시키는 대로 행동하고 따르는 사람을 비유적으로 이르는 말'.

19) 이기영은 이렇게 말했다. 「사상의 깊이로 봐서 진짜 자랑할만한 사람은 원효대사죠. 의상대사를 자랑해도 괜찮아요. 의상대사의 「법성게」(「법계도」)(인용자 수정) 이런 작품은 세계 어디에도 없습니다. 그런 자랑할만한 사람이 그래도 신라 때 몇 사람 있어서 다행입니다. 그럼 유교에서 누가 나왔나요? 이퇴계가 있는데, 이퇴계는 완전히 주자의 꼬봉이자, 충실한 주구였죠. 국학이라고 하는 것에 대해서도 지금 거부감이 있는데, 세계적으로 인정받을 수 있는 타당성을 가진 학문을 만들어야죠. 그런 의미에서 율곡선생이 몇 갑절 낫습니다. 또 서화담이 거의 되다가 말았지만, 그 사람도 아주 멋있는 사람입니다.」(이기영, 『열반종요강의』, (서울: 한국불교연구원, 2005), 93-94쪽. 참고로 이기영의 『열반종요강의』는 1993년 9월부터 12월에 걸쳐서 이루어진 녹음을 풀어서 정리한 것). 인용 가운데 '국학' 운운 하는 등의 풍조는 70년대 이후 80년대에 걸쳐 이루어진 한국의 분위기를 담고 있다. 이러한 논의의 배후에는, 「연세대학교 국학연구원」이 1977년 5월 14일에 설립되었고, 안동의 「한국국학진흥원」이 1995년 12월 법인 설립 허가를 받아 1996년 11월 제1회 한국학 대회를 열었으며, 2001년 10월 세계유교문화축제의 개막과 병행하여 공식적으로 개원한 것처럼 국내의 '국학'이 제도화되어가는 흐름을 볼 수 있다.(최재목, 「退溪象의 두(修己的-治人的) 系譜 탄생에 대한 고찰」, 『유학연구』27, (충남대학교 유학연구소, 2012.12), 각주 11을 재인용)

2) 퇴계 초상으로 본 종래 퇴계 이해의 굴곡

蕙山 劉淑(1827~1873) 임모(퇴계의 眞影 - 원본은 알 수 없지만 -을 그대로 베낀 것). 19세기 작품.
[그림 1] 李元基 所藏「退溪先生眞影」

최근 발견된 퇴계 초상[혜산 유숙 ((1827-1873) 臨模: 퇴계가 세상을 떠난 지 300여년 뒤의 모작]을 보면 온후함과 선비의 강직함을 동시에 볼 수 있다.[20]

이 초상에서, 「선생은 이마가 모가 나고 풍부하게 넓어서, 송재(松齋, 삼촌)께서는 이를 기이하게 여기고 사랑하여, 평상시에 부르시기를, 「광상(廣顙: 넓은 이마)」이라 하시고 이름을 부르지 아니 하셨다(先生, 額角豊廣, 松齋奇愛之, 常呼曰, 廣顙, 而不名焉」(李安道, 『退溪先生言行錄』)는 말과 기고봉(奇高峰)이 『선생은 기품이 영오하고 천자가 독실하였다(先生氣稟穎悟, 天資篤實)』는 내용에 근접하는 것이다.[21]

아울러 이 초상은 현재 천원권 지폐에서 보이는 병약함, 유순함, 노

---

20) 이 초상은 최근 진성이씨대종회의 종보(宗報)『열화(悅話)』제20호(안동: 진성이씨 대종회, 2005)에, 진성 이씨 23세손인 이건환(李鍵煥)씨가 이원기(李元基) 소장「퇴계선생진영(退溪先生眞影)」(蕙山 劉淑 臨模)을 소개, 해설을 한 것이다. '임모(臨模)'란, 본을 두고 그것을 그대로 옮겨 그린 것을 말하니, 이 초상은 전해 오는 퇴계의 진영(眞影)을 그대로 베낀 것으로 퇴계가 세상을 떠난 지 300여년 뒤의 모작에 해당한다.[최재목, 「退溪象의 두(修己的-治人的) 系譜 탄생에 대한 고찰」, 『유학연구』27, (충남대학교 유학연구소, 2012.12) 참조.]
21) 李鍵煥, 『悅話』20호, (安東: 眞城李氏大宗會, 2005)

인-원로의 이미지와도 다르며, 아울러 일제강점기와 해방 이후 이승
만 정권기에 나온 청년 혹은 무인적인 강인함의 이미지의 초상화와도
다르다.[아래 〈그림2〉 참조][22)

1 1974년, 「退溪 李滉先生 影幀」. 玄艸 李惟台(1916-1999) 화백이 그린 표준 영정. 박정희
유신정권기의 퇴계에 대한 이미지를 반영
2 1949년, 〈李滉(退溪)文純公明宗時學者〉像 '단기4282년(=1949년) 10월 30일', 서울: '大
韓印刷公社' 제작 '五千年間創業王帝王偉人義士' 속. 1950년대 퇴계에 대한 이미지를 반영.
이 초상은 쿠도 타케키(工藤武城) 所藏, 1934년의 것(우측)을 모방한 것임.
3 1934년, 「李退溪先生之肖像」京城婦人科病院長 工藤武城 所藏 『日本の敎育精神と李退
溪 附李栗谷の擊蒙要訣と時事』(京城府: 朝鮮事情協會出版部, 1934년9월18일 刊)에 실림.
1940년대 일제강점기의 퇴계에 대한 이미지를 반영
[그림 2] 퇴계상의 시대별 변천

즉 이마가 각이 져서 반듯하고, 도톰하고, 넓다. 노년의 모습이라 얼
굴이 주름져 있긴 하나 길게 늘어진 수염과 생생하게 살아 있으며 빛

---

22) 최재목, 「退溪象의 두(修己的-治人的) 系譜 탄생에 대한 고찰」, 『유학연구』27,
(충남대학교 유학연구소, 2012.12) 참조. 이하 이에 관련된 내용 및 도판은 같은
논문을 참조.

을 발하는 듯한 眼光은 선비의 풍채와 위엄을 느낄 수가 있다.[23] 아울
러 아래의 『퇴계선생언행록』에 나오는 내용을 충분히 실감할 수 있다.

> 무진년(1568) 7월 18일에 일찍이 출발하여 서울로 들어가는 길에
> 광진(廣津)에 이르러서 마침 큰 비바람을 만났다. 파도가 용솟음쳐서
> 배가 거의 뒤집힐 지경이었으므로, 배 안의 사람들이 놀라서 어쩔 줄
> 몰라 하였으나, 선생은 신색(神色)이 아무런 동요가 없었다.(『퇴계선생
> 언행록』)

> 내(禹性傳)가 오랫동안 안동에 있었는데, 그때 보니, 부중(府中)에
> 사는 사람들은 비록 비천한 자라도 반드시 '퇴계선생'이라 일컬으면서
> 마음으로 존경하고 받들고, 공경하여 우러러 사모하였다. 시골 사람들
> 은 비록 선생의 문하에 출입하는 자가 아니라도 역시 외모(악행을 두려
> 위하고 선행을 원함)을 알아서 감히 행동거지를 함부로 하지 아니하였
> 다. 혹시 의롭지 않은 잘못을 저지르기라도 하면 퇴계선생이 알까봐 두
> 려워하였다. 그분의 교화가 사람들에게 미침이 이와 같았다.(『퇴계선
> 생언행록』)

그런데, 지금까지 필자가 살펴온 퇴계의 초상은 3점이 더 있다. 그
에 관련된 퇴계학 연구 흐름과 우리사회의 분위기를 요약하면 아래와
같다.[24] 즉, 근대 전후로 우리 사회에서 이해하여 온 퇴계에는 치인적

---

23) 최재목, 「退溪像의 변모」, 『退溪學報』130집, (퇴계학연구원, 2011.12), 210-212쪽
참조.
24) 최재목, 「退溪象의 두(修己的-治人的) 系譜 탄생에 대한 고찰」, 『유학연구』27,
(충남대학교 유학연구소, 2012.12)을 참조.

(治人的) 면모(→ '이학(理學) 지향적 면모')와 수기적(修己的) 면모
(→ '심학(心學) 지향적 면모')의 두 방향이 있었다. 이러한 퇴계의 원
형적 두 이미지는 근대 이후에 두 가지로 분화된다. 우선, 퇴계를 국가
의 질서 건립, 국가의 재건·부흥, 자국에 대항하는 타자(외세와 이데
올로기)에 대항하기 위한 목적으로 활용하고자 외면적 '이학적(理學
的)' 측면을 부각하려 할 때는 강한, 엄정한, 청년적 이미지가 요구되었
다. 이것은 외향적-치인적 이미지(대외용에 무게)로서, 일제강점기 및
해방 직후 이승만 정권기(건국후의 남북한 대립기)의 퇴계 초상에 읽
어낼 수 있는 것이다. 다음으로 퇴계를 국가 내의 지역적, 계층적, 정치
적 분열을 지양하는 의미에서 화합과 초당적 대동단결에 활용하고자
내면적 '심학적(心學的)' 측면을 강조할 때에는 온화함, 유순함, 노인-
원로의 이미지를 앞세우기 마련이다. 이것은 내향적-수기적 이미지
(대내용에 무게)다. 이것은 남한 체제의 공고화 및 남한의 국론 분열과
당파적 대립을 배경으로 한 박정희 정권기의 퇴계 초상에서 읽어낼 수
있는 것이다. 이러한 두 가지 퇴계 독법은 퇴계의 초상화에 잘 드러나
있으며 우리가 요구했던 퇴계의 사상적 신체-얼굴이었다고 하겠다.

3. 한국 사상의 '신체-얼굴' 찾기 시론

1) 얼굴, '인간' 자신의 발견과 표현

인간에게는 신체가 있다. 추상적인 것 혹은 유기적인 것을 신체에
은유하면 이해가 쉽다. 고대 인도에서도 인간의 계층구조를 신체론으

로 설명한다. 『리그베다』(10, 90)에서는 천 개의 머리, 천 개의 눈, 천 개의 발을 가진 푸루사(Puruṣa. 原人)의 입이 브라흐만(사제), 두 팔은 크샤트리아(왕족), 두 다리로는 바이샤(평민), 두 발은 수드라(노예)로 되었다가 태어났다고 한다. 그리고 고대 희랍의 플라톤도 『국가론』에서 사주덕(四主德)을, 지혜-이성을 머리, 용기-기개를 가슴(심장), 절제-욕망을 배 · 사지처럼, 신체에 비유한 바 있다.[25]

그런데 우리가 누군가를 떠올릴 때 '신체' 가운데서도 제일 먼저 '얼굴'을 떠올린다. 「동그라미 그리려다 무심코 그린 얼굴. 풀잎에 연 이슬처럼 빛나던 눈동자. 동그랗게동그랗게 맴돌다 가는 얼굴」이란 노래처럼, 인간의 「모든 것은 얼굴에 있다」(키케로). 「우리의 마음은 나비가 꽃을 찾듯이 얼굴을 찾는다. 얼굴은 우리에게 값을 매길 수 없을 만큼 소중한 정보를 제공하기 때문이다.」[26]. 그래서 인간이 있는 한 어디에서건 '얼굴'을 찾아내려고 한다. 얼굴은 한 인간의 신체를 대표하

---

25) 『리그베다』(10, 90)의 내용을 정리하면 다음과 같다.

[표 1] 리그베다의 신체론와 사회구조

창조자	신체	계층
푸루사(Puruṣa. 原人)	입	브라흐만(사제)
	두 팔	크샤트리아(왕족)
	두 다리	바이샤(평민)
	두 발	수드라(노예)

아울러 플라톤(Platon)의 사주덕(四主德)과 신체-사회구조를 정리하면 다음과 같다.

[표 2] 플라톤의 사주덕과 신체

신체부위	영혼	사주덕(四主德)		사회구조
머리	이성(理性)	지혜(智慧)		통치계급(철인왕)
가슴(심장)	기개(氣槪)	용기(勇氣)	정의(正義)	무사계급(군인)
배와 사지	욕망(欲望)	절제(節制)		생산계급(서민)

26) 대니얼 맥닐, 『얼굴(THEFACE)』, 안정희 역, (사이언스북스, 2003) 참조.

며, 그 사람의 덕성, 내면, 가치를 표상한다. 얼굴은 인간의 중심이며
곧 인격(人格)이다.

그런데, 인간의 얼굴은 인간의 수만큼 많다. 아니 한 인간의 얼굴은
여러 모습을 갖듯이, 사람의 수보다 많을 수도 있다. 어떤 이들은 너무
도 자주 차례차례 얼굴을 바꾸어 닳기도 한다. 릴케는『말테의 수기』
에서 그렇게 말한다.[27] 이렇게 온 몸의 의미를 얼굴이 집약 · 응축하고
대변한다면, 거꾸로 몽테뉴의『에세』에서처럼 온 몸이 얼굴을 대변한
다고도 볼 수도 있겠다.[28] 어쨌든 얼굴을 통해서 인간은 발견되고 또
표현된다.

---

27) 즉, 「이 세상에 얼마나 많은 얼굴들이 있는가를 한 번도 의식한 적이 없었다. 엄청
나게 많은 인간들이 살고 있지만, 얼굴들은 그것보다 훨씬 더 많다. 누구나가 여러
가지의 얼굴을 가지고 있기 때문이다. 여러 해 동안 같은 얼굴을 하고 있는 사람
도 있지만, 물론 그 얼굴은 닳고 더러워지고 주름이 잡혀, 여행 중에 끼고 이던 장
갑처럼 늘어나 버린다. 그들은 검소하고 단순한 사람들이어서 얼굴을 바꾸지 않
고, 닦는 일조차 한 번 없다. 그들은 이것으로 충분하다고 주장하는데 누가 그들
에게 그렇지 않다고 입증해 보일 수 있겠는가? 그런데 사람들은 여러 개의 얼굴을
지니고 있기 때문에 그것으로 무엇을 하는지에 대해 당연히 의문이 생긴다. 그들
은 그것을 보관해준다, 자식들이 그 얼굴들을 쓰고 다니기를 원하기 때문이다. 그
러나 그들이 기르는 개가 그 얼굴을 쓰고 밖으로 나가는 경우도 있을 거다. 어째서
안 된단 말인가? 얼굴은 얼굴인데. 어떤 이들은 너무도 자주 차례차례 얼굴을 바
꾸어 닳기도 한다. 처음에는 그 얼굴을 늘 그대로 간직할 것 같지만, 40세도 될까
말까 해서 마지막 얼굴을 가지게 된다. 물론 그것은 얼굴의 비극이다. 그들은 얼굴
을 소중하게 여기는데 익숙하지 못하여, 8일 만에 마지막 얼굴에는 구멍이 뚫리
고, 여기저기가 종이처럼 얇아져서는 차츰 얼굴이 아닌 바닥이 드러난다. 그래서
얼굴 아닌 얼굴을 쓰고 돌아다닌다.」(마리아라이너 릴케,『말테의 수기』, (민음사,
2013), 12-13쪽)

28) 몽테뉴,『에세』에서는 이렇게 말한다 : "우리나라(=프랑스) 거지가 한겨울에 셔츠
한 장으로 지내는데도, 귀까지 담비(貂초)의 모피로 휘감고 있는 사람과 같이 건
강해 보였다. 어떤 사람이 거지에게 물었다. "어떻게 그렇게 견딜 수 있는가?" 그
거지가 말했다. "이 양반아, 얼굴은 내놓는 법이야. 나는 전신이 얼굴이거든."(鷲田
淸一,『顔の現象學』, (講談社, 2013), 18쪽에서 재인용. 내용은 약간 수정하였음)

2) 한국 사상사에서 〈사상 '신체–얼굴'〉 – 신라의 경우

종래의 연구에서 크게 주목하지 못했지만 우리 사상사에서도 얼굴을 보여주려는 노력을 읽어낼 수 있다. 신체–얼굴은 그 시대를 살던 사람들의 존재 '장소' 즉 시공간의 구체적 표상이지 지시체이다. 한국적 얼굴은 한국이란 장소의 스토리텔링이다.

예컨대 신라시대의 불상 등을 통해서 신라인들의 초상을 보기로 하자. 신라시대의 불상 및 와당은 신라인의 모습을 닮은 모습이며, 그들이 살던 시공간을 응축하고 있어 신라인들이 사유한 내용을 닮은 〈사상 '신체–얼굴'〉이라 할 수 있다.

1 慶州南山 佛谷 石佛坐像. 보물198호. 일명 '할매부처'
2 8세기말 통일신라 대형마애불상. 경주 남산 열암곡에서, 2007년 5월 발굴 조사 시 발견
3 경주 영묘사 출토 와당의 안면 무늬. 일명 「천년의 미소」
[그림 3] 신라시대의 불상 및 얼굴 이미지

얼굴, 몸은 그들의 경험이 이루어진 '장소'이자 '象'이다. 그 장소에는 그때 그 장소에서 살던 사람들의 '경험과 상상', '관찰과 해석', '대화와 스토리텔링'이 있다. 당연히 그 시대 사람들은 당시의 특별한 지각 공간을 갖는다. 다시 말하면, 「특별한 만남과 경험을 통해 지각 공간은 여러 장소, 혹은 사적인 특별한 의미 중심으로 다양하게 분화된다. … 장소란 곧 본질적으로 그 지역에 사는 사람들이고, 장소의 외관이나 경관은 상대적으로 덜 중요한 배경에 지나지 않는다는 일반적인 관점…」[29)]인 것이다. 결국 중심이 되는 신체, 얼굴의 상(초상)이 본질-중심이고, 그 외관이나 풍경은 배경-주변이 된다.

이에 관련된 예를 석굴암의 불상을 통해서 좀 더 살펴보자. 여기에 신라인들의 이상적 얼굴이 잘 드러나 있다고 본다. 그것은 전통적인 동양의 전통적인 천원지방(天圓地方) 사상을 바탕으로 부처의 얼굴을 드러낸다.(아래 참조[30)]) 불상은 중심이고, 그 외관-풍경은 배경-주변이 된다. 그렇다면 천원지방의 원리는 불상(=주연)을 부각시키기 위한 배경-주변(=조연)으로 깔린다.

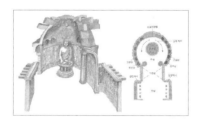

[그림 4] 동양의 전통적인 천원지방(天圓地方) 사상을 바탕으로 한 석굴암의 불상

물론 보기에 따라서는 여러 가지 얼굴이 있었다. 예컨대 일제 강점기 일본 지식인들에게는 일본의 고도 나라(奈良) 문화의 '어머니' 얼

---

29) 에드워드 렐프, 『장소와 장소 상실』(김기완, 「묵연 속에 지은 집, 이국의 벗을 향한 그리움」, 『감성사회』, (글항아리, 2014), 229쪽에서 재인용)
30) 도판 출처: 〈네이버〉 이미지.

굴이, 또 하나는 조선의 역사 속에서 '고전적 고대'라는 면에서 '순조롭게 자란 어린아이'의 얼굴이었다.[31] 그리고 일본의 낭만파 대표논객 야스다 요주로(保田與重朗)는 「경주」 생각(「朝鮮旅行」, 『コギト』, 1933年12月號)에서 나라(奈良)의 육친 '어머니의 나라경주'(母の國慶州)를 이렇게 상상한다.

> 나라(奈良)를 구도(舊都)라고 부르지만, 그러나 폐허라고는 하지 않는다. 동양의 폐허는 경주에 존재한다. 나라의 고대예술을 사랑하는 사람들은 그와 같은 어머니의 나라 경주(母の國慶州)를 찾을 수밖에 없다. 그렇지만 경주에서 내가보고 싶은 것은, 나라의 혈연을 찾는 것이 아니라, 별개의 고대문화의 운명이다. 이러한 별개의 모습을 만들어낸 세계이다. (…) 나는 오히려 여기에서 문화의 하나의 육친(肉親)을 생각하는 것보다, 그 육친 그 자체가 다시금 예전의 고향으로 복귀하는 모습을 여실하게 발견한다. 인간에 의해 발생한 것이 재차 인간을 떠나 돌아가는 모습이다.[32]

조선 문명 속의 '신라'와 유럽문명 속의 '그리스' 사이에 유사성을 상정하여 이명선은 이렇게 말한다.

> 희랍을 '순조롭게 자란아이'라 하고 희랍시대를 소위 '고전적고대'라고 한다면 신라는 조선 중에서 '순조롭게 자란어린아이'였으며 신라시

---

31) 이에 대한 시사 및 자료들은 황종현 엮음, 『신라의 발견』, (동국대학교 출판부, 2008)에서 많은 도움을 얻었음을 밝혀둔다.
32) 保田與重朗, 「朝鮮旅行」, 『コギト』, 1933年12月號(『保田與重朗全集』제16권, (講談社, 1987), 388쪽).

대는 '고전적 고대'에 가까운 시대였다. 신라의 예술을 볼 때 희랍을 연
상하는 것은 결코 우연한 일이 아니다.[33]

파인(巴人) 김동환(金東煥)은 신라의 풍경 전체를 복원하여 그 속
에 신라인들의 살아있는 생활상과 얼굴을 또렷이 부각시키기도 한다.

내발이 慶州山城 첫 문턱에 다다을 때 나는 그 앞버들 강변에서 이
몸을 깨끗이 씻고 머리도 정하게 빗질하고 그러고는 王朝에 勤行하려
가는 千年前 옛선비들 모양으로 紗帶冠帶한 뒤 北向三拜하고 이 도성
으로 들어서려 하나이다. (…) 필연 그러면 장안의 거리에는 때마침 瞻
星臺로 星座보려 오르던 天文博士가 나를 먼저 알아보고 먼 길 行客찾
아온다고 道袍자락 흔들어 반기지 않으리. 그 서슬에 城門지키던 新羅
兵丁이 북을 둥-울리며 南大門을 열어 맞아주지 않을까. 그때에 내 눈
앞에처음으로 비치는 白萬長安의 그 光景! 六曹 앞 큰길에는 水色빛 버
들이 左右에 허리끈모양으로 길게 뻗어져 五月南風에 시름없이 너울거
리는데 그 아래로 經書긴 翰林院 少年 선비들이 말소리 나직하게 老莊
의 哲學과 李杜의 詩篇을 이야기하며 지나고, 한쪽 옆으론 紗羅로 몸을
감은 少女들이 꽃송이 머리에 꽂고 小童들이 보내는 秋波를 半남아 흘
리면서 蓮步를 옮겨놓고 있지않을까. 王宮앞으로는 雁鴨池試演에서 돌
아오는 丞相들인가, 四人轎탄 老人이 鶴羽扇저으며 지내고, 느티나무
아래엔 靑노새가, ■亭에 오른 豪俠花郎을 기다리고 있음인지 혼자 매
여 섰으며, 이러한 사이에도 勤王黨兵丁과 軍官學校學徒들이 씩씩하게
列을 지어 練兵場으로, 奬忠壇으로, 내닫는 모양이 보이리라.[34]

33) 이명선, 『조선문학사』, 조선문학사, 1948, 38-39쪽.
34) 金東煥, 「初夏의 半月城」, 『巴人金東煥全集』2권, (국학자료원, 1995), 393-395쪽.

이처럼 얼굴 혹은 초상은 상상력에 의해서 복원, 호출되고 재발견
된다. 그런 노스탤지어의 이면에는 현재에 대한 위기, 불안, 불확정성
이 있다. 이에 대한 '대안'-'위안'으로서 얼굴이 요청된다. 이 점에서
신라라는 시공간에서 찾은 얼굴은 새로운 사상-문화의 영토의 '발견'
이자 '기원'이 되면서, 동시에 그 '실천 매뉴얼'의 근거가 된다.[35] 조선
총독부는 한국인들의 고대적 집단기억인 신라를 활용하여 내선일체
를 공고히 하기 위해, 경주 토함산 석굴암에다 '동해 햇살 신화' '해마
지' 관광을 확산시킨다. 달-달빛을 스토리텔링으로 삼고 있던 신라-
경주의 역사를 마치 「신라인이 일본해에서 떠오르는 야마토의 태양을
영접하기 위해 석굴암을 세운 듯한」[36] 착각 속으로 유도하고 있는 것
이다. 얼굴은 이미지-기억을 거머쥔 장소이지만 그 이면에는 욕망과
권력이 자리한다.

하나의 상(象)의 탄생은 그 이전과 이후를 가르고, 그 '상'을 디시프
린(discipline)으로 해서, 새로운 프랙티스(practice)를 얻어낸다. 이
것은 하나의 새로운 초상이자 텍스트이다. 그 속에는 자신이 '경험과
상상', '관찰과 해석', '대화와 스토리텔링'이 들어있다.

여기서 하나의 예를 들어보자. 원효는 『대승기신론소(大乘起信論
疏)』에서 '대승(大乘)'의 '승(乘)'을 「승은 비유에 붙인 이름이니 운반
하는 것을 공으로 삼는다(乘是寄喩之稱, 運載爲功)」라 하고서 아래와
같이 당시 신라의 수레에 맞춰 설명한다. 여기서 신라의 '불법의 수레'

---

35) 이에 대한 담론 일부는 김현숙, 「근대 시각문화 속의 석굴암」, 황종현 엮음, 『신라
    의 발견』, (동국대학교 출판부, 2008)을 참조.
36) 성낙주, 『석굴암, 법정에 서다』, (불광출판사, 2014), 49쪽.

한대가 만들어진다.[37] 불법을 수레라는 단순한 '상'으로 형상화해내는
것은 강한 실천을 목표로 한 매뉴얼의 제시이다.

> 승(乘)이란 사섭법(四攝法)에 바르게 머무르는 것으로써 바퀴(輪)
> 를 삼고, 십선업(十善業)을 깨끗이 닦는 것으로 바퀴살(輻)을 삼으며,
> 공덕(功德)의 자량(資糧)을 깨끗이 하는 것으로 속바퀴(轂)를 삼으며,
> 견고하고 순수하고 한결같은 뜻으로 관할(輨轄)과 강섭(釭鍱)을 삼으
> 며, 모든 선의 해탈을 잘 성취하는 것으로 끌채(轅)를 삼으며, 사무량
> (四無量)으로 잘 길들여진 말을 삼으며, 선지식(善知識)으로 수레를 모
> 는 사람(馬夫)으로 삼고, 때와 때가 아닌 것을 아는 것으로 발동(發動)
> 을 삼으며, 무상(無常), 고(苦), 공(空), 무아(無我)의 소리로서 채찍을
> 삼으며, 칠각지(七覺支)의 보배로운 끈으로써 가슴걸이(斬靷)를 삼으
> 며, 오안(五眼)을 맑게 함으로써 말 모는 끈(索帶)을 삼으며, 홍보(弘
> 普), 단직(端直), 대비(大悲)로써 깃발과 깃대를 삼으며, 사정근(四正
> 勤)으로써 바퀴굄목(軔)을 삼으며, 사념처(四念處)로써 평탄하고 곧은
> 길(平直)을 삼으며, 사신족(四神足)으로써 속히 나아가게 하며, 수승한
> 오력으로써 대오를 살피며, 팔성도(八聖道)로써 곧바로 나아가게 하
> 며, 모든 중생에 대한 장애 없는 지혜의 밝음으로써 수레(軒)를 삼으며,
> 주착(住着)함이 없는 육바라밀로써 살반야(薩般若)에 회향(廻向)하며,
> 걸림이 없는 사제(四諦)로써 피안(彼岸)에 건너 이르니 이것이 곧 대승
> 이 된다.[38]

---

37) 원효, 『대승기신론소별기』, 은정희 역, (일지사, 1990), 29-33쪽. 번역은 이에 따른
다.
38) 乘者以正佳四攝法爲輪. 以善淨十善業爲輻. 以淨功德資糧爲轂. 以堅固淳至專意爲
管轄釭攝. 以善成就諸禪解脫爲轅. 以四無量爲善調. 以善知識爲御者. 以知時非時
爲發動. 以無常苦空無我之音爲驅策. 以七覺寶繩爲斬靷. 以淨五眼爲索帶. 以弘普

원효가 제시한 이 수레는 당시 신라 귀족이나 왕실 등에서 사용하던 상식을 동원한 묘사이겠으나, 그것을 불법을 개략화하여 설명하는데 새롭게 영유(領有)하고 있는 점이 새롭다. 이처럼 신라-신라인에 대한 것(=한국적인 것)을 묶어서 하나의 '텍스트'로 변환시켜서 제시하는 것은 신라-신라인(→ 한국, 한국인)의 에토스를 만들고, 자신들의 초상을 만드는 일이다. 그것은 바로 신라인들의 디시프린이고 텍스트이다.[39]

신라인들의 초상(象=像=相=想)이 만들어지면 그 시대를 사는 사람들은 그것을 자신의 얼굴로 내면화-내재화한다. 이 얼굴 내지 몸은 생물학적인, 형이하학적인 몸인 동시에 은유적인 것이다. 즉, 거기에는 보이는 것 너머의 있어야 할 것, 실천적 지침이 될 교훈, 노스탤지어 등을 담는 '정신화된 신체'[40]가 공존한다.

端直大悲爲旋幢. 以四正勤爲靭木輪也. 以四念處爲平直. 以四神足爲速進. 以勝五力爲鑒陣. 以八聖道爲直進. 於一切衆生無障礙慧明爲軒. 以無佳六波羅密廻向薩般若. 以無礙四諦度到彼岸. 是爲大乘.

39) 이에 대한 것은 제임스 클리포드, 「민족지의 알레고리에 관하여」, 제임스 클리포드 · 조지 마커스, 『문화를 쓴다-민족지의 시학과 정치학』, 이기우 역, (한국문화사, 2000)을 참조.

40) 메를로 퐁티(Maurice Merleau-Ponty, 1908~1961)는 『지각의 현상학』중에서 '정신화 된 신체'를 이렇게 말한 바 있다:

"몸이란 우리가 세계를 전유할 수 있게 해주는 일반 매개물이다. 때로 몸은 삶을 유지하는데 필요한 행동에만 한정되기도 하는데, 이 경우 우리는 생물 세계에 둘러싸이게 된다. 다른 경우 이런 일차 행동들과 더불어 세련되게 '즉자적'(卽自的: 그 자체로 있는 것)인 것에서 '비유적인 의미'로 이동함으로써 새로운 핵심적 의미를 분명히 나타내기도 한다. 이는 춤과 같은 몸을 움직이는 습관에서 찾아볼 수 있다. 마지막으로 몸이 가진 생물학적인 수단만으로 그 의미를 이룰 수 없는 때가 있고, 이 경우 몸은 스스로 도구를 만들어야만 한다. 그리하여 몸을 둘러싸고 문화세계가 만들어 지는 것이다. 이 모든 수준에서 몸은 '어느 정도 갱신할 수 있는 행동과 독립적 존재'를 통해 즉시적이고 자연스러운 표현을 주는 똑같은 기능을 수 몸은 문화세계의 새로운 의미를 흡수하고 그 핵심을 동화시켜, 기억하고 습관화시킨다. 다시 말해서 자신 속에 자신을 비춰볼 문화세계를 타자=거울을 마련하여 거기에 자신을 비춰보며 생활해간다. 부끄러움, 죄책감, 경건함, 배려, 측은함 등등의 도덕감정은 여기서 흘러나온다. 내 안에 존재하는, 내재화된 타자는 '익명적인 사회'이다.[41]

내 속에서 타자, 나아가서는 절대타자나 국가교학의 기본원리의 '소리-지시'를 듣도록 하는 것이 시대가 요청하는 신체-얼굴-이미지-象의 발견과 텍스트화이다.

4. 조선 사상사에서 〈사상 '신체-얼굴'〉의 탄생

1) 무에서 유의 임플란트: 배타적, 공격적 디시프린의 창출

고려 말기 수십년 동안에 걸쳐서 교육을 받고 조선 왕조의 건국에 참여한 새로운 엘리트들은 신유학의 문헌에서 자극을 받았다. 그것은 본질적으로 비유교적 환경 속에서 유교 국가를 건설하기 위한 규범을 정해야 한다는 것이었다. 또한 불교적 버전에서 유교적 버전으로 뒤

행한다. 습관은 단지 이 근본적인 힘의 한 형태일 뿐이다. 우리는 몸이 새로운 의미를 흡수하고 그 핵심을 동화시켰을 때 몸이 그것을 기억하고 습관이 되었다고 말한다."(Merleau-Ponty M, Phenomenology of perception, (London: Routledge and Kegan Paul, 1962), p.146.)

41) 김왕배, 「도덕감정: 부채의식과 죄책감의 연대」, 『감성사회』, (글항아리, 2014), 56쪽 참조.

집는, 이른바 도를 전파하는 '전도사'의 일도 떠맡아야 했다.[42] 그 대표적인 작업이 삼봉(三峰) 정도전(鄭道傳. 1342-1398)의 『불씨잡변(佛氏雜辨)』과 양촌(陽村) 권근(權近. 1352-1409)의 『입학도설(入學圖說)』이다.

인연(因緣)- 공(空) 이론을 중심으로 하는 불교 사회에서 일상-인륜 중시의 유교사회로 전환하는데 필수적이었던 것은 바로 '태극(太極)-천리(天理) → 인륜(人倫)'의 불변하는 원리를 근저로 한 '인륜적 도덕 체계'(도덕철학)의 확립[43]이었다. 권근의 『입학도설』의 출현은 '무(無)'(=허무 · 가상세계)에서 '유(有)'(=실제 · 현실세계)를 정초하는 새로운 새로운 사상'신체-얼굴(=초상)'을 건립하는 이른바 새로운 버전의 사상을 '임플란트'하는 작업이었다.

이런 작업은 형식적이고 딱딱한 원리의 실현이 아니다. '연비어약(鳶飛魚躍)'의 우주적 활동과 쾌감에 인사(人事)를 접속시키는 일이다. 솔개는 제 맘껏 훨훨 하늘을 날고, 물고기는 연못에서 푸드득 튀어오르다 떨어지는 타고난 본성을 실현하는 일이다. 생의 약동, 박진감, 스피드, 푸름, 청춘의 회복이다. 새의 펼쳐진 나래처럼, 고기의 퍼덕대는 지느러미 짓처럼, 세상만물은 각기 제 성질대로, 멋대로 자신을 펼치며, 툭 터지고 싶어 한다. 그것이 우주의 이치(=道)다. 천지 만물은 자연의 바탕(본성=바탈[44]=본밑[45])대로 움직여 '절로절로' 생생 약동

---

42) 마르티나 도이힐러, 『한국사회의 유교적 변환』, 이훈상 옮김, (아카넷, 2003), 152쪽 참조.
43) 이에 대한 것은 윤사순, 『조선, 도덕의 성찰』, (돌베개, 2009) 및 문석윤, 『동양적 마음의 탄생』, (글항아리, 2013)을 참조.
44) 함석헌은 明德을 '밝은 바탈'이라고 한다.
45) 정인보는 良知를 '본밑 마음'이라고 한다.

하는 그 즐거움을 얻고 있다. 이러한 원리(=도)는 천지에 가득 차서 출렁댄다. 천지만물 어느 것에나, 이르는 곳마다 모두 다 이런 뜻(의미)이 깃들어 있다.[46] 세상만사가 허무한 것이 아니고, 만사만물에 모두 지극한 도리가 내재해 있다는 철학을 심는 것이 정도전과 권근의 사명이었다. 그것은 불교적 허무에서 인륜을 구출해내는 작업이었다.

　학인들이나 지식인들 스스로가 허무적멸의 불교이론에서 빠져나와 인륜체계의 문을 여는 황금열쇠(=마스터 키)를 안겨주는 일이었다. 마치 정약용이 『주역』 공부를 통해 천문만호(天門萬戶)를 여는 '황금열쇠'를 손에 넣듯이 말이다.

　예컨대, 정약용이 부친의 어깨 너머로 『주역』을 훔쳐보던 10세 때로부터 31년이 지난 41세 되던 해(1803, 癸亥年), 마침내 활연관통의 순간을 맞이한다.[47]

　　지금 「설괘전(說卦傳)」의 글과 변동(變動)의 방법을 취하여 384효의 역사(易詞)에서 차분하게 찾아보면, 글자마다 부합하고 글귀마다 계합(契合)하여 다시 터럭만큼도 의심이 없고 통하지 않는 곳이 반점(半點)도 없게 될 것입니다. 홍공거유(鴻工巨儒)들도 해결할 수 없어 문(門)만 바라보고서 달아나던 오묘한 말들이 파죽지세(破竹之勢)처럼 해결되지 않는 것이 없을 것입니다. 비교하자면 마치 건장궁(建章宮)에 천문만호(天門萬戶)와 종묘(宗廟)의 아름다움과 백관(百官)의 풍부함이 모두 그 속에 있으나 다만 <u>그 자물쇠가 견고히 채워져 있고</u>

---

46) 『詩經』에 나오는 것을 인용한 『중용』의 '鳶飛戾天, 魚躍于淵'을 말함.
47) 방인, 『다산 정약용의 『周易四箋』, 기호학으로 읽다』, (예문서원, 2014), 22쪽 참조. 아래 인용문은 같은 책, 22-23쪽에서 재인용.

경첩도 단단하게 붙어 있어 만 명의 사람이 문 앞에 이르더라도 감히
내부를 엿볼 수 없습니다. 그런데 갑자기 한 개의 열쇠를 손에 넣게 되
어, 그것으로 외문(外門)을 열면 외문이 열리고 중문(中門)을 열면 중
문이 열리고, 고문(皐門)과 고문(庫門)을 열면 바깥문과 그 안쪽의 문
이 열리고 응문(應門)과 치문(雉門)을 열면 정문과 중문이 열립니다.
이렇게 되면 천문만호(天門萬戶)가 모두 활짝 열려 일월(日月)이 비추
고 풍운(風雲)이 피어올라 종묘의 아름다움과 백관의 풍부함이 밝게
드러나서 하나하나 손가락으로 가리킬 수 있을 정도이니, 천하에 이런
통쾌함이 어디 있겠습니까?[48](밑줄은 인용자)

천자의 왕궁은 고문(皐門) · 고문(庫門) · 치문(雉門) · 응문(應門)
의 5문으로 되어있다. 건장궁(建章宮)은 한(漢)나라 장안성(長安城)
의 삼대궁(三大宮) 중의 하나인데, 둘레가 10여 km에 달할 정도로 엄
청나게 커서 천문만호(天門萬戶)라고 불렀다. 그런데 단 한 개의 열
쇠로 왕궁의 모든 문들을 차례로 열어젖힐 수 있으니 요즘말로 '마스
터 키'(master key)를 손에 넣은 셈이었다. 정약용의 외손(外孫) 윤정
기(尹廷琦. 舫山, 1814-1897)는 『역전익(易傳翼)』에서 효변(爻變)
을 '금약시(金鑰匙)' 즉 황금열쇠라고 불렀다. 일단 기본적 해법을 알
아내면 그 다음부터는 파죽지세로 독파해 내려 갈 수 있었기 때문이
다.[49]
불교를 경험한 사회에서 어쩔 수 없이 복합적 체계의 논리를 만들

---

48) 丁若鏞, 「與尹畏心」, 『定本 與猶堂全書』4.
49) 방인, 『다산 정약용의 『周易四箋』, 기호학으로 읽다』, (예문서원, 2014), 23쪽 참
조.

어야 한다. 그래서 과거 우리 근현대 사회가 경험한 반공주의 교육처럼, 단일하고 정합적인 논리체계를 가진 이념-사상이라기보다는 여러 논리와 정서가 중첩되고 경합하면서 시기에 따라 다른 의미를 만들어낸 비균질적 언설의 복합체이다. 마치 반공주의 정서가 대체로 공포, 증오, 적개심, 반감, 이질성 등으로 이루어진 배제의 감정으로, 이는 이해, 연민, 동질성 등을 바탕으로 하는 통합의 감정과 배치된다.[50] 적어도 정도전, 권근이 제시하는 유학은 마치 '민주주의vs공산주의'의 대결처럼, '유교vs불교'라는 대립구도를 가지며, 반불교주의 노선을 통해 유학의 새로운 전망을 여는 '공격적' 논조의 기획이었다. 이것은 결국 「비유교적 환경 속에서 유교 국가를 건설하기 위한 규범을 정하기 위한 것」[51]이었다.

정도전은 그가 이방원에게 살해당하던 해인 1398년(태조 7년 5월경)에 지은 책 『불씨잡변(佛氏雜辨)』 가운데 「불교의 심성이론을 비판함(佛氏心性之辨)」이란 논문에서 이렇게 지적한다. 「불교는 허하고 우리 유교는 실하다. 불교는 (세상만물을) 둘로 나누어서 보고 우리 유교는 하나로서 본다. 불교는 (세상만사를) 단절시키고 우리 유교는 연속시킨다. 배우는 사람들은 마땅히 분명하게 구별하여야 할 바이다 (釋氏虛, 吾儒實, 釋氏二, 吾儒一, 釋氏間斷, 吾儒連, 學者所當明辨也)」 불교와 유교의 선 긋기는 마치 남한의 레드컴플렉스를 보는 듯하다.

권근은 그가 39세 되던 해 1390년(공양왕 2년) 가을에 『입학도설

---

50) 이하나, 「반공영화라는 감성기획은 왜 실패했나: 반공주의의 내면 풍경」, 『감성사회』, (글항아리, 2014), 264-65쪽 참조.
51) 마르티나 도이힐러, 『한국사회의 유교적 변환』, 이훈상 옮김, 아카넷, 2003, 152쪽.

(入學圖說)』[52]을 짓는다. 당시 학문의 길에 뜻을 둔 젊은이들이 기본적으로 학습해야할 기초지식 들 즉 『대학』, 『중용』, 『천인심성합일설(天人心性合一說)』 등을 도설로써 알기 쉽게 풀이하여 제시한 것이다.

이 『입학도설』은 우리나라 유학에서 전하는 가장 오래된 도설이다. 아울러 그 이후 유학사에서 기원을 이루는 영향력 있는 이론이 된다. 즉 퇴계의 『성학십도(聖學十圖)』에서는 권근의 「대학지장지도(大學指掌之圖)」를 거의 그대로 인용하고 있고, 『천인심성합일도(天人心性合一圖)』의 사상은 추만(秋巒) 정지운(鄭之雲. 1509-1561)이 만든 『천명도(天命圖)』(= 『天命舊圖』)와 이것을 이황이 수정한 이른바『천명신도(天命新圖)』에 그대로 전승된다. 어쨌든 정도전과 권근의 유학적 이론 구축은 조선 통치의 교학 속에서 「고전 유학을 새롭게 이해할 수 있는 열쇠를 제공하는 실학」[53]이었다. 그것은 쉽게 열리지 않는 학문의 문을 여는 열쇠였다.

2) 權近의 『入學圖說』: 새로운 시대를 열기 위한 암호해독의 지도

문을 열고 들어서고 하늘의 이치를 찾기 위해서는 '암호'를 알아내야 한다. 유교 국가를 경영하는데 참여하기 위해서는 당대의 유교가 제시하는 이론적 도식을 찾아들어가는 암호를 알아내야 한다. 그러

---

52) 이 논문에서는 편의상 권덕주 번역의 『入學圖說』(권근, 『入學圖說』, 권덕주 역, (을유문화사, 1974))을 인용하기로 한다.

53) 마르티나 도이힐러, 『한국사회의 유교적 변환』, 이훈상 옮김, 아카넷, 2003, 152-153쪽.

나 그것은 단일한 것이 아니라 적어도 「그림(圖)」과 그 주변에 배치된 「설명(說)」으로 되어 있다. 도설은 암호 해독의 지도이다. 즉 문제를 푸는 그림과 그 그림 주위에 수많은 언설-개념들이 몰려있으므로, 문제를 제대로 풀기 위해서는 그것을 은폐한 채 흩어진 맥락과 개념들을 새로 짜 맞춰야 한다. 이 짜임관계는 잠금장치만 남기고 여러 숫자를 이리저리 조합한 암호처럼 숨어버렸다. 이것을 알아야 비로소 첨단 잠금장치를 열 수 있다.

개념이 지닌 짜임관계=침전된 역사를 열고 감춰진 진실을 밝혀내는 일은 아드르노가 말하듯이 '올바름에 대한 질문을 스스로에게 하게 만드는 인식'이다.[54] '올바름에 대한 질문을 스스로에게 하게 만드는 인식'은 잘 잠금장치된 견고한 금고를 열듯이, 개념이 지닌 짜임관계를 파악하여, 즉 거기에 침전된 역사를 잘 열고 들어가 그 속에 혹은 그 외부로 드러나 있으나 볼 수 없는 감춰진 진실을 밝혀내도록 만든다. 아도르노는 『부정변증법』에서 이렇게 말한다.

---

54) 테오도르 아도르노(1903-1969)는 그의 저서 『미니마 모랄리아』에서 말한다. 철학적 대화란 논쟁에서 증거제시를 통해 자신이 옳다고 말하고 상대방이 틀렸다는 것을 설득시키는 것, 반박의 여지가 없이 확고부동한 인식, 절대적으로 올바른 인식을 소유하는 것(이것은 '순진성'이라 아도르노는 본다)이 아니라 '올바름에 대한 질문을 스스로에게 하게 만드는 인식'이라고 한다. 즉 「예전에 철학이라고 부르던 것을 행하는 지식인들에게 가장 어울리지 않는 것은 토론 즉 증거제시를 통해 자신이 옳다고 말하려는 것이다. 가장 미묘한 논리적 반성 형식 깊숙이에 이르기까지 자신이 옳다고 주장하는 것은 '자기유지' 정신의 표현인데, 이런 것을 해체하려는 것이야말로 철학 본연의 임무이다. (중략) 알려진 바와 같이 침묵이라는 것을 힘겨워하는 철학자들이 대화에 끼어들게 될 때면 항상 논쟁을 종결 짓고자 노력하지만 그 방법은 상대방이 틀렸다는 것을 설득시키는 것이다. 중요한 것은 반박의 여지가 없이 확고부동한 인식, 절대적으로 올바른 인식을 소유하는 것이 아니라 올바름에 대한 질문을 스스로에게 하게 만드는 인식이다.」(테오도르 아도르노, 『미니마 모랄리아』, 김유동 옮김, (도서출판 길, 2012), 100-101쪽.)

짜임관계 만이 내부에서 개념이 잘라내 버린 것, 즉 개념이 될 수는 없지만 또한 그만큼 되고자 원하는 것, 개념 이상의 것을 외부로 표현한다. 개념들은 인식되어야 할 사물의 주위에 모임으로써 잠재적으로 그 사물의 내적 측면을 규정하며, 또 사유가 필연적으로 자체로부터 배제해버린 바에 사유로써 도달한다. (중략) 어떤 사물에 위치해 있는 짜임관계를 인식한다는 것은 형성된 것(=개별자의 침전된 역사. 이것은 개별자의 내부에 있기도 하고 외부에 있기도 하다. 인용자 주)으로서 그것이 자체 내에 담고 있는 짜임관계를 해독하는 것이기도 하다. 외부와 내부라는 이원론도 역사적 조건 하에 생겨났다. (중략) 대상이 처해 있는 짜임관계 속에서 대상을 인식한다는 것은, 대상이 자체 내에 저장하고 있는 과정에 대해 인식하는 것이다. 이론적 사상은 자신이 해명하고자 하는 개념의 주위를 맴돈다. 마치 잘 보관된 금고의 자물쇠들처럼 그 개념이 열리기를 희망하는 것이다. 이 때 그 열림은 하나의 개별적인 열쇠나 번호가 아니라 어떤 번호들의 배열에 의해 이루어진다.[55]

위의 내용을 참고하여 논의하면, 권근의 『입학도설(入學圖說)』나아가서 조선 성리학의 수많은 도설들은 잘 잠금장치된 견고한 지식-개념의 '금고'인 셈이다. 열기만 하면 보석을 손에 넣을 수 있는 보물상자인 것이다.

권근은, 초학자들이 학문에 들어가는 방법을 도설로써 보여주는 『입학도설』을 지었다. 초학자들을 위하여 정주(程朱)의 격언에 근거하여 '천인심성(天人心性)'의 각각의 의의를 풀이하고, 이해를 돕기 위하여 한자의 점획을 파쇄(破碎), 분석(分釋)하고 있다. 『입학도설』

---

55) 테오도르 아도르노, 『부정변증법』, 홍승용 옮김, (한길사, 2010), 240-2쪽.

은 종래의 지식체계를 활용하여 만들어진 좋은 '짜임관계'를 보여주
고 있으며, 거기에는 분명히 유학-성리학의 역사가 압축적으로 침전
되어 있다. 따라서 이 책은 하나의 잘 짜인 '지식의 설계도'이다. 이 도
설을 잘 열고 들어가 그 속에 혹은 그 외부로 드러나 있는, 그러나 잘
볼 수 없을 수 있는, 드러나거나 감춰진 진실을 밝혀내는 연습을 시키
고자 한다.

권근은 천인관계를 천(天)의 설명에서 시작한다. 즉 '천(天)'을 '일
(一) +대(大)'로 파자하여, 하나의 이치로 절대적이며 지성불식(至誠
不息)이면서(→ 一), 광대무변과 조화무궁함(→ 大)을 풀이하여 천인
합일되어야 하는 원리를 명시한다.[56] 그리고 인(人)은 '인(仁)'으로 정
의하면서 사람이란 원리는 하나이지만 타고난 기질 탓에 선악이 갈릴
수 있으니 경계하라고 하였다.[57]

아울러 심성(心性)의 분석으로 나아간다. 그는 먼저 '심(心)'에 대해

---

56) 權近, 『入學圖說』, 권덕주 역, (을유문화사, 1974), 31쪽.
57) 즉, 「'人'이란 '仁'한 것이다. 인(仁)이란 것은 천지가 만물을 내는 원리이니, 사람
   이 이것을 타고나서 마음이 되는 것이다. 그러므로 사람이 만물의 영장이 되는
   것이며, 인(仁)은 모든 선(善)의 으뜸이 되나니, 합쳐서 이것을 도(道)라고 말한
   다. 성인(聖人)은 성(誠)이 지극하여 도(道)가 하늘과 같고, 군자(君子)는 능히 경
   (敬)으로써 그 도를 닦으며, 일반 사람들은 욕심에 가려 혼미해서 오직 악(惡)을
   쫓는 것이다. 그러므로 사람이란 그 원리는 하나이지만, 타고나는 기질과 행하는
   일에 있어서는 선악(善惡)의 차이가 있다. 그런 까닭에 그 글자가 둘로 갈려 경계
   하는 뜻을 보이고 있는 것이다. 인간으로서 능히 「仁」을 체득하여 심덕(心德)을
   온전하게 하고, 그 타고난 원리가 늘 존재해서 잃지 않도록 해야만 사람으로서의
   명분에 부끄러움이 없으며, 그 공으로서 비로소 수(壽)하게 된다. 그렇지 못하고
   타고난 원래가 손상될 때에는 사람이라 할 것이 못 된다. 그러므로 공자가 이르기
   를, 「어진 자는 수한다」(〈논어〉옹야편)하였고, 또 이르기를, 「사람이 태어날 때에
   는 본래 정직한 거인데, 정직하지 못한 사람도 살아가는 것은 다만 요행수로 화를
   면하였을 따름이다」(〈논어〉옹야편)라고 한 것이다."(권근, 『入學圖說』, 권덕주 역,
   (을유문화사, 1974), 32쪽.)

서 설명한다. 선비들이 마음을 '方寸(네모난 신체의 중심)'을 빗대어 연못을 네모나게 파듯이 마음을 네모나게 만들고 획 하나하나에 설명을 보탠다. 심은 전통적인 이해를 계승하여 네모난 신체의 중심(=方寸)이며[58], 타오르는 욕망의 불꽃을 '경(敬)'으로 다스리고, 도심-인심, 이-기, 친리-인욕의 기미를 잘 살펴서, 금수와 다른 인간됨의 길을 바르게 잘 지켜가야 함을 설파한다.[59] 그리고 '성(性)'을, 「하늘이 명(命)하고 사람이 그 생명을 받는 바, 이치로써 내 마음 속에 구비되어 있는 것이다. 그러므로 그 글자가 '심(心)'과 '생(生)'으로 구성되었다. 사람이 태어나는 것과 만물이 태어나는 것은 그 이치가 한 가지이나 타고난 기질이 다를 뿐이다.」[60]라고 설명한다. 논의의 초점은 사람, 인간됨, 인간다운 삶의 길 제시와 그 실천에 있다.

[그림 5] 『天人心性 分釋之圖』 중 天(좌)과 人(우) 그림

---

58) 이것은 '天圓地方' 사상의 반영이다.
59) 權近, 『入學圖說』, 권덕주 역, (을유문화사, 1974), 33-34쪽.
60) 權近, 『入學圖說』, 권덕주 역, (을유문화사, 1974), 35-36쪽. 번역문은 인용자가 수정.

[그림 6] 『天人心性 分釋之圖』 중 心(좌)과 性(우)의 그림

3) 천인심성의 종합 「天人心性合一之圖」: 사상 '신체-얼굴'의 탄생

권근은 '천인심성(天人心性)'을 각각 풀이하고 나서 이것을 「천인심성합일지도(天人心性合一之圖)」로 종합한다. 여기서 흥미롭게도 불교적 연기(緣起)-공(空)의 '무(無)'(=허무론)적 논의에 대항하는 일상일용의 인륜적 토대 즉 천인합일의 '유(有)'적 사상기반을 임플란트하는 점이다. 여기서 조선사상사의 사상 '신체-얼굴'의 탄생하는 일대 사건을 보여준다. 이 사상 '신체-얼굴'은 배타적, 공격적 디시프린의 창출이다. 공격적이라는 말은 고려의 불교 사회에 대항하여 유교 버전의 도덕-정치적 지식 인프라를 구축하고, 새로운 유교사회를 적극 창출해가는 일을 말한다.

다음의 도설에서 필자가 주목하는 점은 다음의 네 가지이다. 이 넷은 불교사회 vs 유교사회를 가늠할 수 있는, 조선적 〈사상 '신체-얼굴'〉의 확립이라 하겠다.

[그림 7] 『天人心性 分釋之圖』 중 「天人心性合一之圖」

첫째, 선악의 대결을 통해 선을 지향하는, 실존적·능동적인 유교적 인간상의 창출이다.

불교적 사유에 대항하는 조선의 지식인들은 일상일용의 인륜적 삶의 토대는 바로 유교가 지향하는 도덕(=인의예지)에 기반한 것이다. 그것은 결국 천인합일을 지향하며, '사람이 곧 하늘'(人乃天)임을 자각하고, 하늘과 사람 사이에 간극이 없음(天人無間)을 자각하는 것이었다. 둘째, 독립(獨立)적 직립보행(直立步行)적 인간상의 확립이다.

직립보행은 인간 사유의 건강함을 말해준다. 평면적인 사고를 입체적으로 만들어주고, 천지와 공감하며 인륜-도덕체계를 지금 여기서 건설하게 하는 역량과 자신감을 알려준다. 직립보행은, 몽테뉴가 「만일 내가 나의 사유를 앉혀 놓으면 그것은 잠을 잔다. 나의 정신은 마치 두 다리로부터 위협이라도 받은 듯 절대 자기 혼자 가지 않는다.」(몽테뉴, 『수상록』제3권)라고 말하듯, 서재나 관념에서 인륜의 실제적 현장으로 진입해감을 의미한다. 그리고 다비드 르 브르통이 '직립하여 두 발로만 걷게 되면서부터 손과 얼굴이 자유로워질 수 있었'던 것을 '수천가지 운동이 가능해짐', '의사소통의 능력, 주변환경 조종 여지의 무한 확장'으로 풀이한 것[61]은 타당하다. 즉 유교 사회에서의 인간이

---

61) 「세계를 이해하고 남들과 나눔으로써 그 세계에 의미를 부여하고 그 속에 살아옴

일상인륜 세계에서 인간답게 살 수 있는 것은 바로 두 발로 서서 걷는 이른바 직립보행적 사유에서부터이다.

셋째, '원=천'과 '사각=지'의 결합으로서 우주 속에 인간 지위의 확립이다.

원은 마음을 상징하고. 정사각형(때로는 직사각형까지)은 땅에 뿌리 내린 것, 즉 육체와 현실을 상징한다고 한다(아닐라 야페).[62] 권근이 보았던 현실 또한 영육이 둘로 분리된, 뿌리를 잃은 불교적 도식의 그것이었다. 즉 불교에 의해 '둘(二)'로 분리되었던 세계(=天崩地壞)가 '하나(一)'의 천원지방(天圓地方)으로 본래성을 회복하고 제자리(極)를 잡은 것이었다. '무'에서 '유'의 창조이다. 새로운 국가의 건설, 창업(創業)이다. 그 중심에서 만사 만물을 대하고 처리함에 천(天)으로 통하는 코드해독은 '경(敬)'에 있다. 그렇다면 '경'은 천리-천도를 검색할 수 있는 엔진(즉 '섬색엔진')이라 할만하다.

넷째, 초상과 지도를 결합시켜 조선의 〈사상 '신체-얼굴'〉을 만들고 있다는 점이다.

___

직이는 인간의 고유한 자질은 수백만 년 전 인간이라는 동물이 직립하게 되면서부터 생겨난 것이다. 과연 인간은 직립하여 두 발로만 걷게 되면서부터 손과 얼굴이 자유로워질 수 있었다. 이렇게 하여 수천가지 운동이 가능해짐으로써 의사소통의 능력과 주변환경을 조종할 수 있는 여지가 무한히 확장되었고 그와 더불어 두뇌가 발달할 수 있는 길이 열렸다.」(다비드 르 브르통, 『다비드 르 브르통 산문집』, 김화영 옮김, (현대문학, 2011), 9쪽.)

62) 「원은 마음을 상징한다(플라톤도 마음을 球體에 견주고 있다). 정사각형(때로는 직사각형까지)은 땅에 뿌리 내린 것, 즉 육체와 현실을 상징한다. … 원과 사각형의 분리는 20세기 사람들의 마음상태를 상징적으로 보여준다고 할 수 있다. 현대인의 영혼은 뿌리를 잃고 분열의 위험에 직면한 것이다. … 그러나 사각형과 원이 어쨌든 상당히 자주 회화에서 표현된다는 점을 간과해서는 안 된다.」(아닐라 야페, 「시각예술에 나타난 상징성」, 카를 G 융 외 지음, 『인간과 상징』 이윤기 옮김, (열린 책들, 1996), 383쪽.)

몸은 소우주이며 끊임없이 대우주와 감응, 교감한다. 몸 → 사회·
국가 → 천지(자연) → 우주 식으로 확대되며, 천인무간(天人無間), 인
내천(人乃天)의 일원적 체계를 보여주고 있다. 아울러 이것은, 주렴계
의 「태극도」그리고 주자학의 태극이기론 및 동양 전래의 천원지방설
에 근거한 것으로, 조선의 도상적(圖象的) 상상력 위에 새롭게 '신체-
얼굴'이라는 측면에서 사상을 재해석 것이라 평가할 수 있다. 아래의
도상들, 예컨대 『불리십도(弗弗離十圖)』(石溪 金箕東)[63] 가운데 「제
2 이기생물지도(理氣生物之圖)」, 조선시대 후기(17세기)에 생겨난 조
선 특유의 인문지리지도인 「천하도(天下圖)」를 겹쳐놓고 그 위에 천
원지방(→ 頭圓足方)의 직립보행하는 인간의 '신체-얼굴'을 살려낸다
면 권근의 「천인심성합일지도(天人心性合一之圖)」 같은 그림이 그 모
습을 드러내게 된다.

1 石溪 金箕東의 「불리십도(弗離十圖)」 중 「第二 理氣生物之圖」
2 조선시대 후기(17세기)에 생겨난 조선 특유의 인문지리지도인 「天下圖」의 하나인 「太極圖」
3 주돈이의 「태극도설」(퇴계 「聖學十圖」중의 「第一 太極圖」)

[그림 8] 조선시대 「여리圖」

---

63) 최재목, 「石溪金箕東的〈弗離十圖〉研究」, 『퇴계학논집』19, (영남퇴계학연구원,
2016.12).

참고로 권근의 「천인심성합일지도
(天人心性合一之圖)」의 '신체-얼굴'의
독자성은 예컨대 일본 에도(江戶)시대
최초의 양명학자로 불리는 나카에 토
쥬(中江藤樹. 1608-1648)가 그린 「천
명성도합일지도(天命性道合一之圖)」
와 비교해보면 잘 알 수 있다.

다시 말하면 나카에 토쥬의 「천명성
도합일지도」가 매우 소략하고 초보적
이며, 인간의 '신체-얼굴'과 무관하게

[그림 9] 일본 에도(江戶)시대 최초의
양명학자 中江藤樹가 그린 「天命性
道合一之圖」[64]

그려져 있는데 비해 권근의 「천인심성합일지도」에서는 인간을 중심
에 앉힌 형태로 도상을 만들고 있다는 점이다.

이러한 권근의 「천인심성합일지도」가 보여준 문제의식과 특징은
퇴계에 이르러 새로운 모습으로 재해석되고 있음을 알 수 있다. 이것
은 퇴계 사상의 독자적 행보로 이해할 수 있다. 이것은 조선시대 학문
이 송대의 성리학을 근간으로 하면서, 차츰 송학(宋學)을 집대성한 주
자학으로 획일화되었고, 퇴계 이후 주자학을 종주-정통으로 하는 인
식이 확산되어 구한말까지 지속되는[65] 가운데 성숙한 독자적 도상학
적(圖像學的) 모색이 지속되었음을 잘 보여주고 있다.[66] 조선시대의

---

64) 中江藤樹,『藤樹先生全集』1, (岩波書店, 1940), 705쪽.
65) 최석기 · 강현진,『조선시대 大學圖說』, (보고사, 2012), 3쪽 참조.
66) 최석기 · 강현진의 『조선시대 大學圖說』에 따르면, 조선시대 학자들이 『대학』을
   해석하면서 그린 도표는 100여개가 넘는다고 한다. 물론 이것은 『대학』에 한정해
   서 그렇다. 조선의 학자들은 주자학의 정신에 충실하여 四書 가운데서도 『대학』과
   『중용』에 진력하였던 것으로 보인다. 남명 조식의 문인 德溪 吳健은 스승 남명을

도상은 이처럼 주자학을 실천적으로 재해석하려는 학자들의 학문적 열정들의 총집결 혹은 요약판으로서의 의미를 갖는다고 하겠다.

5. 퇴계사상과 〈사상 '신체-얼굴'〉의 독자성

이상에서 논의한, 권근에서 보여진 조선유교의 〈사상 '신체-얼굴'〉이 퇴계에게는 어떻게 연속되며, 또한 어떤 독자적인 사상을 열어 가는지 살펴볼 필요가 있다.

1) '도무형상, 천무언어'와 敬: 암호해독의 기법

퇴계는 새로운 세계(道, 天)의 문을 찾아 열고 들어가기 위해서는 암호를 알아내야 한다고 본다. 새로운 세계의 문을 찾아 열고자 하나 문은 어떤 '형상(形象)'도 없고, 그곳으로 안내해줄 어떤 '말씀(言語)'도 없다. 이 보이지 않는 형상과 말씀을 만나기 위한 황금 열쇠는 바로 '경(敬)'의 마음가짐-태도이다. 새로운 세계의 문 열기의 디시프린은 「성학십도」에 잘 집약되어 있다.

일찍이 원효는 『대승기신론소(大乘起信論疏)』에서, 땅에 머리를 대어(머리 숙여) 부처에게 경의를 표한다는 뜻의 '귀경(歸敬)'을 '귀명(歸命)'으로 보고 다음과 같이 풀이한다.

찾아가 배움을 청하기 전에 『중용』을 3천 번 읽었다고 한다(최석기 · 강현진, 『조선시대 大學圖說』, (보고사, 2012), 4쪽 참조).

　귀명(歸命) 두 자의 '귀(歸)'는 공경하여 따르는, 향하여 나아가는
뜻이고, '명(命)'은 목숨을 말한다. 이 목숨이 몸의 모든 기관을 통어
한다. 한 몸의 요체로는 오직 이 명(命)이 주가 되며, 온갖 산 것의 중
하게 여기는 것이 이보다 앞서는 것이 없다, 이 둘도 없는 명(命)을 들
어서 무상의 존귀함을 받들어 신심(信心)의 지극함을 나타내었다. 이
때문에 귀명(歸命)이라고 말한 것이다. 또한 귀명은 근원에 돌아가는
뜻, 일심(一心)의 근원에 돌아간다는 뜻이다.[67]

 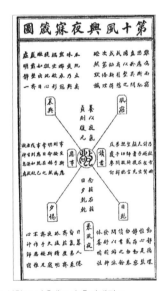

[그림 10] 퇴계 「성학십도」 중의 「제8 심학도」나 「제10 숙흥야매잠도」

　여기서 말하는 일신의 근원은 유교에서 하늘(天)이다. 그렇다면 귀

---

67) 元曉, 『大乘起信論疏別記』, 은정희 역, (一志社, 2003), 43쪽.(번역은 인용자가 축
　약 인용하였음.)

명(歸命)은 귀천(歸天)이자 경천(敬天)인 셈이다. 귀명(歸命)의 전통적 정신은 퇴계에게서 '경(敬)'의 사상으로 살아있다. 일상생활 속에서 절대자인 하늘을 만나는 것은, 「제8 심학도」나 「제10 숙흥야매잠도」에 또렷이 새겨진 '경' 자에서 보듯이, '경'이라는 황금열쇠로 수많은 문들을 하나하나 열고 나가는 것이다. 퇴계는 「성학십도」에서 열 가지의 도설해독을 거쳐서 유교가 제시한 새로운 세계(道, 天)에 도달할 수 있다고 보았다.

새로운 세계의 문을 찾아 열기 위한 암호는 단일한 숫자가 아니다. 그것은 열 개의 그림(=『성학십도』)과 「설명」으로 완결되는 것이다. 문제를 푸는 그림과 그 그림 주위에 수많은 개념들이 몰려있는데, 문제를 제대로 풀기 위해서는 그것을 은폐한 채 흩어진 맥락과 개념들을 새로 짜 맞춰야 한다. 이 짜임관계는 잠금장치만 남기고 여러 숫자를 이리저리 조합한 암호처럼 숨어버렸다. 어떤 '형상(形象)'도 없고, 안내해줄 어떤 '말씀(言語)'도 없는 문을 열고 들어가는데 필요한 은폐된 암호를 찾기 위해서 '경'의 마음가짐-태도가 필요하다.

그래서, 퇴계는 『성학십도』를 올리는 글의 제일 앞머리에서 "중추부 판사 신 이황은 삼가 두 번 절하고 (선조)임금님께 말씀을 올립니다(判中樞府事臣李滉謹再拜上言)"라고 한 뒤, 짧게 핵심을 말한다. "제가 가만히 생각해 보니, 도는 형상이 없고 하늘은 말이 없습니다(臣竊伏以道無形象, 天無言語)" 다시 말하면 "폐하, 하늘에 닿고 싶지만 표지판도 네비게이션도 없습니다. 일언반구의 안내방송, 멘트도 없습니다. 그러니 만사만물에 대해 주의 집중해서 잘 생각하고, 눈여겨 잘 보고, 귀 기울여 잘 들어보아야 합니다."라고 처음부터 당부한다. '도무형상(道無形象), 천무언어(天無言語)'는 이런 절실한 내막을 갖는다.

　다른 곳에서 퇴계는 말한다. 눈앞에 드러나 있고 귓전에 쨍쨍하나 들을 수 없고(聾), 볼 수 없는(瞽) 자들 즉 농고(聾瞽)가 바로 우리 자신이라고.

> 雷霆이 破山하여도 聾者는 못 듣나니
> 白日이 中天하여도 瞽者는 못 보나니
> 우리는 耳目聰明男子로 聾瞽 같이 말으리
> 　　　　　　　　　　　　－「도산십이곡」 후6곡 제2수

　벼락이 산을 깨쳐도 귀머거리는 못 듣는다. 태양이 하늘 한가운데 떠 있어도 장님은 보지 못 한다. 우리는 눈도 밝고 귀도 밝은 남자로서 귀머거리와 장님이 되지는 말아야 하는데. 문이 눈앞에 있어도, 하늘이 머리 위에 펼쳐져 있어도, 눈치 채지 못한다.

　그러나 새로운 세계로 가는 길은, 예전에도 있었던 오래된 길이다. 만일 그 길이 눈앞에 훤히 드러나 있는 것을 알게 된다면 걸어가지 않을 수가 없을 것이라고 말한다.

> 고인(古人)도 날 못 뵈고 나도 고인 못 뵈
> 고인을 못 뵈어도 예던 길 앞에 있네.
> 예던 길 앞에 있거든 아니 예고 어쩌리.
> 　　　　　　　　　　　　－「도산십이곡(陶山十二曲)」 제3곡 －

　어쨌든 퇴계의 『성학십도』는 하늘이 제시한 진리의 길로 가는 '고

인(古人)의 '예던 길'을 발견하고 걸어 갈 수 있는 가는 기술을 갖게 한다. 그런 기술을 터득할 때 암호로 채워진 은폐된 문이 열려, 마치 금고가 열려 황금의 보따리를 들춰내듯, 수많은 지혜를 안겨줄 것이다.

2) 〈사상 '신체-얼굴'〉에 '智'를 강조

권근이 「천인심성합일지도」에서 제시한 〈사상 신체-얼굴〉은 동아시아 지성사에서도 매우 독특한 것이었다. 이러한 지적, 철학적인 발상이 퇴계에 이르면 퇴계의 「천명신도」에 드러난 것처럼, 주렴계 「태극도」의 병렬적 도상이 하나로 압축되고, 한국 전재의 시공간적 표현의 '형식'인 천원지방이라는 도상적 아이디어를 유지한다, 하나의 원상 속에 모두 담아낸 것은 결국 천인무간의 원리를 은유하며, 나아가서 인류세계를 리드할 '지(智)=지성'의 안목이 두뇌 부분에 명확히 점안(點眼)되고 있는 것은 유교적 디시프린 확립과 그 프랙티스의 자신감이었다.

그 '지'(智)=지성의 점안은, 다른 세 덕목(인, 의, 예)을 모두 갖추고 =감추고 있다는 '장(藏)'의 의미가 강조되고 아울러 이와 연동되어 오행의 목화토금수의 '수(水)', 춘하추동의 '동(冬)'의 발견과 강조로 연결된다. 이것은 추만(秋巒) 정지운(鄭之雲. 1509-1561)이 처음 만든 「천명도(天命圖)」(이것을 「천명구도(天命舊圖)」라고 함)를 퇴계가 수정함으로 이루어지는 이른바 「천명신도(天命新圖)」에 잘 드러나 있다. 여기서는 권근의 「천인심성합일지도」의 기본틀이 계승되면서도 앞서 말한 독자적인 '지'(智)=지성의 해석이 추가된다. 천원지방의 전통적 틀을 안정적으로 지속한다.

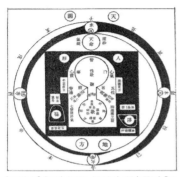

[그림 11]「天命新圖」退溪가 鄭之雲의「天
命圖(=天命舊圖)」를 수정한「天命新圖」

[그림 12] 河西 金麟厚의「天命圖」

퇴계의 「천명신도」는 하서(河西) 김인후(金麟厚. 1510-1560)의
「天命圖」와도 좀 다르다. 참고로 김인후의 「천명도」에서는 천명에 의
한 '정(貞)'-'수(水)'-'겨울(冬)' 부분이 아래에 있지만 퇴계는 이 부분
을 제일 위로 돌려놓는다. 직립보행하는 인간의 두뇌처럼 똑 바로 세
워 놓고, 그 중심에 '지'(智)=지성을 점찍어 넣는다.

다시 말하면 '지(知)'야 말로 마음의 중심으로, 우주만물 속의 인간
의 지위, 즉 인륜도덕을 인지하고 실행하며 세상을 경영하는 실체임
을 자각하고 있었다. 그는 고봉(高峯) 기대승(1527-1572)에 보낸 편
지(「奇明彦에게 답한 別紙」(『퇴계선생전서유집(내편)』권4)에서, 「심
지신령(心之神靈) 그 위에다가 다음 말을 첨가 하십시오. "주자가 지
성지천(知性知天)의 '지(知)' 자를 해석하기를 '지(知)'는 마음(心)의
신명(神明)으로 중리(衆理)를 묘득하여 만물을 주재하는 자이다."[68]
라고 언급한 바 있다. 이처럼 그는, '지(知)'가 '마음(心)의 신명(神明)'

---

68) 李滉,「答奇明彦別紙」,『退溪先生全書遺集(內篇)』권4: 心之神靈一條 (中略) 其上
    添下語曰, 朱子釋知性知天之知曰, 知者心之神明, 所以妙衆理而宰萬物.

으로 '중리(衆理)'를 묘득하여 만물을 주재하는 자'이기에, 「천명신도」
에서도 그 위상을 분명히 하는 것이다.

3) '물(水)'의 중요성 인식

퇴계의 '지(智)'-'장(藏)'에 대한 관심은 '원(元)'-'목(木)'-'봄(春)'
에 앞서는 '정(貞)'-'수(水)'-'겨울(冬)'의 의미 발견과 재해석이기도
하였다. 여기서 '물(水)'의 강조는 현대적인 의의를 포함하여 재음미
할 점이 많다고 생각하며, 퇴계의 사상에서 매우 중요한 위치를 점한
다. 즉 기우제(祈雨祭) 등 천지신명에게 굽어 보살핌을 비는 퇴계의
여러 제문, 예컨대 「북방의 흑룡(黑龍)에게 지내는 기우문(祈雨文)」
등을 참고하면, 북방 수덕(水德)의 신='수제(水帝)', '흑룡(黑龍)', '등
육'(滕六. 눈(雪)을 맡은 신), '후토씨'(后土氏. 水土를 맡은 신), 그리
고 물이 생기고 양이 시작하는 '감방(坎方)'을 존중한다.[69] 이것은 「천
명도설」(『퇴계선생속집』제8권)의 「제4절: 만물을 낳는 근원에 대한
논의(論生物之原)」에서는 다음과 같은 문답을 볼 수 있다.

> (혹자가) 물었다. "원(元)이 만물을 시작하는 이치가 되고, 목(木)의
> 기운이 이어 나면 물을 낳는 근원은 마땅히 목(木)에 근본 한 것인데,
> 도(圖)에는 틀림없이 수(水)에 근본 하였음은 어찌된 것입니까?"
> (퇴계)선생이 이렇게 말하였다. "원(元)이 진실로 만물을 시작하는
> 이치가 되고, 목(木)이 또한 만물을 낳게 하는 기운이 되나, **그 원(元)**

---

69) 李滉, 「風雨雷雨祈雨文」/「國內山川祈雨文」/「北方黑龍祈雨文」(『退溪先生文集』
권45) 등에서 발견된다.

이 된 바의 이는 원에서 나오지 않고 정(貞)에서 나왔으며, 그 목이 된 기(氣)는 목(木)에서 나오지 않고 수(水)에서 나왔다. 그 때문에 정(貞)은 만물을 이뤄 주는 이치도 되고, 또한 만물은 시작하는 이치도 되고, 수(水)는 만물을 감추는 기운도 되고, 또한 물을 낳게 하는 기운도 된다. 이것이 수가 정(貞)의 덕을 이어 만물을 낳는 근원이 되는 것이다. 이러므로 만물이 날 때에 그 형상은 비록 목의 기운을 기다려 이루어지나, 그 형상이 된 근원은 실로 수(水)의 기운에서 조짐이 있게 된 것이다. 어찌하여 그러함을 아는가 하면, 대개 만물이 생기는 것은, 그 처음에는 모두가 먼저 수의 기운을 받아 점차로 엉기고 모이며, 오래된 후에 견고하게 되어 형상을 이루게 된다. 천지가 생긴 것도 또 먼저 수의 기로 이룩한 것이니, 이 이(理)에 대한 선유들의 이론은 이미 자세하므로, 이제 더 이상 부언하지 않는다. 그러니 만물을 낳는 근원이 수(水)에 근본 함을 어찌 의심하겠는가? 하였다.[70] (강조는 인용자)

퇴계에게서 물(水)-겨울(冬), '지(智)-장(藏)' 개념의 중시는 전통적으로 있어온 하도(河圖)나 초간본(楚簡本) 『태일생수편(太一生水篇)』, 『관자(管子)』, 그리고 조선의 동학의 해월 최시형이 물을 중시하는 사상과도 맥락을 같이한다.

퇴계가 15세 때 쓴 시 「석해(石蟹)」(『퇴계선생속집』권1)즉 '가재'라

---

70) 李滉, 「天命圖說」, 『退溪先生續集』권8: 問, 旣曰元爲始物之理, 而木之氣承之以生, 則其生物之源, 宜本於木, 而於圖, 必本於水者, 何歟,
日, 元固爲始物之理, 木亦爲生物之氣, 而其所以爲元之理, 不出於元而出於貞, 其所以爲木之氣, 不出於木而出於水, 故貞爲成物之理, 而亦有始之之理, 水爲藏物之氣, 而亦有生之之氣, 此水之所以承貞之德, 以爲生物之源者也, 是故, 凡物之生也, 其形則雖待木之氣而成, 其所以形之之原, 實朕於水之氣矣, 何以知其然也, 蓋物之所以生者, 其初也莫不先稟乎水之氣, 漸以凝聚, 久而後堅固而成形焉, 至於天地之所以生者, 亦莫不先以水氣而成, 此理先儒之論已悉, 玆不復贅, 然則生物之原, 所以本於水者, 何足疑乎.

는 작품에 보면 그의 사유에서 물[水]-물러남[退]-감춤[藏]-반성/성
찰[省]의 의미를 읽어낼 수 있다.

> 돌을 지고 모래를 파더니 어느새 집이 생겼네
> 앞으로 쪼르륵 뒤로 쪼르륵, 발이 많기도 하네.
> 한평생 한 움큼 산골 샘물 속에 살면서
> 강호에 물이 얼마나 많은지 묻지 않으리.
> 負石穿沙自有家
> 前行卻走足偏多
> 生涯一掬山泉裏
> 不問江湖水幾何

그리고 퇴계가 50세 되던 해(1550) 정월, 마음대로 임소(任所)를
버렸다고 하여 파직 당해서, 퇴계 마을에다 한서암(寒栖庵)을 짓고 은
거에 들어가게 되던 때 쓴 「퇴계(退溪)」((『퇴계선생전집』권1)에도 물
[水]-물러남[退]-감춤[藏]-반성/성찰[省]이 돋보인다.

> 몸 물러나니 어리석은 내 분수에 편안한데
> 학문이 퇴보하니 늘그막이 걱정스럽네
> 퇴계 가에 비로소 거처 정하니
> 흐르는 물 굽어보며 날로 반성함이 생기네.
> 身退安愚分
> 學退憂暮境
> 溪上始定居
> 臨流日有省

가재는 '산골짜기의 물속'에 산다. 어둡고, 찬 곳. 도산서원에 있는 '유정문(幽貞門)'의 '유정(幽貞, 그윽하게 곧음)'과 통한다. '유정문'의 토담사이 싸리문 앞에 몽천(蒙川, 어두운-어리석은 내), 아울러 서원 입구 마당 오른 쪽에는 열정(洌井)이 있다. '열정'은 『주역』 수풍정괘(水風井卦) 중 '정렬한천식(井洌寒泉食)'에서 따왔다. 우물에 물이 고이게 한 뒤, 두레박으로 맑은 물을 먹는다는 것이다. 마을이 옮겨가더라도 우물은 옮겨가지 못하는 법이니, 가재가 한평생 한 움큼 산골 샘물 속에 살려는 각오와도 닮았다.

어쨌든 퇴계에게 물[水]-물러남[退]-감춤[藏]-반성/성찰[省]은 그의 사상에 일관하는 문제의식으로 볼 수 있다.

서양에서도 탈레스가 만물의 아르케는 물이라고 했듯이 '물' 중시 사상이 일찍부터 있었다. 이탈리아의 홍수나 가뭄, 하천의 물 관리 등의 이유로 레오나르도 다 빈치도 '물은 자연의 원동력이다'라고 말하는 등 물을 자연력 중에서 핵심으로 여겼다. 그는 다른 어떤 것 보다 물을 이해하려는 욕구를 보인다. "물은 바다와 하나로 합쳐질 때까지 결코 쉬지 않는다. ....물은 모든 살아있는 물체들의 확장이자 기질이다. 그 무엇도 물 없이는 자신의 형태를 유지할 수 없다." 그는 그의 유명한 노트 가운데서 핵심 주제를 물로 삼고 있었다.[71]

그리고 퇴계의 '지장'(智藏)'의 중시는 '모든 미래 세대의 태아를 갖고 있다'는 이른바 '전성설(前成說: preformation) 개념과 닮아 있다.

18세기에는 '어떻게 아기가 배아에서부터 성장하는가?'라는 물음

---

71) 필립 볼, 『흐름』, 김지선 옮김, (사이언스 북, 2014), 21쪽 참조.

에 아무도 난처해 하지 않았다. 왜냐하면 (가끔 예외가 있지만) 생명체가 성체의 축소판으로 시작하지만 성체의 모든 것이 온전히 형성되어 있고 단지 점점 커진다고 생각했기 때문이다. 사람은 자궁 안에 아주 작은 태아에서부터 자라는데, (비록 볼 수 없더라도) 발달하는 팔, 다리, 눈, 손이 있다고 생각했다. 이런 생각이 가진 문제는 그것이 무한한 회귀를 수반한 것인데, 즉 모양이 없는 배아가 어떤 단계에 이르러 패턴을 형성한다는 것을 받아들일 준비가 되어 있지 않다면, 여자 태아는 그 작은 난소에 훨씬 더 작은 태아를 갖고 있으며 나가서 모든 미래 세대의 태아를 갖고 있다고 생각해야 할 것이다. 이런 '전성설'(preformation) 개념은 조롱받기 쉽지만 ...배아는 성숙한 생명체가 되면서 점차로 발현하게 될 보이지 않는 패턴을 가지고 있다.[72](강조는 인용자)

그리고 퇴계의 지장설(智藏說)은 일본 에도 시대의 대표적인 주자학자이며 조선의 퇴계학을 수용한 야마자키 안사이(山崎闇齋. 1618-1682)가 독자적으로 도달했다고 말해지는, 이론적 최고 경지이기도 하다. 다시 말하면 안사이의 지장설은 주자가 극히 드물게 말했던 비전(秘傳) 중의 비전이며 '지(智)'는 인의예(仁義禮)의 덕성을 거둬서 감추고 있다(='藏])는 의미라고 한다. 이 점을 그는 강조하고 있는데, 실제 지장(智藏)이란 첫 발언은 주자의 「답진기지문옥산강의(答陳器之問玉山講義)」(『朱子文集』권58)나 『주자어류(朱子語類)』권6 두 곳에 보일 뿐인, 드물게 사용된 개념이다. 이 지장 설을, 안사이는 주자 '미발(未發)의 애(愛)'설과 함께 '독견묵계(獨見默契. 홀로 깨닫고 묵

---

72) 필립 볼, 『모양』, 김지선 옮김, (사이언스 북, 2014), 333-4쪽.

묵히 맞추어봄)한 곳(處)'이며 주자의 문인 가운데서도 서산(西山) 진덕수(陳德秀. 1170-1235)나 구봉(九峰) 채침(蔡沈. 1167-1230) 정도가 그 진수를 이해하고 있었다고 말한다. 그래서 그것이 얼마나 심원하고 난해한 가르침인가를 역설한다. 하지만 일본의 학자들은 그것은 안사이가 '오인(誤認)'한 것이며, 동시에 그가 퇴계의 사상을 넘어서고, 주자의 사상을 연찬하여 쌓아올린 '독자적인 경지'라고 평가한다.[73] 그런데 안사이의 지장설은 일찍이 박양자(朴洋子)가 「天命圖に見る退溪の智藏說について(천명도에서 보는 퇴계의 지장설(智藏說)에 대해서)」에서 분명히 밝히듯이, 이미 퇴계의 「천명도설」에서 제시되고 있는 것이며, 아마도 여기서 힌트를 얻은 것으로 보는 것도 가능하다. 물론 퇴계도 주자의 지장설(智藏說)에서 힌트를 얻어 발전시켰다고 할 수 있다.

4) 天人無間 전통의 연속성

마지막으로 한국사상의 저류와 퇴계학을 고려할 경우 언급해둘 것은 천인무간(天人無間) 전통의 연속성에 대한 것이다.

즉 여말·선초기 목은(牧隱) 이색(李穡. 1328-1396)에서 보여지는 '천인무간'의 일원적 인간관[74]은 권근과 퇴계에게도 여전히 살아 움직

---

73) 澤井啓一, 『山崎闇齋』, (ペリカン社, 2014), 328-329쪽 참조. 그러나 여기에는 일종의 오해가 있다. 적어도 山崎闇齋의 智藏說은 퇴계의 「天命圖」와 「天命圖說」에서 힌트를 얻은 것으로 보인다.(이 점은 朴洋子, 「天命圖に見る退溪の智藏說について」, 『第8回退溪學國際學術會議 論文集』, 日本筑波大學).

74) 이에 대해서는 이기동, 「麗末·鮮初期 '天人無間'의 一元的 人間觀」, 『동양삼국의 주자학』, 정용선 옮김, 성균관대학교출판부, 2003, 197-217쪽을 참조.

이고 있다. 권근이나 퇴계의 사상을 도상학적으로 입체화시키는데 기여한 형식은 주돈이의 「태극도」와 '천원지방'의 틀(=도상)이다.

[그림 13] 하곡 정제두의 「양지체용도」

　이 천인무간론(또는 '천지만물일체무간(天地萬物一體無間)')의 사상은 이후에도 지속되긴 하지만 도상학적 면에서 볼 때, 예컨대 강화도에 은거했던 양명학자 하곡(霞谷) 정제두(鄭齊斗. 1649-1736) 쯤에 이르면, 그의 「양지체용도(良知體用圖)」에서 보듯이, 주돈이의 「태극도」와 '천원지방' 도상이 탈락되어 버린다.

6. 결어-한국이라는 시공간 내에 존재했던 〈사상 '신체-얼굴'〉의 의의-

이 글에서는 한국 성리학의 중심 인물인 퇴계 사상이 그 근저에 중국에서 발신한 지식(→ 中國知)로서의 신유학=성리학만을 근저로 하고 있는 것이 아니라 보다 근원적으로 보면 한국의 전통사상 즉 '하늘섬김'(敬天)과 연관된 '경(敬)' 사상, 사람이 곧 하늘(人乃天)이라는 사상의 원류로서 '천인무간'(天人無間)사상, 「성학십도」로 대표되는 융섭적(融攝的)인 도상학적, 지적(知的) 편집술의 배경인 '통(通)'사상의 사상이 저류하고 있음을 거시적으로 조망해보았다.

그리고 이러한 한국사상의 저류 위에 조선 유교의 〈사상 '신체-얼굴'〉이 개화한다는 점을 시론적(試論的)으로 밝혀보고자 하였다. 즉 퇴계의 「천명신도」에 표상된 〈사상 '신체-얼굴'〉이, 예컨대 멀리는 신라인들이 사유했던 불교적 '신체-얼굴'처럼, 가깝게는 권근의 「천인심성합일지도」에 보이는 유교적 '신체-얼굴'처럼, 한반도라는 시공간 속에서 한국적인 에토스에서 독특한 〈사상 '신체-얼굴'〉을 형성하였음을 조명해보고자 하였다. 이 점은 동아시아 사상사에서도 독자적이라는 점을 윤곽적으로 보여주었다.

여기서 밝힌 조선의 〈사상 '신체-얼굴'〉은, 비유적으로 말하자면, 한국사상에 저류하는 '경' 사상, '천인무간'-'인내천' 사상, '통'사상을 어머니로 하고, 중국 발신의 지식인 성리학=신유학을 아버지로 하여 꽃 피운 아이라고 할 수 있다. 잘 살펴본다면 이 아이는 아버지보다 어머니를 더 닮았다고 해야 할지 모른다. 일찍이 범부 김정설은 이렇게 이야기 한 적이 있다. 예전에 소동 즉 어린 사환들이 상전에게 드릴 소반(밥상)을 이고 가는데, 이것을 머리에 인 채, 밥상에서 손을 떼고 얼음을 탄다는 데서 신묘함을 느낀다. 만일 잘못해서 상전의 밥상을 엎어버린다면 제 목이 날아갈는지 모르는데 소동들은 그것에 개의치 않고 얼음타기에 몰두한다는 말이다. 이런 점에 주목하여 그는 조선 「여자의 물동이」와 「소동의 밥상」은 조선 전래의 '멋(제작=풍류)'의 본지를 엿볼 수 있는 '동공이곡(同工異曲)'이라 한다. '동공이곡'이란 「기량은 같으나 그 정취는 다르다(즉 처리하는 방법은 같아도 그 결과에 있어서는 차이가 난다)」는 말이다. 범부는 '멋(제작=풍류)'이라는 '동공'에서 「여자의 물동이」와 「소동의 밥상」이라는 다양한 형태=현상이 빚어져 나옴을 말하고자 하였다. 결국 그는 '조선의 겨레는 물동이의 모성과 밥상의 부성, 이 양친의 자손'이라 단언한다.[75]

이러한 은유적 비유를 중국사상사에서 살펴본다면, 오경웅(吳經熊)이 쓴 『선(禪)의 황금시대』에서, 중국에서 새로 태어난 불교인 '비범한' 아이인 선(禪)이 아버지인 불교보다도 어머니인 도가사상을 더 닮았다고 표현한 예를 들 수 있다.[76] 이 은유로부터 퇴계학을 평가한다면, 퇴계학은 주자학인 아버지보다도 '경'-'천인무간'/'인내천'-'통' 사상이라는 어머니 쪽을 더 닮았다고 평가해 볼 수 있다. 한반도라는 시공간 속에서 한국적인 에토스를 바탕으로 꽃피어난, 독특한 〈사상

---

75) 金凡父, 「朝鮮文化의 性格(제작에對한對話秒)」, 최재목 · 정다운 편, 『凡父金鼎卨短篇選』, (선인, 2009), 28쪽.

76) 「선(禪)은 심오한 도가의 통찰력에다 그것과 비슷한 불교의 통찰, 거기에 진리를 전파하려는 사도적 정열을 지닌 불교의 추진력이 가세해 생겨난, 말하자면 도가사상이 최고로 활짝 피어난 모습이라고 할 수 있다. 불교를 아버지라고 한다면 도가사상이야말로 이 비범한 아이의 어머니다. 그리고 이 아이는 아버지보다 어머니를 더 많이 닮았다는 사실을 숨길 수 없다.」(吳經熊, 『禪의 황금시대』, 류시화 옮김, (경서원, 1993), 35쪽.)

'신체-얼굴'>은 아울러 새로운 시대를 열고, 새롭게 기획된 세계로 나아가기 위한 철학의 실천적 매뉴얼화이자 한국이라는 시공간에서의 사유-신체가 자신감 있게 '독립'하고 '직립보행'하고자 하였던 것을 의미한다.

　퇴계는 새로운 삶과 사회와 국가 경영의 기법 즉 문을 열고 찾아들어가는 기법을 익히라고 하여, 암호를 푸는 방법을 「성학십도」의 형태로 집약하였다. 아울러 그는 권근의 〈사상 '신체-얼굴'〉에 인류세계를 리드할 '지(智)' 즉 '지성'을 보다 뚜렷이 확립하고, 강조한다. 그 지성은 '인의예'(仁義禮)를 모두 '간직하고(=내장하고) 있다'는 '장(藏)'의 의미로 나아가 '지장(智藏)'을 부각시켰고, 더 나아가서는 '원(元)'-'목(木)'-'봄(春)'에 앞서는 '정(貞)'-'수(水)'-'겨울(冬)'의 의미를 새롭게 발견하고 적극적으로 재해석하는 성과를 이루었다. 이 점 또한 한국이라는 시공간 내에서의 사유-신체 즉 〈사상 '신체-얼굴'〉의 성숙이라고 할만하며, 향후 재조명할 필요성이 있다고 본다.

02 / 退溪思想과 '거울'의 隱喩

1. 들어가는 말

「이제는 돌아와 거울 앞에 선/내 누님같이 생긴 꽃이여.」라는 서정주의 시 「국화 옆에서」에 나오는 거울처럼, 거울(鏡, mirror)은 여인들이 화장을 하거나 머리를 곱게 매만지고 옷매무새를 가다듬을 때 사용하는 생활필수품 중의 하나이다.

거울은 빛의 반사를 이용하여 물체의 형상을 비추어 보는 도구로서, 표면이 평평한 유리판 뒷면에 수은(水銀)을 바르고 그 위에 습기를 막기 위하여 연단(鉛丹)을 칠한다. 이것은 현대적 의미의 거울을 의미한다.

국어사전의 '거울'이란 항목을 살펴보면, 보통 〈㉠빛의 반사를 이용하여 물체의 모양을 비추어 보는 물건 ㉡어떤 사실을 그대로 드러내거나 보여 주는 것을 비유적으로 이르는 말 ㉢모범이나 교훈이 될 만한 것〉이라고 정의되어 있다. 그리고 한자의 자전(字典)에서는 '경(鏡)' 자를 〈㉠거울, ㉡모범(模範), ㉢본보기, ㉣안경, ㉤비추다, ㉥비추어보다〉등의 뜻으로 하고 있다. 이처럼 거울에는, '비추어보다/비추다' → '본보기' → '모범' 등의 뜻이 문화사, 생활사, 지성사와 맞물려 중층적이고도 복합적인 의미가 갖춰지게 되었다.

「밝은 거울은 모습을 비춰보는데 쓰이고, 지난날은 오늘을 가늠하는데 도움이 된다.」[1]는 말이 있듯이, 거울은 '물건'으로서의 의미만이 아니고, 자신과 마주하는 남(타자)으로서의 '인간', 그리고 사건의 흐름으로서 '역사'를 비유하기도 한다. 마치 당 태종이 '구리 거울'(銅鏡)(=面鏡), '역사 거울'(古鏡)(=史鏡. 歷史), '사람 거울'(人鏡)(=인물)의 세 거울(三鏡)을 상정하였듯이[2] 거울의 은유는 역사가 진전됨에 따라 여러 방면으로 확장되고 있음을 알 수 있다. 그것은 종교나 철학사상사에도 예외 없이 은유(隱喩, metaphor)로서 활용된다.

그렇다면, 이 거울의 문제가 한국의 사상사에서는 어떻게 부각되고 있을까? 이 논문에서는 이러한 문제의식을 갖고 퇴계(退溪) 이황(李滉. 1501~1570)의 사상에 보이는 '거울'의 은유에 초점을 맞춰 고찰해보고자 한다.

지금까지의 퇴계연구가 '학설' '교리'를 논리적으로 재구성하는데 치중되어 왔다면, 이 논문은 '문화사'와 '지성사'의 호흡을 통해 퇴계 사상의 숨은 일면을 발굴해 내는데 초점을 둔 '또 다른 형식의 퇴계 사

---

1) 韓嬰, 『漢詩外傳』권5: 夫明鏡者, 所以照形也, 往古者, 所以知今也.
2) 吳兢, 『貞觀政要』권2, 「任賢第三 · 魏徵」: 太宗後嘗謂侍臣曰: 「夫以銅爲鏡, 可以正衣冠, 以古爲鏡, 可以知興替, 以人爲鏡, 可以明得失. 朕常保此三鏡, 以防己過. 今魏徵殂逝, 遂亡一鏡矣.」 같은 구절이 『舊唐書』권71, 「魏徵傳」에도 실려 있다.

상'[3]으로서 하나의 시론적(試論的) 성격을 갖는다.

불교를 제외한 동아시아 유학사상사에서 '거울'을 은유로, 부분적이 아니라 전체적으로, 사상을 구축하고 있는 경우는 퇴계가 단연 돋보인다고 생각한다. 예컨대 중국사상사에서 양명학에서는 '정금(精金)의 비유'[4]가 등장하긴 하지만 거울의 비유는 보이지 않는다. 주자학에서도 거울의 비유가 보이긴 하지만 그 예들이 체계화된 형태로 표현되어 있지는 않다. 일본사상사에서도 양명학의 개조(開祖)로 불리는 나카에 토쥬(中江藤樹. 1608-1648)의 경우 『감초(鑑草. 카가미쿠사)』(1647年) 같은 저작이 있긴 하나 퇴계의 경우처럼 '남성-주체' 일반의 덕성함양을 겨냥한 것은 아니라 '부녀자의 교훈서'라는데 특징이 있다.[5]

한마디로 퇴계 사상은 '거울(鏡)'의 은유로 구축되어 있다고 해도 과언이 아니며, 그 정점에 놓여 있는 것이 퇴계 59세(1559년)에 편집한[6] 『고경중마방(古鏡重磨方)』이라 생각된다. 이것은 고대 이래 중국

---

3) '다른 형식의 퇴계 사상'이란 말은 葛兆光의 '다른 형식의 사상사'[거자오광(葛兆光), 『사상사를 어떻게 쓸 것인가』, 이연승 옮김, (경산: 영남대학교출판부, 2008), 73쪽]라는 말에서 얻은 힌트이다.

4) 王守仁, 『傳習錄』 上.

5) 『鑑草』는 불효자에게는 천벌이 내려진다는 因果論을 포함하여 여성들을 위한 교훈서로 효행, 節操를 지킴 등 8개의 주제를 들고 그 주제에 대해서 일반적인 해설을 붙이고, 이어서 그 주제에 관한 故事를 들고 거기에다 中江藤樹 자신의 논평을 덧붙이는 형태를 취한다. 양명학의 明德思想과 佛敎思想을 일체화한 「明德佛性」개념을 기본 그의 인생관과 종교관을 반영한 저술이다(이에 대해서는 渡部武, 『中江藤樹』, (東京: 淸水書院, 昭和51年), 150-160쪽, 그리고 崔在穆, 『東アジア陽明學の展開』, (東京: ぺリカン社, 2006), 371-3쪽 참조).

6) 신귀현은 「『고경중마방』과 수양론」에서, 퇴계의 16세손 李野淳(호는 廣瀬)의 『퇴계선생연보보유』를 참고한 權五鳳의 「退溪家年表」(權五鳳, 『退溪學研究叢書』제2집, (서울: 여강출판사, 1989) 所收)에 따라 『고경중마방』을 59세(1559년)의 저작

에서 만들어져 전수된 여러 성현들의 명(銘), 잠(箴), 찬(贊)을 한데 모아 엮어 '수양방법론'으로 활용하고자 했던 것으로, 일찍이 신귀현 은 퇴계의 『고경중마방』을 '수양론'적 측면에서 주목한 바 있다.[7] 이 연구를 제외한다면 퇴계사상을 거울의 은유라는 각도에서 조명한 예 는 거의 없다.

사실 퇴계사상에서 거울의 은유는 단지 『고경중마방』에 머물지 않 는다. 그가 자연 속에서 자신을 성찰한 시집 『퇴계잡영(退溪雜詠)』 (40대 후반-50대 전반)[8] · 『도산잡영(陶山雜詠)』(57세-66세) · 『도 산십이곡(陶山十二曲)』(63세, 1565년) 등의 시, 총 22편의 편지를 편 집한 『자성록(自省錄)』(58세, 1558년), 17세의 소년왕 선조가 자신을 성찰 · 연마하여 국정에 온전히 힘쓰도록 하기 위해 신유학의 도설, 이론을 모아 열 폭의 그림으로 편집한 『성학십도(聖學十圖)』(68세, 1568)는 모두 거울의 은유로 짜여 있다. 이들 주요 저작의 근저에는 퇴계 학문의 결정체라 할 수 있는 '경(敬)'의 심학적 수양 방법론이 놓

으로 보고 있다(신귀현, 「『고경중마방』과 수양론」, 『퇴계이황, 예 잇고 뒤를 열어 고 금을 꿰뚫으셨소」, (서울: 예문서원, 2001), 112쪽). 참고로 퇴계 문인 한강(寒岡) 정구(鄭逑)가 쓴 『고경중마방』서문에는, 「이 시는 주자가 임희지를 보내면서 지은 시 다섯 수 가운데 한 수이다. 퇴계가 손수 잠명을 베껴 쓰시고 이 시의 첫 구절의 뜻을 취하여 책의 이름으로 삼은 것이다. 배우는 자들은 여기에서 체득함이 있을 것이다. 이 시를 책머리에 실은 것은 책을 펼침에 공경스럽게 읽어 이 책이 이렇게 이름 붙여진 뜻을 알도록 하기 위함이다. 만력 정미(1607) 6월 일, 문인 정구 삼가 기록」(右, 朱夫子宋林熙之詩, 五首中一首, 李先生手寫箴銘, 取此詩首句之義以名之, 學者其有以體之哉, 玆弁諸首, 使開卷敬瓿, 知此書所以得名之意云, 萬曆丁未六月日, 門人鄭逑敬識)이라 되어 있어 '만력 정미(1607) 6월'에 간행되었다고 보는 수도 있 다.
7) 신귀현, 「『고경중마방』과 수양론」, 같은 책, 참조.
8) 이에 대해서는 이황, 『퇴계잡영』, 이장우 · 장세후 옮김, (서울: 연암서가, 2009)[이 하, '이황, 『퇴계잡영』'으로 약칭], 4-5쪽, 15쪽 참조.

여있다. 그래서 퇴계의 이러한 심학적 수양 방법론을, '경서(經書)·성현(聖賢)·리(理)'를 강조하고,

「리(理)와 하나 되는 '거울을 단 고요한 마음'[9]의 지향」이라 표현하는 것도 가능할 것이다.

『퇴계잡영』과 『도산십이곡』은 '고인의 예던 길'·'성현의 말씀', 그리고 천지자연의 변화의 이치를 담은 성실한 '자연'을 자신의 거울로 삼아서 노래한 것이었고, 『자성록』은 '스스로를 돌이켜보기 위한 것'이고, 『고경중마방』은 '성현이 남긴 잠언(箴言), 경계의 말씀(警句)을 거울로 삼아 자신을 반성하기 위한 것'이었고, 『도산잡영』은 퇴계마을에서 자신을 자연이라는 거울에 비추어보고 그 느낌을 읊은 것이었으며, 그의 만년의 사상을 함축한 편저 『성학십도』는 그것을 올리는 글(「진성학십도차(進聖學十圖箚)」) 속에서 밝히듯이 17세의 소년왕 선조가 '깊게 생각하고 익히며(思之習之), 참되게 실천하며(眞踐履之), 반성을 정밀하게 하며(省察者愈精愈密), 끊임없이 실천하는(反復終始)'[10] 자료로 삼으라는 것이었다.

---

9) 이 점을 양명과 비교한다면 다음과 같이 표로 정리하여 표현할 수가 있다(최재목, 『퇴계심학과 왕양명』, (서울: 새문사, 2009), 29쪽).

〈표1 퇴계심학과 양명심학의 비교〉

退溪 心學	居敬的 心學	經書聖賢理 강조	理⊃心 (心의 긴장엄숙)	敬 거울을 단 고요한 마음	古鏡重磨方
			理와 하나 되는 心		
陽明 心學	致良知的 心學	主體個性心情 강조	理⊂心 (心의 자유자연)	良知 태양 같은 활발한 마음	六經皆史論
			理를 창출하는 心		

10) 이동건은 「退溪先生의 自己革新」이란 글에서 퇴계 『성학십도』의 핵심을 '깊게 생

이 논문에서는, 먼저 「거울, mirror, 鏡, 監 · 鑑의 의미」를 살펴보고, 이어서 「동양사상과 '인간의 마음에 대한 탐구'로서 거울의 은유」를, 마지막으로 「퇴계사상과 '거울'의 은유」를 『퇴계잡영』, 『도산십이곡』, 『자성록』, 『고경중마방』, 『성학십도』 등을 중심으로 서술할 것이다.

2. 거울, mirror, 鏡, 監 · 鑑의 의미

1) 우리 문학 속의 거울

거울은 한편에서 어떤 사물을 그대로 드러내거나 보여 주는 것으로 은유되기도 하지만, 다른 편에서는 모범이나 교훈이 될 만한 본보기의 뜻으로 사용되기도 한다. 이 두 가지가 중첩되며 서로 다른 흐름을 형성하기도 한다. 따라서 거울은 문학에서도 중요한 소재가 된다. '거울'은 '사물과 인간을 있는 그대로 비추는 것' → '자아성찰'의 의미를 갖는다. 그래서 명경지수(明鏡止水: 밝은 거울과 잔잔한 물)는 삶의 이상이 된다.

시인 이상(李箱. 1910~1937)은 '거울'이란 시에서 「거울아니었든들내가어찌거울속의나를만나보기만이라도햇겠오.」라고 했다. 그리고 윤동주(尹東柱. 1917~1945)는 그의 시 '참회록'에서 「파란 녹이 낀 구리 거울 속에/내 얼굴이 남아 있는 것은 (중략) 밤이면 밤마다 나의

각하고 익히고, 실천하고 반성하고, 실천을 거듭하는(思之習之, 眞踐反復, 反復終始)' 것으로 요약하고 있다(이동건, 「退溪先生의 自己革新」, 『2008 동계 초등 1급 정교사 자격연수 · Ⅰ』, (대구: 대구광역시교육연수원, 2008), 5쪽 참조).

거울을/손바닥으로 발바닥으로 닦아 보자.// 그러면 어느 운석(隕石) 밑으로 홀로 걸어가는/슬픈 사람의 뒷모양이/거울 속에 나타나온다.」라 했다. 이들 거울은 근대 이후 우리가 흔히 보는 유리제 거울이다.

그런데, 윤동주의 시 '자화상'에서 「산모퉁이를 돌아 논가 외딴 우물을 홀로 찾아가선 가만히 들여다 봅니다./우물 속에는 달이 밝고 구름이 흐르고 하늘이 펼치고/바람이 불고 가을이 있습니다.//그리고 한 사나이가 있습니다.」라고 한 데서 알 수 있듯이, '우물'과 같은 사물을 비출 수 있는 '고인 물(止水)'의 종류가 '밝은 거울'(明鏡)에 비유되는 경우도 있다. 아마도 거울의 원초적 형태는 이런 수경(水鏡)이었을 것이다.

2) 거울의 출발, '물거울'(水鏡)

거울의 역사를 압축한다면, 유리 거울 이전에는 금속 거울(靑銅鏡 등)이 있었고, 금속 거울 이전에는 수면에 자기 모습을 비추어보는 물거울(水鏡)[11]이 있었다. 그리스 신화에 요정 에코의 사랑을 거절한 나르시스(Narcissus)가 물에 비친 제 모습에 반하여 죽은 다음에 수선화로 환생한다[12]는 것에서, 자기(자아)도취증 즉 '나르시즘(narcissism)'이라는 말이 생겨났다. 여기에는 거울의 기원이 되는 '물거울(水鏡)'의 발견이 암시되어 있다.

---

11) 물거울 즉 수경(水鏡)은 '물이 물체의 모양을 있는 그대로 비추다'는 뜻이다. 여기서 보통 ① '거울처럼 사물(事物)을 거짓 없이 그대로 비추다'(→ '사사로움이 조금도 없다'), ② '사물을 냉철하게 판단하여 남의 모범이 되다'는 것을 비유할 때 쓰인다.

12) 한국교육문화사, 『원색세계대백과사전』, (서울: 교육문화사, 1994), 5쪽.

[그림 1] 물 거울로 사용되던 그릇(우측) 한국교육문화사,
『원색세계대백과사전』, (서울: 교육문화사, 1994), 5쪽.

동양의 경우, 물거울은 '맑은 거울과 고요한 물'(→ 티 없이 맑고 고
요한 심경)이란 뜻의 '명경지수(明鏡止水)'란 용어로 그 의미가 유전
되고 있다. 명경지수는 이상적 마음, 최고 단계의 심성이며, 이런 심성
은 범인들의 마음을 밝히는 거울에 비유되어 '귀감, 본보기'로 풀이된
다. 『명심보감(明心寶鑑)』이라는 말이 그 좋은 예이다.

[그림 2] 王宏源, 『漢字字源入門』(北京: 華語敎學出版社, 2004), 139쪽

그런데, 물거울=수경과 같은 자연물이 아닌, 인간이 제작한 최초의
거울은 아마도 돌을 갈아 만든 '돌거울=석경(石鏡)'이라 생각되지만,

이에 대한 증거는 흔치 않다.[13] 돌거울 보다도 우리가 흔히 발견할 수 있는 것은 '그릇에 물을 채워 얼굴을 비춰보는 형태'(=監/鑑)[14]이다. 이후, 앞서서 언급하였듯이, (청동, 철, 은과 같은) 금속제[15] 거울이 등장하고, 그 다음에 유리제 거울이 등장하다가 오늘처럼 다양한 형태의 거울이 보편화되기에 이른 것이다. 이러한 과정들은 동서양에 걸쳐 거의 비슷한 과정을 겪었다고 추정되지만[16] 세부적인 사항에서는 서양과 동양(중국, 한국, 일본 등)의 각 지역적 여건에 따라 조금씩 양상을 달리 하고 있다.[17]

나아가서 거울은 재료나 제작 기법의 변화, 거울의 확산과 교역 등 사회문화사적 의미를 갖는다. 아울러 거울의 발견은, 동양이든 서양이든 간에, 사회문화사적 의미에 그치지 않고, 정신사 · 철학사상사적 맥락에서도 매우 중요한 의의를 갖는다. 즉, 거울은 '신의 형상을 비추는 도구'라는 긍정적인 면이든 '(나르시스와 같은) 환상을 보여주는 경계해야 할 대상'이라는 부정적인 측면이든 간에, 인간 내면(정신, 심리)

---

13) 이에 대해서는 추후 보완함.
14) 이에 대해서는 高明 編,『古文字類編』, (北京: 中華書局, 1980), 518쪽의 '鑑' 자 항목을 참조.
15) 거울 감(鑑)-경(鏡) 자에 모두 금(金) 자가 붙어 있는데, 쇠붙이로 만든 거울에는 청동, 철, 은 등이 다 포함된다. 하영삼이「중국 고대의 청동기 문화의 청동 제조법이 반영된 글자가 '금(金)' 자이다. 지금은 황금이란 뜻으로 더 많이 쓰이지만 옛날에는 청동을 지칭하는 단어로만 쓰였다. 그래서 청동기에 새겨진 문자를 금문(金文)이라 하며, 금(金) 자는 아직도 쇠를 대표하는 그자로 쓰이고 있다. 쇠, 즉 금속과 관련된 모두 금(金)을 부수로 하고 있다.」(하영삼,『연상 한자』, (서울: 예담, 2004), 200쪽)고 하는 부분이 참고가 된다.
16) 네이트 백과사전(http://100.nate.com/dicsearch/pentry.html?s=K&i=265886&v=42)(검색일자: 2009.7.20)과 〈작가 김우영의 소설속 명언 산책(거울)-2〉(http://cafe.daum.net/munyemaeul)(검색일자: 2009.7.20)을 참조.
17) 한국교육문화사,『원색세계대백과사전』, 5-6쪽을 참조 바람.

의 존재방식과 관련해서도 적지 않은 영향을 미쳐왔다.[18] 좀 더 구체
적으로, 서양에서는 거울이 주로 '자기 존재(자아, 주체)의 확인'에 관
여하고, 동양에서는, 기본적으로는 명경지수(明鏡止水)란 말에 잘 나
타나 있듯이, 이상적 인간의 마음(the mind of the perfect man) · 초
탈함(detachment)을 상징하는 경지[19]로 나아가기도 한다.

3) 거울, mirror, 鏡, 監 · 鑑에 대하여

우리말 '거울'의 어원에 대해서는 여러 가지 설이 있다. 첫째, '거꾸
로'라는 설. 거울에 얼굴을 비추어 보면 좌우가 바뀌어 보인다. 그래서
거울을 '거꾸로'라는 뜻의 '거구루'로 불렀는데, 거구루 → 거우루(「석
보상절」에 나오는 형태) → 거울의 변화과정을 거쳐 거울로 굳어졌다
고 본다. 둘째, 거울이 생기기 전에는 얼굴을 비추에 볼 수 있는 것이
개울이었으므로 거울이 만들어졌을 때 '개울과 같은 노릇을 하는 물
건'이라는 뜻에서 개울로 부르다가 거울로 바뀌었을 것이라 본다. 셋
째, 우리나라 초기의 거울은 구리(銅)로 만들어졌는데, 굴-갈-걸은
모두 구리를 뜻하는 어근으로, 굴은 구리, 갈은 칼, 걸은 거울로 진화
했다는 것이다.[20]

---

18) 사빈 멜쉬오르 보네, 『거울의 역사』(원제: Histoire du Miroir), 윤진 옮김, (서울:
   에코리브르, 2001). 문학작품 속에서의 거울의 의미와 그 변천에 대해서는 http://
   report.paran.com/report/view.hcam?no=10702800(검색일자: 2009.7.20)을 참
   조.
19) Joseph K. S. Chow, *DETACHMENT IN THE PHILOSOPHY OF WANG YANG-
   MING: THE CONCEPT OF LIANG-CHIH*, (New Jersey: Drew University, 1981),
   p.1 참조.
20) http://cafe.daum.net/knou9509(검색일자: 2009.7.20) 참조.

거울의 영어 단어 'mirror'의 어원은 '보다'라는 뜻의 라틴어 'mirare'
라 하기도 하고, '신기하게 여기다'·'궁금해 하다'·'이상하게 여기
다'라는 뜻의 라틴어 'mirari'와 관련이 있다고도 한다. 어느 쪽이든, 자
기 자신을 궁금하게 여기고, 보고 싶어 하는 본능에서 거울을 발견하
고, 거울을 보는 행위가 시작되었을 것이라는 추측은 가능하다.

한자(漢字)로 거울을 뜻하는 글자는, '경(鏡)'과 '감(監·鑑)'이란
글자가 있다. 우선 '경(鏡)'은 쇠 금(金) 부와 음을 나타내는 경(竟)이
합하여 이루어진 글자이다. 『설문해자(說文解字)』에는

> 거울 경(鏡) 자의 뜻은 볕 경(景)[21]와 같다. 볕 경(景)이란 빛 광(光)
> 자의 뜻이다. 쇠붙이(金)가 빛이 있을 때 물체[物]를 비출 수 있는 것을
> 거울(鏡)이라고 한다. (中略) 경(鏡)은 또한 감(鑒)이라고도 한다.[22]

라고 해설하고 있다.

가토 죠켕(加藤常賢)의 『한자의 기원(漢字の起源)』에는 다음과 같
이 말한다.

> 왕균(王筠)이 "시(詩)에는 이것을 감(鑒)이라 말한다. 줄여서 감(監)
> 이라 한다. 경(鏡) 자는 대개 진한(秦漢)의 글자이다."(說文句讀)라고
> 말하듯이, 진한(秦漢) 경에 만들어진 글자이다. 본디 '감(監)'은 '물거
> 울(水鏡)질을 하다'는 의미의 글자이며, '감(鑒)'은 금속으로 만든 거울

---

21) 景은 '그늘'이라는 뜻이 있으며, 여기서 물건의 모양을 나타내기도 하여, '뚜렷하
   게 비치는 것'을 의미한다.
22) 鏡, 景也, 景者, 光也, 金有光可照物謂之鏡, (中略) 鏡亦曰鑒.

(鏡)의 글자이다.[23]

가토는 경(鏡) 자는 진한(秦漢)의 글자로 보고, 그 이전에는 감(鑒)
자가 쓰였는데, '감'은 원래 '물거울(水鏡)질을 하다'는 뜻이고, 재료는
금속이었다고 추정한다. 아울러 시라카와 시즈카(白川靜)의 『자훈(字
訓)』에는 이렇게 말한다.

경(鏡)은 옛날에 감(監)·감(鑑)이라고 썼다. 감(監)은 와(臥)와 명
(皿)을 합한 것이다. 명(皿)은 반(盤)[24]. 수반(水盤)[25] 위에서 보면 물
거울(水鏡)이 되기 때문에 감(鑑)이라고 한다. 은주(殷周)의 그릇에는
부인용의 반(盤)이 많고, 그 반의 바닥에는 용(龍)이나 거북[龜] 또는
고기 등을 문양으로 보탠 것이 있다. 반에 물을 채우면 그들 문양이 살
아 움직이듯 일렁댄다. 「오왕부차감(吳王夫差監)」과 같이 감(監)이라
고 일컬어지는 것이 있다. 동경(銅鏡)도 빠른 시기에 만들어졌고 최근
발굴된 은(殷)의 부호묘(婦好苗)에서도 다면(多面) 동경(銅鏡)이 출
토되었다. 경(鏡)·감(鑑)은 견모통전(見母通轉)의 글자이고 광(光)·
경(鏡)도 성의(聲義)가 가깝고, 경(景)·경(鏡)은 원래 동성(同聲)의
글자였다. 그림자 비침(影見. かげみ)이 '거울'이 되는 것처럼, 영(影.
yang)과 경(鏡. kyang)도 첩운(疊韻)의 글자이다. 광(光. kuang)도 경
(鏡)과 소리(聲)가 가깝다.[26]

---

23) 加藤常賢, 『漢字の起源』, (東京: 角川書店, 昭和60), 350-1쪽.
24) 평평하고 큰 그릇. 큰 쟁반. 받침으로 사용하는 그릇.(옮긴이 주)
25) 사기나 쇠붙이로 만든, 바닥이 편평하고 운두가 낮은 그릇. 주로 물을 담아 꽃을
    꽂을 때 쓴다.(옮긴이 주)
26) 白川靜, 『字訓』, (東京: 平凡社, 1987), 205쪽.

시라카와는 '물거울(水鏡)' → 수반(水盤)='감(監)·감(鑑)' → '경(鏡)'으로 변화한 것으로 본다. 또한 시라카와는 『字統』에서도, 경(鏡) 자에 대해 「성부(聲符)는 경(竟). 옛날에는 수감(水鑑)을 사용하였기에, 감(鑑)에도 그 뜻이 있다.」[27] 운운 하고, '감(監)' 자에 대해서 「와(臥)와 명(皿)으로 되어 있다. 명(皿)은 반(盤)의 형체. 수반(水盤)에 마주해서 그 모습을 비춘다는 뜻으로 위에서 비추어보는(監) 것, 또 물거울(水鑑)의 뜻으로 감(鑑)의 초문(初文)이다.」[28]라고 하여, 거울의 뜻이 '물거울'에서 비롯되었음을 지적하고 있다.

따라서 서양의 나르시즘이나 동양의 물거울(水盤 → 水鏡·水鑑)이나 모두 인간 자신의 겉모습을 있는 그대로 비춰보는 것에서 출발하고, 나아가서 그 겉모습 뒤에 감춰져 있는 자신의 속내의 표현으로서의 '표정, 감정, 심리' 그리고 심층 심리 등을 탐구하는 방향으로 진화해 온 것이다. 시간이 쌓일수록 거울은 그만큼의 많은 의미의 중층과 복합성을 갖게 되고, 인간 삶의 언어체계 속에서 주요한 '은유'로 자리매김한 것이다.

이처럼 거울이라는 한 '형태'가 탄생하여 우리 삶과 지성사 깊숙이 들어오기까지에는, 말하자면 「탁월한 기술과 직감력을 지닌 공예가나 장인(匠人)들, 혹은 예민한 감각으로 삼라만상에 깃들어 있는 눈에 보이지 않는 '영력(靈力)'을 느낄 수 있는 수많은 사람들이 존재」[29]했음을 잊어서는 안 된다.

---

27) 白川靜, 『字統』, (東京: 平凡社, 1984), 201쪽.
28) 白川靜, 『字統』, 129쪽.
29) 스기우라 고헤이, 『형태의 탄생』, 송태욱 옮김, (서울: 안그라픽스, 2005), 265쪽.

3. 동양사상에서 '인간의 마음에 대한 탐구'로서 '거울'의 은유

유불도를 막론하고 동양사상 일반에서 거울의 은유는 중요한 역할을 한다. 결론부터 말하자면, 『장자(莊子)』에 잘 드러나듯이 도가에서는 (이상적 인간인 성인(聖人)이 초탈한 경지에서) 사물을 있는 그대로를 비춤'이라는 무위자연(無爲自然)의 모범을 은유하고, 유가에서는 '인간의 내면·덕성(=明德) 혹은 개체 심신 수양(修身)의 외적 모범'을 은유하고, 불가에서는 '마음 혹은 마음의 텅빔(空함)'을 은유하고 있다.

『장자(莊子)』「내편(內篇)」·제5, 「덕충부(德充符)」에는 '거울(鑑)' 이야기가 나온다. 즉 장자는 공자의 말로서 「사람은 흘러가는 물에는 비춰 볼 수가 없고 고요한 물에 비춰 보아야 한다. 오직 고요한 것만이 고요하기를 바라는 모든 것을 고요하게 할 수 있다(人莫鑑於流水 而鑑於止水 唯止能止衆止)」라는 말을 들고 있다. 이어서 형벌을 받아 다리가 잘린 신도가(申徒嘉)가 한 말 가운데 「듣건대 거울이 밝으면 먼지가 끼지 못하고, 먼지가 끼면 거울이 밝지 못하네. 어진 사람과 오래도록 함께 있으면 허물이 없어진다고 하네(鑑明則塵垢不止 止則不明也 久與賢人處 則無過)」라는 구절을 든다.[30] 여기서 '맑은 거울(明

---

30) 『장자』「덕충부」에는 장자가 공자의 말을 빌려 자신의 생각을 피력하는 형식으로 '거울'에 대한 언급을 한다. 명경지수(明鏡止水)란 원래 '무위(無爲)의 경지'를 가리켰다. 이후 그 뜻이 변하여 '순진무구한 깨끗한 마음'을 의미하게 된다. 『장자』「덕충부」에는 우선, 「노(魯)나라에 죄를 지어 다리를 잘린 왕태(王駘)라는 사람이 있었는데, 그를 따라 배우는 사람이 공자의 제자 수와 같았다. 공자의 제자가 그에게 사람들이 모여드는 까닭을 묻자, 공자는 다음과 같이 대답하였다. "사람은 흘러

鏡)과 고요한 물(止水)'이란 '명경지수(明鏡止水)'라는 구절이 유래한
다. 어쨌든 도가는 '무위(無爲)의 경지'를 '거울'에다 비유한다. 그래서
원래 '수반(水盤)이 대상을 비추는 것'='물거울(=水鏡)'이라는 의미
를 갖는 '감(鑑)' 자를 쓴다. 사물의 있는 그대로를 나타내는 '자연(自
然)'-'존재(存在, sein)'의 면이 인간에 적용되면 '어떤 사실을 있는 그
대로 드러내거나 보여 주는' 지인(至人)(=聖人)의 사심 없는 공정한
마음을 은유한다. 여기에는 '거울(鏡)' 자가 사용된다. 즉, 『장자』 「내
편」· 第7, 「응제왕(應帝王)」에는 다음과 같이 말한다.

> 지인(至人)의 마음을 씀은 거울(鏡)과 같다. 보내지 아니하고 맞이
> 하지 아니하고, 응하여 감추지 아니하며, 그러므로 만물에 견디어 상하
> 지 않을 수 있다.[31]

가는 물에는 비춰 볼 수가 없고 고요한 물에 비춰 보아야 한다. 오직 고요한 것만
이 고요하기를 바라는 모든 것을 고요하게 할 수 있다(人莫鑑於流水 而鑑於止水
唯止能止衆止).",라는 내용이 있다. 이어서 나오는 이야기는 이렇다. 「신도가(申
徒嘉)는 형벌을 받아 다리를 잘린 사람으로 정자산(鄭子産)과 함께 같은 스승을
모시고 있었다. 정자산이 신도가에게 말하였다. "내가 먼저 나가거든 자네가 머물
러 있고, 자네가 먼저 나가면 내가 머물러 있음세." 이튿날 같은 방에 자리를 함께
하고 있을 때 정자산은 또 신도가에게 말하였다. "내가 먼저 나가거든 자네가 머물
러 있고, 자네가 먼저 나가면 내가 머물러 있기로 하세. 지금 내가 나가려고 하는
데, 자네는 머물러 있겠는가, 나가겠는가. 또 자네는 집정(執政) 하는 나를 보고도
피하지 않으니 자네도 집정하는 나와 같단 말인가?" 이에 신도가가 말하였다. "선
생님 문하에서 집정이란 세속적 지위가 문제가 되는가? 자네는 자기가 집정임을
내세워 사람을 무시하고 있네. 듣건대 거울이 밝으면 먼지가 끼지 못하고, 먼지가
끼면 거울이 밝지 못하네. 어진 사람과 오래도록 함께 있으면 허물이 없어진다고
하네(鑑明則塵垢不止 止則不明也 久與賢人處 則無過). 세상에는 잘못을 변명하
는 사람은 많으나 제 잘못을 인정하면서 그로 인해 받는 죄를 마땅하다고 생각하
는 사람은 적네" 하며 정자산을 꾸짖었다.」
31) 『莊子』·「內篇」· 제7, 「應帝王」: 至人之用心若鏡, 不將不迎, 應而不藏, 故能勝物
而不傷.

지인(至人)=거울(鏡)은 물거울과 같이, 만물이 오면 맞이하고 떠나면 그대로 보내준다. 일부러 맞이하거나 붙잡지 아니한다. 그처럼 사물에 속박 당하거나 구애받지 않는 '초탈함(detachment)의 경지'[32]이다.

이후 중국사상사의 유가, 불가에서 이러한 명경지수라는 거울의 은유를 활용한다. 다시 말해서 이 거울의 이미지는 거울 그 자체의 본래적 역할인 〈ⓒ 어떤 사실을 그대로 드러내거나 보여 주는 것〉이다. 그러므로 거울이 별도의 목적-가치를 갖는 것은 아니다. 『장자』 「내편」 · 제1, 「소요유(逍遙遊)」에서는 「지인(至人)은 자기(己)에 대한 집착이 없고, 신인(神人)은 공로(功)에 대한 집착이 없고, 성인(聖人)은 명예(名)에 대한 집착이 없다.」[33]고 하듯이, 거울은 자기(己)에 대한 집착이 없는 것이다. '나'라는 것이 없다.

그렇다면, 예컨대 독일의 야코프 그림(Jacob Grimm)과 빌헬름 그림(Wilhelm Grimm) 형제가 쓴 『백설공주』(Schneewittchen) 가운데, 「새 왕비는 날마다 마법의 거울 앞에 서서 물었어요. "거울아, 거울아, 이 세상에서 누가 가장 예쁘지?" 그러면 언제나 거울은 왕비님이라고 대답했어요. 그러던 어느 날, 마법의 거울이 말했어요. "이 세상에서 백설공주가 가장 아름답지요." 새 왕비는 너무 화가 나서 참을 수가 없었어요.」라는, 우리에게 잘 알려진 대목에 보이는 거울의 '나는 생각한다(Cogito)'는 특성을 갖는 것과 분명히 다르다는 점을 인지할 수 있다.

---

32) Joseph K. S. Chow, 앞의 책, p.1.
33) 『莊子』 · 「內篇」 · 제1, 「逍遙遊」: 至人無己, 神人無功, 聖人無名.

『장자』이후에 도가, 그리고 불가에서는 명경지수(明鏡止水)란 말을 써서 허(虛)와 무(無)를 표현하고자 노력하였다. 특히 불가의 선종(禪宗)에서는, 거울은 '마음'의 상징이다. 마음이 텅 비어야 '깨달음(悟)'의 경지에 들어갈 수 있다.

이 마음=거울의 은유로 잘 알려진 것이 바로 신수(神秀)와 혜능(慧能)의 게송이다. 신수는, '마음은 밝은 거울일세'(心如明鏡臺)라고 하여, '마음=밝은 거울'이라고 읊으며 '수양'의 중요성(時時勤拂拭)을 강조했다. 이에 대해 혜능은, '밝은 거울 또한 받침대가 없네'(明鏡亦無臺)라고 하여, '마음=텅빈 것=공(空)'을 읊으며 '본성(본체)'의 청정함(佛性常淸淨)을 드러내고자 하였다. 이 두 시는 마음=거울로 생각하는 경향의 좋은 대비를 이룬다. 신수의 마음=거울은 '부지런히 털고 닦아서 맑은 마음에 티끌과 먼지가 끼지 않도록 하여야 하는 것'이고, 혜능의 마음=거울은 '완전한 것이어서 항상 깨끗하니 티끌과 먼지가 끼지 않는 것'이었다. 즉,

> 몸은 깨달음에 나무요
> 마음은 밝은 거울일세.
> 부지런히 털고 닦아서
> 티끌과 먼지가 끼지 않도록 하여야 하리.
> 身是菩提樹
> 心如明鏡臺
> 時時勤拂拭
> 莫使有塵埃

이어서 혜능(慧能)의 게송이 등장한다.

> 보리는 본래 나무가 없고,
> 밝은 거울 또한 받침대가 없네.
> 부처의 성품은 항상 깨끗하거니,
> 어느 곳에 티끌과 먼지가 있으리오.
> 菩提本無樹
> 明鏡亦無臺
> 佛性常淸淨
> 何處有塵埃

이 이야기의 줄거리는, 신수는 마음이 거울인 줄은 알았으나 그 마음이 본래 없는 것=텅 빈 것이라는 것을 아직 깨닫지 못한 반면, 혜능은 마음-거울-공(空)이라는 깨달음을 보여주었다는 것이다. '본성(본체)'-'수양'의 관계 방정식을 '거울'-'티끌(塵埃)'의 은유로 논의한 것인데, 이후 이 논의방식은 선시(禪詩)를 비롯한 선가에서 혹은 신유학(新儒學, Neo-Confucianism)에서 '거울-티끌-공'이라는 은유 형태로 단골 메뉴처럼 등장한다.

이외에도 불교에서는 여러 경전에 수많은 거울이 비유가 등장한다.[34] 이들의 핵심은 대체로 앞서 지적한대로 '마음 혹은 마음의 텅빔

---

34) 『대승기신론(大乘起信論)』에서는 거울의 네 가지 상황을 예로 든다. 거울에 먼지도 없고 또 거울 앞에 비출 것도 없는 것과 같은 아무 번뇌망상도 일어나지 않은 그러한 상태가 본각(本覺)의 일면이 된다. 번뇌가 없는 데서 끝나는 것이 아니라 마음의 진여라는 거울이 사물을 지어서 비추지 않고 있는 그대로 비추는 그러한 본각의 일면도 있다. 사물을 있는 그대로 비추는 본각의 거울이 멍한 상태로 반사

(空함)' 등을 은유하기 위한 것이다.

불가와 도가에 대항하면서 새로운 논리 무장을 하게 되는 송(宋)의 신유가(Neo-Confucian)에 이르면 유학자들이 도가나 불가(특히 禪家)의 영향을 받아 통상적으로 명경지수(明鏡止水)란 말을 사용하지만, 그 본래의 허 · 무라는 뜻은 소실되고 '고요하고 담담한 마음(심정)'을 주로 은유하게 된다. 예컨대, 영락(永樂) 13년(415년)에 호광(胡廣) 등 42명의 학자가 왕명을 받고 편찬한『성리대전(性理大典)』

만 하는 것이 아니라 우주전체를 다 밝게 하는 지혜와 일치하게 비추는 본각의 일면도 있고, 우주지혜와 일치하게 비추는 본각의 거울이 그저 지혜만 생각하는 것이 아니라 모두에게 좋고 유익한 일이 생기게 하는 힘이 나도록 비추는 그러한 본각의 일면도 있다. 이외의 거울의 속성과 부합하는 불교교리의 개념을 간추려보면 다음과 같다.「거울은 모든 사물을 거짓 없이 있는 그대로 비추어 내므로 여래의 大圓鏡智에 비유된다./거울은 사물의 선악, 미추, 흑백, 대소, 장단, 染淨을 차별 없이 모두 비추어 내므로 무분별심, 평등성에 비유된다./거울은 사물이 다가와도 거부하지 않고, 사물이 가버려도 집착하지 않으므로 무심, 무념, 무애, 무집착에 비유된다./거울은 비어 있으면서도 사물을 비추어 내는 것이 무궁무진하므로 眞空妙有에 비유된다./거울은 아무리 많은 사물을 비추어도 거울 자체에는 변함이 없으므로 불생불멸, 不朽不淨, 不增不減에 비유된다./거울은 대상이 나타나면 시간적 차이를 두지않고 즉각적으로 비추어 버린다. 또한 대상이 가버릴 때도 즉각적으로 대상의 자취를 남기지 않는다. 거울의 이러한 즉각적인 작용은 頓悟의 성격에 비유된다./거울 속의 영상은 실체가 없는 것이므로 無自性, 空에 비유된다./거울 속의 영상은 빛, 거울, 대상이 인연화합하여 나타난 것이므로 緣起의 이치에 비유된다./거울(空)과 영상(色)의 관계는 불가분의 관계이므로 색즉시공, 공즉시색에 비유된다./가운데 사물을 개입시키고 두개의 거울을 마주 비추면, 한 거울에 다른 거울의 영상이 비치고, 그 영상이 상대거울에 비치고, 이것이 또 상대거울에 비쳐서, 거울 속에 수많은 형상이 나타나는 것은 相卽相入, 事事無碍에 비유된다./가운데 사물을 개입시키지않고 두개의 거울만을 마주 비추면, 양쪽거울은 영상을 맺지 않는데, 이는 禪에 있어서 師資相承이나 깨달은 사람끼리의 이심전심의 道에 비유된다./여러 거울이 서로서로 비추는 것은 重重無盡한 法界緣起에 비유된다./거울이 자기의 뒷모습을 비추지 못하는 것은 자각의 어려움을 상징한다.」(이 내용은 이성렬,「禪思想에 있어서 거울의 比喻와 象徵意味에 대한 研究」, 동국대학교 석사학위 논문, (서울: 동국대학교 대학원, 1994)에서 간추린 것임).

권32의 「심」에 관한 항목을 살펴보면 이미 송대의 성리학자들이 '마음[心]'을 일반적으로 '거울'에 비유했음을 알 수 있다.

정자(程子)가 말했다. "성인(聖人)의 마음은 명경지수(明鏡止水)이다."

(程子)曰, 聖人之心, 明鏡止水.[35]

주자가 왕자합(王子合)에게 답하여 말하였다. "마음은 거울과 같다. 다만 티끌이 덮지 아니하면 본체가 스스로 밝아 사물이 다가오면 비출 수 있다."

(朱子)答王子合曰, 心猶鏡也, 但無塵垢之蔽, 則本體自明, 物來能照.[36]

잠실(潛室) 진식(陳埴)이 말했다. "사람의 마음은 거울과 같아서 사물이 다가오면 감응하고 사물이 지나가 버리면 그 이전과 같이 자재하다, 사물이 다가오기 전에 미리 나가서 마중하지 않고, 사물이 떠나갈 때 배웅하지 아니 한다. 다만 제 자리에 있으면서 감응하고, 감응하면서 제자리에 있다."

潛室陳氏曰, 人心如鏡, 物來則應, 物去依舊自在, 不曾迎物之來. 亦不曾送物之去, 只是定而應, 應而定.(『性理大典』권32, 「性理四」「心」)[37]

---

35) 『性理大典』권32, 「性理四」「心」/ 『性理大典』影印本, (서울: 保景文化社, 1988), 534쪽.
36) 『性理大典』권32, 「性理四」「心」/ 같은 책, 537쪽.
37) 『性理大典』권32, 「性理四」「心」/ 같은 책, 547쪽.

이처럼 『성리대전(性理大典)』에서 보듯이, 마음을 거울에 비유하는 것은 이미 『장자』에서 보이고, 불교에서는 여러 경전에 등장해온 것들이다. 송대 성리학자들은, 수용적이든 비판적이든 간에, 도가 · 불가의 이론에 오리엔테이션되면서, 자신들의 논리를 개발하는 형태로 유가적인 마음(심) 이론을 심화, 확장시켜온 것이다.

『근사록(近思錄)』제5, 「극기편(克己篇)」에는 이렇게 말한다.

> 성인의 마음은 본래 노여움이 없다. 비유컨대 맑은 거울과 같아서 좋은 물건일 때에는 좋게 보이고 악한 물건일 때에는 악하게 보일 뿐이다. 거울이 어찌 좋아하고 미워함이 있겠는가.
>
> 聖人之心, 本無怒也, 譬如明鏡, 好物來時, 便見是好, 惡物來時, 便見是惡, 鏡何嘗有好惡也[38]

이처럼 거울은 '반성, 성찰, 내성'의 은유로서 혹은 '타고난 자기 내면의 밝은 덕성(明德)'의 은유로써 인간이 모범이나 교훈이 될 만한 것을 본보기 삼아 스스로를 성찰하고, 고양해 가는 이른바 '작위(作爲)', '당위(當爲, sollen)'의 면이 드러난다. 『명심보감(明心寶鑑)』의 '보감(寶鑑)'이라는 말이 그 좋은 예이다.

이처럼 동아시아 사상사(특히 중국사상사)에서 보여지는 '거울'을 통한 '마음-수양'이라는 은유의 각축전은 사실 유불도 삼교의 융합의 산물로서 동아시아 무형의 '공동 유산'으로 평가할만하다.

일찍이, 구보타 료온(久保田量遠)이 그의 『지나유불도교섭사(支那

---

38) 『近思錄』제5, 「克己篇」

儒佛道交涉史)』(한글번역판『中國儒佛道三敎의 만남』) 「서문」에서,
「무릇 삼교의 관계는 실로 광범위하여 불교와 유교, 유교와 도교, 도
교와 불교와 같은 대응적 교섭이 주류를 이루고 여기에 수반하여 허
다한 사항들이 파생하였으며, 형이상학적으로 또는 형이하학적으로
종횡무진하게 교류를 하였다.」[39]고 밝혔듯이, 동아시아 사회에서 유
교와 불교 도교는, 정도의 차이가 있긴 있지만, 기본적으로 혼합주의
(Syncretism)의 성격을 띠는 형태로 전개돼왔음은 주지의 사실이다.
불교가 중국에 전래한 이래, 기존의 도교와 유교가 합세하여 삼자(유
불도)의 갈등, 대립, 화해, 상호침투는 자연스레 이뤄졌으며, 이러한
종교 간의 융합과 소통을 토대로 송대의 신유학, 나아가서 명대 중엽
양명 심학에서 혼합주의의 절정을 보여준다.[40]

퇴계는 문인 조기백(趙起伯)의『대학』에 관한 한 질문에「무릇 성인
의 마음은 명경지수(明鏡止水)와 같다.」[41]고 대답한 적이 있다. 기본
적으로 퇴계학에서도 그가「활인심방법(活人心方法)」을 애용했던 것
처럼, 일반적으로 신유학이 그러했듯이, 유불도 삼교 합일이라는 사상
사적 배경을 공유하면서 당시 조선이라는 지역 공간에서 '거울의 은
유'를 새롭게 '영유'(領有. appropriation)[42]하고자 한 의의를 인정할

---

39) 구보타 료온,『中國儒佛道三敎의 만남』, 최준식 옮김, (서울: 민족사, 1990), 3쪽.
40) 송명대의 유불도 삼교 합일에 대해서는 임영효(진광),『憨山의 三敎合一思想 硏
   究』, 영남대학교 대학원 박사학위논문, (영남대학교 대학원, 2008.12), 32-45쪽
   참조. 아울러, 이러한 동아시아의 혼합주의(Syncretism)에 대한 것은, 菊地章太,
   「シンクレティック東アジア」,『儒敎 · 佛敎 · 道敎：東アジア思想空間』, (東京：講
   談社, 2008)을 참고 바람.
41)『退溪先生文集』권38(『(增補)退溪全書』권2, 277쪽).
42) 퇴계의 양명학 비판도 퇴계 나름의 '마음[심]'이란 담론의 새로운 영유, 재구축이
   라는 점에서 이해할 수 있다.(이 점에 대해서는 최재목,「이퇴계의 양명학관 - 퇴

수 있다.

4. 퇴계사상과 ‘거울’의 은유

퇴계는 늘 자신을 비추어볼 거울을 필요로 했다. 그가 ‘자신’을 비추어 보는 것은 우선 지극히 성실하여 쉼 없는(至誠不息) 변화와 질서의 모범으로서 ① 우리 눈앞에서 살아 움직이는 ‘천지자연’이다. 그리고 그 천지자연의 이법과 인간의 도리를 범인(凡人)을 대신하여 선지자(先知者)로서의 ② 성현(聖賢)이 서술한[述]한 ‘말씀’이었다. 이 말씀은 성현들의 실천(=「예던 길」[43])을 담은 살아있는 ‘언어’였다. 「도는 형상이 없고(道無形象), 하늘은 말씀이 없다(天無言語)」.[44] 그래서 우리는 그 ‘천(天)’·‘도(道)’의 표현(언어와 형상)을 성현의 말씀과 행동을 통해서(매개로 해서) 인식할 수 있다. 사물의 근저에 있는 ‘본질적인 것’(=宗)은 곧 바로 알 수가 없고 선지자의 ‘가르침’(=敎)을 통해서 드러나는 법이다.

퇴계의 ‘거울의 은유’에는 내 내면의 작은 거울인 ‘덕성’(=明德)(ⓐ), 그리고 그것을 비출 수 있는 큰 거울인 ‘자연(의 이치)’와 그것을 잘 서술하고 있는 ‘성현(모범적 인격=타자)의 말씀(경전=언어)’(ⓑ)이 중첩되어 있다. ⓐ를 ⓑ에 비추어 봄으로써 항상 ‘나’를 일신(日新)

_____

계의 독자적 ‘心學’ 형성 과정에 대한 一試論 -」, 『퇴계심학과 왕양명』을 참고 바람.)
43) 「도산십이곡」중 제3곡.
44) 李滉, 「進聖學十圖箚」첫머리의 말.

시켜가고자 한다.

1) 『자성록(自省錄)』의 경우

서양의 경우에도 아우구스티누스(Augustinus, Aurelius. 354-430)
의 『고백록(Confessions)』[45]같은 것이 있어 신을 찬양하며 죄를 고백
한다.

그런데, 이퇴계의 『자성록』은 신에 대한 죄의 고백이 아니라, 남(타
인)에 대한 자신의 실천의 미흡함에 대한 '부끄러움'을 극복하려는 집
요한 자아성찰과 인격연마에 있다. 퇴계의 '부끄러움'에 대한 고백은,
마치 시인 윤동주가 그의 서시 「하늘을 우러러 한점 부끄럼 없기를/잎
새에 이는 바람에도 나는 괴로워했다.」는 표현에 가까우리만큼, 자기
반성적-성찰적이다.

『자성록』은 언뜻 명상록이나 반성문처럼 생각할 수도 있지만 실은
학문적인 내용이 주류를 이루고 있다. 자성의 결과를 기록한 것이 아
니라 평소 그의 제자들 등에게 쓴 편지를 자성의 자료로 삼기 위하여
모아놓은 일종의 서간문 편집서인 『자성록』은 총 22편의 편지로 구성
되어 있다. 이 대부분은 『퇴계문집(退溪文集)』에 그대로 실려 있으며,
퇴계의 주저라 할 만큼 그의 학문과 인간적 면모를 잘 보여주는 주요
자료로 평가된다.[46] 『자성록』은 그 서문 말미에 「嘉靖戊午, 端午後一

---

45) 아우구스티누스는 초기 기독교의 교부이며 철학자이다. 『고백록(Confessions)』
   은 아우구스티누스의 많은 저서 가운데 가장 많이 알려지고 가장 많이 읽히는 기
   독교의 중요 고전 중의 하나이다. 이 책에서는 그는 하느님 찬양을 통해 자기의
   '죄'를 고백하고 있다.

46) 최중석 역주, 『이퇴계의 자성록』, (서울: 국학자료원, 2003), 4-5쪽, 11-12쪽 참조.

日, 退溪老人識」이라고 있어, 그가 58세 되던 1558년 단오 다음날에 쓴 것으로 보인다.

퇴계는 「김돈서(=富倫)에게 답함(答金惇敍)」에서

　선생의 마음은 밝은 거울이 여기에 있어서 스쳐지나가는 사물이 저절로 비쳐지지 않음이 없는 것과 같아서, 거울이 물건을 따라가서 비추는 것이 아닙니다. 대개 사물이 스쳐 지나가면 비쳐지는 것은 태양이 하늘 한 가운데서 빛나 만상을 두루 비추는 것과 같습니다.[47]

라고 하여 '마음'을 물건을 비추는 '거울' 또는 하늘 한 가운데서 만상을 두루 비추는 '태양'에 비유하고 있다.

　이처럼 퇴계는 항상 마음에다 거울을 달고 있듯 '벗들과 더불어 편지를 주고받으며 강구한' 내용에 대해 말과 행동의 불일치를 경계하고, 자신이 언급한 말에 대해 책임을 되짚어볼 생각으로 예전의 편지를 '손으로 베껴 책상 옆에다 두고 때때로 살펴보고 거듭 반성하기를 그치지 아니 하였다.'고 한다. 즉,

　옛날에 말을 함부로 하지 않았던 것은 실천이 따르지 못함을 부끄러워했기(恥) 때문이다. 이제 벗들과 더불어 편지를 주고받으며 강구함에 말을 하게 된 것은 어쩔 수 없이 그렇게 된 것이지만, 스스로 부끄러움(愧)을 이기지 못하겠다. 하물며 이미 말한 뒤에 상대방은 잊지 않았는데 내가 잊은 것이 있고, 상대방과 내가 함께 잊은 것이 있다. 이는 부

---

47) 若先生之心, 則如明鏡在此, 物之過者, 自無不照, 非鏡逐物而照也, 盖物過而照者, 如大明中天, 而萬象普照.

끄러운(恥) 일일 뿐만 아니라 거의 거리낌이 없음에 가까운 것이라서 매우 두려워할(懼) 만하다. 그 동안 예전의 상자를 찾아 편지의 원고가 남아 있는 것을 손으로 베껴 책상 옆에다 두고 때때로 살펴보고 거듭 반성하기(時閱而屢省之)를 그치지 아니 하였다. 원고가 없어서 기록하지 못한 것도 그 가운데 있을 것이나, 그렇게 하지 않는다면(=살펴보고 거듭 반성하지 않는다면) 모든 편지를 다 기록하여 권과 질을 이룬다 해도 역시 무슨 도움이 되겠는가?[48]

이와 같이 자신의 지난 언행을 '거울'로 두고 현재를 반성하고 경계하는 행위에서처럼 '거울의 은유'가 『자성록』의 저면을 관통하고 있다. 『자성록』서문의 '부끄러움(恥) → 부끄러움(愧) → 부끄러움(恥) → 두려움(懼)'이란 어법에서 볼 수 있듯이, 퇴계는 자신의 삶의 근저에서 타자(남, 언어)에 대해 늘 '부끄러움-두려움'을 의식하고 있었음을 알 수 있다.

『자성록』에서 보이는 사물이 저절로 비쳐지는 '거울'과 같은 단계로 고양된 마음이란 바로 그의 '경(敬)'에 철저했던 학문적, 실천적 태도와 맞닿아 있는 것이다.

---

48) 古者言之不出, 恥躬之不逮也, 今與朋友講究往復, 其言之出, 有不得已者已, 自不勝其愧矣, 況旣言之後, 有彼不忘而我忘者, 有彼與我俱忘者, 斯不但可恥, 其殆於無忌憚者, 可懼之甚也, 間搜故篋, 手寫書藁之存者, 置之几間, 時閱而屢省之, 於是而不替焉, 其無藥不錄者, 可以在其中矣, 不然, 雖盡錄諸說, 積成卷帙, 亦何益哉, 嘉靖戊午, 端午後一日, 退溪老人識.

2) 『고경중마방(古鏡重磨方)』의 경우

옛 성현들은 시시각각으로 마음을 갈고 닦기 위해 경계하는 글인 명(銘)[49]과 잠(箴)[50]을, 아울러 좋은 일은 칭송하는 글인 찬(贊)[51]을 책상, 벽, 거울, 침실, 심지어는 세숫대야나 지팡이에까지 쓰고 새겨서 잠시라도 정신적 수행과 자기도야의 고삐를 늦추지 않았다.[52]

『고경중마방』에 수록된 70편의 잠, 명, 찬의 저자는 총 25명인데,[53] 이들을 시대별로 구분하면 상(商)대에 1명, 주(周)대에 2명, 당(唐)대에 2명이 속하며 나머지 20명은 전부 송(宋)대의 인물이다. 그리고 본문의 구성을 보면 총 70편의 잠, 명, 찬 중에서 잠이 13편, 명이 53편,[54] 찬이 4편으로, 명이 전체의 대부분을 차지하고 있다. 25명의 저자 중 무왕, 장재(張載, 1020~1077, 호는 橫渠), 오징으로부터는 각각 5, 2, 7편의 명이, 장식(張栻, 1133~1180, 호는 南軒), 주희, 진덕수(眞

---

49) 돌, 나무, 쇠붙이 등에 새겨서 마음을 경계하고자 한 글을 말함.
50) 벽 등에 붙여서 마음을 다스리고 경계하고자 한 글을 말함.
51) 어떤 대상에 대해 칭송하고 기리고자 한 글을 말함.
52) 이황 편저, 『고경중마방 : 퇴계선생의 마음공부』, 박상주 역해, (서울: 예문서원, 2004), 5쪽 참조.
53) (1) 成湯(商), (2) 武王(周), (3) 周廟(周), (4) 崔子玉(宋), (5) 魏下蘭(?), (6) 白居易(唐), (7) 李至(宋), (8) 劉禹錫(宋), (9) 司馬君實(宋), (10) 范堯夫(宋), (11) 魏華父(宋), (12) 范益謙(?), (13) 韓退之(唐), (14) 眞西山(宋), (15) 伊川(宋), (16) 橫渠(宋), (17) 呂與叔(宋), (18) 長思叔(宋), (19) 范蘭溪(宋), (20) 晦菴(宋), (21) 長南軒, (22) 吳草廬(宋), (23) 陳茂卿(宋), (24) 何文定公(宋), (25) 王魯齊(宋). 이들을 시대별로 구분하면 商代에 1(成湯), 周代에 2(武王 및 周나라 사당인 周廟), 唐代에 2명(白居易, 韓退之)이고 2명(魏下蘭, 范益謙)은 확인되지 않으나 송대에 속하는 것으로 추정되므로 나머지 20명은 전부 송대 출신이다.
54) 銘은 제목상으로 54편이지만, 이들 중 주희의 敬齊銘은 원래 敬齊箴의 誤記이므로 명에서 제외하여 잠에 포함시켰다.

德秀, 1178~1235, 호는 西山)로부터는 각각 10편, 22편, 5편의 잠 · 명 · 찬이, 그리고 나머지 저자로부터는 세 가지 중 어느 하나만이 채택되어 있다. 이를 통해 우리는 중국에 있어서 잠, 명, 찬의 전수와 발전 과정은 물론 이것들을 중요한 수양방법론으로 수용한 송대 심학의 연원을 파악할 수 있는 단서를 찾을 수 있을 것으로 생각된다.[55]

신귀현은 「퇴계학의 학문 이념을 『성학십도』에서, 그리고 그 실천과 수양의 방법론을 『자성록』에서 주로 발견하지만, 이제까지 별로 소개되지 못한 이 『고경중마방』은 『자성록』을 보충하는 중요한 자료로 간주될 뿐만 아니라 그 내용 또한 특별한 수양론적인 의의를 지니고 있다.」[56]고 하였다.

퇴계는 역대 여러 성현들의 명(銘), 잠(箴), 찬(贊)을 한데 모아 『고경중마방(古鏡重磨方)』이란 책을 엮었다. 문인 한강(寒岡) 정구(鄭逑)가 쓴 서문에 보면, 퇴계는 주자가 임희지를 보내면서 지은 시 다섯 수 가운데 한 수인 다음 시를 한 수를 손수 베껴 쓰고 그 첫 구절 「고경중마요고방(古鏡重磨要古方)」에서 「古鏡重磨方」 다섯 자를 뽑아 책이름으로 정했다고 한다.[57]

옛 거울 거듭 닦음에 옛 방법을 구하니
눈 밝아짐이 왠듯 해와 빛을 다투고
내 본래 집 찾아가는 길을 분명히 바로 깨쳐주네.

---

55) 신귀현, 「『고경중마방』과 수양론」, 앞의 책, 115쪽 참조.
56) 신귀현, 「『고경중마방』과 수양론」, 앞의 책, 124-5쪽.
57) 각주 6)의 문인 정구의 서문 참조.

여기 지금 내 정든 곳[幷州]⁵⁸⁾을 가리켜 고향이라 하지 마오.

古鏡重磨要古方

眼明偏與日爭光

明明直照吾家路

莫指幷州作故鄉⁵⁹⁾

주자의 시 첫 구절의 '고경(古鏡)'은 일반적으로 풀이하듯 '밝은 덕
성(=明德)'을 의미하는 것이다. '거듭 닦는다(重磨)'는 것은 명덕을
'밝힌다(明)'는 것이고, 수기(修己)=수신(修身)의 '닦는다(修)'는 뜻이
다. '닦는다'는 '갈고 닦는다'는 것, 즉 '학문이나 재주 따위를 힘써 배
우고 익히다'는 말이고, '때, 먼지, 녹 따위의 더러운 것을 없애거나 윤
기를 내려고 거죽을 문질러 깨끗하게 만들다.' '길 따위를 내다, 넓히
다, 고르다'는 등등 의 뜻을 비유하는 것이다. '때가 끼고 녹이 쓴 것'은
'제2의 고향=속세(의 마음)=병주'이며, 원래 '깨끗한 것'은 '본래 고향

---

58) 중국 당(唐) 나라의 시인 가도(賈島. 777-841. 字는 浪仙, 하북성 范陽 사람)가 병
주(幷州)에 오래 살다가 떠날 때 '상건(桑乾)'이란 강을 건너면서, 그가 오랫동안
머문 곳 병주를 그리워하는 시 〈도상건(度桑乾)〉을 지었다. 여기서 '병주지정'(幷
州之情) 혹은 '병주고향'(幷州故鄉)(혹은 竝州故鄉)이란 말이 유래하였다. '병주'
라고 하면 '오랫동안 머물러 정이 든 곳', '진짜 고향이 아니라 한 곳에 오래 머물러
습성화 되고 체질화 되어 버린 제 2의 고향'을 말한다.
  客舍幷州已十霜 나그네로 병주에 머물기 어언 10년
歸心日夜憶咸陽 돌아가고파 밤낮으로 고향 함양을 생각하였노라.
無端更渡桑乾水 뜻하지 않게 상건강을 건너 더 먼 곳으로 가게 됨에
卻望幷州是故鄉 돌아서 병주 쪽 바라보니 오히려 거기가 내 고향 같으이.
지금까지 10년 동안 고향에 돌아가고 싶다는 마음으로 살아온 병주(幷州) 땅이긴
하지만, 이번에 상건강을 건너 더욱 북쪽으로 가게 되어 병주를 뒤돌아 보니까, 거
기가 흡사 고향인 듯이 그리워지더라는 내용이다.
59) 이 시는 지금까지 여러 가지로 번역이 되어 왔지만 필자가 다시 번역하였다.

=내면=덕성'이다. '거듭 닦음'(重磨)은 내면의 수행과 자기도야를 의미한다. 그리고 '옛 방법'이란 예전부터 전해 내려오는 방법이며, 그런 방법에 의해 세속의 때가 묻은 '여기 지금 내 정든 곳[幷州]의 마음'을 벗어나 '내 본래 집 찾아가는 길'을 바로 깨칠 수 있음을 말하는 것이 시의 내용이다.

퇴계는 주자 시의 본질을 「고경중마방」이란 키워드로 축약하여 자신의 편집서 제목으로 삼은 것이다. 퇴계의 경우, 우리 인간의 밝은 덕성을 밝히는 방법을 불교적인 명상 수행이나 단전호흡과 같은 신체적 수행이 아닌, 명(銘) · 잠(箴) · 찬(贊)과 같은 '성현들의 말씀'에서 찾고 그것을 '거울'로 삼고자 하였다. 즉 여기에는 '내 마음의 거울(=明德)'을 '성현들의 말씀이라는 거울'에다 비추면서 거듭 닦아가는 방법을 택한다. 이런 2중의 작전, 비유하자면 '자전'(=자아연마)과 '공전'(=타자를 통한 연마)을 통해, 너무 때가 찌들어서 잘 닦여지질 않는, 일상적인 욕망과 습벽에 의해 본래의 모습을 상실한 나의 거울을 닦아 나가고자 한다. 퇴계는 『고경중마방』의 결(結)에서 이렇게 시로써 응축시키고 있다.

옛 거울 오래도록 파묻혀 있었기에
거듭 닦아도 쉬이 빛나질 않건만
본래 밝은 것이라 여전히 어두워지지 않는 법.
선현이 남긴 (거울 닦는) 방법이 있어
사람의 삶에 늙고 젊음 할 것 없이
이 일에 스스로 힘씀을 귀하게 여기게.
위(衛)나라의 무공(武公)은 95세에도

(『시경』을 거울삼아 스스로를 닦았다[60])는) 아름다운 가르침을 옥처럼 남겼다네.

> 古鏡久埋沒
>
> 重磨未易光
>
> 本明尙不昧
>
> 往哲有遺方
>
> 人生無老少
>
> 此事貴自彊
>
> 衛公九十五
>
> 懿戒存圭璋

우선 이 시에 대해 문인 정구는 이렇게 말하고 있다.

이 시는 퇴계선생이 손수 잠명의 뒤에 써서 옛 방법으로써 거울 닦는 뜻을 붙인 것이니, 뜻이 진실로 깊다. 옛 사람 가운데 늙어서 그만두지 않은 사람이 어찌 다만 위무공(衛武公) 뿐이겠는가? 우왕(禹王)이 '오직 정밀하게 하고 한결같이 하라'는 교훈을 받았을 때 일흔 세 살이었으며, 무왕(武王)이 경의(敬義)의 글을 받은 때가 87세였다. 요즘 사람 가운데 젊은데도 스스로 포기한 자는 말할 것도 없고, 늙었다고 힘쓰지 않는 자도 말할 것이 없다. 어찌 슬프지 않으리오. 퇴계선생의 시는 또한 진실로 '거울을 닦는 지극한 방법'이겠다.[61]

---

60) 이 부분은 『시경』 「대아」편의 「흰 구슬의 흠은 갈고 닦을 수 있어도 한번 내뱉은 말의 흠은 고칠 수 없다.」(이황 편저, 『고경중마방 : 퇴계선생의 마음공부』, 195쪽)라는 구절로 입을 경계하였다는 말을 뜻한다.

61) 右, 李先生手題箴銘之後, 以寓用古方磨古鏡之義, 意固深矣, 古人之老而不已者, 豈惟武公哉, 大禹受精一之訓, 年七十三歲矣, 武王受經義之書, 年八十七歲矣, 今人

정구의 언급대로 퇴계의 시 자체도 '거울을 닦는 지극한 방법'이 되겠으나, 퇴계는 우리에겐 누구나 밝은 덕성이 있긴 하지만 그것이 '오래도록 파묻혀 있었기에' '거듭 닦아도 쉬이 빛나질 않'는다고 하였다. 그러나 그 명덕은 '본래 밝은 것이라 여전히 어두워지지 않는'다고 하고, 선현이 남긴 거울 닦는 방법에 따라 남녀노소 누구나 '고경중마'에 힘을 쏟을 것을 권한다. 그것은 위(衛)나라의 무공(武公)이 95세에도 『시경』을 거울삼아 스스로를 닦았다는 것처럼 말이다. 따라서 퇴계는 성현·경전의 말씀을 실행하는 방법을 '옛 거울을 닦는 방법'으로 생각했다. 우리의 거울을 닦는 데에 선현·경전을 거울로 삼는 것이다.

『고경중마방』에서 '고경(古鏡)'이 상징하는 것은 무엇인가? 인간의 '마음'이다. 이미 언급한 대로 불교에서 마음을 거울에다 비유한 적이 있다. 마찬가지로 『성경』에서도 마음을 '거울'에다 비유하기도 하지만[62] 퇴계의 경우, 『고경중마방』을 구성하는 잠, 명, 찬과 같은 글들은 일상적으로 접할 수 있는 장소나 기물에 붙여지거나 새겨져 있어 사람들로 하여금 수시로 그 내용에 따라 마음을 가다듬고 반성하게 하는 것들이다. 마치 예술가나 운동선수가 반복된 훈련에 의해 목표를 성취해 가듯이 범상한 우리 인간이 매 순간 올바른 행동을 실천·반

少而自棄者, 固不足云, 老而不力者, 亦已矣, 夫寧不哀哉, 先生之詩, 實亦磨鏡之至方也哉, 逑敬識.

62) 예컨대, 『성경』「야고보서」 1장 22절-25절 : 「너희는 도를 행하는 자가 되고 듣기만 하여 자신을 속이는 자가 되지 말라 누구든지 도를 듣고 행하지 아니하면 그는 거울로 자기의 생긴 얼굴을 보는 사람과 같으니 제 자신을 보고 가서 그 모양이 어떠한 것을 곧 잊어버리거니와 자유하게 하는 온전한 율법을 들여다보고 있는 자는 듣고 잊어버리는 자가 아니요 실행하는 자니 이 사람이 그 행하는 일에 복을 받으리라.」

복함으로써[63] 세속적 기질을 변화시켜 성숙한 이상적 인격에 도달하려는 것이었다. 이러한 수양론은 플라톤 철학이나 불교, 도교에서와 같이 일상생활로부터의 초탈에 의해 인간 본성의 회복과 실현을 추구하는 것이 아니라 인간의 일상적 삶 속에서 인간의 완성을 실현하려 했다는데 의의가 있는 것이다.[64]

3) 『성학십도(聖學十圖)』의 경우

『성학십도』는 글자 그대로 '성학(聖學)'에 대한 것을 열 가지 도圖로서 편집한 것이다. 성학은 보통 '성인이 설한 학문'이나 '성인의 도를 닦는 학문'(유교)의 뜻으로 쓰인다. 『성학십도』에서 말하는 '성학'이란 유교에서 지향하는 이상적 인격자(聖人) 혹은 이상적 통치자(聖君)가 되기 위한 학문의 내용이다.

『성학십도』는, 뒤에서 다시 자세히 언급하겠지만, ① 「태극도(太極圖)」 ② 「서명도(西銘圖)」 ③ 「소학도(小學圖)」 ④ 「대학도(大學圖)」 ⑤ 「백록동규도(白鹿洞規圖)」 ⑥ 「심통성정도(心統性情圖)」 ⑦ 「인설도(仁說圖)」 ⑧ 「심학도(心學圖)」 ⑨ 「경재잠도(敬齋箴圖)」 ⑩ 「숙흥야매잠도(夙興夜寐箴圖)」의 열 개의 도를 편집한 작품이다. 이 가운데 퇴계가 직접 만든 것이 몇 개 있지만 이것도 사실은 모두 타인의 저작 내용에 근거한 것이다. 따라서 퇴계의 『성학십도』는 그의 순수한

---

63) 요즘의 컴퓨터 모형화와 모의실험을 통해 사용자로 하여금 인공적인 3차원 시각적 및 그 밖의 감각적 환경과 상호반응하게 하는 기술인 이른바 가상현실(virtual reality)과도 대비해본다면 흥미롭다.

64) 이 부분은 신귀현, 「『고경중마방』과 수양론」, 앞의 책, 125쪽.

저작이 아니라 그때까지 있어 온 타인의 저작을 창의적 발상에 의해 '열 가지'로 훌륭하게 '편집'해 놓은 것이다.

앞서 역대 여러 성현들의 명(銘), 잠(箴), 찬(贊)을 한데 모아『고경중마방(古鏡重磨方)』을 엮었듯이, 퇴계는 선조에게 올린「성학십도를 올리는 글」즉「진성학십도차(進聖學十圖箚)」에서, 퇴계 자신이 편집한 당시 신유학에서 논의되는 핵심 이론들의 도설을 선조가 '거울'처럼 쳐다보며 자기를 비추어보고 수양을 하여 '성학'을 터득하도록 건의한 것이었다.

옛날의 성군과 명철한 왕들이「소반과 밥그릇·안석과 지팡이·칼과 검·출입문과 들창문에 이르기까지 무릇 눈이 가는 곳과 몸이 처하는 곳 어디나 명(銘)과 계(戒)를 새겨 놓았듯이」신유학자들의 핵심 이론을 요약한 도설에다 자신의 도설을 덧붙여 열 폭으로 편집하여 올린[65] 퇴계의 심정은 아래「진성학십도차(進聖學十圖箚)」에 잘 드러나 있다.

> 판중추부사(判中樞府事) 신(臣) 이황(李滉)은 삼가 두 번 절하고 아뢰옵니다. 신이 가만히 생각하옵건대, 도(道)는 형상이 없고 하늘은 말이 없습니다. (중략) 하물며 군주의 한 마음은 만 가지 조짐이 연유하는 곳이요, 백 가지 책임이 모이는 곳이니, 온갖 욕망이 서로 다투며 온갖 사특함이 차례로 마음을 꿰뚫습니다. 한 가지라도 태만하거나 소홀하여 방종이 뒤따르면, 마치 산이 무너지고 바다가 들끓는 것과 같을 것이니, 누가 그것을 막을 수 있겠습니까? 옛날의 성군과 명철한 왕은 이것을 근심하였습니다. 이런 까닭에 삼가고 노력하며 조심하고 두려워

---

65) 각 도설에 대한 풀이는 최재목,『쉽게 읽는 퇴계의 성학십도』을 참조 바람.

하여 하루하루를 살아가되 오히려 미흡하다고 여겼습니다. 사부(師傅)
의 관리를 정하고 간쟁(諫諍)하는 직책을 만들어서, 앞에는 의(疑)가
있고 뒤에는 승(丞)이 있으며, 왼쪽에는 보(輔)가 있고 오른 쪽에는 필
(弼)이 있으며 수레를 타면 여분(旅賁)의 경계함이 있고, 조회를 할 때
에는 관사(官師)의 법이 있으며, 책상에 기대고 있을 때는 훈송(訓誦)
의 간언(諫言)이 있고, 침실에 들어서는 설어(䙝御)의 잠언(箴言)이 있
으며, 일을 처리함에 있어서는 고사(瞽史)의 인도(引導)함이 있고, 한
가롭게 거처할 때는 공사(工師)의 송(誦)이 있으며, 소반과 밥그릇 · 안
석과 지팡이 · 칼과 검 · 출입문과 들창문에 이르기까지 무릇 눈이 가
는 곳과 몸이 처하는 곳은 어디나 명(銘)과 계(戒)를 새겨 놓지 않은 곳
이 없습니다. 이와 같이 옛 현왕들은 이 마음을 지키고 이 몸을 잘 간수
하는 것이 이와 같이 지극하였습니다. 그런 까닭에 덕은 날로 새로워지
고 공업(功業)이 날로 넓어져서 털끝만한 허물도 없게 되고 크게 이름
을 떨치게 되었습니다. (중략) 미력한 신의 정성으로 무엇을 말씀드려
야 할지를 모르겠습니다. 다만 옛 현인(賢人)과 군자(君子)들이 성학
(聖學)을 밝히고 심법(心法)을 얻어서 도(圖)를 만들고 설(說)을 만들
어, 사람들에게 도(道)에 들어가는 문과 덕을 쌓는 토대를 가르친 것이
세상에 유행하고 있어서 해와 별 같이 밝습니다. 이에 감히 이것을 가
지고 전하게 진달하여, 옛 제왕(帝王)들의 공송(工誦)과 기명(器銘)의
남긴 뜻을 대신하고자 하옵니다. 대개 기왕의 성현들로부터 중요한 교
훈을 빌려서 장래에 유익하도록 하려는 것입니다.[66]

---

66) 判中樞府事臣李滉, 謹再拜上言, 臣竊伏以道無形象, 天無言語, (중략), 而況人主一
心, 萬幾所由, 百責所萃, 衆欲互攻, 群邪迭鑽, 一有怠忽, 而放縱繼之, 則如山之崩,
如海之蕩, 誰得而禦之, 古之聖帝明王, 有憂於此, 是以兢兢業業, 小心畏愼, 日復一
日, 猶以爲未也, 立師傅之官, 列諫諍之職, 前有疑後有丞, 左有輔右有弼, 在輿有旅
賁之規, 位宁有官師之典, 倚几有訓誦之諫, 居寢有䙝御之箴, 臨事有瞽史之導, 宴居

『성학십도』는 '인간의 탄생'(「태극도」) → '천지 · 부모의 보살
핌'(「서명도」) → '아동으로서 할 도리(「소학도」)' → '어른으로서 할
도리(「대학도」) 등등과 같이 인간의 일생에 비추어서 고려할 부분도
있다고 생각된다. 다시 말해서 마치 프랑스의 정신분석학자 자크 라
캉(Lacan, Jacques Marie Emile. 1901~1981)이 유유아의 경상단계(鏡
像段階)를 설명하는 것과 퇴계의 거울의 이미지를 대비시켜 고려하는
것도 가능할 것이다. '프로이트(Freud, Sigmund. 1856~1939)로 돌아
가자'는 것을 모토로 삼았던 라캉은 '생후 6개월에서 18개월(1년 반)
에 이르는 유아(幼兒)'='유유아(乳幼兒)'는 신경계 미발달로 인해 공
복감(空腹感)이나 베드의 딱딱함 등의 개별적인 감각에만 몸을 맡긴
채 자기 신체를 통일적으로 파악해낼 수가 없고, 성장함에 따라 '거울
[鏡]'에서 '자신의 모습'을 보거나 '부모의 모습'을 '(자신의) 거울에
비친 상'[鏡像]으로서 보면서 자기상(自己像)을 확립해간다고 보았
다. 전체의 통일된 신체상(身體像)을 통한 자아가 형성되기 이전의 조
각조각으로 분단된, 생후 6개월에서 18개월에 걸쳐 일어나는 자아 형
성 이전의 변화를 라캉은 경상단계(鏡像段階. stade du miroir)라고
하였다. 거울에 비친 자기 모습은 남(타자)이 본 자신의 모습이며, 눈
에 보이는 부모의 모습은 있는 그대로의 자기 자신이 아니다. 바깥세
계를 매개로 해서 자기상을 형성할 경우, 있는 그대로의 자기 모습은
숨어버리고 타자에 의해 형성된 자기를 받아들이게 된다. 유유아(乳

有工師之誦, 以至盤盂几杖刀劍戶牖, 凡目之所寓, 身之所處, 無不有銘有戒, 其所以
維持此心防範此身者, 若是其至矣, 故德日新而業日廣, 無纖過而有鴻號矣, (중략),
微臣悃愊, 不知所出, 惟有昔之賢人君子, 明聖學而得心法, 有圖有說, 以示人入道之
門, 積德之基者, 見行於世, 昭如日星, 玆敢欲乞以是進陳於左右, 以代古昔帝王工誦
器銘之遺意, 庶幾借重於既往, 而有益於將來,

幼兒)가 경상(鏡像)의 자신을 본다는 것은 다르게 말하면 '타자의 시점에서 자기상을 형성'하는 것이다.

어쨌든, 『성학십도』에 깔려 있는 '거울의 은유'는 성현과 그 언어를 거울로 삼았다는 점에서 『고경중마방』이 가진 문제의식과 상통한다고 할 수 있다.

4) 『퇴계잡영(退溪雜詠)』·『도산잡영(陶山雜詠)』·『도산십이곡(陶山十二曲)』의 경우

퇴계는 평생 동안 참으로 많은 시를 지었다. 지금 확인 된 것만으로 「거의 3,000수」[67]에 이른다. 퇴계를 '근엄한 철학자'로만 기억하고 있는 사람들은 아마도 퇴계의 많은 시를 읽으면 그의 또 다른 면모를 발견하게 될 것이다. 퇴계 스스로 공부에는 '긴수작'(緊酬酌: 철학과 같은 어려운 학문)과 '한수작'(閒酬酌: 시문 예술과 같은 취미활동)이 있는데, 이 두 가지가 다 필요하다고 한 말(퇴계선생의 문집 〈정유일에게 답함〉에 나오는 글)이 있다.[68]

퇴계는 「시가 사람을 그르치는 것이 아니라, 사람이 스스로 그르치는 것이다(詩不誤人人自誤)」[69]라고 하였다. 이처럼, 퇴계는 서구적 의미의 '논리적, 체계적 작업' 몰두한 '철학자'라 하기 보다는 시, 예술, 철학, 정치 등을 통섭하고자 했던 동양의 전통적 인문학자의 표본으로 보는 편이 좋을 것 같다. 왜냐하면 그의 학문 영역은 철학적 논리

---

67) 이황, 『퇴계잡영』, 6쪽.
68) 이황, 『퇴계잡영』, 13쪽.
69) 이황, 「和鄭子中閑居二十詠」 중 4 「吟詩」, 『퇴계잡영』, 258쪽.

구축만이 아니라 문학과 예술, 정치와 문화 등의 다방면에 걸쳐 있기 때문이다.[70]

여기서는 퇴계의 많은 시들 중에서 『퇴계잡영(退溪雜詠)』 『도산잡영(陶山雜詠)』 · 『도산십이곡(陶山十二曲)』에 나오는, '거울의 은유'를 드러내는 범례에 해당하는 것을 뽑아서 소개해보기로 한다.[71]

퇴계는 예안의 온혜(溫惠, 지금의 도산면 온혜동)라는 마을에서 태어나 자랐다. 온혜를 떠난 뒤에도 몇 차례나 가까운 마을로 집을 옮겨가며 살다가 중년(40대 중반) 이후에 비로소 토계(兎溪. 또는 土溪. 지금의 도산동 토계동)라는 마을에 살면서 자신의 호를 퇴계(退溪)라고 고쳤는데, 『퇴계잡영』은 그 토계마을에서만 지은 시를 손수 모아 필사하여 둔 것이다. 최근 이 시집을 이장후 교수, 장세후 박사가 함께 번역하고 주석하여 해설을 붙였다.[72] 『퇴계잡영』은 40대 후반부터 50대 전반에 걸친 시들로 이루어져 있다. 이 시집은 도연명과 같은 은자의 모습이 두드러지기도 하지만[73] 기본적으로 퇴계의 시는 '고인의 예던 길' · '성현의 말씀', 그리고 천지자연의 변화의 이치를 담은 성실한 '자연'을 자신의 거울로 삼아서 노래하고 있다.

이어서 『도산잡영(陶山雜詠)』은 퇴계가 57세부터 66세까지 약 10년 동안 쓴 시 중에서 도산서당 안팎에서 지은 시를 모아 둔 것이다.

---

70) 최재목, 『퇴계심학과 왕양명』, 6쪽.
71) 참고로 퇴계시에 나오는 '경(鏡)' 자는 장세후의 『退溪詩索引』에 따르면, '경포대' 등의 고유명사를 포함하여 57개소가 나온다(장세후, 『退溪詩索引』, (서울: 以會文化社, 2000)57-58쪽).
72) 이 부분의 『퇴계잡영(退溪雜詠)』 시 번역은 이장우·장세후 옮김의 『퇴계잡영』('이황, 『퇴계잡영』)을 참고하고자 한다.
73) 이황, 『퇴계잡영』, 4-5쪽, 15쪽 참조.

마찬가지로 이 시집도 이장후 교수, 장세후 박사가 함께 번역하고 주석하여 해설을 붙여 출간하였다.[74)]

『도산십이곡(陶山十二曲)』은 퇴계 63세(1565년)에 지은 연시조로 모두 12수이며, 전 6곡은 '언지(言志)', 후 6곡은 '언학(言學)'이라 하였다.

아래에서는 주로 이들을 중심으로 서술하고자 한다.

자연 앞에 선 한 인간: 젊은 날은 늙는다. 그것이 자연이다. 46세 이후 퇴계는 향리를 떠나 다시 몇 년간 출사하다가 50세 이후 은퇴, 강학을 하게 된다. 이때 자연과 더불어 사는 정취를 노래한 많은 시들이 쓰여 진다.[75)] 귀향하여 나이가 든 퇴계는 자연 앞에 그런 자각으로 서 있었다. 어린 날 뛰어 놀던 산, 낚시하던 곳, 그런 곳은 이제 나를 알아보지 못한다. 그의 「메네긴소(彌川長澤)」에서는 이렇게 말한다.

> 어릴 적 여기서 낚시하던 일을 오래 돌이켜보네,
> 삼십 년 세월 (이곳) 등지고 속세에서 살았네.
> 나는 시내와 산 모습을 알아 볼 수 있는데
> 시내와 산은 늙은 내 얼굴 반드시 알아보지 못하리.
> 長憶童時釣此間
> 卅年風月負塵寰

---

74) 이 부분의 『도산잡영(陶山雜詠)』 시 전역은, 이황, 『도산잡영(陶山雜詠): 퇴계, 도산서당에서 시를 읊다』, 이장우·장세후 옮김, (서울: 을유문화사, 2005)[이하, '이황, 『도산잡영』'으로 약칭]을 참조.

75) 이에 대해서는 최재목, 「퇴계 '산림 은거'의 현대적 의미」, 『동양철학연구』제33집, (동양철학연구회, 2003)을 참조

我求識得溪山面
未必溪山識老顔[76]

    그리고, 그는 「지난 을해년 봄에 숙부 송재께서 이곳에서 놀다가 상
청량암에 머무실 제, 내가 여러 형제와 함께 와서 모셨더니 이제 느꺼
운 눈물을 금할 길이 없어 이를 써서 모든 조카와 손자들에게 보이다.
두 수(往在乙亥春, 叔父松齋遊山, 寓上清凉庵, 滉與諸兄弟侍, 今來不
勝感涕, 示諸姪孫. 二首)」(『퇴계집』권2)에서는 이렇게 말한다.

    청량산 절(=상청량암) 속에서 옛 일을 추억하니
    총각머리였던 것이 지금에 와선 백발이 되었네.
    학 등에서 굽어보니 산천은 몇 번이나 변했던고
    남긴 시를 거듭 외며 눈물짓네.
    清凉寺裏億陪遊
    丱角如今雪滿頭
    鶴背幾看陵谷變
    遺詩三復涕橫流

    거듭 (이 추억어린 청량산을) 찾으면, 내가 사람임을 깨닫네.
    흐르는 개울과 복숭아꽃은 몇 번째의 봄이런가?
    너희들(=퇴계의 조카와 손자들)도 다른 해 언젠가 내 느낌을 알게
되리라.
    한 때 (나도) 너희와 마찬가지로 소년의 몸이었다는 것을.

---

76) 『퇴계집』권1.

重尋唯覺我爲人

流水桃花幾度春

汝輩他年知我感

當時同汝少年身

소년의 몸은 늙었고, 총각 머리는 백발이 된 퇴계는 추억어린 청량산을 찾아서 자신이 하나의 평범한 인간임을 깨닫는다. 자신의 조카와 손자들을 두고, 「너희들도 나중에 나의 마음을 알 것/한 때 (나도) 너희와 마찬가지로 소년의 몸이었다는 것을.」이라는 말을 한다.

거울로서의 자연: 자연 앞에서 퇴계는 '소년 → 노년'의 변화를 알게 된다. 자연은 바로 인간의 모범적 '거울'이다.

아래 시에 보면, '흐르는 물'을 거울처럼 두고 자신을 '반성'하고 있다.

몸 물러나니 어리석은 내 분수에 편안한데

학문이 퇴보하니 늘그막이 걱정스럽네.

퇴계의 가에 비로소 거처 정하니

흐르는 물 굽어보며 날로 반성함이 생기네.

身退安愚分

學退憂暮境

溪上始定居

臨流日有省

　　－「退溪」[77]

　나아가서 그는 '연못'을 거울로 묘사하기도 한다.

　　거울 열렸네, 연못 만드니(開鏡爲蓮沼)

　　－「溪堂偶興, 十絶」중 3絶[78]

　여기서 '거울'은 광영당(光影塘)을 가리키는 것 같다. 광영당은 퇴계가 경술년에 한서암 앞에다 판 못인데, 주자가 지은 「책을 읽고 느낌이 있어(觀書有感)」란 시의 "반 이랑의 모난 못 거울 하나 열고, 하늘 빛 그림자는 함께 배회하네(半畝方塘一鑑開, 天光雲影共徘徊)"라 한 구절을 따와서 명명한 것이다. 한서암의 광영당은 이 시가 주어진 바로 전해인 경술년 4월에 판 것으로 보인다.[79] 이 우물=거울의 비유는 거울의 원초적 모습인 물거울(=수경)에 해당한다.

　'거울의 은유'는 다음 시에도 잘 드러나 있다.

　　살아 있는 물 하늘과 구름의 그림자와 빛 비추고(鑑)

　　〈책 보는 시〉의 심오한 비유는

　　네모반듯한 연못에 들어있네.

　　내 이제 뜻 얻었네. 맑은 못 가에서,

　　마치 그 당시 감탄 길게 하신 것과 같네.

---

77) 이황, 『퇴계잡영』, 41쪽.

78) 이황, 『퇴계잡영』, 132쪽.

79) 이황, 『퇴계잡영』, 132쪽 및 해설(133쪽 각주 5) 참조.

活水天雲鑑影光
觀書深喩在方塘
我今得意靑潭上
恰似當年感歎長
　－「天雲臺 或云天光雲影臺」[80]

(前略)

눈은 밝은 거울과 같고 마음은 해와 같아

여러 서적 밝게 깨쳐 어리석음 열리기를.

眼如明鏡心如日

燭破羣書啓吝蒙

　－「壬戌立春」[81]

　'살아 있는 물(活水)'이 '하늘과 구름의 그림자와 빛'을 '비추는 것
(鑑)'에 대해 말하고, 또한 '눈은 밝은 거울과 같음(眼如明鏡)'을 말한
다. 퇴계는 '명경지수'를 염두에 두고 『도산잡영』 등에는 '맑은 못[靑
潭]'(「濯纓潭」[82]) '돌 우물[石井]·돌 사이의 우물[石間井]'(「洌井」[83])
등의 표현을 하기도 한다.

　퇴계에서 '명경지수'의 비유는 비교적 이른 시기에 발견된다 즉 그
의 18세 때 쓴 다음 시에는 연못이 '거울'로 비유되고 있다.

---

80) 이황, 『도산잡영』, 85-86쪽.
81) 이황, 『도산잡영』, 190쪽.
82) 이황, 『도산잡영』, 90쪽.
83) 이황, 『도산잡영』, 99쪽.

이슬 젖은 어린 풀 물가에 둘러앉고
작은 연못 맑디맑아 모래마저 없는 듯.
나는 구름 지나는 새 원래 모습 비치는데
때때로 제비들이 물결 찰까 두렵네.
露草夭夭繞水涯
水塘淸豁淨無沙
雲飛鳥過元相管
只怕時時燕蹴波
- 「野塘」[84]

그런데, 이러한 '명경지수'의 비유는 도가나 불가의 은유와는 다르
다.

'선공(禪空)' '도명(道冥)'과 다른 거울의 은유 : 그런데 퇴계의 우물,
연못을 활용한 거울의 은유는, '탕 임금의 세숫대야에 적힌 나날이 새
롭게 경계하라는 좌우명'처럼, 삶의 '모범-본보기'를 얻어내는데 활용
된다.

작은 아이 익숙하고 민첩하게 병에 물 담아오니
얼굴 깨끗이 씻네, 탕임금의 세숫대야에 적힌
나날이 새롭게 경계하라는 좌우명 같이.
小童慣捷提瓶水
澡頮湯盤日戒銘

---

84) 『退陶先生言行通錄』, 권6, 「年譜上」; 『(增補)退溪全書』, 권4, 114쪽.

- 「夏四詠」제1수[85]

이것은 거울을 도가에서 무위자연(無爲自然)의 초탈함으로 풀이하거나 불가에서 공성(空性)을 비유하는 것과는 다르다. 퇴계는 이렇게 말한다.

달 차가운 못에 비치니 하늘 맑고,
그윽한 은자 사는 집 밝은 빛 온 방에 가득하네.
그 가운데 절로 참된 소식 있으니,
불교의 공(空)과 도교의 명(冥)은 아니라네.
月影寒潭玉宇淸
幽人一室湛虛明
箇中自有眞消息
不是禪空與道冥
- 「秋四詠」중 4수 「夜」[86]

퇴계가 표현하고자 하는 '달 차가운 못에 비치니 하늘 맑음'과 같은 이른바 '명경지수' 류의 논의가 인륜일상(人倫日常)의 맥락에 닿아 있지, 결코 '색즉시공(色卽是空), 공즉시색(空卽是色)'과 같은 '선공(禪空)'이나 '도는 그윽하고, 어둑함이여(窈兮, 冥兮)'의 '도명(道冥)'이 아님을 분명히 하고 있다.

퇴계의 시에서는 세월의 변화를 거울로 삼아, 부지런히 공부하는

---

85) 이황, 『도산잡영』, 273-4쪽.
86) 이황, 『도산잡영』, 284-5쪽.

인간상을 도출한다. 그 모범은 성현이고, 배워야할 대상은 '성현의 말씀'이다. '탕반일계명(湯盤日戒銘)'이나 '공성계'(孔聖戒)[87]와 같은 '성현이 남긴 말씀[遺音][88]'은 다름 아닌 '옛 책'(「遺編」[89], 「一巨編」[90]) 속에 들어 있다.

따라서 부단한 탐구를 통해 죽지 않고 살아 있는 '말씀'의 '깊고 그윽한 이치를 발견해[發潛幽][91]' 낼 수 있는 것이다.

까마득한 저 옛날의 성현들께서는
몸은 죽었지만 도는 길이 울리네.
邈彼古聖賢
身死道長鳴
-「和陶集飮酒 二十首」중 7首[92]

성현께서 말씀하신 고요함
해와 같이 밝으니
聖賢說靜明如日
-「和鄭子中閑居二十詠」중 6수(「養靜」)[93]

어찌하여 옛 사람이 책은

---

87) 이황,「濯纓潭」,『도산잡영』, 89쪽.
88) 이황,「改卜書堂得地於陶山南洞」,『도산잡영』, 24쪽.
89) 이황,「天淵臺」,『도산잡영』, 48쪽.
90) 이황,「天淵臺」,『도산잡영』, 86쪽.
91) 이황,「天淵臺」,『도산잡영』, 48쪽.
92) 이황,『퇴계잡영』, 69쪽.
93) 이황,『퇴계잡영』, 263쪽.

나로 하여금 큰 탄식 나게 하는가?

如何古人書

使我發浩歎

-「秋懷, 十一首」중 3수(「養靜」)[94]

도서는 사방의 벽 가득 채우고 있네.

예 사람 지금은 여기 없지만

그 말씀 향기로이 남아있네.

圖書盈四壁

古人不在玆

其言有餘馥

-「寒栖雨後書事」[95]

학이종신(學以終身)의 각오: 퇴계는 관직에서나 병환 중에서나 학문을 소홀히 하는 것을 참으로 부끄러이 생각하고 있었다. 「연보」70세조(1570년) 11월의 항목에는 다음과 같이 있다.

11월에 병으로 피곤하시므로 모든 선비들을 사례하여 보내셨다. 유응견(柳應見)이 정사(精舍)에 있으면서 보내온 세 절구에 화답하신 것이 있는데, 그 중 한 수[96]에 다음과 같이 이르셨다.

---

94) 이황, 『퇴계잡영』, 187쪽.

95) 이황, 『퇴계잡영』, 49쪽.

96) 이 시는 「이득이 정사에 묵으면서 읊은 시 네 절을 보내왔기에 이에 그 셋을 화답하다(而得寓精舍四節見投今和其三)」(『퇴계집』권4)의 두 번째 수이다.

공자 같은 성인도 오히려 마을을 가리는 사람을 잠언(箴言)하셨고
증자는 '글로 모여 서로 도와 인을 이룬다'고 이르셨네.
늙어감에 다시 학문을 함에 소홀함을 깨닫고
헛되이 돌아온 것을 부끄러워하며 또 봄을 기다리네.
孔聖猶箴擇里人
曾云文會輔成仁
老來更覺疎爲學
慚愧空還又待春

　위의 시에서, 「증자께서 '글로 모여 서로 도와 인을 이룬다'고 이르셨네(曾云文會輔成仁)」라는 것은, 잘 알려진 대로 『논어』, 「안연」의 「증자는 『군자는 글로써 벗을 모으고, (그 모인) 벗으로써 인을 돕는다」고 말씀하셨다(曾子曰, 君子以文會友, 以友輔仁)」는 데서 온 것이다.
　퇴계가 도산서당에 머무를 때 율곡이 시를 한 수 올렸는데, 이에 화답하여 퇴계는 다른 어떤 이야기보다도 힘서 공부하여 친해보자는 말을 한다. 거기에 공부는 '거울'을 닦는 일이며 '티끌'을 없애가는 일이다.

(前略)
깨끗한 곡식에 가라지(=잡초) 자라지 말게 하오.
새로 닦은 거울에는 티끌도 해가 되오.
부질없는 이야기 모두 제쳐놓고
힘써 공부하여 서로 더욱 친해보세.
嘉穀莫容稊熟美, 纖塵猶害鏡磨新

過情談語須刪去, 努力工夫各日親[97]

이처럼 '거울 닦는 일=공부에 노력하는 일'을 통해 친해지는 것은
바로 '이문회우(以文會友), 이우보인(以友輔仁)'이다.

퇴계가 말한 이문회우(以文會友), 이우보인(以友輔仁)은, 자신을
향해서 한 말이기도 하지만, 나아가서는 성현이 아닌 우리 범인들이
끊임없이 공부해야할 것을 독려한 것이다.

그래서 퇴계는 읊는다.

세월은 빨리도 번갈아 바뀌네.
젊어서 학업에 힘을 써야지
늙은이의 심정 위로할 수 있으리
年光倏遆更
少壯當勉業
庶以慰老情
- 「寒栖示兒寯閔生應祺, 二首」중 2수(「養靜」)[98]

라고. 아울러 퇴계는 「도산십이곡(陶山十二曲)」중 제 5곡에서 이렇게
읊는다.

靑山은 어찌하여 萬古에 푸르르며
流水는 어찌하여 晝夜에 긋지 아니는고

---

97) 정비석, 『退溪小傳』, (서울: 퇴계학연구원, 1981), 92쪽에서 재인용.
98) 이황, 『퇴계잡영』, 105쪽.

우리도 그치지 말고 萬古常靑하리라

그는 청산과 유수를 거울삼아서 부지런히 자아발전을 위해 연마해 가야 한다고 역설한다.

자아를 형성할 어떤 '거울'을 퇴계는 '타자'(자연과 성현) 그리고 거기서 오는 '언어'(자연의 이법을 파악한 성현의 말씀)로 상정하였던 것이다. 퇴계는 「이치가 있음은 예나 지금이나 똑 같다(有理古猶今)」[99]고 생각했다. 따라서, 우리가 자신을 거울처럼 비춰보며 가야 할 '길'의 모범은 '고인의 예던 길'이다. 퇴계는 「도산십이곡(陶山十二曲)」제 3곡 중에서 이렇게 읊는다.

古人도 날 못 보고 나도 고인 못 뵈.
古人을 못 뵈도 예던 길 앞에 있네.
예던 길 앞에 있거든 아니 예고 어이리.

인간은 미완성 · 미성숙의 단계로 있다. 자연과 성현의 말씀을 거울삼아 자신을 비춰보고, 부단한 수행해 가야 한다. 퇴계는 54세 되던 해 갑인년(1554년, 명종 9년) 2월(음력) 17일, 『일기』[日錄] 가운데서 이렇게 적고 있다. '학이종신(學以終身)'. 「배우면서 삶을 마친다」는 뜻이다. 「배움에 삶(목숨)을 걸고, 배움으로 평생을 견뎌라!」는 진정성에서, 미완성 · 미성숙의 단계에서 부단한 수행을 거쳐 자기완성을 실현하겠다는 각오를 느낄 수 있다.

---

99) 이황, 「溪南茅齋」, 『퇴계잡영』, 245쪽.

퇴계의 공부에 대한 역설은, 우주 속에서 인간이 인간답게 산다는 것이 자기자신의 노력만으로는 한계가 있고, '자연'[萬古常靑]과 '성현의 말씀과 실천'[고인의 예던 길]을 거울[古鏡] 삼아 부단히 자신을 성찰할 때 비로소 가능함을 말해주고 있는 것이다.

퇴계는 '학이종신(學以終身)'처럼 '부지런히 공부하는 인간'을 목표로 한다. 「김응순(金應順)의 시에 차운한 시」에서 퇴계는 이렇게 말한다.

> 백 번 삶아내면 실오리도 희어지고
> 천 번 갈고 갈면 거울도 밝아지리.
> 늙은 이 사람도 오히려 뜻을 두는데
> 젊은 나이로 어찌 헛되게 산단 말인가.
> 百練絲能白
> 千磨鏡始明
> 老夫猶有意
> 年少肯虛生
> - 「次韻金應順秀才」[100]

여기서 '천 번 갈고 갈면 거울도 밝아진다(千磨鏡始明)'는 구절은 이미 『고경중마방』에서 언급한 '옛 거울 오래도록 파묻혀 있었기에/거듭 닦아도 쉬이 빛나질 않건만/본래 밝은 것이라 여전히 어두워지지 않는 법/선현이 남긴 (거울 닦는) 방법이 있어/사람의 삶에 늙고 젊음 할 것 없이/이 일에 스스로 힘씀을 귀하게 여기게.(古鏡久埋沒/

---

100) 『퇴계집』권2.

重磨未易光/本明尙不昧/往哲有遺方/人生無老少/此事貴自彊)」[101]라
는 퇴계의 기본 정신과 통한다.

미완성의 인간은 '천번 갈고 갈'아서, 자신의 '거울'='내면'(명덕)을
닦아서 밝혀야 한다. 그러면 때가 끼어 '쉬이 빛나지' 않는 거울도 '밝아
진다'는 것이다. 이렇게 미완성의 인간으로서 완성을 향하는 데에 퇴계
의 '경(敬)의 철학'이 모습을 드러낸다. 자신의 부족함을 인정하고 부단
히, 철저히 노력하는 인간상을 경(敬)의 철학은 전제하고 있는 것이다.

5. 나가는 말

이 글에서는 「퇴계사상과 '거울'의 은유」라는 주제를 『고경중마방』,
『퇴계잡영』 · 『도산잡영』 · 도산십이곡』, 『자성록』, 『성학십도』 등을
통해서 검토해보았다.

결론적으로 퇴계가 거울로 삼은 것은 첫째, 둘째, '자연'이고, 둘째,
'성현의 말씀'과 '고인의 예던 길'이었다. 이 두 가지는 퇴계에 있어 인
간 자신을 비추어 보며 그 잘못을 바로잡아 옳은 길로 나아가게 하는
원동력인 '거울'이었다. 인간은 늘 그 거울을 보면서 자신의 있어야할
모습, 즉 이상상(理想像)을 창출해 가야하는 것이었다.

퇴계의 '거울의 은유'에는 먼저, 「어떤 사실을 그대로 드러내거나 보
여 주는 것」보다는 「모범이나 교훈이 될 만한 것」 즉 '모범=본보기'의
뜻이 들어있다. 아울러 '인간의 타고난 덕성'(=명덕)을 비유하기도 한

---

101) 각주 60 참조.

다. 그래서 퇴계는 자신의 '작은 거울'(=명덕)을, '자연(의 이치)'과 그 것을 잘 서술하고 있는 성현(모범적 인격=타자)과 그의 말씀·실천 (경전=언어)이라는 '큰 거울'에 늘 비추어 보고자 한다. 그래서 퇴계 는 '나'를 끊임없이 일신(日新)시켜가고자 하였다. 이렇게 해서 퇴계 사상의 내적 동력(動力)은 〈'거울'='경(鏡)'에서 '삼감·경건함'='경 (敬)'으로〉가 가져다주는 긴장감이며, 퇴계는 이것을 바탕으로 스스 로 '학이종신(學以終身)'을 추구했던 것이다.

기본적으로 퇴계의 거울의 은유는, 신유가들이 그랬듯이, 도가나 불 가(특히 禪家)의 영향을 받은 점이 인정되지만, 퇴계가 표현하고자 하 는 '명경지수'의 논의는 '선공(禪空)'이나 '도명(道冥)'이 아닌 '인륜일 상(人倫日常)'의 맥락 내에서 행해지고 있었다.

퇴계사상을 가로질러 거울의 은유를 통해, 그가 동아시아 사상사에 서 영유(領有)하고자 했던 것은 엄밀한 논리의 구축보다도 조선이라 는 지역의 에토스[102]였고, 철학함의 기본 정신에 해당하는 '현자를 희 구함(希賢)'[103] 즉 '호학(好學)'의 태도였음을 알 수 있다. 퇴계는 공부 에 '긴수작'(緊酬酌)과 '한수작'(閒酬酌)이 모두 필요하다고 보았다. 이것이야말로 '풍류'이고 '희현'의 태도이며, '거울의 은유'는 이 양면 을 움켜진, 퇴계사상의 또 다른 면을 보여줄 한 열쇠라고 생각한다.

이제 이러한 숨은 사상의 지형도가 새롭게 조명될 때 '또 다른 형식 의 퇴계 사상'도 그 모습을 드러낼 것이다.

---

102) 이것은 퇴계도 가끔 사용하는 '風流'라는 개념과 연관시켜볼 필요가 있다. 참고 로 '풍류'라는 개념은 이황, 「又五言四節四首」, 『도산잡영』, 150쪽과 「濯纓潭泛 月」, 같은 책, 157쪽. 그리고 이황, 「和鄭子中閑居二十詠」중 3수 「習書」, 『퇴계잡 영』, 256쪽 등에도 보인다.

103) 이황, 「和鄭子中閑居二十詠」중 2 「求志」, 『퇴계잡영』, 253쪽.

03 칼과 방울의 은유
-동아시아사상사에서 남명 조식 읽기 試論-

1. 칼과 방울의 은유를 두고

남명(南冥) 조식(曺植, 1501~1572)을 기리는 기념관에는 그가 허리춤에 늘 차고 다닌 '경의검(敬義劍)'이라는 단검과 '성성자(惺惺子)'라는 방울이 보관되어 있다. '내명자경(內明者敬)'과 '외단자의(外斷者義)'라는 글자가 새겨진 '경의검'은 '안으로 나를 깨우치는 '경'과 바깥으로는 결단 있게 행동하는 '의'를 겸한 것이다. '성성자(惺惺子)'는 걸을 때마다 방울 소리가 울리고 울릴 때마다 몸가짐을 살피고 반성했던 성찰의 도구였다.

동아시아 사상사에서 조식처럼 칼과 방울을 지니고 다닌 유학자는 없었다. 적어도 유학자가 칼을 차고 다닌 것은 일본의 사무라이라면 모르겠으나 조선에서는 매우 드문 일이다. 그래서 남명을 두고 '무사적-노장·법가 기질-실천적'등의 코드를 찾아내어 평가하기도 한

다.[1]

무사들이 사용하는 칼이란, 예컨대, 분(分)과 별(別)이란 글자를 보
면, 칼 '도(刂, 刀)' 자가 들어있듯이, (1)이것과 저것을 '나눈다/쪼갠
다'. 그리고 (2) 이것 혹은 저것 속의 내부를 '쩬다/가른다'. (3) 이를
통해서 무엇인가를 '분명히 확인한다/안다'. 아울러 (4) 무엇인가의
내부를 '찌른다/쑤신다'. 는 등등의 의미와 은유를 갖는다. 어쨌든 칼
은 붓처럼 부드러운 이미지가 아니다. 굳센-강한 '힘' 혹은 '위엄', '단
호함', '강직함', '접근금지' 등을 상징한다. 그래서 문(文)-문인(文人)
이 아닌, 무력(武力)-병법(兵法), 무인(武人)-병가(兵家)의 이미지를
갖는다. 물론 공자가 제자 자유(子游)에게 "닭 잡는데 어찌 소 잡는 칼
을 쓰느냐(割雞焉用牛刀)"[2]처럼 비유적으로 유가 계열에서도 사용한
다. 왕양명(王陽明. 1472-1528)도 「조금이라도 예가 아닌 것이 싹터
움직이면 마치 칼에 베이고 침에 찔린 듯이 참지 못하여 반드시 칼을
물리치고 침을 뽑아내야 한다. 이것이 바로 자기를 위하는 마음이 있
어야 비로소 자기를 이길 수 있다는 것이다.」[3]처럼, 칼에 비유하여 극
기를 설명한다. 일본 양명학의 개조(開祖)인 나카에 토쥬(中江藤樹,
1608-1648)는 『양명전서(陽明全書)』를 입수하여 공부를 시작했을
때, 원래 사무라이였기에 칼에 친숙하였던 탓인지 '덕으로 들어가는
(入德)' 수단을 '칼의 손잡이(杷柄)'를 손에 넣었다고 비유한 바 있다.[4]

1) 한형조, 「남명, 칼을 찬 유학자」, 『남명 조식』, (청계, 2001), 81쪽 참조.
2) 『論語』「陽貨」
3) 才有一毫非禮萌動, 便如刀割, 如針刺, 忍耐不過, 必須去了刀, 拔了針, 這才是有爲己
之心, 方能克己.(『傳習錄』卷上)
4) 『中江藤樹先生全集』권2, (岩波書店, 昭和15), 440-441쪽: 道學の御志今ほど如何.
定日日にあつく可罷成と奉察候. 私事ふかく朱學を信じ年久, 工を用, 申候へども入

　무당의 경우에도 칼을 사용하는데 이것을 무당칼(혹은 신칼) 등으로 부른다.[5] 이 칼은 칼날이 무디어 음식 등을 써는 데 사용하는 것이 아니며 부정을 풀거나 잡귀신을 추방하거나 할 때 사용하는 것으로 주술적인 힘이 있다고 믿는다.

　한편 조식의 호 남명(南冥)을 보면 북쪽의 서울을 벗어나 남쪽으로 멀리 떠나서 살던 그를 연상하게 한다. 남명이란 『장자(莊子)』에 나오는 말이다. '유월식(六月息)'[6]이라는 '시간'개념과 더불어 북명(北冥)에 대칭되는 '공간'개념이다. '남(南)'은 따스하거나 뜨거운 기운을 상징하나 '명(冥)' 자는 어둡고 깊고 차가운 이미지를 갖는다. 이 글자는 원래는 조산원이 두 손으로 자궁을 벌리고 아이를 받아드는 장면을 묘사한 것이며, 후세사람들이 보기에 다소 자극적이기에, 출산과정의 설명서에서 삭제되거나, 어둡고 심오한 의미로 바뀐 글자이다.[7] 이런 의미에서 남명을 생각하는 한 그렇게 무섭거나 엄격하다는 느낌을 받

德の效おぼつかなく御座候て學術に疑出來, 憤ひらけ難き, おりふし, 天道のめぐみにや陽明全集と申書わたり買取熟讀仕候へば, 拙子疑の如く發明ども御座候て憤ひらけちと入德の杷柄手に入樣に覺, 一生の大幸言語道斷に候. 此一助無御座候はば此生をむなしく可仕にと有難奉存候. 面上に委御物語仕度とのみ存暮候. 百年已前に王陽明と申先覺出世朱學の非を指点し孔門嫡派の學術を發明めされ候. 大學古本を信じ, 致知の知を良知と解しめされ候. 此發明によつて開悟の樣に覺へ申候.

5) 신칼은 제주역에서 명두칼이라고도 하며 영남지역에서는 놀이칼, 서울과 황해도 지역에서는 대신칼 등으로 부른다.
6) 두 가지의 해석이 있다. '육개월을 날아가서 쉰다'는 뜻과 '유월에 부는 대지의 숨(=바람, 제트 기류)'라는 뜻이 있다.
7) 탕누어, 『한자의 탄생』, 김태성 옮김, (김영사, 2015), 198쪽.

[그림 1] 어두울 '명(冥)' 자

지 않는다. 다만 권력, 문명으로부터 멀리 떨어져 있음, 기존의 밝음을 지움을 상징한다고 볼 수 있다. 그런 '멀어짐', '떨어짐'이 분별-구별-단절의 의미를 갖도록 한다. 어둠에는 밝음의 목이 떨어진다. 칠흑 속에서는 만물들이 모습을 감추고, 무공이 뛰어난 복면의 자객이 야행복을 입고 적의 목을 자른다.[8] 이 대목에서 유추한다면 남명이라는 어둠함은 그의 칼의 이미지와 오버랩 된다고 볼 수 있다. 다시 말해서 남명이 '무언가로부터/어딘가로부터 뚝 떨어진/멀어진' 것의 의미가 칼이 무엇을 자르는/끊는 것과 통한다는 말이다.

아울러 방울에 대해서 말해보자. 무당들도 굿을 할 때 방울을 사용하며 칠성방울 이라고도 한다. 이 방울은 신을 맞이하거나 신을 즐겁게 하거나 또는 신의 말을 사람들에게 전할 때 부채와 함께 흔드는 무구(巫具)이다. 딸랑딸랑 소리를 내는 방울은 무언가를 (1)불러 모으거나 또는 (2) 귀신이 도래·왕림하였음을 알리거나 (3) 자신이나 타

---

8) 황런다는『중국의 색』이라는 책에서 칠흑에 대해 이렇게 소개한다.
"중국어 칠(漆)은 원래 대자연에서 자란 식물인 옻나무를 가리켰다. 칠흑(漆黑)은 옻나무 즙액의 색을 묘사한 것으로 매끄러운 광택을 내는 흑색인데 중국에서 가장 먼저 나타난 식물 자연색 가운데 하나이다. 사료의 기록에 따르면 중국은 옻나무 즙액을 장식하거나 그릇을 칠하는 데 이용하는 방법을 이해한 세계 최초의 나라였다. …옻나무 농장을 관리하던 관리였던 도가의 철학자 장자는 자신이 쓴『장자』「인간세」에서 이렇게 말한다. "옻나무는 그것을 쓸 수 있기 때문에 그것을 자른다." ….우임금은 칠기를 수장품과 관의 목재로 사용하는 풍속을 만들었다. …중국의 색 가운데 칠흑(漆黑)색은 윤기가 흐르는 흑발을 묘사할 때 쓰이기도 했고 대자연의 하늘 색, 즉 달빛도 별빛도 없는 밤에 대지를 뒤덮고 있는 흑암색(黑暗色)을 묘사하기도 하는데, 이 색은 사람의 마음을 불안하게 하고 공포와 위협을 느끼게 한다. …무협소설에서는 무공이 뛰어난 복면 자객이 야행복을 입고 밤을 틈타 벽을 넘어 가볍게 적의 首級을 얻는 장면이 항상 나온다. 또는 밤도둑이 어둠을 틈타 벽을 넘어 범죄를 저지르기 가장 좋은 시간이다. 않을 정도로 어두운 밤의 색이기도 하다." (황런다,『중국의 색』, 조성웅 옮김, (예경, 2013), 460-461쪽. 밑줄은 인용자)

인에게 경각심을 불러 일으켜서 정신을 또렷이 주의 · 집중하도록 만
드는 도구이다.

남명이 사용하던 칼과 방울은 다른 측면에서 보면 선종(임제종 계
통의 간화선)에서는 '할(喝: 고함, 꾸짖음), 봉(棒: 몽둥이)'에 해당한
다고 볼 수 있다. 『임제록』에서는 '向裏向外, 逢著便殺, 逢佛殺佛, 逢祖
殺祖, 逢羅漢殺羅漢, 逢父母殺父母, 逢親眷殺親眷'(「示衆」)이라 하였
다. 여기서 말하는 '살(殺)' 역시 '칼'의 이미지이다. 모두 수행의 기법
에서 사용되는 방편 혹은 도구들을 보여준다.

어쨌든 칼과 방울이 유학자의 일상에서까지 활용되는 것은 어떤 은
유적 의미를 갖는 것일까? 그것은 동아시아의 사상사에서 어떤 위상
을 갖는 것일까? 여러 가지 의문이 일어난다. 루스 베네딕트 여사가
쓴 『국화와 칼』이 일본의 문화를 상징하였듯이, 방울과 칼은 남명이라
는 인물을 통해 드러난 조선문화의 한 단면이었고 은유였다고 할 수
있다.

아울러 남명이 지녔던 칼-방울은 시각적(비디오적)-청각적(오디
오적) 요소가 잘 결합되어 있는 것이다. 마치 파스칼이 『팡세』에서 언
급하였던 '기하의 정신'과 '섬세의 정신'[9]에서처럼 '칼=시각적=기하
적', '방울=청각적=섬세적'이라는 식의 대비도 가능할 것이다.

이 글은 기본적으로 이런 복합적 문제의식에서 출발한 하나의 시론
에 해당한다. 남명이 지녔던 칼-방울의 은유적 의미를 동아시아의 사
상사 속에서 성찰해보는 것은 종래의 문헌학적인 연구를 넘어서서 문
화와 은유 혹은 상징이라는 차원에서 접근한 새로운 시도이다.

---

9) 블레즈 파스칼, 『팡세』, 현미애 옮김, (을유문화사, 2013), 313-317쪽 참조.

2. 조선에서 보는 칼과 방울의 문맥: 남명 이해의 또 다른 코드

데카르트가 철학을 나무에 비유한 것을 비평하여 하이데거가 「철학이라는 나무의 뿌리는 어떠한 토지에 자리잡고 있는가? 그 뿌리는 어떠한 토양으로부터 생명의 싹을 얻는가」[10]등등의 문제제기를 하고 있다. 이렇듯 남명의 칼-방울은 그것이 한국의 사상사 혹은 문화사 속에서 일단 조망될 필요가 있는 일종의 '문제'이다. 다시 말해서 조선이라는 '토포스'와 '에토스' 속에서 고려될 필요가 있다는 말이다.

우선 일제 강점기에 일본인들이 조선을 평가한 대목을 회상해보자.[11] 1904년 제1차 한일협정 체결 후 학부참여관(學部參與官)으로 내한한 시데하라 타이라(幣原坦)는 그의 저서 『조선교육론(朝鮮教育論)』에서 일선(日鮮) 양국은, 하나는 무(武)의 나라, 하나는 문(文)의 나라로서, 종래 그 특징을 보여 왔다고 보고, 양국 사이에 일어난 사건은 모두 이 두 가지 특징을 교차시킨 듯이 느껴진다고 말한 바 있다.[12] 조선시대에 관한 한 한국은 '문', 일본은 '무'로서 선명하게 대비시키는 것도 무리는 아니다. 다만 이쯤에서 우리가 한 가지 살펴볼 것이 있다. '사(士)'에 대한 것이다. 같은 사(士)를 두고서 한국은 '선비'로 읽고, 일본은 '사무라이'로 읽는다. 그러나 사(士)는 문사의 뜻만 있는 것이 아니다. 무사의 성격을 배제할 수 없다. 사(士)는 원래 남성의

---

10) 하이데거, 『형이상학이란 무엇인가?』, 최동희옮김, (서문당, 1999), 15쪽.
11) 아래 내용은 최재목, 「이토 히로부미(伊藤博文)의 한국 유교관(儒敎觀)」, 『한국과 이토 히로부미』, 이토 유키오 외, (선인 출판사, 2009) 참조.
12) 幣原坦, 『朝鮮教育論』, (六盟社, 1919), 21 · 23 · 26쪽 참조.

생식기를 나타낸 것으로 남성, 나아가서는 남성인격체를 뜻하게 되었다. 춘추시대에는 무사를 사(士)로 부르기도 하였다. 그 흔적은 병사(兵士)라는 말에 남아있다. 평화 시에는 책을 읽지만 전쟁 시에는 싸움에 가담하는 능력을 갖춘 문무겸비(文武兼備)처럼 사(士)는 '선비(文)'+'사무라이=무사(武)'의 두 뜻 겸한 것이라 해야 한다.[13] 그렇다면 남명이 칼을 차고 있었던 것은 이상할 것이 없다. 예컨대 명대의 왕수인(王守仁, 호는 陽明, 1472-1528) 같은 경우도 문인이면서 무인으로서 많은 시간을 산적을 토벌하는 현장에 있었듯이 문인들도 무인적 면모를 겸비한 경우가 있다. 조선시대에서는 국시인 주자학 때문에 문의 이념이 압도적이어서, 사(士)의 무적 측면을 거의 잊어버린 온순하고 착하며 약한 선비(문)가 부각되었다. 과연 우리의 역사에서 칼은 없었는가? 칼과 방울의 흔적을 다시 찾아볼 필요가 있다. 이런 노력 속에서 남명을 재음미하는 방법론이 요청된다.

우선 한국의 역사에서 칼과 방울이 가장 먼저 등장하는 것은 「단군신화」의 '천부인'(天符印. 또는 天符三印)[14] 이야기이다. 천제 환인(桓因)이 아들인 환웅(桓雄)에게 인간 세상을 다스리는데 사용하도록 준 세 가지 물건(神物), '청동검, 청동방울, 청동거울' 가운데 칼과 방울이 들어 있다. 칼, 방울, 거울 세 가지 물건은 고대 사회에서 지배계층의 권위를 상징한다. 다시 말해서 청동검은 권력(← 영토유지)을, 청동방울은 제사(← 초혼)를, 청동거울은 '부(← 치장)'를 상징한다. 이후 이 은유 혹은 상징들은 여러 역사적 장면에서 하나 혹은 둘씩 나타난다.

---

13) 최재목, 『노자』, (을유문화사, 2006), 106쪽의 각주 (4) 참조.
14) 『三國遺事』 및 『桓檀古記』 참조.

칼의 전통은 신라의 화랑도(花郞道)에서 다시 만난다. 아래에서 범부(凡父) 김정설(金鼎卨, 1897-1966)이

> 조선의 겨레는 물동이의 母性과 밥상의 父性, 이 兩親의 子孫임에 틀림없다. 그런데 이 겨레들은 어떠한 文化的 特性을 發揮했던가?
> 제작은, 우선 人爲의 調和가 成就된 自然, 自然의 調和가 成就된 人爲이다.
> (중략)
> 조선의 (건축, 미술 등) 製作者들은 要컨대 모두다 제작에 醉한 사람들이었다.

라고 하여 조선의 풍류를 '물동이의 모성과 밥상의 부성'이라는 은유를 통해 서술해내듯[15] 남명의 칼-방울 또한 새로운 문맥에서 서술될

---

15) 참고로 해당 부분을 소개한다.(띄워쓰기 등은 원문에 따른다)
(問)…… 그러면 그『제작』이란 어떠한 意味를 가졌으며 그것이 조선사람의 自然觀과 따라서 조선文化의 性格과 어떠한 關聯을 가졌는가?
(答)…… 音樂이나 建築에 있어서, 이러한 性格의 發揮는, 이것을 單純히 눈살미라든지 鍊熟된 技倆이라든지 그렇게만 생각할것이 아니다. 여기는 一種의 獨特한 性格 獨特한 生理를 가지고있다. 어디서 이러한 獨特한 性格과 生理를 볼수 있느냐하면 조선 여자들의 물동이 이는 것을 보면 如實히 나타난다. 물동이를 이고 두손으로 그 물동이 귀를 쥐고 걸어도 물이 넘칠 염려가 있을것같다. 그런데 우리 물동이를 인 여성들은 그 물동이를 붙들지 않고 걸을 뿐만 아니라, 심지어는 걸으면서 두손으로 刺繡를 하는 것이다. 아니 그 뿐이랴. 등에 어린애까지 업고 그런짓을 여사로 하는것이다. 이러한 것은 우리가 흔히 보는것이지마는, 이것이 特殊한 熟練이나 써-커스에 있는 일 같으면 우리는 별반 놀랠 必要가 없다. 그러나 이여자들은 그러한 물동이 이는 법을 特別히 練習한 일도 競技한 일도 없는 것이다. 또 예전에는 소반을 대개 어린 使喚들이 이는데, 그 밥상인즉 地位와 偉力을 가진 上典에게 이고 가는 것이다. 그런데 이 밥상을 머리에 인체, 손놓고 뭘하느냐하면 얼음을 타는것이다. 만일 잘못해서 上典의 밥상을 둘러메어친다면 제 목이 날라갈

필요가 있다. 예컨대 신라의 '화랑도'와 결부된 칼은 근대기까지 다양한 형태로 연결되어 등장한다. 일제 강점기의 일본 어용학자-지식인들은 화랑도를 무사도로 연결시켰고(=시라카미 쥬키치(白神壽吉)의「內鮮一體 新羅武士道」), 남학생들은 카미가제 특공대(神風特攻隊)로, 여학생들의 정신대(挺身隊)로 동원한 것들이 그 예이다. 이런 식으로 칼의 이미지는 황국식민화에 대한 충성용으로 활용되기도 하였다. 해방 이후 건국기에 국가재건의 버전으로 변환되어 이승만정권과 박정희정권 시기에는 '고구려-북쪽-공산주의'에 대항하는 '신라-남쪽(경상도)-민주주의' 정신을 뒷받침하는 논리 속에서 지속적으로 재생산되어 왔다.[16]

칼은 '강함-부성적'인 것이며, 방울은 '부드러움-모성적'인 것이다. 전자는 직선적인 것이며, 후자는 원형적인 것이다. 칼은 자르는 것이다. 자르는 것은 벼락-번개-다이아몬드도 이와 통한다. 모두 곧고 바르고 반듯하고 분명한 것으로서, 직선적-기하학적인 특징을 갖는다.

는지 모르는데, 그것을 冒險이라 생각하고는 못할 일이다. 女子의 물동이와 小僮의 밥상을 말하지 않아도 同工異曲인 것을 알것이다. 그런데 女子마다 물동이를 이는 것은 아니어서, 平生에 한번도 물동이를 이지않고 물을 받아먹기만 하는 女子도 적지 않았다. 또 男子마다 밥상을 이는걸 아니다. 오히려 밥상을 이고 다니는 小僮은 조선사람 全體가운데 있어서는 極少數였다. 그러고 보면 그 물동이를 이는 女子와 밥상을 이는 小僮만이 이러한 生理를 가졌느냐하면 決코 그런 것이 아니다. 그렇지 않은 女子도 男子도 同一한 生理와 共通된 性格을 가졌음엔 틀림없다. 그러면 물동이도 밥상도 이지 않는사람의 生理와 性格은 어떻한 方面으로 活動하고 있었는가? 『조선의 겨레는 물동이의 母性과 밥상의 父性, 이 兩親의 子孫임에 틀림없다.』그런데 이겨레들은 어떠한 文化的 特性을 發揮했던가?(金凡父, 「朝鮮文化의 性格(제작에對한對話秒)」, 최재목 · 정다운 편,『凡父金鼎卨短篇選』, (도서출판 선인, 2009), 25-30쪽)

16) 이에 대해서는 최재목,「韓國における「武の精神」·「武士道」の誕生」,『陽明學』제22호, (한국양명학회, 2009.4)를 참조 바람.

『금강경(金剛經)』의 '금강'이 바로 이런 것이다. 『금강경』은 원 제목
이 『와즈라 체디까 프라즈나 파라밋따 수트라(Vajracchedika-Prajna-
Paramita-sutra)』 즉 '무엇이든 자를 수 있는 벼락 혹은 금강석(=다이
아몬드) 같은 지혜의 완성을 담은 책'이라는 의미에서 『능단금강반야
밀경(能斷金剛般若波羅蜜經)』이라 번역된다. 이 때 와즈라는 『베다
(Veda)』에서는 일단 '벼락', '번개'의 의미로, 신들의 왕이라 불리는 인
드라(Indra)[17]의 제일무기를 말한다. 자연계의 위력인 벼락을 고대 아
리아인들은 이렇게 모든 것을 잘라버리는 무기로 생각하고 있었다.
벼락-번개와 더불어 보석 중의 보석으로 제일 단단하며 고귀한 것(金
中最剛)인 '다이아몬드'를 의미하기도 한다.

신라의 화랑 이후 고려 무신정권을 거쳐서 칼과 방울은 다시 숨는
다. 칼의 직선과 방울의 곡선 이미지는 유교적-중국적 사유 속에서
'천원지방(天圓地方)'의 형태로 잠복하여 새로운 사상사를 구성한
다. 양촌(陽村) 권근(權近. 1352-1409)의 「천인심성합일지도(天人心
性合一之圖)」가 그 대표적인 경우이다. 양촌은 '천인심성(天人心性)'
을 각각 풀이하고 나서 이것을 「천인심성합일지도」로 종합하는데. 여
기에는 흥미롭게도 불교적 연기(緣起)-공(空)의 '무(無)'(=허무론)
적 논의에 대항하여, 그것을 소거하는 형태로 일상일용의 인륜적 토
대 즉 천인합일의 '유(有)'적 사상기반을 임플란트한다. 고려의 불교
버전에 대항하여 유교(주자학)식의 도덕-정치적 지식 인프라를 구축
하고, 새로운 유교사회를 적극 창출해간다.[18] 당연히 칼은 인의예지의

---

17) 불교에서는 護法神. 중국에서는 帝釋 · 帝釋天 · 帝釋天王으로 번역함.
18) 최재목, 「한국사상의 자류와 퇴계학 - 조선 유교의 〈사상 '신체-얼굴'〉 試論」, 『한
국학논집』, (계명대학교한국학논집, 2014.9), 117-120쪽 참조.

'의(義)'로, 방울은 '경(敬)'으로 순화된다. 착하고, 부드러운 유교식 스타일로 바뀐다.

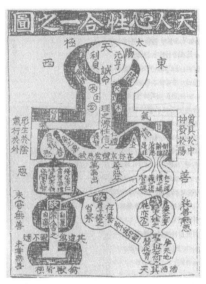

[그림 2] 「天人心性 分釋之圖」 중 「天人心性合一之圖」

이후 칼은 남명에서 다시 등장한다. 심지어는 자신의 배를 가르는 (째는) 섬뜩함마저 보여준다.

먼저 남명이 50세 되던 해, 지우들과 감악산 아래에서 멱을 감으며 쓴 시이다.

사십년 동안 더럽혀져 온 몸
천 섬 되는 맑은 물에 싹 씻어 버린다.
만약 티끌이 오장에 생긴다면
지금 당장 배를 갈라 흐르는 물에 부쳐보내리라.

또 한 수는 제자에게 준 칼자루에 새긴 시이다.

> 불 속에서 하얀 칼날 뽑아 내니
> 서리 같은 빛 달에까지 닿아 흐르네.
> 견우 북두 떠 있는 넓디 넓은 하늘에
> 정신은 놀되 칼날은 놀지 않는다.

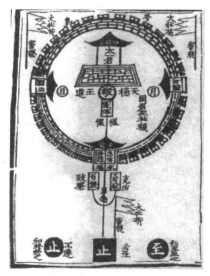

[그림 3] 남명의 「神明舍圖」

마치 자식이 떡을 훔쳐 먹었다는 비난을 들은 사무라이(侍)가 그렇지 않음을 확인시키려고 무고한 자식의 배를 가르는 행위처럼 말이다. 배를 갈라 속을 훤히 들여다보듯 내면을 칼과 방울의 제어 하에 두고자 한 모습은 남명의 「신명사도(神明舍圖)」에서 엿볼 수 있다.[19] 권

---

19) 조식, 『교감 국역 남명집』, 경상대학교 남명학연구소 편역, (이론과실천, 1995),

근의 「천인심성합일지도」가 칼과 방울을 천원지방형 '신체' 속에 이
상적으로 곱게 숨긴 듯하다면, 남명의 「신명사도(神明舍圖)」에는 '성
(城)'에서 적을 지키는 살벌한/엄정한 분위기 속에 칼과 방울을 현실
적으로 배치(=실전배치)시킨 듯하다.

물론 퇴계에서도, 『성학십도』에서 '경(敬)'이 배열되듯이, 방울의 이
미지가 살아 있다. 그러나 칼은 숨괴 그 대신 '거울(鏡)'의 은유가 두
드러진다. 그 정점을 보여주는 것이 퇴계 59세(1559년)에 편집한 『고
경중마방(古鏡重磨方)』이다. 사실 퇴계사상에서 거울의 은유는 단지
『고경중마방』에 머물지 않는다. 그가 자연 속에서 자신을 성찰한 시집
『퇴계잡영(退溪雜詠)』· 『도산잡영(陶山雜詠)』· 『도산십이곡(陶山
十二曲)』등의 시, 총 22편의 편지를 편집한 『자성록(自省錄)』등이다.
퇴계에서 경(← 惺惺)을 통해서 보여주는 방울의 이미지는 부드럽게
일상의 전반에 펼쳐진다. 『성학십도』의 맨 마지막 그림 「제10 숙흥야
매잠도(夙興夜寐箴圖)」에서 볼 수 있다.[20] 참고로 퇴계의 「제10 숙흥
야매잠도(夙興夜寐箴圖)」는 공교롭게 일본 양명학의 개조인 나카에
토쥬 전집 속에 들어 있다. 토쥬의 문인 가운데 한 사람이 가지고 있었
던 것을 그 후손이 소장해 오고 있었던 것이다.

369쪽에서 재인용. 남명의 수제자인 내암(來菴) 정인홍(鄭仁弘. 1535-1623)은
남명의 「행장(行狀)」속에서 「愛寶金刃, 銘曰, 內明者敬, 外斷者義, 嘗作神明舍圖,
繼爲之銘」(『南冥集』, 한국문집총간 · 31, 458쪽上右)라고 말했다.

20) 최재목, 「退溪思想과 '거울'의 隱喩」, 『양명학』24호, (한국양명학회, 2009.12) 참조.

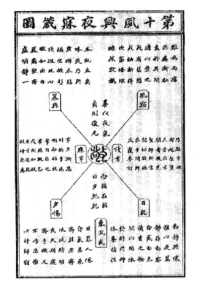

[그림 5] 『天人心性 分釋之圖』 중 天(좌)과 人(우) 그림]

남명에 이어 칼이 돋보이는 경우는 이순신(李舜臣, 1545-1598)의
시에서이다.

바다에는 가을이 깊어가고 있는 데

추위에 놀란 기러기 진중을 높이 나네

근심으로 뒤척이며 잠 못 이루는 밤에

새벽달은 말없이 활과 칼을 비춰 주네[21] (강조는 인용자. 이하 같음)

한산섬 달 밝은 밤에 수루(戍樓)[22]에 홀로 앉아

긴 칼 옆에 차고 깊은 시름하는 적에

---

21) 水國秋光暮/驚寒雁陣高/憂心轉輾夜/殘月照弓刀 (「閑山島夜吟」)

22) 수자리 터에 지은 망루

어디서 일성호가(一聲胡笳)[23]는 남의 애를 끊나니.[24]

이순신의 『난중일기』에 보면 알 수 있듯이 칼과 활이 수시로 등장한다.[25]

이 다음에 칼이 등장하는 것은 동학을 창시한 수운(水雲) 최제우(崔濟愚. 1824-1864)의 「검결(劍訣)」에서이다.

시호(時乎)시호(時乎) 이내 시호(時乎)

부재래지(不再來之) 시호(時乎)로다

만세일지(萬世一之) 장부(丈夫)로서

오만연지(五萬年之) 시호(時乎)로다

용천검(龍泉劍) 드는 칼을

아니 쓰고 무엇 하리

무수장삼(無袖長衫) 떨쳐 입고

이칼 저칼 넌즛 들어

호호망망(浩浩茫茫) 넓은 천지

일신(一身)으로 비켜서서

칼 노래 한 곡조를

시호(時乎)시호(時乎) 불러 내니

용천검(龍泉劍) 날랜 칼은

일월(日月)을 희롱하고

게으른 무수장삼(無袖長衫)

---

23) 한가락(곡조)의 피리소리
24) 閑山島月明夜上戍樓/撫大刀深愁時何處/一聲胡笛更添愁(「憂國歌」)
25) 이순신, 『교감완역 난중일기』, 노승석 옮김, (민음사, 2013) 참조.

우주(宇宙)에 덮혀있네
만고명장(萬古名將) 어데있나
장부당전(丈夫當前) 무장사(無壯士)라
좋을 씨구 좋을 씨구
이내 신명(身命) 좋을 씨구

검결은 무예의 동작을 전하는 것으로 흔히 노래로 되어 있다. 그래서 가결(歌訣)이라고도 한다. 수운은 죽음을 미리 예감하고 남원 은적사(隱寂寺)에서 1861년 검결을 지어 미래에 대비하였다. 노래 속에 비수를 숨기고 있다. 그래서 그는 바로 이 '검결' 때문에 '좌도난정률(左道亂正律. 도를 그르치고 올바른 질서를 어지럽힘)'이라는 죄목으로 참형당한다.

수운의 『용담유사』 뒷편에 붙은 「검결」은 선교(仙敎)의 전통에서 보여지는 '무(武)'와 '무(巫)'의 합체적 요소를 볼 수 있다. 예컨대 범부 김정설이 '화랑(花郞)'에는 「종교적 요소(←巫)+예술적요소(←風流)+군사적요소(←武)」[26]가 합체되어 있다고 보는 것과 맥락이 통한다. 수운은 단순히 선도(仙道)의 대가일 뿐 아니라 무도(武道)에도 일가를 이루었다. 『화랑세기(花郞世紀)』에 보면 선도는 무도와 짝을 이루면서 우리의 고유한 사유체계인 선교(仙敎)의 삼대영역 중 상층의 두 영역을 구성한다(아래 그림[27] 참조). 이때 하층에는 무교(巫敎) 즉 샤머니즘이 놓인다.

---

26) 金凡父, 「國民倫理特講」, 『花郞外史』(三版)(以文出版社, 1981), 218쪽 참고.
27) 손병욱, 「동학의 '삼칠자 주문'과 '다시 개벽'의 함의」, 『동학학보』 18호, (동학학회, 2009), 215쪽의 그림이 내용을 축약하여 만든 것이다.

[표 1] 仙敎와 武道의 관련성

仙敎	武道(國仙)	仙道(神仙)
	巫敎(샤머니즘): 巫[巫覡]	

　무교의 이상적인 인간상은 무(巫)나 무격(巫覡)이라면, 상층에 있
는 무도의 이상적인 인간상은 국선(國仙)으로서 무예수련(주로 검도)
에 의하여 충분한 의기(義氣)를 배양한 인물이다. 국선은 지극히 입세
간적(入世間的)인 인간상으로 호국입공(護國立功)을 통해서 불의(不
義)의 무리를 박멸하고 국가가 지향해야할 목표를 명확히 설정, 그것
을 달성함으로써 나라를 이상적으로 바꾸려고 한다. 그 대표적인 인
간상이 바로 15세 풍월주 김유신(金庾信)이다.[28]

　수운에 이어 칼의 이야기를 전면에 내거는 경우는 단재(丹齋) 신채
호(申采浩. 1880-1936)에 이르러서 이다. 수운의 「검결」에서처럼 단
재는 「조선혁명선언(朝鮮革命宣言)」에서 '조선 500년의 문약정치(文
弱政治)'를 한탄하며 조선을 강탈한 '강도 일본'의 원수에게 칼과 총
으로 맞서지 못함을 피력한 바 있다.[29] 그는 묘청의 난을 '조선역사상
일천년래제일대사건'이라고 보고 김부식(金富軾)의 사대적이고 중국
의존적 사관으로 인해 조선역사상에서 만주벌판이 역사상에서 사라
지게 되었다고 주장하였다.[30] 아울러 그는 「을지문덕(乙支文德)」전기
에서 칼(劍)과 피(血)의 무력 대응을 강조하고 영웅의 출현을 피력하

28) 손병욱, 「동학의 '삼칠자 주문'과 '다시 개벽'의 함의」, 『동학학보』 18호(동학학회,
　　2009), 213-214쪽을 참조.
29) 신채호, 『丹齋申采浩全集』하권(朝鮮史硏究其他), (을유문화사, 1972), 365-376
　　쪽 참조.
30) 신채호, 「朝鮮歷史上 一千年來 第一大事件」, 『丹齋申采浩全集』하권(朝鮮史硏究
　　其他), (을유문화사, 1972), 108-115쪽 참조.

였다.[31] 그래서 이순신, 이태리건국삼걸 등을 내걸며 우리 역사 속에 있어왔던 칼의 위력이 회복되기를 바란다. 당연히 단재는 나약한 붓의 문화보다 강한 칼의 문화를 강조하고 지지한다. 그는 시에서 인의 도덕을 말하는 선비들이 현실 판단을 못하고 고담준론 하나 다 서로 서로 속이는 짓이고 손에 칼 쥐고 휘두르는 쾌남아를 평가하고 있다. 즉 '회포를 적다'는 시에서 말한다. 「개닭이 사람에게 무슨 죄 있나. 다만 먹기 위해 죽이는 거지. 오직 하나 강한 권세 있을 뿐인데, 부질 없이 인의(仁義) 외쳐 무엇하리오. 거적자리 도(道)이야기 옹졸한 선비. 손으로 칼 휘두름이 쾌남아라네. 성현이라 일컫는 이 그 어떤 자뇨. 두 글자 내세워 서로 속이네.」[32] 이어서 그는 '분함을 적다'는 뜻의 시 '서분(書憤)'에서는 「허튼 소리 본시부터 육경에 있지. 진시황 불 한번 잘도 질렀네. 한스럽다 그 날에 다 못 태우고 한나라 때 복생(伏生)이 또 있었구나.」[33]라며 유자들이 읽어서 나약해진 육경을 진시황이 분서갱유 때 다 태워버렸어야 했는데 하고 아쉬워한다.

또 근대기에 칼 쪽에 관심을 두었던 사람이 있다. 종래 학계에 구체적으로 소개된 바 없는 한국근대양명학의 새로운 인물 해악(海岳) 김광진(金光鎭. 1885-1940)이다. 그는 일제 강점기의 암울한 현실을 벗어나는 유효한 방법으로서 양명학(陽明學)과 병법(兵法)을 연결하여

---

31) "故로 我權이 未墜어든 劍과 血로 此를 保護할 而已며 我權이 已墜어든 劍과 血로 此를 索還할 而已요."[신채호, 「乙支文德」, 『丹齋申采浩全集』하권(朝鮮史研究其他), (을유문화사, 1972), 143-144쪽]
32) "鷄狗於人本無罪, 只爲口腹日殺之, 空言仁義欲何爲, 석문담도진오토, 수검참인시쾌아, 운운성철과하자, 고표이자만상기"[[신채호, 「述懷 · 二」, 『丹齋申采浩全集』하권(朝鮮史研究其他), (을유문화사, 1972), 476쪽]]
33) "浮虛之自六經開, 快付秦家一炬灰, 却恨當時燒未盡, 漢庭猶有伏生來"[[신채호, 「書憤」, 『丹齋申采浩全集』하권(朝鮮史研究其他), (을유문화사, 1972), 474쪽]]

강인한, 결단력 있는 정신세계와 실천력을 얻어내고자 하였다. 그가
남긴 『해악문집(海岳文集)』은 '선유병불(仙儒兵佛)' 즉 도가, 유가, 병
가, 불가의 사상에 대해 여러 곳에 걸쳐 해박하게 대비적으로 서술하
고 있다. 특히 눈에 띄는 것은 그가 양명학을 병학(兵學)과 연결하여
생각하였다는 점이다.[34)]

이미지 전략의 하나로서 일제강점기 및 해방 직후 이승만 정권기에
는 퇴계의 초상화가 무인 이미지로 호출되기도 한다.[35)]

예를 들면 아래의 초상은 1934年 9월 18일, 경성부(京城府)의 조선
사정협회출판부(朝鮮事情協會出版部)에서 간행한 『日本の敎育精神
と李退溪 附李栗谷の擊蒙要訣と時事』라는 책에 실린 퇴계 초상화이
다. 이것은 경성부인과(京城婦人科) 병원장 이었던 쿠도 타케키(工
藤武城. 1878-?)가 소장하고 있는 많은 퇴계 관련 물품 가운데 하나
였다. 이 초상화에는 노인의 이미지가 약간 남아있긴 하지만 역시 강
인-강건-진취적 기상이 보인다. 온화한 모습보다는 무인(무사)적 이
미지가 두드러진다. 이 그림은 쿠도 타케키 그렸을 가능성도 있는데[36)]

---

34) 최재목, 「해악 김광진의 양명학에 대한 예비적 고찰-'한국근대양명학'의 영남지
　　역 전개에 대한 새로운 발굴-」, 『한국사상사학』30집, (한국사상사학회, 2008.6)
　　참조.
35) 아래의 초상화 관련 내용은 최재목, 「退溪象의 두(修己的-治人的) 系譜 탄생에 대
　　한 고찰」, 『儒學硏究』27집, (충남대학교 유학연구소, 2012.12); 최재목, 「퇴계상의
　　변모」, 『퇴계학보』130집, (퇴계학연구원, 2011.12);최재목, 「퇴계의 초상화에 대
　　하여」, 『퇴계학논집』2집, (영남퇴계학연구원, 2008.6)을 참고하여 정리함.
36) 쿠도는 다양한 능력을 지녔다. 조선총독부는 1922년부터 '문화통치'의 기치 아래
　　매년 1회 '조선미술전람회'를 개최하였는데, 쿠도는 시(詩) 뿐만 아니라 동양화 및
　　서예 작품을 전시하여 여러 차례 입상하기도 하였다. 아마도 이 초상화는 그때 제
　　출한 그림 중의 하나일 것이라 추정되기도 하나 불명. 퇴계 후손을 모델로 사진을
　　찍어서 만들었다는 의견도 있다.

1930년대의 식민지 조선에서 요청되던 이미지였을 것이다. 즉 내선일
체(內鮮一體)의 강화, 황국신민화 정책의 노골화에 따라 조선 내의 위
인 활용 차원에서 퇴계의 이미지 실학적, 실천적으로 재창출해서 활
용하는 것이 필요했기 때문이다.

[그림 6] 京城婦人科病院長 工藤武城
所藏 退溪肖像

[그림 7] 五千年間創業王帝王偉人義士
중의 '李滉(退溪)文純公明宗時學者' 像

그리고 1949년 10월 30일 서울의 '대한인쇄공사(大韓印刷公社)'에
서 제작한 '오천년간창업왕제왕위인의사(五千年間創業王帝王偉人義
士)' 가운데 '이황(퇴계)문순공명종시학자(李滉(退溪)文純公明宗時
學者)'상을 보자. 여기서도 문인보다는 무인적 이미지가 발견된다. '창
업', '위인', '의사'라는 개념에서 알 수 있듯이 건국 이후 이승만정권기
에 필요했던 강인-강건-진취의 모습이 전면에 드러나 있다. 이 초상은
아마도 위의 쿠도 타케키가 소장한 것을 재생산한 것으로 추정된다.

　해방 이후 우리 사회에 무인-칼의 이미지를 적극 활용한 사람은 박정희이다.

　잠시 이야기를 범부라는 사람으로 되돌려본다. 범부는 수운의 동학을 일관되게 풍류도-화랑도의 역사적 부흥으로 보고, 수운을 '조선시대판 풍류인-화랑'으로 간주했으며 수운 → 동학혁명 → 3.1운동 → 4.19 → (박정희의) 5.16을 연결하는 하나의 선을 풍류도-화랑도 내에서 찾으려 했다.[37] 아마도 범부는 5.16 직후나 집권초기의 박정희를 화랑-풍류도의 현대판 재현으로 기대했던 것으로 추측된다.[38] 화랑은 강력한 육체적 힘과 탁월한 예능인으로서, 다시 말해서 칼과 꽃을 겸비한 '신체적으로 강하면서도 내면적으로 심성이 아름다운' 이상적인 '국민(적 신체)상'이었다.[39]

　지금까지 우리 역사의 사상문화를 가로지르면서 살펴보았듯이 남명의 칼과 방울의 은유는 돌출적이고 생소한 것이 아니라는 것을 알 수 있었다. 이미 우리 역사의 내부에 저류해오던 칼 등의 이미지가 여러 형태로 드러났을 뿐이라고 해석할 수 있다.

37) 이에 대해서는 최재목, 「범부 김정설의 〈최제우론(崔濟愚論)〉에 보이는 동학 이해의 특징」, 『동학학보』제21호, (동학학회, 2011.5) 참조.
38) 이에 대해서는 최재목, 「범부 김정설의 〈최제우론(崔濟愚論)〉에 보이는 동학 이해의 특징」, 『동학학보』제21호, (동학학회, 2011.5) 결론부를 참조
39) 이 점에 대해서는 많은 논의가 필요한데 생략한다. 구체적인 내용은 최재목, 「근현대기 사상가 凡父 金鼎卨과 朴正熙의 이념적 연관성」, 『日本思想』24집, (한국일본사상사학회, 2013.6)을 참고바람.

3. 에라스무스의 펜과 남명의 '칼과 방울' : 마무리를 겸해서

 남명의 칼은 문인이면서 동시에 붓의 의미를 갖는다. 마치 에라스무스가 어디에도 타협하지 않고 자신의 삶을 살았듯이, 남명도 칼과 방울을 내세워 그 자신의 삶을 살았다.

 세계를 조국으로 생각하고 어디에도 종속되지 않는 자유로운 삶을 살며, 펜으로 종교의 광기에 맞서 싸운 인문주의자 에라스무스(1466-1536)를 남명과 연관시켜 생각해볼 수 있다.[40] 퀜틴 마시가 그린, 에라스무스의 50세 되던 해(1517년)의 초상화, 그리고 1525년 병으로 앓은 이후의 그의 모습을 그린 알브레히트 뒤러의 판화작품(1526년)에는 마른 얼굴로 책에 둘러싸여 글쓰기에 열중이다. 슈테판 츠바이크는 에라스무스 평전에서 이렇게 말한다 : "화가들은 에라스무스의 초상화로 자신들의 후원자, 예술적 · 도덕적으로 존재를 새롭게 형성한 이 위대한 개척자를 찬미했다. 그렇기 때문에 그들은 이러한 정신적 힘의 모든 상징으로 그를 자신들의 화판에 표현했다. 투사가 자신의 무장도구인 투구와 칼로, 귀족이 가문의 紋章과 격언으로, 주교가 반지와 예복으로 표현되듯 그렇게 에라스무스는 모든 그림에 새로 발견된 무기를 지닌 사령관으로, 말하자면 책을 가진 사람으로 나타난다. 예외 없이 그들(=화가들)은 마치 한 무리의 군대에 둘러싸인 듯

---

40) 아래의 내용은 최재목, 「최재목의 유랑 · 상상 · 인문학(30): 로테르담의 현자 에라스무스 동상 앞에서(2)」, 『교수신문』(2013년 1월 2일자); 최재목, 「특집: 동서양의 문화에서 보는 '펜'의 의미와 상징」, 『교수신문』(2013년 10월 7일자)를 참고하여 정리하였음.

책에 둘러싸여 글을 쓰거나 어떤 작업을 하고 있는 그를 그리고 있다. 뒤러의 그림을 보면 왼손에는 잉크통을, 오른손에는 펜을 들고 있다. 그의 옆에는 편지들이 놓여있고, 앞에는 대형서적이 쌓여있다."[41] 다시 말해서 에라스무스가 든 펜촉은 창끝이나 칼날과 무엇이 다르겠는가? 그리고 남명의 칼-방울과 무엇이 다르겠는가?

서양의 펜 하면 동양은 붓이다. 둘은 서로 다른 계통을 갖지만 서양의 펜 문화는 근대 이후 일정 부분 동양의 붓 문화 속에 흡수되어 섞이게 된다. 예컨대 근대 이후 언론에서 말하는 「정론직필(正論直筆)」 / 「붓을 꺾다」 / 「붓을 굽히다」에서 말하는 '필'은 꼭 '붓'만이 아니라 '펜'의 의미-이미지로도 거의 동일하게 쓰인다. 적어도 '언론과 사상의 자유'라는 문맥 속에서 펜과 붓은 일치한다. 펜은 붓의 문화에 깊숙이 들어와 합체되어 '무(武)-무인(武人)'에 대항하는 '문(文)-문인(文人)', '정치-권력'에 대항하는 '언론-언론인', '종교나 비도덕적 억압적 사회'에 대항하는 '사상-사상가'의 이미지를 구축했다.[42] 남명의 칼과 방울 또한 문인이란 틀 내에서 무인적인 저항과 절의, 단절과 자유, 성찰과 비판 등을 은유하는 것이었다. 예컨대 찬녕(贊寧)의 『송고승전(宋高僧傳)』권4「원효전(元曉傳)」에서 원효 사상의 윤곽과 인간적 기질을 장악하여 「용격의위(勇擊義圍), 웅횡문진(雄橫文陣)」이라 명쾌하게 묘사한 바 있다. 전통적 텍스트 속에 담긴 불교철학 그 웅대하고도 견고한 개념의 장벽을 용감하게 공격하며 덤벼들었으며, 문자로 봉인된 진지 그 어지러운 글자들의 숲 속을 총칼 대신 붓 한 자루 들고

41) 슈테판 츠바이크, 『에라스무스 평전』, 정민영 옮김, (아름미디어, 2015), 69쪽.
42) 최재목, 「특집: 동서양의 문화에서 보는 '펜'의 의미와 상징」, 『교수신문』(2013년 10월 7일자) 참조.

용감히 휘갈기며 가로질렀다는 것이다. 그래서 신라인들은 원효를 만명으로 겨우 당해낼 적(萬人之敵)으로 불렀다[43]고 한다. 원효의 붓은 그대로 총칼이었다고 풀이할 수 있다.[44]

이렇듯이 남명이 보여준 칼과 방울 또한 그의 사상과 지향을 명확히 읽어낼 하나의 코드이다. 그러나 그것은 그의 텍스트 내부에서만 찾아서는 안 된다. 조선의 역사와 사상문화를 가로질러 저류해오는 사유형식에서 찾아볼만한 것이었다. 보통 문(文)의 국가로 인식되는 조선이 남명에게서 무(武)적 이미지는 새롭게 번안되는 특이한 대목을 필자는 '은유'로 보고 접근해 본 것이다.

---

43) 贊寧, 『宋高僧傳』卷四, 「唐新羅國黃龍寺元曉傳(大安)」
44) 최재목, 「元曉와 王陽明의 사상적 문제의식과 그 유사성」, 『한국불교사연구』6, (한국불교사학회/한국불교사연구소, 2015.2.28.) 참조.

04 '어둠(蒙)'에서 '빛(光)'으로의 기획
- 『擊蒙要訣』의 「혁구습」章 · 「持身」章을 중심으로 -

1. 서언

이 글은 율곡 이이(1537-1584)(이하 율곡 혹은 이율곡)의 『격몽요결』 가운데, 특히 제2 「革舊習」章과 제3 「持身」章을 중심으로 하여[1], 그 내부에서 천명하려는 〈'어둠(蒙)에서 빛(光)으로'의 기획〉에 대한 철학적 의미를 지성사적 안목에서 밝혀보고자 하는 것이다.

일반적으로 사용되는 동양의 격몽, 계몽, 훈몽, 정몽은 어둠에서 빛으로의 기획이었다. 전통적으로 아동용 텍스트들 - 즉 『동몽선습』, 『계몽편』, 『훈몽자회』, 『정몽어류』 등에서 보듯이 - 가운데 '蒙' 자가 들어가는 것도 이런 이유에서이다. 다시 말해서 아동의 내면에 잠들

---

1) 이렇게 『擊蒙要訣』의 총 10장 가운데 특히 이 두 장에 논의가 집중된 것은 이것이 기획 연구(2013년 한국학중앙연구원 한국문화심층연구사업 공동과제) 상의 역할 분담 때문임을 미리 밝혀둔다.

어 있는 '빛의 문양, 빛살무늬'를 일깨워내려는 기법을 내세우는 의도
를 살펴볼 수 있다.

특히 『擊蒙要訣』의 「革舊習」장과 「持身」장에서는 유교가 가진 '어
둠'에서 '빛'으로의 기획이 잘 드러나 있다. 문자-지식-문명을 빛으로
상정하고, 그러한 가능성(=明德)이 인간 내면에 잠재해 있음을 전제
한 다음, 빛의 저편에 있는 어둠(결국은 인간 혹은 인간의 내면이 대
상이 되지만)을 빛의 세계로 편입시키려는(=明明德) 의도를 갖는다.
그것을 '인간다움'의 완성으로 보는 것이다. 물론 이러한 기획이 꼭 유
교에서 전매특허를 낸 것이 아님을 우리는 동서양 문화속의 여러 예
들을 통해 입증할 수 있을 것이다.

다만 유교에서는 문명화라는 전략 속에서, 童蒙이란 말에서 알 수
있듯이, 어린이를 어리석음으로 보고(童+蒙) 어린이=어리석음을 '치
고 때려'(=擊蒙), '열어서'(=啓蒙), '가르치고'(=訓蒙), '바로잡는'(=正
蒙) 작업을 추진한다. 아동들은 교육의 주체가 아닌 대상으로서, '암흑
(혹은 흑암)'의 존재가 된 것이다.

이 논의에서는 먼저 '격몽' 이해의 근거로서 '어린아이'란 무엇인가
를 다루고, 이어서 이율곡 『擊蒙要訣』속의 「革舊習」章과 「持身」章이
가지고 있는 '心身' 건축의 설계도를 살펴볼 것이다. 다음으로 '빛' 회
복하기로서 주자학적 공부론을, 마지막으로 인간다움을 향한 '擊蒙'을
동양식 '빛'의 기획 혹은 건축술로서 조명하고자 한다.

그 결과 「革舊習」章과 「持身」章의 내용은, 이율곡이 『擊蒙要訣』의
「서」에서 밝혔듯이, '사람다운 사람이 되는 것' '인간 살아가는 여러 복
잡한 관계들(오륜)의 마땅함을 터득하고 그것을 실천하는 것' 즉 (=五
倫)의 매뉴얼을 신체화하는 것임을 논하게 될 것이다.

2. '어린아이'란 무엇인가? : '격몽' 이해의 근거

동서양을 막론하고 어린아이, 동심은 인간학에서 주요한 주제이다.

아래는 퇴계가 쓴 「지난 을해 년 봄에 숙부 송재께서 이곳에서 놀다가 상청량암에 머무실 제, 내가 여러 형제와 함께 와서 모셨더니 이제 느꺼운 눈물을 금할 길이 없어 이를 써서 모든 조카와 손자들에게 보이다. 두수」라는 시이다. 이 시를 읽고 있으면, 소년과 노인 사이의 퇴계 얼굴이 오버랩된다.

> "청량산절(=상청량암) 속에서 옛 일을 추억하니
> 총각머리였던 것이 지금에 와선 백발이 되었네.
> 학 등에서 굽어보니 산천은 몇 번이나 변했던고
> 남긴 시를 거듭 외며 눈물짓네.
>
> 이곳을 거듭 찾아 나는 오히려 사람이 되었네.
> 흐르는 개울과 복숭아꽃은 몇 번째의 봄이런가?
> 너희들(=퇴계의 조카와 손자)도 다른 해 언젠가 내 느낌을 알게
> 되리라.
> 한때 (나도) 너희와 마찬가지로 소년의 몸이었다는 것을."[2]

---

2) 李滉, 「往在乙亥春,叔父松齋遊山,寓上淸凉庵,滉與諸兄弟侍, 今來不勝感涕,示諸姪孫. 二首」, 『퇴계전집』권2.
清凉寺裏憶陪遊
卯角如今雪滿頭
鶴背幾看陵谷變
遺詩三復涕橫流
重尋唯覺我爲人

인간의 삶이란 결국 시간 앞에서 보잘 것 없는 것이 되고 말 것이지
만 소년, 어린아이, 갓난아이에게서 희망을 보고 순수를 만난다.

『성서』에서도 어른들은 어린아이, 갓난아이[3]에게서 배우라고 말한
다.

"예수께서 이르시되, '여러 날을 보낸 늙은이도 이레밖에 안 된 갓난
아이에게 생명이 어디 있는가 물어보기를 주저하지 말지니, 그리하면
그는 살 수 있으리라. 먼저 된 자들 중 많은 이들이 나중될 것이고, 모두
가 결국은 하나가 될 것이다.'"(도마복음 제4절)

"내가 진실로 너희에게 말한다. 너희가 회개하여 어린이처럼 되지 않
으면, 결코 하늘나라에 들어가지 못한다. 그러므로 누구든지 이 어린이
처럼 자신을 낮추는 이가 하늘나라에서 가장 큰 사람이다."(마태복음
11:25-27)

"하늘과 땅의 주인이신 아버지, 이 일을 지혜 있고 똑똑한 사람들에
게는 감추시고 어린아이들에게는 드러내주셨으니 감사합니다."(마태
복음 11:25, 누가복음 10:21)

流水桃花幾度春
汝輩他年知我感
當時同汝少年身

3) 참고로, '赤子'는 갓난아이=갓 태어난 아이=嬰兒를 말한다. 갓 태어난 아이의 맑은
마음을 보통「적자지심(赤子之心)」이라 한다. '嬰兒'는 갓 태어나서 어미의 가슴 앞
[=嬰]에 머리를 대고 젖 먹는 아이로 嬰孩라고도 한다. 乳兒 · 幼兒 · 兒子(특히 남
자애) 등과 통한다. '幼少'는 태어나서 아직 날이 얼마 안 지난[=少] 아이(=幼)이다.
'兒童'은 유아보다 위이면서 미성년인 자이다. 15세를 보통 '童'이라 한다. '少年'은
12세 이상 20세 미만인 아이를 가리킨다.

영국 낭만주의 시인 윌리엄 워즈워스(William Wordsworth, 1770-1850)는「아이는 어른의 아버지(The Child is father of the Man)」라 하였고, 자유교육의 선구자 프란시스코 페레(FranciscoFerrer, 1859-1909, 스페인태생)는 "꽃으로도 아이를 때리지 마라"고 한 바 있다.

이처럼 서양에서 아이를 긍정적으로 평가하는 흐름이 있었던 것처럼, 동양에서도 아이에 대한 긍정적 시각이 존재하였다. 그 대표적 인물로 꼽을 만한 사람은 역시 老子이다. 노자는 "덕을 두텁게 품은 사람은 갓난아이에 비할 만하다(含德之厚, 比於赤子)"[4]고 하여 갓난아이를 덕을 상실하지 않은 최초의 인간으로 본다. 물론 유가 계열인『孟子』에서도 "훌륭한 사람이란 갓난아이 때의 그 마음을 잃지 않은 사람이다(大人者, 不失其赤子之心者也)"(「離婁 · 下」)라고는 한다. 하지만 갓난아이를 노자처럼 성인-어른 보다 상위에 두지는 않았다. 노자의 입장처럼 어린아이를 온전히 덕을 지닌 본보기로 보는 사상은 양명학 계열에서 두드러진다. '동심이야말로 진심'이라 규정한 이지(탁오)가 그 대표적 인물이다.[5]

대체로 유가 계열의 사상에서는 어린아이는 어둠으로서 계몽의 대상으로 취급된다. 즉 우리의 옛날 서당에서는 아동들이 공부를 제대로 하지 않을 경우 종아리를 철썩 철썩 때렸다. 이렇게 '치고 때리는 (擊)' 행위는 놀랍게도 '어둠에서 빛으로'라는 유교적 기획 속에서 이루어지고 있었다. 그래서 책은, 도산서원의 서고를 '광명실'로 이름 붙였듯이, 빛=광명의 원천이다. 그리고 회초리는 이 광명을 전달하는 황

---

4)『老子』초간본 갑본12장, 백서본74장, 왕필본 55장.
5) 이탁오의 童心說에 대한 논의는 崔在穆,『東アジア陽明學の展開』(東京: ペリカン社, 2006), 102-107쪽을 참조.

금의 열쇠이자 계몽의 지시봉인 셈이다. 그것은 사람이 치는 것이 아니라 이미 기획된 이념의 '보이지 않는 손'이 무지몽매를 문명 쪽으로 이끌어 가는 합법적인, 허락된 폭력이자 절대정신이었다. 이런 유교의 반대편에 어린이-갓난아이를 옹호하는 老子가 있었다.

어쩌면 20세기의 인류의 역사는 '어린이'가 '어둠'에서 '밝음'으로 걸어 나간 발자취이다. 어른과 대등하게 바라보는 '어린이'라는 호칭은 근대기 이후 적극적으로 사용된다. 즉 이것은 동학의 2대 교주 해월 최시형(1827-1898)의 『해월신사법설』 속 "도가의 부인은 아이를 경솔히 때리지 마라(勿打兒). 아이를 때리는 것은 곧 한울님을 때리는 것이니 한울님이 싫어하고 기운이 상하느니라."(「待人接物」)라는 사상을 실천하는 일로, 천도교인이며 손병희의 사위인 소파 방정환이 제안 · 보급하게 된다. 이후 어린이의 권익 향상을 위해 1957년 「어린이헌장」이 선포되고, 1975년 「어린이날」을 5월5일로 지정하였다.

이처럼 구속에서 자유로, 억압에서 해방으로, 타율에서 자율로 그

[그림 1] 檀園 金弘道의 풍속화 帖子 중 「書堂」 풍경(국립중앙박물관 소장, 18세기경)

패러다임의 전환이 이루어진 역사이다. 예로부터 '지혜의 상징'으로서 '늙은이'라는 말은 있어도 '어린이'라는 말은 없었다. 왜냐하면 '어리다'는 말은 모두 '어리석다'는 의미로만 쓰였기 때문이다. '어리석음'은 '어둠'을 의미했다. 그것은 '몽매'라는 漢語로 표기되었다. 이것은 본

래 『周易』의 '몽괘'[6]에서 유래되었는데, 그 괘사에 동몽(童蒙)이라는
말이 나온다. 어린이는 동몽일 뿐이었으며 그것은 동몽 즉 어리석음
을 '치고 때려'(=擊蒙), '열어서'(=啓蒙), '가르치고'(=訓蒙), '바로잡는
다'(=正蒙)라는 표현이 말해주듯, 아동들은 교육의 주체가 아닌 대상
으로서, '암흑(혹은 흑암)'의 존재였다.[7] 따라서 擊蒙, 啓蒙, 訓蒙, 正蒙
은 교육자들의 주된 임무였다.

栗谷 李珥(1536-1584)가 학문을 시작하는 이들을 가르치기 위해
편찬한 『擊蒙要訣』은 『周易』64개 중 4번째 괘명인 蒙卦 上爻의 효사
「擊蒙, 不利爲寇, 利御寇(몽매함을 깨는 것이니, 도적이 되는 것은 이
롭지 못하고, 도적을 막는 것이 이롭다)」에서 따온 것이다. 몽매한 어
린아이를 교육시켜 계몽하는 방법에 대하여 설명하는 괘이다. '蒙'의
괘상은, 위에 간(艮☶)이 있어 산(山)을 상징하며, 멈춘다(止)는 뜻이
다. 아래에 감(坎☵)이 있어 물(水)을 상징하며, 음험하다(險, 陷)는
뜻이다. 전체 괘상은 산 밑의 음험하고 어두운 습지를 말하며, 밖으로
는 성장이 멈춰 있고, 안으로는 빠져 들어가는 구렁텅이가 있다. 인간
의 무지를 상징한다.

---

6) 몽괘는 『주역』64개 중 4번째 괘명이다. 몽매한 어린아이를 교육시켜 계몽하는 방
   법에 대하여 설명하는 괘이다. '蒙'의 괘상은, 위에 간(艮☶)이 있어 산(山)을 상징
   하며, 멈춘다(止)는 뜻이다. 아래에 감(坎☵)이 있어 물(水)을 상징하며, 음험하다
   (險, 陷)는 뜻이다. 전체 괘상은 산 밑의 음험하고 어두운 습지를 말하며, 밖으로는
   성장이 멈춰 있고, 안으로는 빠져 들어가는 구렁텅이가 있다. 인간의 무지를 상징한
   다. 원래 '蒙'은 무성하게 자란 풀에 의하여 덮혀 있는 모습을 뜻하는 글자이며, 여
   기서 '어둡다(昧)'라는 의미가 파생되었다. 사물이 태어나 아직 어릴 때는 몽매하기
   때문에 '어리다(稚)'라는 뜻도 내포한다. 『擊蒙要訣』의 '격몽'은 몽괘 上爻의 효사
   「擊蒙, 不利爲寇, 利御寇(몽매함을 깨는 것이니, 도적이 되는 것은 이롭지 못하고,
   도적을 막는 것이 이롭다)」에서 따온 것이다.
7) 도올, 「〈도올담세〉어린이 '어둠'으로 내몰고 있다」, 『문화일보』(2003.5.5) 참조.

이 蒙昧의 대목에 이르면, 오스발트 슈펭글러(Oswald Spengler, 1880-1936)의 『서구의 몰락(Der Untergang des Abendlandes)』(1918-1922)에서 읽는 듯한, 퇴보-퇴락-몰락-소멸의 위기감을 느낀다. 슈펭글러는 말한다. 역사에서 봄은 신화의 시대이며, 여름은 종교개혁이나 철학·수학의 형성기이다. 가을은 이 知的 성과의 계몽과 발전, 체계화의 시대이고, 겨울은 반대로 과학이나 수학이 쇠퇴하고 인생론적인 도덕만이 문제된 시대이다. 이 춘하추동의 사이클은 고대 호메로스, 헤시오도스의 봄에서 피타고라스의 여름, 소피스트, 소크라테스의 가을을 거쳐, 스토아학파나 에피쿠로스학파의 겨울 시대로 쇠퇴해갔다. 마찬가지로 서양의 세계는 중세 스콜라의 여름, 루터나 갈릴레이, 데카르트의 여름을 거쳐, 괴테, 칸트, 헤겔의 가을을 맞이하며, 최후에 마르크스나 쇼펜하우어, 니체의 겨울에 이른다. 이 네 계절이 변화하여 결국 모든 것은 쇠퇴, 사멸해버렸다는 프로세스는 누구도 바꿀 수 없는 자연의 섭리. 마찬가지로 사상의 역사도 맹목적인 섭리에 따라서 궁극에서는 몰락해버리는 것으로 보았다.[8] 봄에서 겨울로, 광명에서 흑암으로 가는 역사적-지성적 섭리를 슈펭글러는 말한다. 동양에서는 이러한 역사적, 지성적 절망감을 극복하는 방법을 내면의 빛살무늬(명덕)을 회복하는(=명명덕) 데서 찾았다. 그것이 바로 擊蒙, 啓蒙, 訓蒙, 正蒙 프로젝트이다. 유교의 아동용 텍스트 가운데 '蒙' 자가 들어가는 것이 많은 것도 이런 이유에서이다. 서당에서 『千字文』 다음에 가르쳤던 어린이용 한문 교재로 『童蒙先習』[9], 아울러

---

8) 슈펭글러(양해림), 『서구의 몰락』(서울: 책세상, 2008) 참조.
9) 흔히 조선 중종조의 朴世茂(1487~1554) 저술로 알려져 있으나 閔齊仁(1493~1549)의 저술이라고도 한다. 혹은 두 사람이 지었다는 설도 있는 등 분명

천 · 지 · 인 · 동물 · 식물 및 인류 등 여러 항목을 통하여 문자교육을 하였던 교재로서 『啓蒙篇』[10], 『訓蒙字會』[11], 『正蒙類語』[12]에서 우리는 인간 내면에 잠들어 있는 '빛의 문양, 빛살무늬'를 일깨워내는 기법과 닦달함을 만난다.

『擊蒙要訣』의 「革舊習」장과 「持身」장에서는 유교가 가진 '어둠'에서 '빛'으로의 기획이 잘 드러나 있다. 이점에서는 슈펭글러 같은 위기 감을 넘어서서 외부의 빛을 상정하고 그 조응으로서 내면의 빛에 몰입해간다. 그 결과 '인간다움'의 완성을 얻고자 한다.

3. 「革舊習」과 「持身」의 '心身' 건축 설계도

핵심을 짚자면, 『擊蒙要訣』에서 「革舊習」의 방법과 「持身」의 방법은 아래와 같은 틀로 간단히 정리할 수 있다. 이것을 佛敎의 四諦의 논리와 비교해보면 좋겠다.

「革舊習」과 「持身」의 방법은 궁극적으로 3. 사람 되기(爲人), 성인 되기(爲聖)의 꿈을 실현하는 것 즉 '超凡入聖'을 지향한다.

하지 않다.
10) 저자 및 연대 미상.
11) 중종 22년(1527), 崔世珍이 지은 책이다.
12) 고종 21년(1884), 李承熙가 丁若鏞의 『兒學編』에 보이는 '類輯之法'을 본따서 만든 책이다.

[표 1] 擊蒙要訣의 「革舊習」 「持身」의 논리와 佛敎 四諦 대비

擊蒙要訣의 「革舊習」 「持身」의 논리			佛敎 四諦의 논리
蒙 뜻을 상실함. 멍청하게 살고 있음	己, 亂志, 不合理	吾心所好, 不合天理	苦 현재 결과
舊習(=好) 터무니없고, 때에 절어있음	世俗雜事, 酒色雜技, 舊患因循	暴棄; 外物所勝	集 현재 원인
爲聖 성인 되기 ↑ 爲人 사람 되기	無一點舊習之汚 → 爲賢智	有事以理應事,讀書以誠窮理; 寂寂無紛起之心, 惺惺無昏昧之心 表裏如一, 處幽如顯, 處獨如衆, 使此心如靑天白日	滅 미래 결과
革 (→ 基址;心地 만들기) 터닦기, 때빼기	決斷根株 洗心心地 一切痛斷 頻自點檢 檢察吾心 → 心存 · 學進 · 行力 誠心向道	克己復禮 居敬窮理 靜坐收斂此心,當正此心 敬以直內義以方外 九思九容	戒 / 慧 道 미래 원인

위와 같이 불교의 수행법과 유교의 수행법은 기본적으로 통하는 점이 있다. 양자의 근간은 '어둠'에서 '빛'을 향한 기획이다. 불교는 무명/생사윤회를 벗어나 해탈로, 유교는 기질/구습(舊習)을 벗어나 본연지성(本然之性) 회복을 통한 위성(爲聖)으로 나아가고자 한다. 모두 초범입성(超凡入聖)을 지향한다. 초범입성은 지금보나 더 나은 삶을 새로 설계하고 새로 건설하는 것이다. 도시설계를 예로 들자면,

〈도시설계 → 터닦기 → 바닥정리 → 건물의 배치와 배열 → 새 도시 건설〉의 순서를 밟게 된다. 이것은 〈삶의 새로운 설계 → 터닦기 → 과거의 태도·습관 소거·정리 → 새 학습·수행법의 도입과 이행 → 새로운 심신으로 거듭남〉의 과정이다. 이것은 불교의 경우 『밀린다팡하』에서 초기불교의 수행이 잘 설명되어 있다. 즉 초기불교에서 출가자가 생사윤회를 벗어나기 위해서는 바른 '주의작용'과 '지혜'와 '그 밖의 모든 선법(善法)'에 의하는데, 마치 왼손으로 보릿대를 움켜잡고 오른손으로 낫을 들어 보리를 베듯이, 사고력에 의하여 자기마음을 움켜잡고, 지혜에 의하여 자기번뇌를 끊어버린다.[13] 여기서 '그 밖의 모든 선법(善法)'이란 계행(戒行), 신행(信行), 정진(精進), 전념(專念), 정신통일(禪定), 지혜(智慧) 등의 선법이다. 특히 '계행'은 일체 선법의 근거가 된다. 모든 출가자는 계행(戒行)에 근거하여 구경(究竟)에 이른다. 성장하고 장성하고 번성하는 모든 동·식물 어느 것이든 땅에 의존하고 땅을 근거로 성장하고 장성하고 번성하듯이, 출가자는 계행에 의존하고 계행에 근거하여 구경(究竟)에 이르고자 한다. 비유를 하자면 도시 설계자가 도시를 건설하려고 할 때, 맨 먼저 도시의 터를 깨끗이 닦고 나무 밑둥이나 가시덤불을 치우고 바닥을 반반하게 한 다음, 거리의 광장과 십자로와 상가 등을 배열하여 도시를 건설한다. 마찬가지로 출가자는 계행에 의존하고, 계행에 의해 기반을 확립한 다음 5근(五根=信根·精進根·念根·定根·慧根)[14]을 발전

---

13) 서경수 옮김, 『밀란다팡하』(서울: 동국역경원, 2007), 70쪽 참조.

14) 5근(五根. pañcendriya ni ; Five spiritual faculties)이란 깨달음(도, 보리)에 이르는 37가지의 법[三十七道品: 초기불교의 『아함경』에서 고타마 붓다가 언급하거나 설명하고 있는 37가지의 도품(道品). 수행법(修行法)을 가리키는, 초기불교의 수행법을 통칭하는 말] 중의 4번째 그룹을 이루는 신근(信根: 믿음)·정진근(精進根:

시킨다.[15]

『격몽요결』의 「革舊習」과 「持身」은 '어둠'에서 '빛'으로의 기획이었
고, 내용적으로는 〈삶의 새로운 설계 → 터닦기 → 과거의 태도 · 습관
소거 · 정리 → 새 학습 · 수행법의 도입과 이행 → 새로운 심신으로
거듭남〉의 과정을 상세히 설명한 것이었다.

실제 완전한 빛에 닿고자 하는 노력은 이상이지 현실이 아니다. 자
연의 빛이 아니라 이성의 빛은, 마치 스페인의 철학자 발타자르 그라
시안(Balthasar Gracian, 1601-1658)이 「얼굴을 비추는 거울은 매우
많지만 마음을 보여주는 거울은 오직 자기 성찰뿐이다.」[16]라고 하였듯
이, 내면적 성찰로써만 도달할 수 있는 것이다. 그것은 에고, 욕망, 기
질의 지향을 소멸로서만 닿을 수 있다.[17] 마치 빈센트 고흐가 바라보

정진) · 염근(念根: 기억) · 정근(定根: 선정) · 혜근(慧根: 지혜)의 5가지의 선법
(善法)을 말한다.
15) 서경수 옮김, 같은 책, 72-73쪽을 인용자가 정리함.
16) 발자타르 그라시안, 『명화로 보는 천년의 지혜의 서』, 박지우 옮김, (정민미디어,
2011), 82-83쪽.
17) 이 대목에서는 '정념'을 관찰하고자 했던 데카르트를 떠올린다. 데카르트를 사숙
했던 보헤미아의 왕녀 엘리자베스가 던진 질문. "생각하는 실체인 인간의 영혼이
어떻게 몸의 정기들을 결정할 수 있는 것입니까? 가르쳐주시기 바랍니다." 이 때 데
카르트가 일평생 학문의 과정에서 견지했던 이원론적 입장, 즉 몸과 영혼을 독립된
실체로 보는 관점이 몸과 영혼의 화합이라는 관점으로 전환된다. 늙은 철학자는 몸
과 영혼의 화합에 의해 발생하는 것, 몸을 원인으로 하지만 영혼 안에서 야기되는
情念(Passion)에 대한 고찰로 나아간다. 그가 죽기 전 최후로 남긴 책 『정념론』에서
는 영혼에 덮쳐오는 인간의 감정을 경험적이고 과학적인 관찰을 통해 밝혀낸다. 그
주요 감정을 경이, 사랑, 미움, 욕망, 기쁨, 슬픔으로 요약한 뒤 질투, 존경, 수치, 경
멸과 같은 특수하게 파생되는 감정들의 성격을 규정한다. 그리고 이러한 정념들에
수동적으로 지배당하지 않고 감정을 다스릴 수 있는 사람은 몸이 아닌 영혼에만 연
관되는 자유의지를 완벽하게 사용할 수 있는 사람, 그로써 우리가 '덕'이라고 부르
는 것을 따르는 사람이란 점이 강조된다. 데카르트는 이런 사람이 가지고 있는 정
념을 관대함이라 지칭하며, 그런 사람은 스스로 존경해도 마땅한 사람이라고 판단

던 닿을 수 없는 '별과 같은 것이다.[18] 프루스트가 '이 세상에서 가장 아름다운 그림'이라고 평가한 「델프트 풍경(View of Delft)」에서 소설가 베르고뜨를 통해서 죽을 각오로 빛 한 자락을 찾아내는 장면과 같다. 즉 "나도 글을 저렇게 썼어야 했는데(…) 문장 자체가 이 노란 벽의 작은 자락처럼 진귀해지도록 했어야 했는데." 소설가 베르고뜨는 남은 힘을 다해 베르메르의 「델프트 풍경」 앞에서 이 말을 남기고 쓰러져, 숨을 거둔다. 마르셀 프루스트의 소설 『잃어버린 시간을 찾아서』에 나오는, 잘 알려진 명장면 중의 하나다. 이 베르메르의 그림 속 황금 빛 교회 벽면은, 프루스트의 소설 속에서 "나도 글을 저렇게 썼어야 했는데"라는 감탄에만 머물지 않고 '문장'을 '진귀'하게 다듬어내야

한다. 요컨대 데카르트는 인간의 감정과 이성의 화합을 통해 도덕적 주체의 본성을 규정함으로써, 이성에 대한 절대적인 우위를 전제로 삼았던 자신의 철학이 지닌 한계를 극복하고자 했던 것이다. 선천적으로 몸이 약했던 데카르트는 일생을 살아가면서 닥쳐올 수 있는 불안전한 감정과 불행한 일들을 신중히 물리치고 자신이 처한 현실 속에서 가장 적합한 판단을 내리도록 스스로에게 도덕적인 강령을 내린 사려 깊은 사람이었다. 그의 『정념론』은 그런 데카르트 스스로가 지녔던 도덕률이 어떻게 도출됐으며, 그것을 삶에서 실천할 수 있는 방법이 무엇인지를 알려준다.[데카르트, 『정념론』, 김선영 옮김, (문예출판사, 2013) 참조]

18) 죽어서 묻혀버린 화가들은 그 뒷세대에게 자기 작품으로 말을 건다. 그러나 그것이 전부인가? 그밖에 달리 무엇인가가 없는 것일까? 화가의 삶에서 죽음은 아마도 최대의 어려움이 아니리라. 여하튼 나는 이에 대해 아무것도 모른다고 말해둔다. 그러나 별을 보고 있으면 언제나 지도 위에 시골과 도시를 가리키는 검은 점에 의해 꿈꾸는 것과 마찬가지로 간단히 꿈을 꾸게 된다. 밤하늘에 반짝이는 점들이 어떻게 프랑스 지도의 검은 점보다도 도달하기 어려운 것일까? 타라스콩(아를보다 론 강의 상류에 있는 마을)이나 루앙(파리보다 센 강의 하류에 있는 마을)에 가려면 기차를 타야 하는 것처럼 별까지 가기 위해서는 죽음을 맞이해야한다. 죽으면 기차를 탈 수 없듯이, 살아 있는 동안에는 별을 닿을 수 없다. 증기선이나 합승마차, 철도 등이 지상의 운송수단이라면 콜레라, 담결석, 결핵, 암 등은 천상의 운송수단일지 모른다. 늙어서 평화롭게 죽는다는 건 별까지 걸어간다는 것이지.[빈센트 반 고흐, 1888년 7월경의 편지(박홍규, 『빈센트가 사랑한 밀레』(서울: 아트북스, 2005), 167쪽에서 재인용)].

한다는 새로운 발상을 촉발한다. 讀法은 새로운 맥락을 만들고, '노란 벽의 작은 자락' 하나가 베르고뜨를 죽음으로 몰고 가는데, 그런 숨 멎을 순간을 프루스트는 붙들었다.[19]

[그림 2] 베르메르의 「델프트 풍경」
(헤이그 '마우리츠호이스미술관' 소장, 1660-1661)

이처럼 『擊蒙要訣』의 「革舊習」장과 「持身」장에서 보여준 '어둠에서 빛으로'의 기획은 인간다움의 빛 즉 문명과 지혜로 나아가는 주요한 방법이었다.

4. '빛' 회복하기로서 주자학적 공부론

주희의 『대학혹문』 2장에서는 나날이 새롭게 하여 존양·성찰의 공

---

19) 최재목, 『동양철학자, 유럽을 거닐다』(서울: 책세상, 2013), 367-375쪽 참조.

부를 끊임없이 계속해 나가면 명덕은 항상 밝게 빛남으로써 이욕에 의해 어두워지지 않을 것이다. 이것을 목욕의 비유로 들고 있다. 즉 어느 하루 깨끗이 목욕하고서, 이에 이어서 날마다 목욕을 하면 몸을 항상 깨끗하게 유지할 수 있어, 다시는 '묵은 때(舊染)'에 더럽혀지지 않는다는 것이다.

　"그렇다면 목욕하는 욕조에 생긴 명문을 이와 같이 쓴 것은 무엇 때문입니까?"
　"사람에게 덕이 있음은 마치 이 몸이 있는 것처럼 누구에게나 있으며, 덕이 본초로부터 밝음은 애당초 몸의 깨끗했던 것과 같으며, 밝은 덕이 이욕에 의해서 어두워지게 되는 것은 깨끗했던 몸이 티끌과 때에 묻어 더럽혀지는 것과 같다. 어느 날 아침, 存養·省察의 공부를 통하여 지난날 이욕의 혼미를 깨끗이 씻어 버리고 나날이 새롭게 한다면, 이 또한 몸을 씻어 지난날 찌들었던 더러운 티끌과 때를 벗겨 버리는 것과 같다. 그러나 이미 새롭게 씻었다 할지라도 이를 새로이 닦아가는 공부를 지속하지 않으면 다시 이욕에 가려짐으로써 머지않아 또다시 지난날처럼 혼미에 빠지게 될 것이다. 이는 마치 몸을 깨끗이 씻었다 할지라도 깨끗이 씻는 노력을 계속하지 않으면 더러운 때가 다시 엉겨 붙어 또다시 예전처럼 불결해지는 것과 같다. 이 때문에 반드시 이미 새로워진 그것으로 인하여 날마다 새롭게 하고 또다시 나날이 새롭게 하여 존양·성찰의 공부를 끊임없이 계속해 나가면 명덕은 항상 밝게 빛남으로써 이욕에 의해 어두워지지 않을 것이다. 이 또한 이느 하루 깨끗이 목욕하고서 이를 이어서 날마다 목욕하며 언제나 끊임없이 목욕하여 몸을 깨끗이 씻는 일이 끊지지 않으면, 몸은 항상 깨끗하여,

다시는 舊染에 더럽혀지지 않을 것이다.[20)]

그리고 『대학혹문』경1장에서는 말한다. 모든 사람이 다 요순이 될
수 있고 천지에 동참할 수 있지만 스스로 확충해 나아가지 못할 수도
있다. 그러나 본디 밝음이 있는 본체는 하늘에서 얻어온 것이기에 영
원히 혼미해질 수 없다. 이 때문에 아무리 어둠으로 가려져(昏蔽) 있
을지라도 잠깐 사이나마 단 한 번의 깨침이 있으면 그 빈틈사이에서
쏟아져 나오는 광명으로 그 본체를 밝힐 수 있다고 한다.

"모든 사람이 다 요순이 될 수 있고 천지에 동참할 수 있다고 하지만,
또한 스스로 확충해 나아가지 못할 것이다. 그러나 본디 밝음이 있는
본체는 하늘에서 얻어온 것이기에 영원히 혼미해질 수 없다. 이 때문에
아무리 어둠으로 가려져(昏蔽) 있을지라도 잠깐 사이나마 단 한번의
깨침이 있으면 그 빈틈사이에서 쏟아져 나오는 광명으로 그 본체를 밝
힐 수 있다. 이로써 성인은 가르침을 베풂에 있어 먼저《소학》으로 함양
토록 하였고, 이어 다시《대학》의 도를 말함에 있어 반드시 격물치지를
먼저 말한 것은, 그들로 하여금 함양한 가운데에서 우러나오는 앎으로
인하여, 밝은 덕을 밝힐 수 있는 실마리를 열어주고자 함이며, 이를 뒤

---

20) 曰: 然則沐浴之盤, 而其所刻之辭如此, 何也.
曰: 人之有是德, 猶其有是身也. 德之本明, 猶其身之本潔也.德之明而利欲昏之, 猶
身之潔而塵垢汚之也. 一旦存養省察之功, 眞有以去其前日利欲之昏而日新焉, 則亦
猶其疏瀹澡雪而有以去其前日塵垢之汚也. 然卽新矣, 而所以新之之功, 不繼, 則利
欲之交, 將復有如前日之昏. 猶卽潔矣, 而所以潔之之功 不繼, 則塵垢之集 將復有如
前日之汚也. 故必因其已新, 而日日新之, 又日新之, 使其存養省察之功, 無少間斷,
則明德常明, 而不復爲利欲之昏, 亦如人之一日沐浴, 而日日沐浴, 又無日而不沐浴,
使其疏瀹澡雪之功, 無少間斷, 則身常潔淸, 而不復爲舊染之汚也.

이어 성의 · 정심 · 수신의 조목을 말한 것 또한 그들로 하여금 이미 밝은 덕을 밝히는 실마리로 인하여 자신을 돌이켜봄으로써 밝음의 실상을 다하도록 하고자 한 것이다. 이와 같이 앞서 밝은 덕을 밝힐 수 있는 실마리를 열어주고, 또다시 밝음의 실상을 다한 바 있으면 하늘에서 얻어온 나의 밝은 덕이 일찍이 밝혀지지 않을 수 없을 것이다. 이와 같으면 기질과 물욕을 초탈하여 누를 찾아볼 수 없고, 또한 본체의 온전함을 얻을 수 있다. 이것이 곧 이른바 밝은 덕을 밝힘(明明德)이다. 그러나 이는 애당초 性分의 밖에서 作爲한 바 없는 것이다.

그러나 명덕이란 사람마다 다 함께 얻은 것이요, 나 홀로 사사로이 얻은 것이 아니다. 지난날 모두 물욕에 가리워 있을 때는 현인과 어리석은 구별이 별로 크지 않지만, 오늘날 내 다행스럽게도 이를 밝혔는 바, 다 함께 이를 얻고서도 스스로 밝히지 못하여, 바야흐로 혼미한 데에 있으면서도 마음 달게 여기고, 낮고 더럽고 구차스럽고 비천한 생활 속에 빠져 있으면서도 스스로 이를 알지 못하는 뭇사람을 보고서, 어떻게 그들을 가엾게 여겨 구제하고자 하는 생각이 없을 수 있겠는가. 이 때문에 내 스스로 밝힌 바를 미루어 그들에게 미쳐가되, 제가로부터 비롯하여 중간에는 치국을, 그리고 마지막엔 평천하에까지 이르러, 자신의 명덕을 가지고서도 스스로 밝히지 못하는 많은 사람들 또한 모두 그 스스로가 밝은 덕을 밝혀서, 해묵고 더러운 때(舊染)를 없애도록 해주는 그것이 곧, 이른바 백성을 새롭게 함(新民)이다. 그러나 이 또한 그들에게 나의 것을 준다거나 더해 주는 것은 아니다."[21]

---

21) 雖曰可以爲堯舜而參天地, 而亦不能有以自充矣. 然而本明之體得之於天, 終有不可得而昧者, 是以雖其昏蔽之極而介然之頃一有覺焉, 則卽此空隙之中而其本體已洞然矣, 是以聖人施教旣已養之於小學之中, 而複開之以大學之道, 其必先之以致知格物之說者, 所以使之卽其所養之中, 而因其所發以啓其明之之端也, 繼之以誠意,正心,修身之目者, 則又所以使之因其已明之端而反之於身, 以致其明之之實也.夫旣有

주자는 『大學章句』에서 "명덕이란 것은 사람이 하늘에서 얻어서 (마음이) 텅 비고 신령하고 어둡지 아니하여 여러 이치를 갖추어 만사에 응하는 것이다(明德者, 人之所得乎天, 而虛靈不昧, 而具衆理而應萬事者也)"라고 하여, 인간 내면에도 외부세계를 쪼일 수 있는 하늘의 빛이 들어있다고 보았다. 내외의 빛이 서로 조응한다.

이에 비해 양명은 주자보다 한 걸음 더 나아가서 밖의 빛은 모두 내면의 빛에서 나온 것으로 본다. 왕양명은 내면의 자연, 즉 良知, 靈明, 明德(예컨대 良知之明, 天理之昭明靈覺, 虛靈明覺之良知, 一點靈明, 本來自明, 自然明覺 등이 모두 같은 의미의 용어임)을 문화 문명의 빛으로 보았다.

예컨대, 유교의 공부는 빛을 찾는 일상의 수업 매뉴얼에서 시작한다. 이것은 이황의 『聖學十圖』중 「第十 夙興夜寐箴圖」에 잘 드러나 있다. '숙흥야매'란 '새벽 일찍 일어나고, 밤늦게 자(면서 부지런히 수양하)라'는 뜻이다.

> "닭이 울어 잠을 깨면, 이러저러한 생각이 점차로 일어나게 된다. 어찌 그 동안에 조용히 마음을 정돈하지 않을 수 있겠는가! 혹은 과거의 허물을 반성하기도 하고, 혹은 새로 깨달은 것을 생각해 내어, 차례로

以啓其明之之端而又有以致其明之之實, 則吾之所得於天而未嘗不明者, 豈不超然無有氣質物慾之累而複得其本體之全哉？是則所謂明明德者而非有所作爲於性分之外也, 然其所謂明德者又人人之所同得而非有我之得私也.向者俱爲物慾之所蔽則其賢愚之分固無以大相遠者, 今吾旣幸有以自明矣, 則視彼衆人之同得乎此而不能自明者, 方且甘心迷惑沒溺於卑汙苟賤之中而不自知也, 豈不爲之惻然而思有以救之哉？故必推吾之所以明者以及之, 始於齊家, 中於治國而終及於平天下, 使彼有是明德而不能自明者亦皆有以自明而去其舊染之汙焉.是則所謂新民者而亦非有所付畀增益之也,

조리를 세우며 분명하게 이해하
여 두자.

근본이 세워졌으면 새벽에 일
찍 일어나 세수하고 빗질하고 의
관을 갖추고, 단정히 앉아 안색
을 가다듬은 다음, 이 마음 이끌
기를 마치 솟아오르는 해와 같이
밝게 한다. 엄숙히 정제하고(嚴
肅整齊), 마음의 상태를 허명정
일(虛明靜一)하게 가질 것이다.

이때 책을 펼쳐 성현들을 대하
게 되면, 공자께서 자리에 계시
고, 안자와 증자가 앞뒤에 계실
것이다. 성현의 말씀을 친절히

[그림 3] 이황의 『聖學十圖』 중 「第十 夙興
夜寐箴圖」

경청하고, 제자들의 문변(問辯)을 반복하여 참고하고 바로 잡아라. 일
이 생겨 곧 응하게 되면, 실천으로 시험하여 보라.

천명은 밝고 밝은 것, 항상 여기에 눈을 두어야 한다. 일에 응하고 난
다음에는 나는 곧 예전의 나대로 되어야 한다. 마음을 고요히 하고 정
신을 모으며 잡념을 버려야 할 것이다. 동과 정이 순환하는 중에도 마
음만은 이것을 볼 것이다. 고요할 때는 보존하고 움직일 때는 살펴야
하지만, 마음이 두 갈래 세 갈래로 갈려서는 안 된다.

독서하고 남은 틈에는 틈틈이 쉬면서 정신을 가다듬고 성정을 길러
야 한다. 날이 저물고 사람이 권태로워지면 흐린 기운이 엄습하기 쉬우
니 장중히 가다듬어 밝은 정신을 북돋을지어다. 밤이 늦어지면 잠자리
에 들되, 손을 가지런히 하고 발을 모으라. 잡생각을 일으키지 말고 심

신이 돌아와 쉬게 하라. 야기(夜氣: 맹자의 浩然之氣)로써 길러 나가라.
貞(정) 다음에는 元으로 돌아가나니.(元亨利貞) 언제나 이렇게 하기를
생각하여 밤낮으로 부지런히 노력할지어다.

〈퇴계 이황〉

"위의 잠(箴)은 남당 진무경(陳茂卿)이 지어 스스로 경계한 것입니
다. 금화 왕노재(王魯齋)가 태주의 상채(上蔡) 서원에서 교육을 맡았을
때, 오로지 이 잠만을 가르쳐, 배우는 사람들마다 모두 외고 익혀서 실
행하게 하였습니다.

신이 지금 삼가 노재의 경재잠도를 본떠 이 도를 만들어 그의 도와
상대가 되게 하였습니다.

원래 경재잠에는 공부해야 할 영역이 많이 있기 때문에 그 영역에 따
라 배열하여 도를 만들었습니다.

이 도에는 공부해야 할 때가 많이 적혀 있으므로, 그 때에 따라 배열
하여 도를 만들었습니다.

무릇 도의 유행은 일상 생활 가운데서 이르지 않는 곳이 없으므로,
한 자리도 이가 없는 곳이 없으니, 어느 곳에서 공부를 그만둘 수 있겠
습니까? 잠깐 사이라도 정지되는 일이 없으므로 한순간도 이가 없을
때가 없으니, 어느 때인들 공부를 그만두어서 되겠습니까? (하략)"[22]

---

22) 鷄鳴而寤思慮漸馳, 於其間澹以整之, 或省愆或紬新得, 次第條理瞭然識, 本旣立矣
昧口乃興, 櫛衣冠端坐斂形, 提此心如出日, 嚴肅整齊虛明靜一, 乃啓方冊對越聖賢,
夫子在坐顏曾後先, 聖師所言親切敬聽, 弟子問辨反覆參訂, 事至斯應則驗于爲, 明
命赫然常目在之, 事應旣已我則如故, 方寸湛然疑神息慮, 動靜循環惟心是監, 靜存
動祭勿貳勿參讀書之餘間以游詠, 發舒精神休養情性, 日暮人倦昏氣易乘, 齋莊整齊
振拔靜明, 夜久斯寢齊手斂足, 不作思惟心神歸宿, 養以夜氣貞則復元, 念玆在玆日
夕乾乾. 右箴, 南塘陳茂卿柏所作以自警者, 金華王魯齋, 嘗主教台州上蔡書院, 以是
箴爲教, 使學者人人誦習服行, 臣今謹倣魯齋敬齋箴圖作此圖, 以與彼圖相對, 蓋敬

5. 인간다움을 향한 '擊蒙': 결론을 대신하여

노발리스는 그의 단상 모음집인『꽃가루』에서 이렇게 말한다: "신비로운 길은 내면으로 향한다. 영원은 자신의 세계들인 과거와 현재와 더불어 우리의 내면 말고는 그 어디에도 존재하지 않는다. 외부의 세계는 그림자의 세계일뿐이다. 외부의 세계는 빛의 세계를 향해 그림자를 던진다."[23] 이처럼 서양에서는 진정한 것, 영원한 것은 내면이고, 외부는 그림자이자 가변적인, 일시적인 세계로서 인식된다. 그러나 유교에서는 그렇지 않다. 대명천지(大明天地)처럼, 눈앞에 있는 것은 실재하는 것이다.

빛이 없으면 아무 것도 없다는 '생각'은 하나의 인간의 현실사회의 관점이 반영된 '고안'이다. 즉, 동양의 사상문화에서도 '빛'은 하나의 우연이 아니라 지성사 속의 한 '기획상품'으로 이해할 필요가 있다. 수흐라와르디(Suhrawardi)의 「빛의 형이상학」은 좋은 참고가 된다.[24] '빛'의 기획, 건축술은 내면의 차원에서 그치지 않고 외부 세계의 모든 질서를 장악하는 방법론이다.

즉, 권력-제도-지식이 그렇듯이, 빛에 대해 (1) 그 본질을 어떤 방식으로든 정의(목표설정)하고, (2) 그것(빛)의 위계-서열-질서를 만

齋箴有許多用工之頭故, 隨其地頭而排列爲專圖, 此箴有許多用工時分故, 隨其時分而排列爲圖, 夫道之流行於日用之間, 無所適而不在故, 無一席無理之地, 何地而可輟工夫, 無頃刻之或停故, 一無息無理之時, 何時而不用工夫 (下略).

23) 노발리스(김재혁), 「'푸른 꽃'을 찾아서-노발리스의 삶과 문학-」,『푸른꽃』(서울: 민음사, 2009), 274쪽에서 재인용.
24) 이에 대해서는 鈴木規夫,『スフラワルディ-とモダン』(東京: 國際書院, 2008)와 井筒俊彦,『イスラーム哲學の原像』(東京: 岩波書店, 2013)을 참고바람.

들고(=조직화, 체계화, 입체화), (3) 그 최고의 자리를 차지하려는 각
축전-격투를 벌이며, (4) 나아가서는 그 정체성을 부각시키기 위해
자신의 내부를 '선'으로 타자를 이단시 하여 '악'으로 터부시하는 이
른바 대립구도-대립항을 설정하여 학적 체계를 만들어 왔다. 다시 말
하면 '빛'은 '밝음'이며(光 → 明 = 光明, 陽明), 이에 대항되는 것이 즉
'빛이 가려진 것'='그늘'(陰影), '빛이 없는 것'='어둠'(陰暗, 黑暗, 暗
黑)'이다(陰/蔭 → 暗).

　　빛은 현실사회의 권력, 지식, 신앙이 반영되어 구축된다. 따라서 동
아시아(나아가서 동양) 사상문화는 하나의 거대한 빛의 건축, 빛의 정
치학, 빛의 형이상학을 보여준다. 이 이면에는 어둠에 대한 위기의식,
불안이 도사리고 있다. 인간은 빛과 어둠의 중간에 서서 노력하면 빛
(=선)으로 자칫 잘못하면 어둠의 자식(=악)으로 몰락해 간다고 생각
하였다. 인간은 선악의 갈림길에서 서성거리고 있는 것이다. 陽村 權
近의『天人心性合一之圖』에 잘 드러나 있다.

　　여기서 擊蒙, 啓蒙, 訓蒙, 正蒙
의 프로젝트가 생겨나는 것이
다. 유교에서 말하는 虛靈不昧,
明德/明明德, 靈明(良知), 知(→
知識, 書, 성현의 말씀, 고인의
예던 길 → 道)라는 개념은 '無
知/無識'을 극복하고 '본연지성'
에 닿는 방법들이다. 陶山書院

[그림 4] 권근의『天人心性 分釋之圖』 '人'圖

의 서고인 「光明室」[25]이란 개념에서 보듯이, 어둠을 벗어나 내재된 빛
을 회복하려는 것 혹은 빛을 쪼여서 빛을 인식, 자각하고 빛의 세계로
진입하려는 것이다.

유교 그리고 주자학은 빛의 기획에서 출발한다. 빛은 일단 문자와
유교적 지식이고 지혜이다. 문자 그리고 그것을 통해 터득하는 지혜
는 인간이 창출한 지상의 落書이다. 이것은 "하늘이 공자를 낳지 않았
더라면 만고의 세상이 어두컴컴한 긴 밤이 되었으리라(天不生仲尼,
萬古如長夜)"라는 '위대한 낙서'에 잘 드러나 있다. 이 말은 송대 無名
氏로 전해지는데, 중국의 어느 지방 驛舍壁에 적힌 落書라고 한다.[26]
이 말은 조선에도 영향을 미친다.[27]

어둠을 깨고 빛의 세례를 받거나 내면의 빛을 회복하는 일은 소중
하다. 앞서 말한 "天不生仲尼, 萬古如長夜"처럼, 인간의 세계에서는
어둠을 인도할 태양 같은 인간의 표상은 성인(聖人)이 제시된다.

성인은 탁월한 '빛'의 인식능력을 갖춘 인물이다. '귀 밝음(聰)'과
'눈 밝음(明)'을 가진 것이다. 이런 인물은 근본적으로는 무격('巫=여
자무당'+'覡=남자무당')과 통한다. 즉 "지혜는 上下의 옳음을 가려낼

---

25) 주자의 사언시 중 '萬卷書籍, 惠我光明'(수많은 책이 나에게 광명을 준다)에서 왔
음.

26) 이 말은 『朱子語類』권93에 "唐子西嘗於一郵亭梁間見此語"라고 나온다(「天不生
仲尼, 萬古長如夜！」唐子西嘗於一郵亭梁間見此語.季通云 : 「天先生伏羲堯 舜文
王, 後不生孔子, 亦不得 ; 後又不生孟子, 亦不得 ; 二千年後又不生二程, 亦不得.」).
唐子西(1069-1120)는 이름이 唐庚, 字가 子西이고 眉州(지금의 四川 眉山) 사람
이다. 이 글은 『唐子西文錄』에 "蜀道館舍壁間題一聯云, '天不生仲尼, 萬古如長夜',
不知何人詰詩也"라는 데서 유래한다.

27) 최수중, 『學齋集』(제작시기 미상)에는 「天不生仲尼萬古如長夜」라는 賦가 있다.
만일 공자가 없었다면 이 세상은 아마 암흑천지가 되었을 것이라는 인식이다.

수 있으며, 성스러움은 빛처럼 멀리 밝게 퍼져나가며, 눈 밝음은 빛처럼 비추어 볼 수 있고, 귀 밝음은 모든 것을 들을 수 있다. 이와 같으면 神明이 강림하게 되는데, 남자는 覡이라 부르고 여자는 巫라고 부른다."[28] 총명은 '귀(耳)+구멍 혹은 입(口)'이 열린 인물이다. 성(聖) 자와 통한다. 무격(巫覡)은 〈聽=귀 밝음〉 + 〈明=눈 밝음〉+〈聖-성스러움〉+〈智-지혜로움〉을 갖추고 있어 범인과 다르다. 일반적으로 말하는, "귀로 (신명의 소리가) 들어와서 입으로 (사람들에게 전해서) 나간다(入於耳而出於口)"는 의미나 혹은 "(신명의 소리가 들리니) 귓구멍이 열렸다(耳+口)"라는 뜻에서, 무격은 聖의 의미와 통한다. 무당이나 성인이나 일반인의 감각능력보다 훨씬 뛰어남을 표현한다. 알지 못하는 자들 너머에 있는 앎='빛'의 인식능력, 초월적 존재를 파악하는 능력이 뛰어났음을 가리킨다.

유교는 기본적으로 어둠을 깨고 빛의 세례를 받듯이 無知-蒙昧를 깨버리고 내면에서 뿜어져 나오는 빛을 회복하는 것을 기획한다. 예컨대, 『대학』의 삼강령 팔조목 속에는 유교적 '빛'의 기획이 들어있다. '명명덕' 즉 '밝은 덕을 밝힌다'는 것이 그것이다. 명덕은 빛-태양이 인간의 내면에 자리한 것이다. 明德은 인간이 살아가는 일상 세계의 무지함=깜깜한 어둠 속에서 반짝이는 불빛이다. 그래서 明德은 인간의 마음속에 간직된 빛의 문양 즉 '빛살무늬'이다. 즉 "들 여기저기에 드문드문, 등불만이 별 모양 깜박이던 캄캄한 밤. 그 하나하나가, 이 어둠의 대양 속에도 인간의 의식이라는 기적이 깃들이고 있음을 알려

---

28) 『國語』 「楚語下」에서 관사보(觀射父)가 巫覡을 논한 말: 其知能上下比義, 其聖能光遠宣朗, 其明能光照之, 其聰能聽徹之, 如是則明神降之, 在男曰覡, 在女曰巫.

주고 있었다. …띄엄띄엄 이들의 불은, 저마다의 양식(糧食)을 찾아 들에 반짝이고 있었다.["29)](라는) 곳의 '빛'을 생각해보자. 이것은 야간 비행을 하던 생텍쥐페리(1900-1944)가 아르헨티나로 날았던 날 첫 날밤의 인상을 『인간의 대지』서문에서 회고한 것이다. 캄캄한 밤, 지상에 반짝이는 불빛들을 쳐다보며, 그 하나하나가 모두 인간의 생각을 놓치지 않고 있는 '의식'임을 깊이 깨닫는 대목이다. 이것은 유교에서 인간 개개인의 마음속에는 그들 각각이 간직한 태양의 흔적 즉 '빛살무늬'가 반짝이고 있다는 점과 통한다. 이런 빛살무늬를 불씨로 해서, 그것을 세상을 비추는 큰 밝음으로 살려나가, 大明天地의 근원인 태양과 합치시키려는 것, 이것이 바로 '明明德' 아닌가.

그런데, 빛을 밝히는 목적은 거창한 것이 아니다. 이 세상에서(斯世) 인간이 되어(爲人) 인간 '노릇-몫-값-깜냥'을 하며 사는 것이다. 이이는 『擊蒙要訣』의 「서」에서 말한다 : "사람이 이 세상에 태어나서 학문과 공부를 하지 않으면 사람다운 사람이 될 수 없다. 이른바 학문이라는 것은 이상하고 별다른 것이 아니다. 인간 살아가는 여러 복잡한 관계들(五倫)의 마땅함을 터득하고 그것을 실천하는 것이다. 마음을 현묘한 데로 치달리게 해서 신기한 효과를 바라는 것이 아니다."[30)] 즉 인간 노릇이란 다름 아니라 사회 속의 여러 인간관계의 매뉴얼을 익히는 것이다. 마치, 앞서 인용한 생텍쥐페리의 『인간의 대지』서문 말미에서 다시 「아주 얌전한, 시인의, 교원의, 목수의 등불까지도. 그

---

29) 생떽쥐페리(박남수), 『야간비행』(서울: 동아출판사, 1960), 147쪽.

30) 人生斯世, 非學問, 無以爲人, 所謂學問者, 亦非異常別件物事也, 只是爲父當慈, 爲子當孝, 爲臣當忠, 爲夫婦當別, 爲兄弟當友, 爲少者當敬長, 爲朋友當有信, 皆於日用動靜之間, 隨事各得其當而已, 非馳心玄妙.

러나 이 살아 있는 별들 중에는, 또한 얼마나 숱한 닫혀진 창문들이며, 꺼진 별들이며, 잠든 사람들이 끼어 있을 것인가….필요한 것은 서로 맺어지도록 노력하는 일이다. 들에 띄엄띄엄 타오르고 있는 이 불들의 그 어느 것들과 마음이 통하도록 해보아야 될 일이다.」[31]라고 말한 것처럼, '서로 맺어져'서, '띄엄띄엄 타오르고 있는' '불들의 그 어느 것들과 마음이 통하도록' 하는 일이다. 유교는 이런 문명의 빛을 개개인이 관계맺음(=五倫)이란 실천적 형식으로 매뉴얼화 · 신체화하고자 한다. 물론 관계맺음의 지혜를 신체화 하는 데에는, 예컨대 다른 나무를 접 붙여서 원나무가 하나가 되도록 하는 일처럼, 노력과 고통이 뒤따른다.

　결국 『擊蒙要訣』의 「革舊習」장과 「持身」장이 말하고자 하는 것은 유교가 본래 추구하고자 했던 '어둠에서 빛으로'의 기획을 부연한 것이다. 이것은 결국 '빛의 인간' 즉 '사람다운 사람이 되는 것' '인간 살아가는 여러 복잡한 관계들(=五倫)의 마땅함을 터득하고 그것을 실천하는 것'이었다. 그것은 바로 천지의 빛 속에서 인간 개개인이 아동 시절부터 하나의 빛을 밝히며 스스로 큰 빛이 되어 살아가는 각오와 결단을 하게 하는 것이었다.

---

31) 생떽쥐페리(박남수), 같은 책, 147쪽.

05 / 농암(籠巖) 김주(金澍)에 대한 '기억' 형성의 인문적 성찰

1. 서언

이 글은 고려말 귀국을 포기하고 명나라로 망명한 유학자로 말해지는 농암(籠巖) 김주(金澍. 1355-1392)에 대한 '기억' 형성을 인문적으로 성찰해보는 것이다.

일반적으로 농암은 〈고려 공양왕 때 하절사로 중국에 갔다가 돌아오는 길에 압록강에 이르러 망국의 소식을 듣고 통곡하면서 부인 유씨에게 서신을 보내 "충신은 두 임금을 섬기지 않으니 내가 강을 건너면 몸 둘 곳이 없노라. 서신 보낸 날을 나의 기일로 하라."고 전한 후 고국에 돌아오지 않았다〉고 전해지는 인물이다. 이렇게 보면 농암은 망명 지식인으로서 분명 디아스포라에 해당한다. 디아스포라라는 주제는 정치사의 영역에서 독점할 것이 아니라 '사상사(思想史)' 등 문화 전반에 걸쳐 논의할 수 있다. 이 점에서 몇 가지 떠오르는 것이 있다.

우선 스티븐 스필버그 감독의 영화 '터미널'(The Terminal, 2004)이
다. 동유럽 작은 나라 '크로코지아'의 한 남자 빅터 나보스키(톰 행크
스)는 뉴욕 입성의 부푼 마음을 안고 JFK 공항에 도착한다. 그러나 입
국 심사대를 빠져 나가기도 전, 그가 미국으로 날아오는 동안 고국에
선 쿠데타가 일어나고 고국이 일시적으로 '유령국가'가 되었다는 소
식을 듣는다. 어쩌랴! 고국으로 돌아갈 수도 없고, 뉴욕에 들어갈 수
도 없게 된 빅터는 JFK 공항에 머물게 된다. 농암은 고국으로 돌아오
지 않고 중국에 망명하기에 '터미널'과는 약간 이야기가 다르지만, 이
럴 수도 저럴 수도 없이 일시적으로 국제적 난민(디아스포라)이 되어
국경에 서 있었다는 점은 통한다. 다음으로 모더니즘을 대표하는 아
일랜드의 작가 제임스 조이스(James Joyce, 1882-1941)이다. 그는 더
블린의 한 호텔에서 하녀로 일하던 스무 살 난 여성 노라를 만나 1904
년 아일랜드를 떠나 유럽대륙으로 간 뒤 다시 조국으로 돌아가지 않
았다. 이유는 그의 천재성을 인정도 못할뿐더러 후원하지도 못했기
때문이다. 따라서 농암과는 입장이 다르지만 고국에 돌아가지 못하고
표류하던 지식인 중의 하나이다.

아울러 또 한 인물이 있다. 중국 명 · 청대의 유학자 주순수(朱舜水.
1600-1682)이다. 그는 명나라가 망하자 청조(淸朝)에 벼슬하지 않고
일본과 베트남 등지를 유랑하며 10여 년 간 명조(明朝)의 회복을 도
모하다가 1659년 일본에 귀화하고 만다. 주순수가 대의명분 때문에
고국을 버리고 망명하였다는 점은 농암의 '절의'정신과 통한다.

그러나 과연 농암이 망명한 것은 사실인가 거짓인가? 아직 명확
하게 팩트로서 확인 된 것은 없다. '구전'되어 오던 내용이 농암 사후
200년경 '기록'된 내용일 뿐, 1차 자료가 남아 있지 않다. 이런 상황에

서 농암에 대한 기록 내용의 진실은 알 수가 없다. '카더라'라는 식으로 구전되던 내용의 답습과 그 스토리텔링에 불과하다.

원래 논자가 논의하고자 했던 것은 농암의 철학사상이었다. 철학사상이란 세계와 인간에 대한 깊이 있는 체계적 논리적 사유와 이론이다. 여말선초의 사상적 상황으로 볼 때 철학사상은 불교 아니면 유교(성리학)일 수밖에 없다. 농암이 관료였다는 것을 상정한다면 유교(성리학)가 논의의 중심이 되어야 할 것이다. 당연한 이야기이겠지만, 농암의 철학사상을 조명하려면 기본적으로 이를 밝혀낼 1차자료가 존재하여야 한다. 그러나 아쉽게도 농암이 남긴 자료는 몇 점 되지 않는다. 그 마저도 '구전(口傳) 내용을 후세에 기록한 것'이다. 그러니 농암이 직접 쓴 자료보다 구전내용이 그를 평가하는 핵심자료가 되고 있다. 더욱이 농암이 추앙되는 과정에서 산출된 자료의 대부분은 이 '구전 내용'에 근거하여 '재생산'된 자료들이라 팩트 면에서는 신빙성이 떨어진다고 하겠다. 따라서 종래의 연구들은 대부분 제한된 동일 자료를 '해석'해내는데 골몰하며, 이 시대가 요구하는(=바람직한) 농암상(像)을 구축하기에 급급하다고 판단한다. 그러나 해석을 가능하게 하는 자료가 명확하지 않다면 당연히 그 대목을 집중적으로 연구하거나 자료를 충분히 확보할 노력이 필요하다.

이제 농암의 연구는 보다 객관적으로 진행하여 신비화된 요소를 제거하고 사실에 근거하여 그를 있는 그대로 복원하는 일이 무엇보다도 중요하다.

따라서 이 글은 종래의 농암 관련 연구[1]를 참고하면서도 특히 농암

---

1) 농암에 대한 연구는 다음과 같다.

김주의 '기억' 형성 시기에 주목하고, 이 대목이 갖는 인문적 의미를 성찰해보고자 한다. 여기서 말하는 인문적 의미란 이른바 인문학에서 일컬어지는 '구술과 기록의 문제에 대한 학술적 논의'를 가리킨다. 그래서 이 논문에서는 구전되는 초기 내용으로 논의의 시점을 돌려서, 지금 우리가 가지고 있는 농암에 대한 기억이 어떻게 형성되며 그 불완전한 대목이 어떻게 이해될 수 있는가를 논의해보고자 한다.

2. 농암 김주에 대한 '기억', 스토리텔링 문제

농암 김주의 연구를 살펴보면 대부분 한정된 자료 내에서 '해석'이 이루어지고 있다. 다시 말해서 같은 말을 거듭하는(=했던 말을 하고 또 하는) 지루한 순환론에 빠져 있다. 이를 극복하는 길은 (1) 망명하

- 權泰乙, 「籠巖 金澍先生의 節義思想과 그 影響」, 『月巖書院誌』, 月巖書院復元推進委員會, (도서출판솔솔, 2011), 208-285쪽.
- 엄기영, 「忠臣은 어떻게 만들어지는가 - 高麗末 金澍 관련 작품과 기록을 대상으로 -」, 『東洋學』第51輯, (檀國大學校 東洋學硏究院, 2012.2), 113-132쪽.
- 엄기영, 「鄕賢의 事跡을 둘러싼 시비와 의혹의 해소 -琴生異聞錄의 창작 의도에 대하여-」, 『한국문학이론과 비평』 제52집, (한국문학이론과 비평학회, 2011)
- 權泰乙, 「고려말 道學史上 節義의 표상으로 남은 君子儒의 총체적 삶」, 『籠巖先生文集』, (籠巖先生崇慕事業會, 2013), 18-40쪽.
- 權泰乙, 「「籠巖先生의 선비 精神考 - 후손에게 끼친 영향을 중심으로 -」, 『籠巖先生文集』, (籠巖先生崇慕事業會, 2013), 319-353쪽.
- 張仁鎭, 「籠巖先生의 節義思想闡揚과 時代的推移」, 『籠巖先生文集』, (籠巖先生崇慕事業會, 2013), 354-374쪽.
- 李九義, 「麗末 · 鮮初의 社會 · 政治相과 籠巖의 위치」, 『籠巖先生文集』, (籠巖先生崇慕事業會, 2013), 355-410쪽.
- 김동협, 「금생이문록의 창작배경과 서술의식」, 『東方漢文學』 제27집, (동방한문학회, 2004).

였다고 말해지는 시점 전후 농암이 남긴 자료들을 국내외에서 면밀히 더 찾아내는 일, (2) 그가 망명하여 살았다고 하는 중국 지역의 족적을 현지 답사하는 것[2] 등일 것이다. 그러나 이것도 현재적 단계에서는 수월할 것 같지는 않다. 그렇다면 결국 농암 김주의 연구는 여러 제한점을 인정하고 그의 '기억' 형성 시기의 원초적 지점으로 다시 돌아가 논의를 새로 시작해야 하는 것이 합당한 방법일 것이다.

종래의 연구에서 주목할만한 것은 엄기영의 「忠臣은 어떻게 만들어지는가 – 高麗末 金澍 관련 작품과 기록을 대상으로 –」라는 연구이다. 필자는 엄기영의 연구에 기본적으로 동의하며, 필자는 논의를 진행하기 위해 이 연구에 주목하고, 그 결론 부분을 그대로 들어둔다.(밑줄은 인용자. 이하 같음)

이 글에서 필자는 高麗末 金澍에 관한 傳, 祭文, 序跋 및 관련 기록들을 논의의 대상으로 삼아 김주라는 인물이 행적의 진위 여부를 둘러싼 논란과 시비를 넘어서서 善山 지역을 대표하는 先賢으로 그 위상을 확립한 후, 나아가 국가로부터 그 행적을 공식적으로 인정받고 諡號를 받게 되는 과정을 고찰하였다.

김주의 행적에 대한 시비와 논란이 끊이지 않았던 것은 무엇보다 그의 행적에 관한 기록이 고려가 망하고 200년이 지난 후에야 나온다는 것이다. 게다가 이들 기록은 후손의 부탁을 받아 쓰여졌거나 인척 관계에 있는 선산 지역 사족들이 쓴 것이기 때문에 조작 시비로부터 자유롭지 않았다.

---

2) 중국 현지 농암의 흔적을 더듬으며 답사를 꼭 실시할 필요가 있다. 현지에 남아 있는 농암의 자료는 앞으로의 연구에 큰 의미를 가질 것이다.

　이런 논란을 넘어서서 김주의 위상이 변화되는 과정은 크게 세 단계로 나눌 수 있다. 첫째는 傳言 속에서만 존재하던 김주가 구체적인 모습을 갖추고 등장하여 선산을 대표하는 선현 중 한 사람으로 그 위상을 정립하는 과정이다. 이 과정에서 「琴生異聞錄」은 '선산 십현'이라는 용어를 공식화했으며, 吉再 등 9명의 선현들을 김주와 함께 등장시킴으로써 김주를 이들과 동등한 위치에 서게 하였다. 「농암선생전」은 김주라는 인물에 대한 기억을 형성하고 그 위상을 제고하는 데에 결정적인 영향을 끼쳤다. 「농암선생전」에서 그려진 김주의 모습은 이후 다른 문헌들에 전재되거나 축약되어 나타나기 때문이다. 「농암선생전」이 이처럼 많은 영향을 끼칠 수 있었던 것은 傳이라는 장르의 특징과 작자 尹根壽의 위상 때문이었다.

　둘째는 김주에게 善山 三仁이라는 호칭이 붙여지는 단계이다. 선산 십현은 선산을 대표하는 10명의 선현이라는 것만을 뜻할 뿐 구체적인 의미는 내포하지 못하는 호칭이다. 선산의 사족들은 商나라말의 微子, 箕子, 比干을 가리키는 三仁이라는 용어를 차용하여 김주, 이맹전, 하위지를 가리키는 말로 사용함으로써 이들의 행적이 가지는 의미를 표현하였다. 또한 이와 더불어 三仁의 의미를 드러낼수 있는 서원 · 사당을 건립함으로써 김주라는 인물이 선산 지역 사족들로부터 완전한 공인을 받았으며, 그 지역과 하나가 되었음을 상징적으로 보여주었다.

　셋째 단계는 두 가지 측면에서 살펴볼 수 있는데, 하나는 김주의 행적이 신비화되는 측면에 주목한 것이고, 다른 하나는 그가 三仁 대신 夷齊라는 호칭을 얻는 과정에 주목한 것이다. 김주의 행적의 신비화는 김주의 사당 건립과 관련한 기록에 '그의 魂靈을 실은 무지개'라는 요소가 등장함으로써 이루어지는데, 이는 조선 후기에 수많은 충신, 열사가 등장하는 상황에서 특별한 존재감을 드러내기 위한 의도에서 비롯

된 것이다. 그가 삼인 대신 이제라는 호칭을 얻게 되는 것은 그의 형 金
濟의 갑작스런 등장 때문인데, 이를 계기로 시대와 처지가 맞지 않았던
하위지, 이맹전과는 분리됨으로써 김주는 그의 형과 더불어 백이 · 숙
제 형제에 비견되었다.

　이상 살핀 바와 같이 <u>金澍라는 인물은 그야말로 극적인 과정을 거쳐
시대를 대표하는 충신으로 그 위상을 갖게 되었다. 이 과정은 복잡할
뿐만 아니라 그 속에는 다양한 사람들의 시각과 처지가 작용하고 있었
다.</u> 이런 점에서 볼 때, 김주라는 인물은 조선시대에 충신, 열사가 어떤
사회적 관계 속에서 발견되고, 만들어지는지를 보여주는 좋은 사례라
고 할 수 있을 것이다.[3] (밑줄은 인용자)

이 논문에서 말하고 있는 것은 다음과 같은 과정이다.

　❶ 전언 → ❷ 기록 → ❸ 기억의 형성 → ❹ 신비화 · 추앙화 → ❺
확대 재생산

　특히 위 과정에서 〈❶ 전언 → ❷ 기록 → ❸ 기억의 형성〉 부분은
여전히 농암 이해에 매우 중요한 대목이다. 좀 더 인문적인 이해가 필
요한 대목이다.

---

3) 엄기영, 「忠臣은 어떻게 만들어지는가 - 高麗末 金澍 관련 작품과 기록을 대상으로
　-」, 『東洋學』第51輯, (檀國大學校 東洋學研究院, 2012.2), 129-130쪽.

3. 200년간의 침묵에서, 전언의 기록

기록 면에서 가장 이른 시기의 자료로서는 월정(月汀) 윤근수(尹根壽. 1537-1616)가 1606년에 쓴 「농암선생전(籠巖先生傳)」[4], 최현(崔晛. 1563-1640)이 1618년에 편찬한, 경상도 선산군(지금의 구미시)읍지 『일선지(一善誌)』「선현(先賢)」조이다. 농암의 생몰 연대가 1355-1392이니 김주가 세상을 떠난 것으로 보이는 시점에서 약 200년 뒤의 기술이다. 〈❶전언 → ❷기록 → ❸기억의 형성〉이라는 느슨한 과정을 잘 보여준다.

우선 『일선지』「선현」조의 내용을 보자. 여기서는 앞부분에서 농암의 약력을 언급한 뒤 이렇게 서술한다.

> 농암선생의 일에 대해 살펴 보건대, 비록 기록된 문헌은 없지만 고인(故人)과 시간적인 거리가 멀지 않고 부노(父老)들 사이에 간혹 전하는 것이 있다. 농암선생의 5대손 응교(應教)[5] 김진종(金振宗. 1485-1546)은 용암(龍巖) 박운(朴雲. 1493-1562)과 도의로 사귀었는데, 일찍이 선생의 일에 대해 은밀하게 말한(密語) 적이 있다. 용암이 이야기를 들을 적마다 우러러 탄식함(景歎)을 더하였고, 농암선생의 절의가 민멸되어 전하지 않게 될 것을 걱정하였다. 이런 까닭에 (박운의) 아들 박연(朴演)과 손자 박수일(朴遂一)이 아버지(父師)의 말을 기록하여 일기에 남겼던 것이다.[6]

---

4) 『一善誌』貞, 別集, 雜著.
5) 조선시대 홍문관·예문관의 정4품 관직이다. 金振宗의 호는 新齋이다.
6) 『一善誌』亨, 「先賢」

(按先生之事, 雖無載籍, 去故未遠, 父老或有傳者, 先生五代孫金應敎振宗, 與朴龍巖爲道義交, 嘗以此密語龍巖, 龍巖每加景歎, 惟恐先生節義泯而無傳, 故其仲子演及孫遂一錄其父師之言, 載于日記.)[7]

위 내용은 농암 사후 약 200년 뒤에 전언되던 내용이 기록되는 과정을 보여주는 대목으로, 좀 더 분석을 해보면 이렇다.

[표 1] 약 200년 간 전언이 기록되기까지 과정

❶ 농암 자신에 대한 이야기 → ❷ 부노(父老)들 사이에 간혹 전하는 것(1대손~4대손) → ❸ [농암선생의 5대손]김진종(金振宗) → ❹ [지인]박운(朴雲) → ❺ 박운의 아들]박연(朴演) · [박운의 손자]박수일(朴遂一) → ❻ 최현(崔晛)『일선지(一善誌)』「선현(先賢)」조

❶~❺의 과정은 팩트(史實) 자체(❶)가 '카더라~카더라~카더라 카더라(❷)~카더라(❸)~카더라(❹)'의 누적을 거쳐서 일단 '일기'에 기록된다. 그러나 여기서 끝난 것이 아니다. 이런 내용이 다시 ❻ 최현(崔晛)『일선지(一善誌)』「선현(先賢)」조에 공식적으로 기록된다. 따지고 보면 참 느리고 더딘 '밀어(密語)'라는 사적(私的)인 전언(傳言.

7) 앞 부분에 빠진 것을 보완해둔다.
善山金氏考諱元老, 世居府北注兒里, 至先生移居新谷, 娶開城尹柳思雨女, 高麗亡先生入中原不返, 柳夫人生遺腹子名楊普, 子孫甚盛, 世傳麗末先生官至禮儀典書奉使帝都, 還到鴨綠江聞我朝革命, 愕然失色, 遂脫所着朝服帶靴付送家奴寄書夫人, 曰忠臣不事二君烈女不更二夫, 吾雖還國何所容吾身乎, 我知夫人有娠, 若生男名以楊燧, 今以衣靴寄信, 夫人下世後以此合葬, 夫人之墓遺戒子孫勿用墓碣誌文, 使世人不知有我也, 遂脫身獨去, 子孫遵其遺命, 以所送衣帶合葬柳夫人之墓, 而不樹表石, 且以江上付書之日爲先生忌辰, 卽十二月二十二日也, 先生入中原, 居荊楚, 子孫多顯云.

oral)적 과정을 겪어 공식 기록에 오른다.

그러나 이야기가 끝난 것은 아니다. 팩트(史實) 자체(**❶**)에 대한 이
야기는 결국 두루뭉술하여 '모르는 것'이다. 『일선지』 「선현」조의 내
용으로 돌아가면 이렇게 두루뭉술 모르는 부분에 대해서 솔직하게 적
어두고 있다.

나(=최현)의 선친 역시 응교(應敎) 김진종과 일가가 되는지라 친히
그 말을 듣고 나에게 가르친 것이 이와 같았다. 따라서 항상 박공과 더
불어 들은 것을 헤아려 용암(龍巖)의 뜻을 천양(闡揚)할 것을 생각한
것이 오래되었다.

[原註: 용암이 『동국명현록(東國名賢錄)』을 지어 농암 김주 선생과
경은(耕隱) 이맹전(李孟專. 1392-1480)[8] 선생의 사실을 『명현록』에
넣으려고 하여 퇴계 선생에게 편지를 보냈는데, 선생이 답하기를 "여러
공의 일에 대해서는, 내가 생각해보니, 좀 더 헤아릴 여지가 있다. 갑자
기 드러내어 옛 사람(古人)이 말하던 '우환을 두려워하는 도리(慮患之
道)'를 범하는 것은 옳지 않다."라고 하였다. 그래서 용암은 『명현록』을
짓고자 하는 뜻이 있었으나 끝내 이루지 못했다.]

당시의 자취를 살펴보건대, 농암 선생의 자손이 전하는 것과 자세하
고 소략함이 비록 간혹 같지는 않으나 대개 채미(採薇: 고사리를 캠=절

---

8) 1427년(세종 9) 친시문과에 을과로 급제하였으며, 김숙자(金叔滋) · 김종직(金宗
直) 부자와 평생을 가까이 지냈다. 1453년(단종 1) 수양대군이 단종을 보좌하는 황
보인(皇甫仁) · 김종서(金宗瑞) 등 대신을 죽이고 정권을 탈취하여 시국이 소란해
지자, 이듬해에 벼슬을 버리고 고향인 선산으로 돌아가서 귀머거리 · 소경이라 핑
계하고는 은둔하여 친한 친구마저 사절하고 30여 년이나 문밖에 나가지 않았다. 나
이 90여 세에 죽었다.

의를 지킴)[9]의 뜻에 벗어나지 않는다. 차제에 변론할 것이 있는데 다음과 같다.

고려사(高麗史)에는 선생의 이름과 직분, 명나라의 수도에 간 일이 기록되어 있지 않다. 이것은 무슨 까닭인지 알지 못하겠다. 생각건대 고려의 국운이 다할 때 어떤 사람이 성명을 바꾸어 바다를 건너 중원에 들어가 명나라 황제[高皇]에게 하소연하였는데, 본국의 배신(陪臣)[10]과 더불어 예부에서 대면하여 변별하기에 이르렀다. 그런데 배신이 돌아오매 목은(牧隱) 등 여러 사람이 옥사에 연루되어 마침내 그 실상을 얻지 못했다. 아! 고려 왕실의 신하가 국운이 장차 옮겨 가는 것을 알고서 한척의 외로운 배를 타고서 만리 창해를 건너서 중국 황실에 알려서 군사를 일으켜 망하는 나라를 부지하고자 하기에 이르렀다. 계획은 비록 이루지 못했으나 그 뜻은 알 수 있다. 김 선생의 일은 아마도 혹시나 이런 종류일 것이다.[11]

또 묘소에 표석을 하지 않은 것은 다만 선생의 묘소만 그러할 뿐만 아니라 선생의 아들 판관 양보(揚普)도 역시 묘갈이 없고, 손자 현감 지(地)도 묘갈은 있으나 비문은 없다. 선생 이하로 모두 높은 품계에 추증되었으나, 통상적인 예로 논한다면 어찌 한 자도 기록할 것이 없었겠는가? 그 증손 대사헌 지경(之慶)과 현손 좌의정 응기(應箕)에 이르러 비

___

9) 고사리를 캔다는 뜻으로, 은(殷)이 망하고 주(周)가 들어서자 새로운 왕조를 섬길 수 없다며 수양산에 들어가 고사리를 캐 먹으며 은나라에 대한 충절을 지켰던 백이 숙제의 고사에서 따온 것이다. 고려 말기의 학자 야은(冶隱) 길재(吉再)는 고려가 망하고 조선이 개국하자 태상박사(太常博士)의 관직을 받았으나 벼슬에 나가지 않고 고향에 돌아와 은거생활을 하면서 절의를 지켰다. 야은의 충절과 학덕을 기리기 위하여 1768년(영조 44)에 건립한 정자를 채미정이라 이름 한 바 있다.

10) 신하의 신하. 곧 제후의 신하. 제후의 신하인 대부(大夫)가 천자를 대할 때의 자칭. 조선국의 신하들이 중국의 천자를 대할 때 배신이라 하였다.

11) 이렇게 되면 농암이 하절사로 중국에 갔다는 기록과 부합하지 않는다. 이미 당시에 이런 관점이 있었음을 보여준다.

로소 묘비를 세우고 조계(祖系)를 갖추어 열거하였다. 그런데 모두 선생에 그쳐서 그 이름을 빼고 적지 않았다. 아마도 그 이름과 자취를 숨기는 것이 참으로 심상치가 않다. 예의판서로 사신 갔다가 돌아오지 않은 일과 같은 것은 우리나라 사람들이 함께 아는 일이다. 비록 그 이름과 자취를 없애고자 하여도 그렇게 할 수 있겠는가? 그렇다면 그 자손들이 전하는 바 '다시 압록강을 건너면서 편지와 유명(遺命)을 부쳤다'는 것은 '뗏목을 타고 결별할 때 출발에 임하여 부친 말로서 감히 드러내어 말하지 못하고 두루뭉술하게 그저 사신 갔다고 말했던 것'이 아니겠는가?

또 김씨 족보를 살펴보면, 선생의 관직이 천우위상령 · 산원(千牛衛常領散員) 중 예의판서에 이르렀다고 했는데, 판서의 칭호와 사신 갔다는 말은 아마도 혹시나 이로(=두루뭉술하게 말한 것에서) 말미암아 세상에 널리 퍼져나간[流傳] 것은 아닌가?

세대가 이미 멀고 문헌에 징험할 것이 없으니, 이러한 등의 일은 실로 억지로 헤아릴 수 없다. 그러나 그 높은 지조(抗志), 잡은 의리(秉義), 훌쩍 멀리 떠난 자취는 끝내 사라지게 할 수는 없다. 이런 까닭으로 비루한 나의 견해를 아울러 적어 참고에 대비하고자 한다.

(余先君亦爲應敎一家人, 親問其語而誨余如是, 常如朴公商確所聞思有以闡揚, 龍巖之意者素矣 [註: 龍巖欲撰東國名賢錄, 以金先生及耕隱李先生事擬入錄中, 抵書退溪先生, 先生答以數公之事, 鄙意恐在所商量, 未可遽然揭出以犯古人所謂應患之道也, 龍巖有志撰錄而竟不果] 夷考當時之跡, 與先生子孫之所傳詳略雖或不同, 而槪不出於採薇之意焉, 第有可辨者, 麗史無先生名職及赴京事未知, 何故也, 蓋麗祚運訖之時, 有人變姓名, 浮海入中原, 赴訴高皇, 至與本國陪臣對卞禮部, 陪臣之還, 牧隱諸公連累繫獄, 竟不得其實, 噫麗室之臣, 知國祚將移, 抗一時之舟舸

涉萬里之滄溟, 陳辭帝闕至欲興師以冀扶亡, 計雖不成, 其志可知矣, 金
先生之事, 蓋或此類也, 且墓而不表, 非但先生之墓爲然, 子判官楊普亦
無墓碣, 孫縣監地有墓碣而無文, 自先生以下, 皆追贈崇品曁之, 以常禮
則豈無一字之可紀耶, 至有曾孫大憲之慶玄孫左相應箕, 始立墓碑具列
祖系, 而皆至于先生沒其名不書, 蓋諱其名跡固非尋常矣, 若以禮儀典書
奉使不返, 則國人之所共知, 雖欲泯其名跡其可得乎, 然則其子孫所傳,
還到鴨江付書遺命者, 安知其訣別乘桴臨發密付之語, 而不敢顯言泛稱
以奉使云云者耶, 且考金氏族譜, 先生官至千牛衛常領散員贈禮儀典書
云, 典書之稱奉使之語, 恐或因是流傳也, 世代旣遠文獻無徵如此等事,
固不可臆料, 而其抗志秉義飄然遠逝之跡, 終有不可得以泯沒者, 故竝錄
鄙見以備參考云.)

최현은 두루뭉술 유전(流傳)되는 내용들을 각서 형태로 열거하였
다.

첫째, 고려사(高麗史)에는 선생의 이름과 직분, 명나라의 수도에 사
신으로 간 일이 기록되어 있지 않다는 점을 든다. 그러면서 "아! 고려
왕실의 신하가 국운이 장차 옮겨 가는 것을 알고서 한척의 외로운 배
를 타고서 만리 창해를 건너서 중국 황실에 알려서 군사를 일으켜 망
하는 나라를 부지하고자 하기에 이르렀다."고 하여 당시 있던 '미완의
계획'을 말하고서 '김 선생의 일은 아마도 혹시나 이런 종류일 것'이라
짐작한다. 이 대목(=고려가 망하자 훌쩍 뗏목을 타고 조선을 떠나 어
디론가 종적을 감추었다❶는 것)은 매우 복잡하고 논증을 요한다. 아
울러 농암의 전기를 밝히는데 대단히 중요한 대목이므로 당시 국내외
정치 및 학술 상황을 종합적으로 연구할 필요가 있다. 이후 다른 기록

에서는 이 대목은 다양하게 스토리텔링 된다. 즉 '몰래 중국으로 건너갔다'(❷), '고려말 賀節使로 중국에 갔다가 압록강까지 와서(국내-국경 근처?-에 잠시 들어왔다가) 고려 멸망 소식을 전해 듣고 다시 중국으로 갔다'(❸), '고려말 賀節使로 갔다가 중국 내에서 이동 중에 고려 멸망 소식을 듣고 압록강까지 오지 않고 다른 사람 편으로 소식을 전하다'(❹) 등등으로 기술 내용이 바뀐다.

뒷 부분에서 "그 자손들이 전하는 바 '다시 압록강을 건너면서 편지와 유명(遺命)을 부쳤다'는 것은 '뗏목을 타고 결별할 때 출발에 임하여 부친 말로서 감히 드러내어 말하지 못하고 두루뭉술하게 그저 사신 갔다고 말했던 것'이 아니겠는가?"라는 대목은 추정이기는 하지만 많은 시사점을 갖는다. '그냥 중국으로 건너갔으나, 사신으로 갔다 라고 과장, 왜곡되었을 수도 있다'는 점이다.

둘째, 묘소에 표석을 하지 않은 것을 이상하게 여긴다. 이 대목은 기록에 따르는 한 농암 자신의 유언에 따른 것이다. 이에 대해서도 그 배경 등은 다시 연구할 필요가 있다.

셋째, 벼슬(예의판서)의 칭호와 사신 갔다는 말은 두루뭉술하게 이야기 되던 말이 세상에 그냥 널리 퍼져나간 것은 아닌가 하고 추정한다.

넷째, 이런 저런 사정들은, "세대가 이미 멀고 문헌에 징험할 것이 없으니" "실로 억지로 헤아릴 수 없다."고 고백한다. 그러나 참고용으로 각서를 해둔 것은 "그 높은 지조(抗志), 잡은 의리(秉義), 훌쩍 멀리 떠난 자취는 끝내 사라지게 할 수는 없다."는, 말하자면 '의리' 정신을 기리려는 뜻이었다.

이렇게 이야기를 새겨서 들어봐도 "진실은 모른다."이다. 그냥 전해지고, 들은 내용을 추정하여 서술하고 있을 뿐이다. 그렇다면 거의 비슷한 시기에 만들어진 윤근수의 「농암선생전」도 당시에 알려진 이야기를 보완 종합한 것이지 최현이 기술한 내용과 맥락을 크게 벗어난 것이 아니다.

이후 안정복(安鼎福)은 『동사강목(東史綱目)』(1778) 속에서 농암의 전기에 대해서 이렇게 솔직하게 토로한다.

명 태조의 성절(聖節)이 9월 18일이기 때문에 본국에서 하절사(賀節使)를 보내는 것은 언제나 6월이었다. 『고려사』를 상고해 보아도 다 그러하다. 공양왕 4년 임신(1392) 6월에 평리(評理) 경의(慶義)와 개성윤(開城尹) 조인경(趙仁瓊) 등을 하절사로 보냈는데, 예의판서 김주에 대한 것은 사실이 없고 예의판서는 공양왕 때의 관직명이 아니니 더욱 의심이 간다. 또 김주의 명예와 지위가 이미 나타났고 큰 절의가 이와 같은데, 우리나라 사람이 하나도 아는 이가 없고 심지어 『여지승람』 등의 책에도 하나같이 볼 수 없는 것은 무엇 때문인가? 대개 우리나라 사람들은 그 선조의 사실에 있어 지나치게 과장하여 그 사실과 어긋나는 것이 있으니, 사가(史家)가 사실을 기록함에 있어 본가 자손들의 사언(私言)만 믿고 기록해서는 안 된다. 하담(荷潭) 김시양(金時讓)의 일기에 변설한 것이 옳기 때문에 지금은 (김주에 대한 기록을) 취하지 않고 싶다. 그러나 우리나라 사람들의 전설이 이미 오래 되었고 『동사찬요』, 『여사제강』, 『동사회강』 등의 책에 다 기록되었기 때문에 어쩔 수 없이 옛 문서에 의거해서 쓴다.(明太祖聖節, 爲九月十八日, 故本國遣賀節使, 每以六月, 以麗史考之, 皆然, 恭讓 四年 壬申 六月, 遣評理慶義 開城尹 趙仁瓊等, 充賀節使, 無禮儀判書金澍之文, 且禮儀判書, 非恭讓時官名, 則已甚可疑. 且澍之名位, 旣顯, 大節如此, 而東人無一知者, 至如輿地勝

覽等書. 不少槩見, 何哉, 大抵東人於其祖先事, 或有溢美之過, 而爽其實
者, 史家記實之文, 不可徒信本家子孫之私言, 而記之矣. 金荷潭時讓日
記, 辨得是, 故今欲不取, 而東人傳說已久, 若簒要提綱會綱等書, 皆入錄,
故未免依舊書之耳.)[12)

이처럼 농암의 기록은, 팩트를 확인할 수 없이, 여러 가지 많은 의문
점을 지닌 형태로 - 그것이 과장이든 왜곡이든 간에 - 시대의 요청에
따라 오늘날로 이어지는 '기억'을 형성한 것이다.

4. 구술(oral)에서 '글쓰기(writing)'로: '공동의 기억 형성'

어떤 사실이 입에서 입으로 전해지는 구술(口述. oral)적 단계='전
언(傳言)'='말하기'(speaking)로부터 '기록'='쓰기'(writing)로 전환되
는 과정은 동서양의 사상·학술사 속에서 보편적인 사건이다. 문제는
이렇게 구술에서 쓰기로 바뀌는 과정에서 기록자의 의도적-의식적
개입으로 '덧칠-바꿈-뒤바뀜-뒤틀림-취사선택-생략-강조' 등과 같
은 '왜곡과 창조'가 진행된다.
주지하다시피 대부분의 고전(古典)은 '구술(口述)'='말'의 형태로
일정 기간 자연스럽게 유지되다가 기록의 필요성으로 인해, 자각적인
반성을 통해, '글쓰기' 형태로 전환된 것이다.

---

12) 「金澍事」, 『東史綱目』 附錄 「考異」.

'말하기'는 '쓰기'보다 감정적, 주관적인 판단과 해석의 개입으로 인해 인간적·인격적 인자를 집어넣을 폭이 넓다. 말하기는 판소리의 '더늠'(=명창들이 사설·음악을 개성 있게 새로 덧붙여 독특하게 짜내 자신의 장기로 부르는 대목)과 같거나, 악기에 비유하자면 음계가 수학적으로 명확히 구분된 피아노보다 연주하는 사람의 감정이입의 폭이 비교적 넓은 우리의 가야금, 대금과 같은 것이다.

다시 말해서 기록되기 전의 '구술=말'이라는 것도 실제로 팩트를 넘어서서 스토리텔링 되는 경우가 많다. 조너선 고트셜의 주장대로, 인간은 '스토리텔링 애니멀'(storytelling animal)이다. 사람은 누구나 이야기를 좋아한다. 그래서 생각하는 사람인 호모사피엔스(homo-sapiens)의 반대 개념으로, 라틴어로 '호모나랜스'(homo-narrans)란 말이 있다. 즉 '이야기하는 사람'이라는 뜻이다. '이야기는 인간들이 겪어 온 모든 경험의 공유물'이기 때문에 인간은 스토리에서 헤어날 수 없다. 결국 사람들의 인생이란 '목적을 가진 이야기'인 셈이다. 목적을 상실한 인간, 자포자기한 인간은 '이야기'가 없다. 자신의 언어가 없다. 아이덴티티가 없다. 마치 식민지 시대에 자기나라 언어(=國語)를 상실하듯 말이다. 인간은 목적을 향해 나아갈 때 비로소 이야기가 만들어져 나온다. 가문, 문중의 이야기가 더욱 그렇다. 시조 격인 사람에 대해서 최고로 '좋은, 아름다운' '공동의 기억과 이야기'를 만들어서 공유할 필요가 있다. 그것은 '과거-기억'과의 교감을 통한 '미래-희망'의 이야기를 만들어서 공유하려는 것이다. 오는 곳을 알아서 가는 곳을 말하려는 것이다.

다음은 로버트 레드포드(Charles Robert Redford Jr.) 감독의 영화 「흐르는 강물처럼 (A River Runs Through It)」(1992) 의 마지막 대사

이다: "이해는 못했지만 사랑했던 사람들은 모두 죽었다. 그러나 난 아직도 그들과 교감하고 있다. 어슴푸레한 계곡에 홀로 있을 때면 모든 존재가 내 영혼과 기억, 그리고 강의 소리, 낚싯대를 던지는 4박자 리듬, 고기가 물리길 바라는 희망과 함께 모두 하나의 존재로 어렴풋해지는 것 같다. 그러다가 결국 하나로 녹아든다. 그리고 강이 그것을 통해 흐른다."[13] 여기에 나오는 '하나가 되는 강물'은 '공동의 기억'이다. 가족 공동체, 가문의 후손들은 시조의 '이야기를 공유'하면서 그것을 '마지막 어휘'(final vocabulary)로 껴안고서 '정신적 경련'(mental cramp)을 피하며, 비유컨대 "분투하고, 추구하고, 발견하고, 결코 굴하지 않으리니!"(To strive, to seek, to find, and not to yield)라는 각오로서, '다시 태어난다'.

흔히 "옛 말에 틀린 게 없다"라고 한다. 그렇듯 전통적으로 고대사회에서는 '옛말'이 곧 '삶의 모범'이 되어버린다. 옛말은 모범=격언=어록화 되어간다. 현실을 리딩해 가는 기준점이 된다. 현실은 힘 있는 말빨이 먹혔던 흔적이다. 그런 말빨의 자국은 말의 신발이 만들어 낸 것(夫迹, 履之所出)[14]이다. 그래서 '고(古)' 자는 그 자체로 모범의 뜻을 갖는다. 나아가서 그것이 '전(典)' 자와 결합하여 고전이란 말이 나온 것은, 말하기 문화가 쓰기 문화로 전이되어 합치되었음을 의미 한다. 고전의 '옛' 고(古) 자는 '까닭' 고(故) 자와 통한다. 후한(後漢)의 허신(許愼)이 편찬한 『설문해자(說文解字)』에서는 고(古) 자에 대해,「까닭이 되는 것[故]이다. 열 십[十]과 입 구[口]로 되어 있

---

13) 논지에 맞게 약간 내용을 수정하였다.
14) 『莊子』,「外篇」,「天運」: 夫六經, 先王之陳迹也, 豈其所以迹哉, 今子之所言, 猶迹也, 夫迹, 履之所出, 而迹豈履哉.

다. 이전의 말을 아는 것이다」[15]라 하고 있다. 이에 대해 중국 청나라
의 언어학자인 단옥재(段玉裁. 1735~1815)는「생각건대 '예(古)'라
는 것은 온갖 일들[凡事](=만사)이 그렇게 되어 있는 까닭이다. 그런
데, 그러한 까닭은 모두 예[古] 속에 갖춰져 있다. 그래서『예[古]는
까닭[故]이다』라고 말한 것이다」[16]라고 주해하고 있다. 열 사람 즉, 많
은 사람의 입과 입을 통해 전해왔다는 것은 시간의 경과와 역사의 전
개를 나타낸다. 그러는 동안, 구술로 전해지던 말은 시간과 역사를 리
드하는 법칙과 규범이라는 관념을 낳았던 것이다. '옛말에 틀린 게 없
다'는 것, 옛말=모범이라는 사고가 정착한 것이다. 고전이 이것이다.[17]
이처럼 고전이나 고전으로 굳은 말들은 수많은 이야기의 덧칠=주석
의 역사로 이루어진 '공동의 이야기' 무더기-다발인 셈이다. 흔히 서
양의 학문을 '플라톤 철학의 각주'라고 말한다. "유럽 철학적 전통의
가장 온당한 일반적인 특징은 플라톤에 단 일련의 각주로 구성되어
있다는 것이다(The safest general characterization of the European
philosophical tradition is that it consists of a series of footnotes to
Plato)". 영국의 철학자 · 수학자인 알프레드 노스 화이트헤드(Alfred
North Whitehead, 1861-1947)의 말이다. 이 점은 동양도 마찬가지이
다. 이런 식으로 전통시대의 주요한 기록들은 대체로 '하나의 주된=중
심적 이야기에 토를 단 다양한 각주 무더기' 즉 '썰을 풀어놓은 것'이
다. 말을 바꾸면 '세대 누적형 집단 창작 · 편집'이라 해도 될 것이다.[18]

---

15) 故也, 從十口, 識前言者也
16) 按古者, 凡事之所以然, 而所以然皆備於古, 故曰, 古, 故也
17) 이에 대한 것은 최재목,「기억과 희망의 단층 혹은 가교 - 古와 古典의 재음미 -」,
    『인문연구』제4집, (영남대학교 인문과학연구소, 2001)을 참고.
18) 加藤 徹,『本■に危ない『論語』』, (NHK出版, 2011), 10-11쪽 참조.

『논어』 학이편(學而篇)에 어떤 인물이 얼마나 출현하는가를 보자. 이것을 보면 편집자의 의도를 읽어낼 수 있다. 누구의 말이 어느 정도 들어갔는가는 현실적인 파워(재력, 지위 등등)를 보여준다. 노래를 부르거나 이야기를 할 때 마이크를 오래 쥔 사람이 파워 있는 사람이듯, 비유컨대 『논어』 학이편이라는 그라운드(마당)에서 공(언어)을 몸과 발끝에서 얼마나 오랫동안 점유하는가의 문제이다. 공자(孔子)((a)) 8회, 유자(有子)((b)) 3회, 증자(曾子)((c)) 2회, 자공(子貢)((e)) 2회, 자하(子夏)((d)) 1회이다. 이렇게 보면 학이편의 경우, 유자와 증자, 자공과 자하의 문인들이 많이 관여하고 있음을 알 수 있다. 더욱이 유자와 증자의 문인들은 얼마나 힘이 있었는지 그들 스승을 받들어서 선생-스승의 뜻을 담아 '자(子)'로까지 추켜 올렸다.

[표 2] 『논어』 학이편(學而篇)의 편집

번호	인물	횟수(순서)	비고
1	子曰	(a)1	
2	有子曰	(b)1	이름은 有若, 字는 子有. 공자의 외모를 빼닮은 제자. 공자 사망 후 스승을 잊지 못한 여러 제자들이 공자와 닮은 유약을 스승처럼 모시고 섬겼다 한다. 43세 혹은 36세 연하
3	子曰	(a)2	
4	曾子曰	(c)1	이름은 曾參. 曾點의 아들. 字는 子輿. 공자의 사상을 공자의 손자 子思에게 전하였고 자사는 孟子에게 그 도를 전하였음. 46세 연하
5	子曰	(a)3	
6	子曰	(a)4	
7	子夏曰	(d)1	卜+商. 공자(또는 아들)의 죽음을 슬퍼하여 失明했다고 한다. 44세 연하
8	子曰	(a)5	

9	曾子曰	(c)2	
10	子貢曰	(e)1	端木+賜. 31세 연하. 공자학단의 재무담당자. 말재주 재택에 뛰어나 당시 스승 공자보다 높게 평가되기도 했다.
11	子曰	(a)6	
12	有子曰	(b)2	
13	有子曰	(b)3	
14	子曰	(a)7	
15	子貢曰	(e)2	
16	子曰	(a)8	

이런 편집의 목표는 스스로 올바른 길을 찾아들어가는 노하우를 터득하도록 하는 것이다. 묻고(問)-배우는(學) 힘을 길러 '자신을 위하여 하는 삶의 학문(爲己之學)'으로 이끌기 위한 것이다.

철학, 사회학, 심리학, 음악에 관한 저술을 남긴 프랑크푸르트학파의 대표적 학자인 테오도르 아도르노(1903-1969)는 그의 저서 『미니마 모랄리아』에서 말한다. 철학적 대화란 논쟁에서 증거제시를 통해 자신이 옳다고 말하고 상대방이 틀렸다는 것을 설득시키는 것, 반박의 여지가 없이 확고부동한 인식, 절대적으로 올바른 인식을 소유하는 것(이것은 '순진성'이라 아도르노는 본다)이 아니라 '올바름에 대한 질문을 스스로에게 하게 만드는 인식'이라고 한다.[19]

---

19) 예전에 철학이라고 부르던 것을 행하는 지식인들에게 가장 어울리지 않는 것은 토론 즉 증거제시를 통해 자신이 옳다고 말하려는 것이다. 가장 미묘한 논리적 반성 형식 깊숙이에 이르기까지 자신이 옳다고 주장하는 것은 '자기유지' 정신의 표현인데, 이런 것을 해체하려는 것이야말로 철학 본연의 임무이다. (중략) 알려진 바와 같이 침묵이라는 것을 힘겨워하는 철학자들이 대화에 끼어들게 될 때면 항상 논쟁을 종결 짓고자 노력하지만 그 방법은 상대방이 틀렸다는 것을 설득시키는 것이다. 중요한 것은 반박의 여지가 없이 확고부동한 인식, 절대적으로 올

'올바름에 대한 질문을 스스로에게 하게 만드는 인식'은 잘 잠금장
치된 견고한 금고를 열듯이, 개념이 지닌 짜임관계를 파악하여, 즉 거
기에 침전된 역사를 잘 열고 들어가 그 속에 혹은 그 외부로 드러나 있
으나 볼 수 없는 감춰진 진실을 밝혀내는 일이다. 그는 『부정변증법』
에서 말한다.

짜임관계 만이 내부에서 개념이 잘라내 버린 것, 즉 개념이 될 수는
없지만 또한 그만큼 되고자 원하는 것, 개념 이상의 것을 외부로 표현
한다. 개념들은 인식되어야 할 사물의 주위에 모임으로써 잠재적으로
그 사물의 내적 측면을 규정하며, 또 사유가 필연적으로 자체로부터 배
제해버린 바에 사유로써 도달한다. (중략) 어떤 사물에 위치해 있는 짜
임관계를 인식한다는 것은 형성된 것(=개별자의 침전된 역사. 이것은
개별자의 내부에 있기도 하고 외부에 있기도 하다. 인용자 주)으로서
그것이 자체 내에 담고 있는 짜임관계를 해독하는 것이기도 하다. 외부
와 내부라는 이원론도 역사적 조건 하에 생겨났다. (중략) 대상이 처해
있는 짜임관계 속에서 대상을 인식한다는 것은, 대상이 자체 내에 저장
하고 있는 과정에 대해 인식하는 것이다. 이론적 사상은 자신이 해명하
고자 하는 개념의 주위를 맴돈다. 마치 잘 보관된 금고의 자물쇠들처럼
그 개념이 열리기를 희망하는 것이다. 이 때 그 열림은 하나의 개별적
인 열쇠나 번호가 아니라 어떤 번호들의 배열에 의해 이루어진다.[20]

바른 인식을 소유하는 것이 아니라 올바름에 대한 질문을 스스로에게 하게 만드
는 인식이다.(테오도르 아도르노, 『미니마 모랄리아』, 김유동 옮김, (도서출판 길,
2012), 100-101쪽.)
20) 테오도르 아도르노, 『부정변증법』, 홍승용 옮김, (한길사, 2010), 240-242쪽.

이제 농암 김주를 둘러 싼 공동의 기억 또한 복잡한 이야기-개념-스토리의 '짜임관계'를 가지며, 그 속에 수많은 침전된 역사를 갖는 '지식의 설계도'이다. 이것을 잘 열고 들어가 그 속에, 혹은 그 외부로, 드러나 있으나 잘 볼 수 없는 감춰진 진실을 밝혀내는 작업을 통해서 농암 김주가 하고 싶었던 '모종의 메시지'를 이해하는 일이다.

5. 너무 적은 자료, 그 '답답함'

농암 김주를 연구하기란 쉽지 않다. 왜냐하면 농암 김주가 남긴(아니 남겼다고 전해지는) 기록은 지극히 적기 때문이다.

지금까지 농암 김주라는 인물에 대한 연구가 다수 있어왔다. 그런데 워낙 원 자료는 적어 연구에 한계를 드러낼 수밖에 없다. 그렇다고 하더라도 다른 어떤 2차 자료(간접자료)보다도 1차자료를 중심으로 그의 사유 구조를 추정하거나 복원해보는 작업이 중요하다.

❶ 먼저, 농암의 유년기를 살필 수 있는 자료는 그가 8세에 낙동강 노자암(鸕鶿巖)에서 형 백암(白巖)(11세)과 함께 지은 「형제연구시(兄弟聯句詩)」이다.

巖磨水府[21]千層白 바위는 씻기고 씻겨 천층의 희디 흰 수중 궁궐(白巖)

---

21) 물을 맡아 다스린다는 전설(傳說) 속의 신의 궁전.

錦落²²⁾天機一段紅 석양[落]은 하늘이 지어낸 붉디붉은 비단 한 자락(籠巖)

❷ 다음으로, 그가 하절사(賀節使)로 명나라에 갔다 돌아오다가 태조 이성계가 역성혁명을 일으켰다는 소식을 듣고 지었다 하는 「압강강상(鴨江江上)」 즉 '압록 강가에서'이다.

'강가'가 강을 건너 조선에 들어왔다가 다시 강을 건너 간 것인지, 아예 강을 건너지 않았는지, 중국인의 기록에는 남경에서 북경으로 가는 도중으로도 되어 있는²³⁾ 등등 분간이 잘 안 되나 윤근수(尹根壽)가 쓴 「농암선생전(籠巖先生傳)」(1606)의 '환입중원(還入中原)'을 보면 '일단 조선으로 들어왔다가 소식을 듣고 발길을 돌린 것'으로도 풀이할 수 있다.

> 去時辭舊主 갈 때에는 옛 임금에게 하직하고
> 含命朝帝闕²⁴⁾ 명 받들어 황제나라로 사신 갔네.
> 來時開新主 올 때에는 새 임금이 개국하였으니
> 此江不可越 이 강을 건널 수가 없다네

---

22) 낙조. 석양.

23) 그런데 명나라 한림학사 高拱(1522-1566)의 『병탑유언(病榻遺言)』에서는 "1392년 남경(명의 수도)에서 사신의 업무를 마치고 귀국 중에 밀직사사 조반(趙胖)을 북경에서 만나 조선의 개국 소식을 듣고 관복을 집으로 보내며 자신의 기일을 옷을 보낸 날로 하라 하였어."(權泰乙, 「「籠巖先生의 선비 精神考 - 후손에게 끼친 영향을 중심으로 -」, 『籠巖先生文集』, (籠巖先生崇慕事業會, 2013), 345쪽에서 재인용)

24) 제궐은 황궁(皇宮)=황제의 나라를 말한다.

❸ 세 번째로, 농암이 압록강 가에 이르러 조선이 개국하였다는 소식을 듣고서 중국 쪽으로 발길을 돌리면서 고국 조선의 부인에게 전하는 서찰 즉「강상기서(江上奇書)」일부이다. 이것은 윤근수의「농암선생전」등에 남아있다.

"충신은 두 임금을 섬기지 않고, 열녀는 두 지아비를 받들지 않는다오. 내가 만약 압록강을 건너면 몸 둘 곳이 없소. 부인의 잉태함을 아노니, 만약 생남하거든 이름을 양수(揚燧)로 짓고, 생녀하면 이름을 명덕(命德)이라 지으시오. 조복과 신 등을 징표[信]로 보내오니, 부인 하세 후에 이것으로 합장하여 우리 부부의 묘로 하되 여기 강가를 떠나서 중국으로 들어가는 날을 나의 기일로 할 것이며, 장사를 치른 뒤에는 결코 묘지문과 묘갈문을 쓰지 마시오."라고 하였다.

마침내 중원으로 되돌아서 들어가서, 형초(荊楚) 지방에서 살았다고 한다. 그 자손이 서로 전하여 12월 22일을 기일로 하니 즉 압록강 가에서 서찰을 보낸 날짜이다.

(忠臣不事二君, 烈女不更二夫, 吾渡江卽無所容其身夫人有娠, 若生男名以揚燧, 生女名以命德, 仍送其朝服及靴曰但以此爲信, 夫人下世後, 以此合葬, 爲我夫婦之墓, 且以到江上, 還向中朝之日, 爲我忌日, 葬後勿用誌文墓碣, 遂還入中原, 居于荊楚云, 其子孫相傳, 十二月二十二日爲先生諱日, 卽江上發書之日也.)

당시 전해지던 이야기들을 종합하여 기술한 것으로 보인다.

여기서 양수(揚燧)의 '수'란, '부싯돌, 횃불, 봉화(烽火), 불을 피우다'는 뜻과 중국 고대의 복희씨(伏羲氏) 신농씨(神農氏)와 더불어 세 황제의 한 사람인 '수인씨(燧人氏)'을 뜻한다. 전설적 인물로 불을 쓰는 법을 전했다는 인물이다. 농암은 어두워진 나라에 새로 불을 밝히라는 메시지를 담아 이름을 지은 것 같다. 그러면 양수란 '횃불을 쳐들어라'는 뜻으로 개국한 조선을 '어둠'에 비유하는 것이 되니, 강한 저항의식을 담은 이름이겠다. 그리고 명덕(命德)은 '하늘의 뜻(명령)으로 얻은 덕성'이다. 생명의 의미를 국가(=조선국)를 넘어 바로 하늘=자연으로 연결 짓는 것은 불운한 시대를 인정하지 않는 의지를 담은 것이기도 하다.

❹ 네 번째로, 농암이 중국으로 되돌아갈 때 본국으로 돌아가는 서장관에게 지어준 시 즉「증서장관회본조(贈書狀官回本朝)」이다. 때는 겨울이다.[25] 위의 부인에게 보낸 서한이 12월 22일이란 것이 이것을 방증한다.

> 籠[26]樹蒼蒼塞日昏 언덕의 나무 푸르러나 해 가려서 어둑어둑
> 白山[27]雲雪照離樽 산을 덮은 흰 구름 눈은 이별 잔에 어른어른
> 君行莫恨天涯別 그대 가야할 길 아득한 길, 이별을 원통해 마소.
> 我是歸人亦斷魂 나 또한 귀향할 사람이라 애간장이 탄다오.

농암 자신은 살아서 중국으로 되돌아가나 혼은 이미 죽었다는 슬픈 심경을 드러낸 시이다.

---

25) 그러나 안정복의 『동사강목』 등을 보면 정확한 것이 아니다.
26) 陝西省 籠縣 서북쪽에 있는 산(고유명사) 혹은 언덕이나 두둑(일반명사). 둘 다 해석 가능.
27) 백두산의 줄인 말(고유명사) 혹은 눈 덮인 흰 산(일반명사). 둘 다 해석 가능.

농암의 작품으로 이야기 되는 것은 대략 이 정도이다. 잘못 기록된 시 삼성대(三聖臺)[28]를 포함하여 검토할 자료가 있으나 여기서는 생략한다. 위의 제한된 자료조차도 원 출처가 어디인지는 사실 명확하지 않다. 이처럼 자료 제한 속에서 농암의 사유나 사상을 연구한다는 것은 쉽지 않은 일이다.

6. 어떻게 넘어서야 하나?–팩트를 알 수 없는 자료 해석을 위한 변명–

동리의 맏형 범부(凡父) 김정설(金鼎卨, 1897-1966. 일명 김기봉(金基鳳))(이하 범부)은 1950(54세) 「朝鮮文化의 性格 – 제작에 對한 對談抄」[29]에서 일제가 훼손, 말살한 조선 관련 '史蹟' 연구방법론으로서 특징있는 오증론을 선보였다. 한국 독특의 전통문화, 특히 신라-경

---

28) 시는 이렇다.
　　老龍擡首飮江流,
　　五月登臨爽愈秋,
　　羽翰欲生頻擧腋,
　　雲霄怕觸爲低頭,
　　長空淡淡夕陽盡,
　　遠水溶溶孤島浮,
　　舒嘯一聲林下動,
　　杖藜乘興下滄洲.
　　이 시는 1780년경, 만한재 김복형(1730-1789)이 편집한 『농암선생일고』에 실려 있다. 이 책은 만송 김완섭(1898-1975)이 증보하였는데, 증보자가 실수로 동명이인인 조선 중종 때 문관 金澍(1512-1563)의 작품을 오인한 것이다.
29) 金凡父, 「朝鮮文化의 性格 – 제작에 對한 對談抄」, 『新天地』통권45호, (서울신문사, 1950.4).

주, 풍류-화랑의 문화의 '사적(史蹟)'을 연구하는 방법론이다.

다시 말해서 한국문화의 독특성은 현재 문헌적 기록이 많이 남아 있지 않아서 '문증(文證)'만으론 한계가 있음을 밝히고, ① '文證'(←文獻), ② '物證'(←古蹟), ③ '口證'(←口碑傳說), ④ '事證'(←遺習 · 遺風 · 遺俗 · 風俗 · 習俗), ⑤ '血證'(←心情 · 血脈 '물증(物證)'. '사증(事證)', '구증(口證)', 그리고 추가적으로 또 하나의 '다른 증명 방법' 즉 방증(傍證)인 '혈증(血證)'을 제시한 것이다.[30]

[표 3] 범부 김정설의 〈오증론〉

범부의 오증론	1	문증(文證)	문헌(文獻)
	2	물증(物證)	고적(古蹟)
	3	구증(口證)	구비전설(口碑傳說)
	4	사증(事證)	유습 · 유풍 · 유속 · 풍속 · 습속
	5	혈증(血證)	심정(心情) · 혈맥(血脈)

범부가 '혈증'론을 주장한 것은, '범부 자신'을 포함한 우리 한민족이 풍류도 등 한국적 문화의 혈맥을 직접 계승하고 있다는 '확신'이었다. 이런 방법론적 시야는 '사료는 주어진 텍스트 안에서 해석하는 것'이란 관점과는 다르다. 이 점은 농암을 연구하는 데에도 해당한다.

일찍이 다산 정약용은 '오청론(五聽論)'을 제시한 바 있다. 이것은 범부의 '오증(징)론(五證(徵)論)으로도 이어진다고 생각한다.

정약용은 『흠흠신서(欽欽新書)』에서 말한다.

---

30) 金凡父, 「國民倫理特講」, 『現代와 宗敎』 창간호, (현대종교문제연구소, 1977), 89-90쪽 참조.

- 若鏞이 살펴보건대 (중략) 『周禮』의 秋官 小司寇에 "五聽으로 형사사건의 진술을 듣고 백성의 마음을 찾아낸다. 첫째는 辭聽이며, 둘째는 色聽이며, 셋째는 氣聽이며, 넷째는 耳聽이며, 다섯째는 目聽이다."

- 鄭玄이 이르기를, 그 진술하는 '말'을 살펴볼 때 정직하지 못한 경우 번거롭고, 그 '얼굴빛'을 살펴볼 때 정직하지 못한 경우 얼굴이 붉어지고, 그 '숨소리'를 살펴볼 때 정직하지 못한 경우 헐떡이고, 그 '듣고 느낌'을 살펴볼 때 정직하지 못한 경우 헷갈려 어지러워하고, 그 '눈동자'를 살펴볼 때 정직하지 못한 경우 눈에 정기가 없어진다.

- 若鏞이 살펴보건대, 기색만을 전적으로 의지하면 선입견을 가지게 되어 사건을 그르치게 된다.[31]

　말하자면 물증만으로는 부족한 증거를 확보하는 경우, '사청(辭聽), 색청(色聽), 기청(氣聽), 이청(耳聽), 목청(目聽)'을 참고하려는 것이다. 이것은 정현이 〈'진술하는 '말'을 살펴볼 때 정직하지 못한 경우 번거롭고, 그 '얼굴빛'을 살펴볼 때 정직하지 못한 경우 얼굴이 붉어지고, 그 '숨소리'를 살펴볼 때 정직하지 못한 경우 헐떡이고, 그 '듣고 느낌'을 살펴볼 때 정직하지 못한 경우 헷갈려 어지러워하고, 그 '눈동자'를 살펴볼 때 정직하지 못한 경우 눈에 정기가 없어진다〉는 지적에 따른 것이다. 정약용은 종래의 수사방법인 '기색만을 전적으로 의지하'는 것을 지양하여 객관성을 확보하려는 것이었다.

　이런 관점은 전통시대의 텍스트의 경우에도 적용된다. 예컨대 텍스

---

31) 丁若鏞, 『역주 欽欽新書』· 1, 朴錫武 · 丁海廉 역주, (현대실학사, 1999), 27-28쪽.

트의 문장을 하나하나 그 개별적 의미를 이해하려는 것은 실제로 불가능하다. 이해의 정합성 · 체계성을 보증할 제3의 논리가 필요하다. 결국 '사료는 주어진 텍스트 안에서 해석하는 것이 불가능함을 말해준다.

일제강점기 『동아일보』(1939.06.23.) 4면에 실렸던 최익한(崔益翰)의 「廣州客山洞 佛像 刻字探訪記」(九)가 있다.(띄워쓰기는 원문 그대로임)

白岩金濟는 누구냐하면 籠岩金澍의 兄公인데 麗末에 그는 平海知郡으로서 高麗朝가 亡햇단 報道를듣고 近處海岸石壁에 七言詩一絶을 써두고 不知去處되어엇다. 正祖朝에 公의 兄弟節義를 次第褒彰하엿는데 公은 忠介의 諡와 海上賜祭까지 받엇다. 所題의 詩와 題目은 이러하다. (하략)

여기서는 농암 김주의 형인 백암(白岩) 김제(金濟)를 이야기 하면서 '형제절의(兄弟節義)'를 이야기 한다. 이처럼 시대에 따라 이미지는 새로 만들어지는 것, 창출되는 것이다. '형제'처럼 다수-단체-집단적인 절의가 일제 강점기에는 필요하였다. 형제는 우리 동포이고, 민족적 공동체로 확대될 수 있는 은유적 용어였다. 어쨌든 농암의 이해가 일제강점기에는 이런 식이었다. 시기별로 요청되었던 영웅상이 기록에 반영된다. 시대가 기록을 강요하고 조정한다. 그 강요된 배경을 참조하여 문장 혹은 스토리는 검토, 해석되어야 한다. 이것이 '해석학적 순환'이다. 하시모토 히데미(橋本秀美) 교수(북경대 역사학계)는 논어 관련 책 서문에서 이렇게 언급한다.

유럽의 고전학이 신학과 불가분에 있는 것과 마찬가지로 經學이라고 불려졌던 중국 古典學은 사상적 탐구를 불가분의 내용으로서 포함한다. 사회 질서 유지를 관심의 중심으로 하는 중국 학술과 개인의 정신적 구제를 지향한 유럽의 神學은 내용적으로 전혀 다르지만 이들 학문이 성립되어 있는 구조는 공통이다. 간단히 말하면 경전 테스트를 교정하고 그 언어를 연구하고 문장의 해석을 검토하는 고전 해석학의 기초 위에 거기서부터 읽혀진 내용에 정합성 · 체계성을 주는 신학 · 경학 이론이 연구되어 있다.

중요한 것은 이 때 고전 해석학이 독자적으로 경전 텍스트의 의미 연구를 완결시켜 그 성과를 이용해 신학 · 경학 이론 연구가 이루어지고 있는 것이 아니라, 신학 · 경학 이론 연구의 과정에 있어서 경전 텍스트의 해석을 조정하는 요청이 끊임없이 발생해 그것이 고전 해석학을 강하게 규정하고 있는 것이다. 이것은 이른바 해석학적 순환 문제와 다를 바 없다. 그리고 이 순환 과정이야말로 해석의 생명이 깃들여져 있는 것이다. (중략)

그런데 근대에 이르면 신학이나 경학은 그 사상 내용이 인간의 자유를 억압하는 강권적인 것으로서 비판되어, 신학 · 경학 그 자체가 거의 부정되어 버렸다. 그러나 **고전 텍스트의 한 문장 한 문장의 의미를 개별적으로 이해하는 것은 불가능하고 거기에는 역시 이해의 정합성 · 체계성을 보증하는 어떠한 논리가 필요하게 되었다.** 근대에 있어서 공백이었던 신학 · 경학의 위치를 빼앗은 것은 역사학이었다. 고전이라고 하는 것은 단지 역사 문헌으로 그 객관적 분석을 통해 역사 진실에 접근할 수 있다고 하는 주장이 근대에 있어서 큰 힘을 가졌다.

본래 학문이 성립하고 있는 구조로부터 생각하면 역사학도 신학 · 경학과 마찬가지의 내용 · 이론체계이며 그 사상 내용이 종교적 · 정치적 경향성을 피해 객관적인 것을 지향하고 있다고 하는 것이 그대로 고전 해석학의 객관성을 보증하는 것은 되지 않는다. 많은 사람들은 역사학의 내용 · 이론체계에 무자각적으로 의존하는 고전 해석이 객관적으로 정확하게 될 가능성이 있다고 착각하고 있지만, 사실은 신학 · 경학 시대의 사람들도 신학 · 경학을 배경으로 한 고전 해석이 객관적으로 정확하게 될 것이라는 것을 의심하지 않았던 것이다. 그런 의미에서 현대 역사학적 해석학이 신학 · 경학적인 그것보다도 「올바르다」고 말할 수 없다.

또한 유감스럽게 역사학이 객관주의를 표방하였기 때문에 해석 활동 자체가 위축되어 버려 해석 순환은 거의 멈추어 버리는데 이르렀다.[32] (강조는 인용자)

문헌 위주의 실증주의 사학자들에게는 텍스트에 드러난 것 이외에는 별 관심이 없다. 텍스트 너머, 그 근저에 있는 진실이나 사실을 규명하려는 의지도 없다. 그들은 텍스트를 진실로 믿는다.[33] 위 인용문에서 "역사학이 객관주의를 표방하였기 때문에 해석 활동 자체가 위축되어 버려 해석 순환은 거의 멈추어 버리는데 이르렀다"는 말은 텍스트=진실이라는 입장의 허점을 찌르고 있다. 인용문에서 지적한 대로, "고전 텍스트의 한 문장 한 문장의 의미를 개별적으로 이해하는 것은 불가능하고 거기에는 역시 이해의 정합성 · 체계성을 보증하는 어떠한 논리가 필요"한 것이다. '어떤 논리'라는 것은 텍스트의 '사이'나 '근저' 혹은 '너머'에 있는 '뒤로 물러난, 침묵하고 있는' 사실 자체

---

32) 安富步, 『生きるための論語』, (筑摩書房, 2012), 8-10쪽.

33) 이 부분은 최재목, 「'독도'연구에 대한 성찰과 제언」, 『일본문화연구』제47집, (동아시아일본학회 2013.7)을 참고하였다.

이다.

말이란 것은 화자(話者)의 내면에서 생겨나오는 생생한 감정의 표현, 독특한 성격, 인간적 성향을 잘 살필 수 있다. 속칭 '구라'의 입담이 쓰여진 '글'보다 더 흥미진진한 것도 이 때문이다. 예컨대 '구성진 슬픔' '눈물 나는 기쁨'과 같은 삶의 복잡함도 말이라는 소리체계, 표정 등을 통한 복합적인 것에서 느낄 수 있는 것이지 글만으로는 느낄 수 있는 것은 아니다. 말이라는 '소리'를 공간적인 '기호' 즉 문자로 전환시키게 되면 이런 미적 요소는 모두 잘려나가 버린다. '언어 · 문자문화(literacy)'와 '육성 · 소리문화(orality)'의 차이를 정리하면 다음과 같다.[34]

[표 4] 말(음성언어)과 글(문자언어)의 차이

구분	말(음성언어)	글(문자언어)
발생 감정표현	자연발생적 감정 표현 충분	인위적 생성 감정 표현 미흡
시공간 정보량 자모음	시·공간의 제한 정보량의 제한 자모음 분절 불가능	시·공간의 자유 정보량의 무제한 자모음 분절 가능
예	방언(경상도, 上海)	훈민정음(한글), 한문

속내를 있는 그대로 다 드러내지 못한 것이 '말'이고, 말을 제대로 다 드러내지 못한 것이 '글'인 것이다. 속이 답답하여 '말'이라도 하고,

---

34) 아래의 표는 서종학, 『문자생활의 역사』, (영남대학교출판부, 2005), 17쪽을 약간 보완하였다. 아울러 이하의 구술-문자 문화 부분은 내용은 최재목, 「전습록과 퇴계선생 언행록의 언행비교로 본 양명과 퇴계의 사상적 동이점」, 『퇴계학논집』 · 5, (영남퇴계학연구원, 2009.12)의 전반부를 많이 참고하였다.

말로 해도 그것이 다 표현이 안 되니 '글/책'이라도 쓴다. 그러나 답답
하기는 매 일반이지만, 말은 논리성이 떨어진다 할지라도, 무언가를
'느낀 대로 지껄이고, 생각나는 대로 표현하는' 점에서는 글보다는 훨
씬 자유분방하다.

「子曰, 書不盡言, 言不盡意」[35]는 "뜻을 제대로 드러내지 못한 사람
이 말로써 하고, 말을 제대로 못 전하는 사람이 글로 쓴다."로 풀이할
수 있다. 글의 작자(作者)=발신자(發信者)의 마음을 알린 뜻[意](@)
과, 그가 알려준 말[言](ⓑ), 그 알려준 말로 이루어진 글[書](ⓒ) 사
이에는 분명히 '간극'이 존재하기 마련이다. 더군다나 독자(讀者)=수
신자(受信者)(ⓓ)가 그 간극을 극복하고 발신자의 뜻을 온전히 이해
할 수 있는가의 문제도 생겨난다. 알려준 자(@)와 읽는 자(ⓓ) 사이
에는 분명 간극이 존재하고, 그 간극은 읽는 자에 의해서 '해석'(새로
운 의미로 창조)되기 마련이다. 결국 이 읽는 자의 해석은 읽는 자 자
신의 '앎'에 의해서 국한 · 제한되기도 하고 개방되기도 한다. 이 점에
서 글은 읽는 자의 자기이해에 해당한다.

[표 5] 발신자와 수신자의 관계

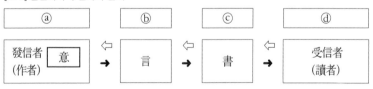

이렇게 @, ⓑ, ⓒ, ⓓ 사이의 간극은 글쓰기란 것의 위험성, 한계성

---

35) 『周易』「繫辭傳」 上

을 나타낸다. 동시에 글쓰기는 이러한 '위험성'에도 불구하고 '불가피
성'을 가지며, 또한 '한계성'에도 불구하고 새롭게 해석·이해될 수 있
는 '가능성'을 갖는다는 측면에서 긍정될 수밖에 없다. 글쓰기는 말과
글을 통해서 진리의 끄트머리[端緖]를 찾아 들게 하는 좋은 수단이자
방법이다.

  옛날 책에 실린 글은 그 의미가 본래적 의미보다 크게 왜곡, 변용되
어 사용되고 있다. 이것은, 다음의 표에서 보듯이 발신자에서 수신자
사이의 경로(channel) 상에 잡음(=한국적 상황·조건에 따른 선악·
시비 등의 판단이나 해석)이 첨가된 것이라 생각한다.[36]

[표 6] 발신자와 수신자 사이의 잡음 문제

  '말하기'(speaking)는 '말'과 '생각함·반성'이 이분화 되지 않는다.
그리고 말에는, 말하기의 근거로서 '듣기(聞)', '외워서 읊기(暗誦)'의
증대가 필수적으로 요구된다. 많이 듣고 외워야 많이 말할 수 있다. 소

---

36) 이 표는 사사키 겡이치, 『미학사전』, 민주식 옮김, (동문선, 2002), 331쪽[논지에
   맞춰 약간 보완하였음].

리를 듣고, 소리를 전하는 데서 자연스런 음성(音聲)의 문화와 미학을 만들었다. 한 사람의 '음성'을 그리워하고, 음성을 기억하는 아름다운 문화도 생겨났다. 그러나 '글쓰기'(writing)에는 그런 것이 없다. '글쓰기'는 인간의 의식을 변형시킨다. 글을 쓰는 순간, '반성'의 개입에 의해 나와 나로부터 나의 말은 분리된다. 내가 나의 말을 응시한다. 그럼으로써 나의 말은 나로부터 객관화되어 멀어져, 간극 · 거리가 생긴다. 글은, 논리의 개입에 의해 말을 반성하게 하여, 나와 먼 곳에 있게 만든다.

이처럼 〈언어 · 문자문화(literacy)〉 vs 〈육성 · 소리의 입장=소리문화(orality)〉의 차이는 동아시아 사상사, 문화사, 학술사에 저류하고 주요 문제이다. 월터 J. 옹이 『구술문화와 문자문화』은 '육성 · 소리문화(orality)의 인간' 패턴을 다음과 같이 규정한다: ❶첨가적이며 종속적이 아니다. ❷ 누적적이며 분석적이 아니다. ❸장황하거나 다변적(多辯的)이다. ❹보수적이고 전통주의적이다. ❺ 인간적인 생활 세계에 밀착해 있다. ❻ 논쟁적인 어조(톤)가 강하다. ❼ 감정이입적이거나 참여적이며 객관적인 거리를 유지하는 것이 아니다. ❽ 항상성이 있다. ❾ 상황의존적이며 추상적이지 않다.[37]

이에 대해 '언어 · 문자문화(literacy)의 인간' 유형을 이렇게 규정한다 : "구술문화는 기하학적인 도형, 추상적인 카테고리에 의한 분류, 형식논리적인 추론, 절차, 정의 등의 항목과는 전혀 관련이 없기 때문이다. 그리고 포괄적인 기술이나 말에 의한 자기분석조차도 그러하다.

---

37) 월터 J. 옹, 『구술문화와 문자문화』, 이기우 · 임명진 옮김, (문예출판사, 1995), 61-92쪽.

이러한 항목들은 모두 사고 그 자체가 아니라 텍스트에 의해서 형성
된 사고(text-formed thought)에 유래한다."[38]

인류의 지성사는 차츰 '육성 · 소리문화'에서 '언어 · 문자문화'로 진
전되어 왔다. 옹에 따르면 그 차이는 이런 것이다.

> 쓰기는 생활경험으로부터 일정한 거리를 두고서 지식을 구조화한
> 다. 그리고 세련된 분석적인 카테고리라는 것은 그러한 쓰기에 의존하
> 고 있다. 그런데 구술문화는 그 세련된 분석적인 카테고리가 결여되어
> 있어서 그 모든 지식을 인간 생활세계에 다소라도 밀접하게 관련시키
> 는 방식으로 개념화하고 언어화하지 않을 수 없다. 그리고 그러한 개념
> 화와 언어화는 외적이고도 객관적인 세계를 더욱 직접적으로 가까이
> 알고 있는 인간끼리의 상호관계를 본떠서 이루어진다. 필사문화(쓰기)
> 나아가서 활자문화(인쇄)는 그러한 인간적인 것의 성질까지 바꿔버리
> 기도 한다.[39]

> 구술문화에서 배운다거나 안다는 것은 알려지는 대상과 밀접하고도
> 감정이입적이며 공유적인 일체화를 이룩한다는 것을 뜻한다. 즉 '그것
> 과 하나가 된다'는 것이다. 쓰기는 알려지는 대상(the known)에서 아
> 는 주체(the knower)를 분리해 냄으로써 객관성의 조건을 세운다. 그
> 객관성이란 알려지는 대상에서 개인적으로 관여하지 않고 그곳으로부
> 터 거리를 취한다는 의미이다.[40]

---

38) 월터 J. 옹, 『구술문화와 문자문화』, 이기우 · 임명진 옮김, (문예출판사, 1995), 88쪽.
39) 월터 J. 옹, 『구술문화와 문자문화』, 이기우 · 임명진 옮김, (문예출판사, 1995),
    127쪽.
40) 월터 J. 옹, 『구술문화와 문자문화』, 이기우 · 임명진 옮김, (문예출판사, 1995), 74쪽.

'쓰기'에 의해 인간의 이성은 더욱 분석적, 논리적으로 바뀌어 날카
롭고도 심오해진다. '말'이 결국 쓰기에 의해 '성찰'로 대체된다. 성찰
은 말과 다르게 '생각하는 자'와 '생각되는 대상' 사이를 분리해내며,
'현재의 상황'과 '성찰되는 상황'을 분리한다. 아울러 '살아 있는 자신'
을 '사고하는 자기'로부터 분리해낸다. 다시 말해서 '쓰기'는 사물화,
객관화, 과학화의 경향을 지니고 있고, 여기서 '철학'(philosophy)이
탄생하게 된다. 플라톤은 소크라테스의 '말'(lexis)을 '글'(logos)로 바
꾸었다. 이런 의미에서 플라톤은 소크라테스의 충실한 제자이나 소크
라테스의 진정한 정신을 '변질'시킨 사람이다. 옹(Walter J. Ong)은 말
한다. 「이데아(idea), 즉 형상(form)이라는 말은 시각에 기초를 둔 용
어로 라틴어의 '보다(video)'와 같은 어원을 두고 있으며, 영어 vision,
visible, videotape 등은 여기에서 파생되었다. 플라톤의 형상은 시각
적인 모습과의 유추에 의해 생성된 것이었다. 플라톤의 이데아는 목
소리도 없고 움직임도 없고 어떠한 따뜻함도 작용하지 않은 채로 분
리되어 있으며, 인간 생활 세계와는 전혀 무관하고, 도리어 그러한 세
계의 저편 훨씬 위쪽에 존재하고 있다.」[41] 옹에 따르면, 플라톤의 전환
은 문명사적으로 '말하기'(speaking)로부터 '쓰기'(writing)로 전환된
시대와 일치한다는 것이다. 즉, 인간들은 알파벳을 창안하여 소리를
공간적인 기호로 전환시켰을 뿐만 아니라 그것을 내면화시켰다.[42]

고대에는 철학도 정치도 일상적인 삶을 벗어나 있지 않았다. 공자

---

41) 월터 J. 옹, 『구술문화와 문자문화』, 이기우·임명진 옮김, (문예출판사, 1995),
127쪽.
42) 중국의 유학에서도 예컨대 「평범한 유학자들이 기록하고 외우고 문장을 짓는 것
(詞章)을 익히는 것은 그 공이 『小學』보다 배가 되어도 쓸 것이 없다.」(「大學章句
·序」)라고 하여 주자는 사장의 학(=문학)을 비판하였다.

는 제자들 혹은 정치가들과 정치를 포함한 온갖 이야기를 하였다. 『논어(論語)』는 그것을 재구성하여 엮은 것이다. 소크라테스의 일과 는 거리나 광장에 나가 보통사람들과 일상적인 언어로 정치 등 인간 사에 대해 대화를 나누는 것이었다. 이것은 대화록(Dialogue), 향연 (Symposium)에 잘 드러나 있다. 이점에서 이것은 석가도 예수도 마 찬가지였다. 그들은 '말'을 남겼지만 책을 남기지는 않았다. 그들의 말 이 담긴 『불경(佛經)』이나 『성경(聖經)』은 사실 『석가어록』이나 『예 수어록』 등으로 표현하는 편이 나을지도 모른다.

'말하기'(speaking)로부터 '쓰기'(writing)로 전환은 보편적인 역사 의 과정이다. 그러나 '말하기'도 '글쓰기'도, '자왈(子曰)~', '여시아문 (如是我聞)'처럼, '카더라'로 기록되는 순간 '기록자의 마인드, 시대의 에토스, 이데올로기' 등(=잡음)이 관여하여 새로운 '성찰, 해석' – 이 것은 선택, 왜곡, 강조, 변용, 은폐, 배제 등을 수반한다 – 이 개입하기 마련이다. 여기서 기록된 '기억의 내용'은 기록자와 기록 상황에 따른 의도적인 선택과 배제를 만들어낸다. 이른바 잡음의 관여이다. 이 잡 음은 집요한 저음(低音)으로, 은은한 배경음으로, 때로는 두드러진 고 음(高音)으로 작용한다. 인간의 역사와 문화에서 이러한 관여는 자연 스런 현상이라 하겠다.

지금까지 여러 연구에서 밝혔듯이, 우리 역사를 통해서 국내에서는 고려의 삼은(三隱)[43], 조선의 사육신(死六臣)[44] · 생육신(生六臣)[45]

---

43) 牧隱 李穡(1328-1396), 圃隱 鄭夢周(1337-1392), 陶隱 李崇仁(1347-1392).

44) 조선 세조 2년(1456) 단종 복위를 꾀하다가 발각되어 처형되거나 스스로 목숨을 끊은 성삼문(成三問) · 박팽년(朴彭年) · 하위지(河緯地) · 이개(李塏) · 유성원 (柳誠源) · 유응부(俞應孚) 6명을 말함.

45) 단종이 그 숙부 수양대군(首陽大君)에게 왕위를 빼앗기자 세조에게 한평생 벼슬

에, 국외에서는 은(殷)의 삼인(三仁)[46]과 은(殷) 고죽국(孤竹國)의 백이(伯夷) · 숙제(叔齊)[47], 주나라의 성군(문왕 · 무왕)을 탄생시킨 태백(泰伯)[48]에 비견되는 '절의의 표상'으로 회자되어온 인물이다.[49] 이런 이미지=상(像)의 형성에는 다양한 전통시대의 정치적 요인들이 관여하고 있다. 논의의 맥락이 기본적으로 왕조 '간(間)', 왕조 '내(內)'라는 설정에서 '의리-지조-절의'를 지킨 인물이라는 점에 동의한다.

　이러한 농암의 선비상은 우리의 역사를 통해서 구축된 '기억'의 결

하지 않고 단종을 위하여 절의를 지킨 신하들인 김시습(金時習) · 원호(元昊) · 이맹전(李孟專) · 조려(趙旅) · 성담수(成聃壽) · 남효온(南孝溫)을 말한다. 사육신(死六臣)에 대칭하여 생육신이라 한다.

46) 중국 상(商) 말기의 세 명의 어진 사람 즉 비간(比干), 미자(微子), 기자(箕子)를 말함. 『論語』「微子篇」의 "미자(微子)는 떠나가고, 기자(箕子)는 노비가 되었으며, 비간(比干)은 간(諫)하다가 죽었다. 공자(孔子)가 말하였다. '은(殷)에는 세 어짊이 있었다.'(微子去之, 箕子爲之奴, 比干諫而死, 孔子曰, 殷有三仁焉)"라는 데 따른 것이다.

47) 주(周)나라 초기의 전설적인 형제성인(兄弟聖人). 백(伯)과 숙(叔)은 장유(長幼)를 나타낸다. 묵태씨(墨胎氏)로, 백이는 이름이 윤(允)이고, 자는 공신(公信)이다. 본래는 은(殷)나라 고죽국(孤竹國, 하북성 昌黎縣 부근)의 왕자였는데, 아버지가 죽은 뒤 서로 후계자가 되기를 사양하다가 끝내 두 사람 모두 나라를 떠났다. 그 무렵 주나라 무왕(武王)이 은나라의 주왕(紂王)을 토멸하여 주왕조를 세우자, 무왕의 행위가 인의(仁義)에 위배되는 것이라 하여 주나라의 곡식을 먹기를 거부하고, 수양산(首陽山)에 몸을 숨기고 고사리를 캐어먹고 지내다가 굶어죽었다. 유가(儒家)에서는 이들을 청절지사(淸節之士)로 크게 높였다. 『맹자(孟子)』에 '백이와 숙제는 성인 중에서 맑은 분(夷齊聖之淸者)'이라는 말이 나온다.

48) 상(商)나라 때 사람. 성은 희(姬)씨고, 주(周)나라 고공단보(古公亶父)의 큰아들이다. 자기 대신 동생 계력(季歷)에게 지위를 넘기려는 아버지의 뜻을 알아채고 동생 중옹(仲雍)과 함께 강남(江南)으로 달아나 스스로 구오(句吳)라 불렀다. 이곳에 정착해 살면서 강북(江北)의 경작과 축성법(築城法) 등 문화를 전파했다. 태백이 아들 없이 죽자 동생 중옹이 부족의 수령이 되어 뒷날 오(吳)나라의 개창자가 되었다. 일설에는 우(虞)에 나라를 세웠다고도 한다.

49) 權泰乙, 「籠巖先生의 선비 精神考」, 『籠巖先生文集』, (籠巖先生崇慕事業會, 2013.11), 350쪽 참조.

과이다. 여기에는 당연히 농암의 평가에 관여한 인물들의 '의도적인 선택과 배제'가 있었다.

다시 말해서 농암이 중국으로 돌아가 명 황제에게 조선을 정벌하고 고려를 다시 세워줄 것을 주청했으나, 황제로부터 "국가의 존망은 하늘에 있으니 한 사람의 충절로 회복될 수 없다"라는 말을 들었다는 점으로 미루어 보면 분명 그는 조선의 입장에서 역적일 수밖에 없다. 그럼에도 그가 충신, 절의 등의 미명으로 남은 것은 긍정적 기억의 결과이다. 만들어진 기억의 프리즘을 통해서 우리는 농암이라는 인물을 만나고 있다. 이 점에서 엄기영의 「忠臣은 어떻게 만들어지는가 – 고려말 김주 관련 작품과 기록을 대상으로 –」라는 연구에 필자는 일단 동의한다.[50]

엄기영은 「선산(善山) 지역을 중심으로 한 영남 사림들 사이에서만 제한적으로 추모를 받던」 김주라는 인물이 「마침내 중앙 정부로부터

---

50) 그의 논의의 줄거리를 들어둔다. 이 글에서 필자는 高麗末 金澍에 관한 傳, 祭文, 序跋 및 관련 기록들을 논의의 대상으로 삼아 김주라는 인물이 행적의 진위 여부를 둘러싼 논란과 시비를 넘어서서 善山 지역을 대표하는 先賢으로 그 위상을 확립한 후, 나아가 국가로부터 그 행적을 공식적으로 인정받고 諡號를 받게 되는 과정을 고찰하였다. 김주의 위상이 변화되는 과정은 크게 세 단계로 나눌 수 있다. 첫째는 傳言 속에서만 존재하던 김주가 구체적인 모습을 갖추고 등장하여 선산을 대표하는 선현 중 한 사람으로 그 위상을 정립하는 과정이다. 둘째는 김주에게 善山 三仁이라는 호칭이 사용되고, 이에 걸 맞는 사당, 서원이 건립되는 과정이다. 셋째는 김주 행적에 있어서 신비화가 진행되고, 그의 형 金濟가 등장하여 三仁 대신 夷齊라는 호칭을 얻게 되는 단계이다. 金澍라는 인물은 그야말로 극적인 과정을 거쳐 시대를 대표하는 충신으로 그 위상을 갖게 되었다. 이 과정은 복잡할 뿐만 아니라 그 속에는 다양한 사람들의 시각과 처지가 개입하고 있었다. 이런 점에서 볼 때, 김주라는 인물은 조선시대에 충신, 열사가 어떤 사회적 관계 속에서 발견되고, 만들어지는지를 보여주는 좋은 사례라고 할 수 있을 것이다. (엄기영, 「忠臣은 어떻게 만들어지는가 – 高麗末 金澍 관련 작품과 기록을 대상으로 –」, 『東洋學』第51輯, (檀國大學校 東洋學硏究院, 2012.2), 2쪽.)

인정을 받아 시호를 받게 되」는 과정을 잘 고찰하고 있다.[51] 엄기영은
말한다.

> 김주에 관한 문헌 기록은 고려가 망하고 200년이 지난 16세기 후반
> 부터 갑자기 등장하기 시작한다. 선산 지역의 후손들과 주변 사람들을
> 중심으로 제한적으로 口傳되던 그에 관한 기록이 「琴生異聞錄」과 「籠
> 巖先生傳」을 기점으로 하여 쏟아지듯 만들어지는 것이다. 그리고 이와
> 함께 김주에 대한 추모의 열기 또한 높아져서 그를 기리는 月巖書院과
> 三仁廟가 세워지고, 그는 선산 지역을 대표하는 10명의 선현 중 한 사
> 람으로 그 위상이 올라가게 된다. 그리고 그의 일화에 神靈함을 강조하
> 는 요소가 결합하여 신비화되더니, 종적이 묘연하던 그의 형 金濟에 관
> 한 일화가 갑작스레 등장하여 이 두 형제만을 배향하는 孤竹書院이 건
> 립되고 마침내 謚號를 받게 된다.

그런데 이런 과정이 순탄하게 이루어진 것만은 아니다. 애초부터
농암에 관한 기록과 전언에는 문제가 적지 않았던 바, 그의 행적이 후
손과 선산 지역 사족들에 의해 '조작 또는 과장'되었을 가능성을 제기
하는 시선 또한 병존해 있었던 것이다.

농암의 '의리-지조-절의'는 ① 〈고려 vs 조선〉이라는 맥락에서만 중
시된 것이다. 따라서 잘 살펴보면 분명히 이런 스토리 구성에서 빠진
것이 한 가지 있다. 다시 말하면 같은 유교문화권이면서도 지역과 국가
를 달리하는 ② 〈중국(=明) vs 한국(=고려-조선)〉이라는 맥락이다.

---

51) 엄기영, 「忠臣은 어떻게 만들어지는가 - 高麗末 金澍 관련 작품과 기록을 대상으
로 -」, 『東洋學』第51輯, (檀國大學校 東洋學硏究院, 2012.2), 2쪽.

이 논의에서는 ②의 맥락을 좀 더 부각시키면서 논의를 진행하면서 농암을 '망명 지식인'이라는 차원에서 재조명할 필요가 있다. ■의 맥락을 놓친 것은 결론적으로 말한다면 농암을 영웅으로 이미지화=현창하는 과정에서 '명 vs 고려'[명과 고려의 동질성 유지] 차원(❶)이 주로 다루어지고 '명 vs 조선'[명과 (고려를 배신한) 조선의 이질성 부각] 차원(❷)은 배제되어 있다는 점이다.[52] 농암을 ❶의 관점에서 다룰 경우, 조선에서 거의 거부감 없이 받아들여지지만 만일 ❷의 관점을 부각시킬 경우에는 그(농암)가 소극적 혹은 부정적으로 평가될 소지를 안고 있다. 농암은 충신불사이군(忠臣不事二君)이라는 명분이 농암의 평가를 압도하면서 농암의 언설 속에서 '반조선=명의 조선 응징'이라는 맥락은 어쩔 수 없이 소거 또는 은폐되기 쉽다. 우리는 기억하고 싶은 것만, 기억하고 싶은 쪽에서 선별적으로 기억한다. 농암의 경우도 그렇다.

7. 결어

이 글에서는 농암의 이 논문은 고려말 귀국을 포기하고 명나라로 망명한 유학자로서 현재 우리들의 기억 속에서 살아있는 농암 김주의 〈'기억' 형성〉을 인문적으로 성찰해보았다.

'말하기'(speaking)로부터 '쓰기'(writing)로의 전환은 보편적인 역

---

52) 엄기영, 「忠臣은 어떻게 만들어지는가 – 高麗末 金澍 관련 작품과 기록을 대상으로 –」, 『東洋學』第51輯, (檀國大學校 東洋學硏究院, 2012.2)

사의 과정이며, '카더라'가 '카더라'로 기록되는 순간 '기록자의 마인드, 시대의 에토스, 이데올로기' 등(=잡음)이 관여하여 새로운 '성찰, 해석'이 개입하기 마련이다. 이것이 어떤 기억의 '의도적인 선택과 배제'를 만들어낸다. 농암의 기억 또한 그렇다는 말이다.

농암을 연구하는데 직접적인 자료는 너무 적다. 아무리 이야기를 하고자 해도 순환론의 오류에 빠지기 쉽다. 이럴수록 '어떻게(how)'보다 '왜(why)'를 분명히 하는 작업을 해야 할지 모른다. 각 시대별 농암을 호출해낸, 아니 호출 이전의 은폐된 그의 생존 당시의 상황을 '왜'라는 관점에서 다시 규명할 필요가 있다. "과거를 상상하고 미래를 기억하라!"는 E.H.카의 말처럼, 농암이 '왜, 모르도록 되어 버렸나?'는 점에 대해서 다시 '판단 · 해석'해야 한다. 그것은 결국 그렇게 되도록 한 시점이나 '위에서부터(Top-Down)', '아래-밑으로부터(Bottom-Up)'의 강요된 틀, 상황을 다시 논의해볼 필요가 있다. 이 점에서 농암은, 스토리텔링과 연구 속에서, 여전히 미지의 영역이라 할 수 있다. 국내-국외의 모든 가능성을 열어두고 다시 연구를 시작할 이유가 충분하다.

성급한 추앙이나 찬양-천양보다도 '사실 그 자체'로 돌아가는 일이 중요하다. 시대적 인물을 가문이나 문중에 가두어 두기 보다는 공적인 논의의 영역으로 끌어내어 이야기를 보편화하고 그 근거를 보다 튼실하게 마련해 가야 한다.

거듭 이야기한대로 이야기나 '카더라'가 '기록'되지만 실제로 팩트 자체를 모를 수 있다. 그리고 기록 자체도 의심해볼 필요가 있다. 더욱이 기록된 대로 우리는 기억하지도 않는다. 기억하고 싶은 것만 선택하고 나머지는 배제한다. 개인의 기록도 그렇고, 지역사회의 기록도

그렇고, 국가의 기록도 그렇다. 종래 농암의 연구, 농암에 대한 기억도
이 점에서 결코 자유롭지 못하며, 또한 그만큼 가능성은 열려있다.

06 '獨島' 연구에 대한 성찰과 제언

1. 서언

이 글은 「'독도' 연구에 대한 성찰과 제언」을 다룬 것이다.[1] 말하자면 현재의 독도연구를 거시적으로 성찰해보고 이에 대한 제언을 하는 것이다.

이 논의는 2012년 계명대학 국경연구소에서 개최한 세미나(2월과 9월)에서 구두 발표한 내용을 발전적으로 수정, 보완한 것이다.[2] 당초

---

1) 이 논문은 처음 「독도 문제의 해결을 위한 제언 – 시마네현 제2기 『죽도 연구회 보고서』의 문제점을 중심으로 –」라는 주제였으나 「'獨島' 연구에 대한 성찰과 제언」으로 제목을 변경하였다.

2) 두 번의 발표는 다음과 같다: 최재목, 「독도에 관한 인문학적 논의를 위한 試論」, 『계명대 국경연구소 주최 세미나: 독도/죽도 연구의 새로운 지평을 위하여』, (계명대학교 국경연구소, 2012.2.28)와 최재목, 「독도 문제는 동아시아 '미래'의 문제이다 – 독도 문제에 대한 인문학적 성찰 –」, 『계명대 국경연구소 주최 세미나 : 대통령 독도방문과 동아시아 국경문제』, (계명대학교 국경연구소, 2012.9.22).

필자의 관심은 독도 문제를 법적, 정치적 차원에서가 아니라 인문적
인 성찰에서 출발하는 것이었다.

역사적으로 오랫동안 인접 국가의 침략에 시달려온 한국으로서
는 국가와 국토의 문제에 대해 즉각적 본능적인 반응을 보이기 일쑤
다. 일찍이 凡父 金鼎卨(1897-1966)은 「邦人의 國家觀과 花郞精神」
(1961)에서, 독도와 관련하여 분개하는, 조국에 대한 충정심 같은 것
을 「利害得失을 超越해서 當然히 그리해야 하고 그리 않고는 할 수 없
는 「無條件의 感憤」이나 「至情」으로 표현한 바 있다.[3]

---

3) 이 대표적인 경우를 하나 들면, 근현대기의 사상가인 凡父 金鼎卨(1897-1966)이
「邦人의 國家觀과 花郞精神」, 『最高會議報』2, (國家再建最高會議, 1961)에 실렸던
〈邦人의 國家觀과 花郞精神〉(金凡父, 『凡父金鼎卨短篇選』, 최재목 · 정다운 편, (서
울: 선인출판사, 2009))에 보면 다음과 같은 논설이 나온다. 「近年에 獨島問題로해
서 작지 않은 말썽이기도 했지만 대체 日人들의 侵寇란 너무도 長久한 歲月과 多端
한 事故를 가진 國際的發黨인지라 이건 問題로 한다면, 너무나 複重한 一大課題가
되거니와 鬱陵島를 두고 말썽이 쉬여진것도 實은 肅宗年間의 일인데 이事件을 處
理한이는 알고보면 世祿宰相도 特命使節도 아무것도 아니고 一個의 水兵인 東萊府
戰船櫓軍 安龍福이 그사람이다.(當時로 말하면 軍籍이란 賤役이었다)安龍福은 그
當時 職責所關이든지 日語를 잘했더라는데 肅廟十九年에 鬱陵島로 漂迫한 일이있
었다. 그때 日船七隻이 와서 本島를 저의 것인냥 敢恣하게 굴더란것이다. 龍福이 堂
堂히 詰辯을 했더니 제들은 龍福을 잡어가지고 五浪島란대를 가서 잡어두는 모양
이다. 龍福이 그島主에게 타이르기를 鬱陵 · 芋山은 본대 我邦의 所屬이거늘 나를
이렇게 拘執하는 것은 道理가 아니라 했더니 그 島主는 또 伯耆州란대를 보내더란
말이다. 그島主는 뭣을 봤든지 자못 관대를 하면서 所願을 묻는지라 龍福이 말하
기를 「서로 侵擾를 禁止하고 交隣上道를 좋게하는 것 만이 내 所願이다」했는데 그
島主는 快諾을 하고 江聲에 稟達을 해서 文券을 作成해가지고 돌아 오게했는데 長
崎島에 行到해서는 그島主가 文券을 強奪하고 對馬島로 보내서 또 拘執을 하면서
江聲에 알렸더니 江聲에선 다시 文券을 作成해서 侵害하지 말라고 했건만 馬島主
는 그 文券을 빼앗고 五十日을 가두었다가 東萊倭館으로 押送을 하고 倭館에선 또
四十日을 붙잡아두었다가 그제야 東萊府로 보내주었는데 龍福이 前後始末을 말하
고 國彊을 위해서 先後策을 呼訴했거늘 府使는 다른 건 들잘것도 없이 그저 國境을
犯越했다는 罪目으로서 重刑을 주고 나중에 놓이기는 했지만 憂憤을 참을수 있던
가 말이야 아마 當時의 宰輔門前에 가서도 泣訴를 했을터이언만 누구 한사람도 들

그러나 현재의 국제관계 특히 영토 관련 문제는 상대가 있는 문제
로서 자국의 일방적인 '감정'만으로 해결되거나 해소도리 수 없음이
분명하다. 따라서 미래를 내다보며, 한일 양국 간의 새로운 경제-문화

어 먹지 않았던 모양이라 이때 龍福은 國事를 위해서의 英雄의 權變으로 販僧五人
과 棹工四人을 큰수가 나는 속이라고 誘引을 해가지고는 다시 鬱陵島로 달려가서
역시 放恣한 倭艦을 붙잡아가지고 이것들을 追逐해서 玉崎島란데를 漂着했다가 다
시 伯耆島로 갔더니 그 島主는 역시 款待를 하는지라 그때 龍福은 생각한바 있어서
轎子를 타고 官服을 입고 鬱陵島守捕將이라 自稱을 하고 島主로 더불어 正式으로
國際的談判을 했던 모양이라, 그 島主는 馬島主와 協議해서「爭地事는 모두 다 公
의主張을 좇겠고 다시 違約을 할때는 重罰을 할것이라」고 兩島主의 確證을 받고 前
後 三年의 歲月을 千辛萬苦로 지내고 歸國을 하게 되는때는 江原道襄陽에 와서 碇
泊을 했는데 그때 方伯은 龍福一行을 拿致해서 京師로 押送을 했겠다 그리고보니
朝議는 자못 紛紛했던 모양인데 마침내 犯越이란 罪目으로 斬首를 하라는 斷案이
었다. 그래도 領頓寧尹趾完이란 이와 領中추南九萬이란 두분이 懇曲히 말을 해
서 功罪를 酌量한다는 덕분이든지 겨우 減死一等해서 遠地流配를 보냈는데 그後事
는 莊然히 모르게 됐으니 아마 역시 나라를 위해서 冒死護彊한 重罪로 謫所에서 不
歸의客이 된 모양일 것이다. 그래 또 이 安公의 抱持했던 國家觀은 어떠한 것이었
을까. (中略) 以上에 例擧한 今古의 仁人義士들 그 心情과 行動과 生活을 觀察해서
넉넉히 한개 類型의 國家觀을 把捉할수 있는데 대관절 그 相通하는 一脉 그것이 무
엇일까? 그것은 一言으로 폐之曰「至情」이란 것이다. 그대의 心中에는 分明히 富貴
따위의 尿素는 發見할수 없고 아마 功名까지도 占據할 餘遑이 없었을 터이다. 그저
나라를 위하고 同胞를 위해서 身命을 돌아 볼 틈도 없이 奮鬪하고 精進했을 뿐이
다. 그러니 그 心境을 愼密히 살펴본다면 그건 大小間의 利害打算보다도 그저「惻
怛한 感憤」그리하지 않고는 배길수 없는「無條件의 血衷」말하자면 이것을「至情」
이라 하겠는데 至情이란 父母가 子息을 사랑하는 子息이 父母를 愛敬하는 心情을
指稱하는바 어니와 父母가 子息에게 有利한 期待를 아니하는바도 아니오 子息이
父母에게 利德을 企望하지 않는다는 것도 아니다 그러나 이런 것은 一種의 變態現
狀을 除外하고는 決코 第一件은 아니고 역시 利害得失을 超越한 곳에서 天然으
로 流露되는 父子의 至情을 把取할수 있는 것이다. 그리고 仁人義士의 나라에 對한
心情도 其實인즉 利害得失을 超越해서 當然히 그리해야 하고 그렇않고는 할 수 없
는「無條件의感憤」다시말해서 孝子가 父母에게 對한 惻怛한 心情 곳 至情이라 할
밖에 딴 理由가 없는 것이다. 그런데 이러한 心情들은 이것을 國家觀으로서 規定하
자면 역시 倫理的 或은「人倫的國家觀」으로 해야 할것이다. 그리고 또 다시 말하자
면 韓國은 國人의 歷史的 心情을 基本으로 해서「人倫의 分義協調體의 國家觀」으로
規定할 수도 있을 것이다.(강조는 인용자)

권 구상, 인근 국가로서의 지속가능한 우호와 평화를 고려하는 등 새롭게 풀어갈 방도를 숙고할 필요성이 부각된다. 그렇다면 한일 양국은, 一國主義的 민족주의의 관점에 매몰되지 않고 양국 미래세대의 삶과 가치를 안목에 둔 '제3의 선택지'에 대해서도 보다 깊이 있는 성찰을 해갈 필요가 있다.

물론 '제 3의 선택'이라는 표현을 할 경우, 일본의 근대 이후 국가주의의 주도 아래 진행된, '실증적' 연구를 표방한, '僞證'으로 점철된 독도연구의 부당함 그리고 그에 대한 논리적 비판과 대응이라는 난제를 두고, 양심이 있는 학자(연구자)라면 적지 않은 부담을 느낄 수 밖에 없다. 즉 문헌 및 자료에 남아 있는 '사실'과 '진실' 사이의 갭, 그리고 '민족'과 '국가'에 대한 실존적인 자각과 판단 등이 그것이다. 어쨌든 이 논의에서는 가능한 한 일본의 제국주의적-국가주의적 시야, 관변 어용학자의 태도에 대해 보다 객관적으로 접근하고, 양식과 양심, 우호와 평화라는 인문적 성찰에 근거하여 독도를 둘러 싼 현안에 대해 다각도로 제언을 해보고자 한다.

특히 이 연구에서 비판의 대상을 삼은 것은, 텍스트 바깥의 역사적 정치적 문맥에 눈감고 귀막은 이른바 '문헌실증주의의 허위적 태도와 한계'에 대한 것이다. 그리고 논리학에서 말하는 배중률(principle of excluded middle)을 넘어서야 한다는 것이다. 즉 'A는 B도 아니고, 또 B가 아닌 것도 아니라는 것은 없다.'라는 '중간을 배제하는 원리'를 넘어서야한다는 점이다. 간단히 말해서, A도 B도 아닌 '제 3의 선택지'를 고려할 가능성도 있어야 한다는 말이다. 이처럼 이 논의에서는 독도 관련 문제를 다각도로 성찰해보면서 새로운 제언을 해보려 한다.

2. 독도 '문제' 되짚어보기

독도를 생각하면 정광태의 노래 〈독도는 우리 땅〉이라는 노래 외에
떠오르는 노래가 하나 더 있다.

> 저 멀리 동해바다 외로운 섬
> 오늘도 거센 바람 불어오겠지
> 조그만 얼굴로 바람맞으니
> 독도야 간밤에 잘 잤느냐

서유석의 〈홀로 아리랑〉이다. 이것은 '독도(獨島)'의 〈홀로(원래는
'돌/石'의 借字[4]) '독'〉과 우리 민족의 가요인 〈아리랑〉을 합한 노래이
름이다.

'독도-아리랑'의 결합으로, 임진왜란-일제강점기로 이어지는 일본
에 의한 '한'이 독도를 통해 다시 현대사로 지속되는 느낌을 갖는다.

구체적으로 우리의 '몸(身)'이 있는 곳은 어느 곳이나 어느 나라인
가의 '땅'(土)이다. 우리의 '몸'은 '땅'에 제한되어 있으므로 두 가지를
떼 내어 이해할 수는 없다. 이것을 불교에서는 '신토불이'[5]라 한다. 그
리고 여러 부처가 각기 다스리는 영역을 '佛國土'라 하며, 여기서 '國

---

4) 그렇다면 '돌 아리랑'이 맞다.
5) 南宋의 승려 智圓의 『維摩經略疏垂裕記』에 「二法身下顯身土不二, 由依正不二故便
現身卽表國土, 離身無土者荊溪云, 此是法身身土不二之明文也」및 唐의 승려 妙樂大
師 湛然의 『維摩疏記』에 나오는 말이다. 日本鎌倉時代의 승려 日蓮의 『三世諸佛總
勘文教相廢立』, 無住 道曉의 『雜談集』, 親鸞의 『教行信証』에도 보인다. (〈위키피디
아〉 (http://zh.wikipedia.org/wiki/%E8%BA%AB%E5%9C%9F%E4%B8%8D%E4
%BA%8C) 참조)

土'란 말이 생겨났다. 신이나 인간의 권력이 미치는 범위 내의 땅에 우리는 속하며, 거기에 의존해 있다.

일찍이 쇼펜하우어(Arthur Schopenhauer, 1778-1860)는, 「나는 (…) 결코 공간의 바깥에 탈출할 수가 없고, 어디까지나 이 공간과 함께 간다. 그것은, 공간은 나의 지성에 부속하고, 두개골 속에 표상기계로서 갖추고 있기 때문이다」[6]라고 말한 대로, 인간은 '공간'과 함께 할 수밖에 없다. 한국인은 대한민국의 국토에서, 일본은 일본의 국토에서 자신의 몸을 정의하고 제한한다. 물론 시간공간은 인간을 제약하는 하나의 '형식'이며 본질적인 '내용'이 아니다.

현재의 한일 간의 독도 문제는 일찍이 伊藤博文이 明治30년(1897) 경 말한, 19세기 이후의 「영토 개척주의의 경쟁시대」[7] 즉 영토문제가 아니라 역사적 문제이다. 근대기 영토 개척기 일제의 군사적 계략에 의해 발생한 문제이다.[8] 1905년 러일전쟁의 작전기지를 확보하기 위한 군사적 목적에서 독도를 시마네 현 편입으로 침탈한 것이다.

이런 식의 근대 제국주의의 세력 확장에 따른 약육강식의 패권주의

---

6) ショーペンハウエル,「知性について」,『知性について』, 細谷貞雄譯, (東京: 岩波書店,2011), 73-74쪽.

7) 伊藤博文는 明治30년 4月(紅葉館에서 〈臺灣會〉)「列國의 國土侵略主義와 日淸戰爭의 意義」,『伊藤公全集』第一卷,昭和出版社,1928年)에서 이렇게 말했다 :「ケムブリッヂ大学の歴史教授シーレーは十九世紀を以て国民競争の時代なりと言いしが,余は更に一歩を進めて,其所謂列國の國民的競爭より生ずる政治上の主義に新名稱を下し境土開拓主義の競爭時代と言わんとす.」(瀧井一博編,『伊藤博文演說集』,(東京: 講談社, 2011), 64쪽에서 재인용).

8) 러일전쟁에서 일본의 승리로 러시아의 남하는 저지되고 조선반도는 일본의 손에 장악된다. 러일전쟁에서 일본의 승리는 청일전쟁의 승리 이상으로 세계를 경악시키고 아시아 여러 나라에 큰 영향을 미쳤다[岡本隆司,『中國「反日」源流』, (東京: 講談社, 2011), 223쪽].

는 여전히 오늘날에도 지속되고 있으며, 오히려 다시 부활되는 듯하다. 이 점에서 과거 「제국의 시대는 끝나지 않았다」[9]고 할 수 있으며, 자원 확보 등을 목적으로 한 국지적 영토분쟁, 침탈 행위는 지속될 것이다.

최근 동아시아 한중일 삼국은 국가지도자의 교체와 더불어 숙환인 영토분쟁이 심화돼가는 추세라서 외교적, 민족적 감정 대립 또한 격화돼 불편한 상황이다.

미국 해병대와 일본 자위대는 2013년 2월 9일 캘리포니아주 샌클레멘테섬 훈련장에서 적에게 뺏긴 낙도를 탈환한다는 시나리오에 따라 공동 훈련을 벌인 바 있다. 그 목적은 중국의 해양 진출을 견제한 것으로, 이 공동 훈련은 2006년에 시작돼 이번이 8번째이며 앞으로도 지속될 것으로 전망된다.

한편 한미일 3각 동맹의 군사력이 북한으로 겨냥돼 있는 가운데 강행된 북한의 3차 핵실험에 대해 중국 정부는 '엄중 항의'의 제스처를 보이며 '단호하게 반대한다' '제재한다'고 하면서도 적극 개입을 하지 않고 각 당사국에 '냉정과 대화'를 촉구하는 식의 애매성을 보이고 있다. 실제 중국은 북한의 핵실험을 미일결속 혹은 한미일 3각 동맹 견제용으로 적절히 활용하고 있다.

이처럼 차츰 명확해지는 '미국-일본' 대 '중국-북한'의 정치적 구도로 동아시아 정세는 당분간 지속될 것으로 보이며, 한국은 미국-일본 쪽, 중국-북한 쪽 어느 한쪽으로의 편향에 조심하면서도 강국의 역학 관계를 충분히 고려하여 균형 잡힌 외교를 해가야 할 상황이다. 이러

---

9) 피터 터친, 『제국의 탄생』, 윤길순 옮김, (서울: 웅진지식하우스, 2011), 483쪽.

한 대단히 복잡 미묘한 상황에서 우리는 '독도'를 조망해볼 필요가 있
다.

2012년 8월 10일, 이명박 대통령이 갑자기 「독도」를 방문한 바 있
다. 이후 일본에서는 「이명박 대통령이 갑자기 「시마네현 죽도」에 상
륙했다」는 등등 다양한 반응이 있었는데, 그 내용이 『韓國論の通說 ·
俗說: 日韓對立の感情 vs. 論理』란 책의 머리말에 잘 요약되어 있다.

> 2012년 8월 10일, 한국 이명박 대통령이 갑자기 「시마네현 죽도」에
> 상륙했습니다. 4일후, 다시 대통령은, 「천황이 한국을 방문하고 싶다
> 면, 독립운동을 하고 돌아가신 분들의 장소를 방문하여 진심으로부터
> 사죄하면 좋다.」고 발언해 천황 사죄를 공공연하게 요구했습니다.
>
> 대통령의 이 일련의 행동에 대해서 일본 국내에서 전례가 없을 정도
> 의 당혹, 불신감, 반감, 반발의 목소리가 퍼져나갔습니다. 그리고 인터
> 넷이나 미디어에서는 한국에의 다양한 말이 퍼져갔습니다. 그 중에는
> 유언비어를 포함한 근거가 빈약한 말들도 散見되었습니다.
>
> 스테레오 타이프인 인터넷상의 언설을 랜덤으로 들면 다음과 같은
> 것을 곧바로 들 수 있습니다.
>
> - 대통령은 지지율을 올리기 위해서 반일적인 행동을 일부로 하였
>   다.
> - 한국의 반일은 삐뚤어진 교육의 산물이다.
> - 한국인은 반일 데모에 열광하고 있다
> - 한국인은 역사인식 문제에서 거짓말만 하고 있다
> - 한국인 전원이 반일이다
> - 한국은 영토 문제에서 중국과 결탁하고 있다

- 죽도에는 자원이 있다
- 한국은 한일기본조약을 국민에게 비밀로 하고 있다.
- 「친일파」는 학대되고 있다
- 죽도 문제의 국제사법재판소 제소에 한국이 응하지 않는 것은 자신이 없기 때문이다
- 젊은 사람은 친일적이다
- 한국에 언론 자유는 없다…. (淺羽祐樹 · 木村幹 · 佐藤大介 2012: 3 -4)

이 책에서는 다음과 같이 일본인에게 「한국의 논리」를 독해하는 리터러시(literacy)와 지성을 요구하는 발언을 하고 있다.

그러나 이러한 것들이 정말인가? …(중략)… 문제를 풀기 위해서는 우선 문제를 적절하게 설정할 필요가 있습니다. 부적절하게 설정된 문제는 풀 수 없고 원래 풀어선 안 됩니다. 한일국교정상화 이후, 완전히 새로운 국면을 맞이하고 있는 한일관계에 있어서 「한국의 논리 vs 일본의 논리」로서 「적절하게」 문제를 설정하지 않으면 안 됩니다. 지금이야말로 우리들 일본인에게 「한국의 논리」를 독해하는 리터러시(literacy)와 많은 지성이 요구되는 시기는 없겠지요. (淺羽祐樹 · 木村幹 · 佐藤大介 2012: 5)

MB의 독도방문은 문제 해결이 아니라 문제를 악화시킨 어리석은 결과를 낳았다. 木村幹은 『近代韓國のナショナリズム』에서 말한다.

중요한 것은 동아시아 諸國의 내쇼널리즘이 불안정한 상태에 있다

는 것이다. 각국의 내쇼널리즘은 1990년대 이후, 일찍이 냉전시기의 假
想敵에 대한 위협감을 잃고, 새로운 가상적을 찾는 단계이다. 이러한
상황은 정지면에서 개인적 리더십에의 의존도 상승과 맞물려 각국에
서 정치가의 내쇼널리스틱한 언설의 증가시킨다. …(중략)… 내쇼널리
스틱한 언설의 누적은 결과적으로 상호의 국민감정을 악화시키고, 커
다란 영향을 미치게 된다. 우리들의 각오로서 그 현실과 마주할 필요가
있을지도 모르겠다.

(木村幹 2009: 291-292)

아시아는 仁義禮智-修身齊家治國平天下와 같은 「古層으로서의 유
교문화」[10]를 공통 가치로 성장한 지역이다. 이러한 유교적 문화가치를
공동의 기억과 경험으로 가지고 있으므로, 상생을 향한 공동협력을
열기에 충분한 정신적 근거를 갖는다고 인식된다.

최근 일본 총리 아베신죠(安部晋三)는 『新しい國へ(새로운 나라
로)』(文藝春秋, 2013)라는 책에서 '한일관계의 기반'을 이야기하면서,
한국과 일본은 자유와 민주주의, 기본적으로 인권과 법의 지배라는
가치를 공유하고 있기 때문에 한일관계는 '낙관적'으로 전망한다. 그
주요한 전제가 '과거에 대해서 겸허하며, 예의바르게 미래지향으로
마주하는 한'이라는 매우 아시아의 유교적 가치에 근거한 어법을 사
용한다.

한일 양국은 지금 하루에 만명 이상 왕래하고 있는 중요한 관계에 있
다. 일본은 오랫동안 한국으로부터 문화를 흡수해온 역사를 갖는다. 그

---

10) 進藤榮一,『東アジア共同体をどうつくるか』, (筑摩書房, 2007), 238-9쪽 참조.

의미에서 한류 붐은 결코 일시적인 현상이 아니다.

나는 한일관계에 대해서는 낙관주의이다. 한국과 일본은 자유와 민주주의, 기본적으로 인권과 법의 지배라는 가치를 공유하고 있기 때문이다. 이것은 바로 한일관계의 기반이 아닐까.

우리들은 과거에 대해서 겸허하며, 예의바르게 미래지향으로 마주하는 한 반드시 양국의 관계는 보다 좋은 쪽으로 발전해간다고 생각한다.(安部晋三 2013: 160-161)

그러나 최근 일본의 우경화는 인근 국가들을 불편하게 만들고, 이러한 경향을, 일본으로부터 피해를 입었던 한국과 중국은 민감하게 반응하며 우려할 수밖에 없다. 일본의 우경화 – '도덕파탄적'[11]인가? 대구지역의 한 신문 〈사설〉에서는 이렇게 말한다.

세계 경제 강국으로 누렸던 지위를 되찾겠다는 캐치프레이즈를 내걸고 2006년 9월에 이어 두번째로 정권을 잡은 아베 총리는 선거기간 동안 자위대를 정식 군대인 국방군으로 전환하겠다는 점을 분명히 했다. 즉 우경화는 물론, 군국주의로 돌아가려는 의지를 천명했다. 내각에 기용된 인사들 하나같이 일본군 위안부 존재를 무시하거나 독도를 자기네 영토라고 우기는 등 이웃국가를 위협하는 극우 정치인들로 채운 것도 그 일환이다. 식민지 지배와 침략의 역사 인정과 사죄에 관련된 무라야마담화는 계승하되 일본군위안부 강제연행에 관한 고노담화는 수정하겠다는 입장을 명시했다.

원자바오 중국총리는 아베 내각에 축전을 보내지 않았다고 한다. 이

---

11) 이 말은 黑田勝弘, 『韓國人の歷史觀』, (文藝春秋, 1999)의 「제1장 從軍慰安婦問題」속의 〈「日本人は道德破綻的」か〉라는 말(9쪽)에서 인용하였음.

런 사례는 극히 드물다. 국제적으로도 망신을 톡톡히 당한 것이다. 독
일은 얼마전 2차세계대전 당시 나치에게 피해를 당한 동구권 국가 국
민들에게 배상을 한 바 있다. 앞으로도 피해사례가 있다면 배상을 하겠
다고 다짐했다. 정권이 숱하게 바뀌어도 사죄의 마음만은 견지하겠다
는 독일의 태도가 유럽각국의 한을 풀어주고 있는 것이다. 동북아는 물
론, 세계에서 '외톨이 신세'를 면하려면 독일의 사례를 제대로 배우고
실천해야 한다.[12]

독일의 홀로코스트 피해국들에 대한 진정성 있는 속죄와 과거청산
과 달리 일본은 과거사 청산에 미숙했다. 그래서 피해 당사자인 인근
국가로부터 신뢰를 얻지 못하고 있다. 이 점에서 '沒道義的'이란 말을
들어도 싸다.

유럽 학계에서 보기 드물게 한국을 포함한 동북아 3국의 근대사와
상호 관계를 천착하고 있는 장 피에르 레만(스위스 IMD 교수, 61세,
프랑스)은 일본의 과거사 정리가 동북아 안정의 첩경임을 주장해왔는
데, 한일간 독도·과거사 갈등이 계속되는 가운데 과거사 문제와 관
련된 일본의 태도에 대해 "놀라울 정도로 양심의 가책을 못 느끼고 있
다", "일본은 독일과 달리 주변국과 평화를 이루지 못했고 한국, 중국
은 물론 다른 아시아 국가와의 관계도 나쁘다"면서 최근 "일본의 행동
은 세계와 아시아 이웃에 심각한 안보 위협"이라고 밝혔다고 한다.[13]

일본의 양심 있는 학자인 와다 하루키(和田春樹)는 일본의 다케시

---

12) http://www.yeongnam.com/mnews/newsview.do?mode=newsView&newskey
   =20121229.010230712250001(검색일자: 2012.12.1)
13) http://news.hankooki.com/lpage/politics/201209/h2012091215580421000.htm

마 고유영토 · 불법점거 주장은 '沒道義的'이라고 지적한다.

일본으로서는 한국정부가 한국헌법재판소의 판결을 받아 청구권협
정 제3조에 근거하여 청구해온 위안부문제에 대한 협의에 응하지 않으
면 안 된다.

… (중략)… 명확히 확인할 수 있는 것은 죽도=독도에 대해서는 일
본이 1905년 1월 이후 1945년 8월 15일까지 40년간 이 섬을 영유하
고 있었던 점, 일본의 패전, 조선의 독립 후 연합군최고사령부에 의해
1946년 1월에 일본의 관리로부터 제외되었던 점, 1952년에는 평화선
(이승만 라인)의 안쪽에 독도를 포함시킨 다음, 몇 번의 분쟁이 있었지
만 1954년부터는 한국이 수비대를 파견하여 확보하고, 이후 현재까지
58년간 실효지배가 이루어지고 있는 것이다.

이 한국의 실효지배는 독립 직후부터의 영유주장에 근거한 것입니
다. 그 주장의 핵심은 1905년 1월의 일본의 죽도영유는 시작되고 있었
던 조선침략 중에 5년후의 한국병합의 전조로써 실시하였다고 하는 점
에 있다. 일본 측에서 이 주장을 논박하는 것은 불가능하다, 그리고 이
주장을 가지고 이루어지고 있는 독도지배는 조선민족이 존재하는 한,
대한민국이 존재하는 한 철회되지는 않을 것이다. 한국이 국제사법재
판소 제소에 동의하지 않는 것은 이 때문이다.

이상의 상황을 생각하며, 조선식민지 지배를 반성하는 일본으로서
는 죽도가 「일본 고유의 영토」이며, 한국의 지배는 「불법점거」다 라고
주장하는 것은, 몰도의적이라 하지 않을 수 없다. 일본은 죽도에 이어
서 조선민족의 소중한 국토, 조선반도를 불법 점령하여, 자신의 영토로
해버렸고 35년 후에 반환하지 않을 수 없게 되었던 것이다. 이것을 한
국인과 잘 이야기를 하면 저절로 답이 나올 것이다. 한국이 실효지배

하는 죽도=독도에 대해 주권을 주장하는 것은 (일본이) 단념하지 않으면 안 된다. 그것을 결단하는 것은 빠르면 빠를수록 좋은 것이다. 달성될 전망이 없는 주장을 계속하여 한일관계, 일본인과 한국인의 감정을 더더욱 악화시키는 것은 참으로 어리석은 일이다.[14] (강조는 인용자. 이하 같음)

(和田春樹 2012: 230-231)

일본은 조선의 종군위안부 강제연행에 대해 한국 혹은 일본 내의 정치인들의 정치적 입지구축을 위해 '피해자의 입장'에 서서, 주요 국가적 사안에 대해 한국 측이 유리하게 이끌어가기 위한 계략으로, 〈일본의 '국가적 약점'〉을 잡아 '일본 흔들기'용으로 활용한다거나 정권 유지를 위한 '「반일」정신안정제'라든가 여러 가지로 변명을 하곤 한다.[15] 일본에 의해 죽어간 조선인들의 수많은 영혼을 생각한다면, 종군위안부 강제연행이 일본의 '국가적 약점'이란 것을 인지한다면 양식과 양심에 의거하여 死者들의 넋을 기려줄 줄 알아야 마땅하다. 이것은 역사주의의 실증적 연구에서는 나오지 않는다. 양식과 양심에 의거한 도의적 해석이나 성찰에서 가능한 이야기이다.

일본의 식자 중에는 〈1905년 독도의 日本領 편입〉과 〈韓日倂合〉을 링크시키는 것을 '납득할 수 없다'(田久保忠衛)고 하는 데 대해, 한국 측(趙甲濟와 洪燨)은 左右, 보수혁신을 가리지 않고 모두 감정적으로 반발하는데, 그 근저에는 기본적으로 일본이 「식민지 지배를 정당화

---

14) 和田春樹, 『領土問題をどう解決するか: 對立から對話へ』, (東京: 平凡社, 2012), 230-231쪽.

15) 黒田勝弘, 『韓國人の歷史觀』, (東京: 文藝春秋, 1999), 10-11쪽 참조.

하려는 일본의 의도를 느끼기 때문」이라고 본다. 〈1905년 독도의 日本領 편입〉이 식민지화의 제1보라는 증거들은 예컨대 「명치유신 이후 일본이 조선에 대해서 취해왔던 침략적 행동은 일본 측의 사료인 『日本外交史辭典』(外務省外交史料館, 1992년)에도 잘 정리되어 있다고 지적한다.[16]

한국인들의 심저(心底)에서 움직이는 '일본'이라는 나라에 대한 르상티망(분노, 원한)은 화산처럼 조절이 잘 안 된다. 그것은 과거의 역사(=과거사)에서 근원하여, 스포츠, 정치외교, 문화, 영토 등의 다양한 면에서 표출되어 나오곤 한다. 일본은 이 말초신경을 계속 자극할 것이며, 일본에 대한 한국민의 르상티망은 상당 기간 지속될 것으로 보인다.

진주에 살았던 한 일본인 저널리스트가 〈實感 진주 生活〉이라는 글에서 〈진주에서 일본이라고 하면 ① 壬辰倭亂·豊臣秀吉과 ② 日帝(日本帝國主義)·日帝時代이다. ①과 ② 사이를 가로놓인 400년이라는 시간을 단숨에 뛰어넘어 세트화하여 등장한다.〉[17]고 놀라워한 적이 있다.

이제 일본이 독도를 자신들의 영토라고 주장함에 따라 ① 壬辰倭亂·豊臣秀吉과 ② 日帝(日本帝國主義)·日帝時代에 이어, ③ 독도영유권 주장=한국 재침탈이라는 인식으로 계속되고 있다.

---

16) 櫻井よしこ·田久保忠衛 외, 『日中韓歷史大論爭』, (東京: 文藝春秋社, 2012), 161-62쪽 참조. 참고로 논쟁에는 櫻井 よしこ/田久保 忠衛/古田 博司 vs. 劉 江永/步 平/金 燦榮 vs. 洪燊/趙甲濟가 참여했다.

17) 澤井理惠, 「實感晉州暮らし」, 韓日交流誌 『STESSA』6号, (東京·ソウル, 2006), 32-33쪽 참조.

3. 국가주의에 기댄 '문헌실증주의'의 허위

최근 일본에서 실증적 독도연구를 주도하고 있는 이케우치 사토시(池內 敏, 名古屋大 敎授)씨는 한일 간의 독도 건에 대해 〈쌍방 주장에 의문점(『朝日新聞』2012년11월1일)〉이란 칼럼을 발표한 바 있다.

짧은 글이긴 하지만, 여기서 그는 한일의 독도 영유권 주장에 대해 〈양비론적〉 입장을 보이면서도 일본 외무성의 〈무주지 선점론〉을 대변하거나 옹호하여 일본의 국제법적 우위를 획득할 수 있는 논거를 제공하고 있다. 그 전문을 옮기면 다음과 같다.

> 日韓 정부는 竹島(獨島)에 대해서 서로 우겨대며 한발도 양보하지 않는다. 하지만, 각각의 주장에는 놓칠 수 없는 약점이 있다.
>
> 한국 측은 고문헌이나 지도에 나타난 「우산도」가 독도를 가리키며 천년을 훨씬 넘는 영유의식이 있었다고 한다. 하지만 자세히 보면 도저히 죽도라고 해석할 수 없는 것을 많이 지적할 수 있다. 우산도를 무조건 죽도라고 옮겨 놓은 주장은 성립하지 않는다.
>
> 또한, 일본 편입에 앞서 1900년, 당시의 대한제국 칙령에서 「石島」를 울릉도 군수의 관할하에 두었던 것에 대해 석도는 죽도라고 단정하고, 영유 의사의 근거라고 한 주장도 동의하기가 어렵다. 「石島=獨島」라고 직접적으로 입증하는 사료는 지금 존재하지 않기 때문이다. (밑줄은 인용자. 이하 같음)
>
> 일본 측의 주장에도 의문이 나타난다. 에도시대 초기 돗토리번의 마을사람이 막부의 허가 아래, 죽도를 중계지로 울릉도부근에서 어업을 한 사실로 부터 「늦어도 17세기 영유권 확립」이라고 하는 견해가 그 하나이다. 돗토리번은 그 후 막부의 조회에 2번 「죽도(당시 명칭은 송도)

는 번에 속하지 않는다」고 회답하고 있다. 그것을 근거로 막부가 내린 울릉도 도해 금지령은 죽도를 포함해 일본영토 외라고 간주한 것이라고 해석하는 것이 자연스럽다.

메이지기를 보아도 1877년 메이지 정부의 태정관이 지적 조사에 관해서 내린 「죽도 외 일도는 본방과 관계없다」고 한 지령, 죽도 편입에 신중했던 내무성의 자세 등 일본의 영유 의사에 의심을 품는 자료가 존재한다. 「1905년 편입은 근세 영유 의사의 재확인」이라는 것은 무리가 있다.

결국, 현 단계 사료 연구의 도달점에서는 일본 편입 시에 죽도가 어느 쪽 나라에 속하고 있었다고 하는 결정적 근거는 없다. 그 점에서는 「無主의 섬」을 취득했다고 하는 일본의 주장은 당시의 국제법에 비추어 보아 형식상 유효가 될 수 있다.

하지만 신중한 판단을 필요로 해야 할 사실도 있다. 한국에서는 최근 일본이 영토 편입하기 직전 1900년 전후 울릉도 조선인이 죽도 주변에서 고기잡이를 하고 있었다고 하는 사실 발굴을 정력적으로 하고 있다. 「독도」라고 하는 명칭은 그 때쯤 기록에 처음으로 나타나고 있다. 일본 편입의 계기가 된 오키 실업가의 건의의 배경에는 조선인 어민과의 경합이 있던 가능성을 상정할 필요가 있을지도 모른다.

게다가 일본 편입의 다음 해 그 사실을 안 대한제국 대신들이 「독도가 일본영토라고 하는 것은 전혀 근거가 없는 이야기」라고 말해 조사를 명한 공문서가 존재한다. 그 이상의 기록은 발견되지 않고 있지만 대신들의 대응 자세로부터 일본편입 수속 전에 한국이 죽도를 자국령이라고 간주고 있었던 가능성은 버릴 수 없다.

그렇다면 일본에 항의하지 않지 않았던 것은 어째서일까? 식민지화에 향한 움직임과 관계하고 있었던 것일까? 다른 사정이 있었던 것일

<u>까? 당시 대한제국의 판단 구조를 해명할 필요가 있다.</u>

이와 같이 1905년 일본의 편입 수속은 미묘한 과제를 포함한다. 그럼에도 불구하고 정부가 「무주지선점에 의한 편입」이라고 정색하고 있어도 괜찮을까? 논거에 의심이 있는 견해를 교육현장에 반입하는 일도 문제다. 물론, 그것은 한국 측에도 말할 수 있는 것이다.

밑줄 부분에 대해서는 여러 가지 반론과 새로운 논의가 가능하겠지만, 여기서는 일본의 독도 문제를 다루는 대표적인 역사학자라는 점에서 그의 '논증'에 대한 원론적인 이야기만 하고 싶다.

과연 실증주의란 무엇인가? 실증주의 역사가에게 기록된 것과 특기되지 못한 것/안한 것의 구별은 가능한가?

문헌사학자 이케우찌의 논의 틀은 '문헌사학'의 방법론이다. 그는 〈**사료는 주어진 텍스트 안에서 해석하는 것**〉이라 전제한다. 그래서 논문의 제목도 〈공통의 토대에서 논의하는 독도/죽도 논쟁〉이라 하였다. '공통의 토대'라는 것은 그가 〈머리말〉에서 말한대로 〈**실증적으로 검증한다는 것**〉이다. 〈실증적 검증〉이란 〈현재까지 확립되어 온 문헌사학의 학문적 수법에 따라 해석하는 한, **누가 분석을 한다고 하더라도 동일한 결론에 도달하지 않을 수 없다는 것**을 의미한다〉고 정의한다. 〈실증적으로 검토하는 것은 그러한 자의성을 가능한 한 배제하고 사료 · 사실을 마주하는 일〉이기에, 그것은 다르게 말하면, 〈자의적인 사료의 선택 및 해석이나 학문적인 방법 · 순서에 의존하지 않는 논증에 의해〉 결론을 도출하는 것이며, 그렇게 도출한 결론은 〈제3자를 납득시킬〉 수 있다고 본다.

되풀이하여 동일한 현상이 생기거나 인위적으로 동일한 현상을 재
현할 수 있는 학문적 분야와는 달리 역사학이 대상으로 하는 史實은 한
번 뿐이다. 여기에 역사학의 학문으로서의 특징이 있으며, 사실을 검증
하는 것의 곤란함도 또한 거기에서 유래한다. 따라서 제3자에 의한 검
증이 가능하다고 하는 것도 완전히 동일한 사실을 눈앞에 재현해놓은
다음 검증이 가능하다고 할 수 있는 것은 아니다. **실증적으로 검증한다
는 것은 현재까지 확립되어 온 문헌사학의 학문적 수법에 따라 해석하
는 한, 누가 분석을 한다고 하더라도 동일한 결론에 도달하지 않을 수
없다는 것을 의미한다. 그것은 다르게 말하면, 자의적인 사료의 선택
및 해석이나 학문적인 방법·순서에 의존하지 않는 논증에 의해 얻은
결론은 아마도 제3자를 납득시키기 어렵기 때문에, 실증적으로 검토하
는 것은 그러한 자의성을 가능한 한 배제하고 사료·사실을 마주하는
일이다.**

사실 지금까지의 독도/죽도 논쟁은, 심하게 말하면 모든 국면에서
그러한 자의성을 강하게 내포한 상태로 추이해 왔다. 즉 이 논쟁에는
학문적 성과가 반영되지 않는 국면이 적지 않았다. 어쩌면 독도/죽도
논쟁의 문제점은 죽도 영유권을 둘러싼 의견 대립이 존재하는 데에 있
는 것이 아니라, 그러한 의견 대립이 학문적 근거가 결여된 채 쟁점화
되는 데에 있다. 학문적 근거에 대한 배려가 부족하기 때문에, 학문적
으로는 성립되지 않는다는 것이 명백한 주장이 재삼재사 되풀이하여
강변되고 똑 같은 논의가 끝없이 계속되는 것이다.

이렇게 하여 일본에서도 한국에서도 史實로부터 눈을 돌려, 내부에
서는 인정되지만 밖에 나가면 전혀 통용되지 않는 수준의 논의가 반복
되어 왔다. 곁눈질로 보기에 기묘하게 비치는 논증도 같은 주장으로 굳
어진 친척들 사이에서는 박수갈채를 받기 때문에, 더욱 위세 좋은 발언

이 반복되는 한편, 다른 논리에 대해서는 격렬하고 완고한 비판이 반복되어 왔다. 이것으로는 논쟁에 종지부를 찍는「좋은 지혜」는 얻을 수 있을 리도 없다. 이러한 부의 연쇄를 끊고, 이 문제에 대한 해결의 길을 열기 위해서는 무엇이 필요한 것일까. (池內 敏 2012: 100-101)

이케우찌는〈일본에서도 한국에서도 사실(史實)로부터 눈을 돌려, 내부에서는 인정되지만 밖에 나가면 전혀 통용되지 않는 수준의 논의를 반복해 왔다. 곁눈질로 보기에 기묘하게 비치는 논증도 같은 주장으로 굳어진 친척들 사이에서는 박수갈채를 받기 때문에, 더욱 위세 좋은 발언이 반복되는 한편, 다른 논리에 대해서는 격렬하고 완고한 비판이 반복되어 왔다. 이것으로는 논쟁에 종지부를 찍는「좋은 지혜」는 얻을 수 있을 리도 없다. 이러한 부의 연쇄를 끊고, 이 문제에 대한 해결의 길을 열기 위해서는 무엇이 필요한 것일까.〉라는 지적에 필자도 동감한다.

그런데, 문헌사학, 실증사학의 문헌 해석력/리터러시(literacy)와 지성의 수준은 믿을만한가? 예컨대,『世宗實錄』地理誌·蔚珍縣條(1432년)와『高麗史』地理誌·蔚珍縣條(1451년)에 나오는「二島, 相去不遠, 風日清明, 則可望見」의 해석에서 '風日清明'을 '天氣が良ければ(날씨가 맑으면)'로 하고 있지만[18], 이것이 그의〈실증적 검증〉즉〈누가 분석을 한다고 하더라도 동일한 결론에 도달하지 않을 수 없다는 것〉에 해당될까? 이 점은 下條正男의 해석도 마찬가지이다[19]. 정말 '風日清

---

18) 池內 敏,『竹島問題とは何か』, (名古屋 : 名古屋大學出版會, 2012), 218-9쪽.
19) 下條正男,「최종보고에 즈음하여: 다케시마(竹島) 문제의 해결을 저지하는 것」, 『제2기 竹島문제에 관한 조사연구 최종보고서』, (제2기 시마네현 죽도문제연구

明'은 날씨가 맑으면 일까? 날씨가 맑으면 울릉도에서 독도가 보이는 걸까? 그가 〈사료는 주어진 텍스트 안에서 해석하는 것〉이라 말한 대로 텍스트 속에 그 해답이 들어있는 것일까? '風日淸明'은 문자 그대로 '바람부는 날 날씨가 맑으면'이다. 그냥 '날씨가 맑으면'이 아니다. 그렇다면 '바람이 불지 않으면' 날씨가 맑아도 보이지 않는다는 말이 된다. 이 부분은 울릉도 주민의 구술과 해양과학적인 검증이 필요한 부분이다. 이처럼 텍스트의 한 문장 한 문장의 의미를 개별적으로 이해하는 것은 불가능하며, 거기에는 이해의 정합성·체계성을 보증하는 또 다른 '논리'가 필요하게 된다.

아래의 북경대 역사학계 橋本秀美 교수의 말대로, 〈고전 텍스트의 한 문장 한 문장의 의미를 개별적으로 이해하는 것은 불가능하고 거기에는 이해의 정합성·체계성을 보증하는 어떠한 논리가 필요〉하기 마련이다. 따라서 〈사료는 주어진 텍스트 안에서 해석하는 것〉만으로는 해석의 명확성은 확보될 수 없다. 문헌실증주의의 〈역사학이 객관주의를 표방하였기 때문에 해석 활동 자체가 위축되어 버려 해석 순환은 거의 멈추어 버리는데 이르렀다〉는 비판을 면할 수 없다. 해석의 순환을 잊은 문헌실증주의 역사학의 한계를 잘 지적하고 있다. 橋本秀美 교수는 한 책의 서문에서 다음과 같이 말한다.

유럽의 고전학이 신학과 불가분에 있는 것과 마찬가지로 經學이라고 불려졌던 중국 古典學은 사상적 탐구를 불가분의 내용으로서 포함

회, 2012), 11-12쪽.(여기서는 영남대 독도연구소 번역본을 사용하였다.) 그리고 下條正男, 『竹島は日韓どちらのものか』, (東京: 文藝春秋, 2004), 159-160쪽에도 분명한 해석이 없이 그냥 지나치고 있다.

한다. 사회 질서 유지를 관심의 중심으로 하는 중국 학술과 개인의 정신적 구제를 지향한 유럽의 神學은 내용적으로 전혀 다르지만 이들 학문이 성립되어 있는 구조는 공통이다. 간단히 말하면 경전 테스트를 교정하고 그 언어를 연구하고 문장의 해석을 검토하는 고전 해석학의 기초 위에 거기서부터 읽혀진 내용에 정합성 · 체계성을 주는 신학 · 경학 이론이 연구되어 있다.

중요한 것은 이 때 고전 해석학이 독자적으로 경전 텍스트의 의미 연구를 완결시켜 그 성과를 이용해 신학 · 경학 이론 연구가 이루어지고 있는 것이 아니라, 신학 · 경학 이론 연구의 과정에 있어서 경전 텍스트의 해석을 조정하는 요청이 끊임없이 발생해 그것이 고전 해석학을 강하게 규정하고 있는 것이다. 이것은 이른바 해석학적 순환 문제와 다를 바 없다. 그리고 이 순환 과정이야말로 해석의 생명이 깃들어져 있는 것이다. (중략)

그런데 근대에 이르면 신학이나 경학은 그 사상 내용이 인간의 자유를 억압하는 강권적인 것으로서 비판되어, 신학 · 경학 그 자체가 거의 부정되어 버렸다. 그러나 **고전 텍스트의 한 문장 한 문장의 의미를 개별적으로 이해하는 것은 불가능하고 거기에는 역시 이해의 정합성 · 체계성을 보증하는 어떠한 논리가 필요하게 되었다.** 근대에 있어서 공백이었던 신학 · 경학의 위치를 빼앗은 것은 역사학이었다. 고전이라고 하는 것은 단지 역사 문헌으로 그 객관적 분석을 통해 역사 진실에 접근할 수 있다고 하는 주장이 근대에 있어서 큰 힘을 가졌다.

본래 학문이 성립하고 있는 구조로부터 생각하면 역사학도 신학 · 경학과 마찬가지의 내용 · 이론체계이며 그 사상 내용이 종교적 · 정치적 경향성을 피해 객관적인 것을 지향하고 있다고 하는 것이그대로 고전 해석학의 객관성을 보증하는 것은 되지 않는다. **많은 사람들은 역사**

학의 내용·이론체계에 무자각적으로 의존하는 고전 해석이 객관적으로 정확하게 될 가능성이 있다고 착각하고 있지만, 사실은 신학·경학 시대의 사람들도 신학·경학을 배경으로 한 고전 해석이 객관적으로 정확하게 될 것이라는 것을 의심하지 않았던 것이다. 그런 의미에서 현대 역사학적 해석학이 신학·경학적인 그것보다도 「올바르다」고 말할 수 없다.

또한 유감스럽게 역사학이 객관주의를 표방하였기 때문에 해석 활동 자체가 위축되어 버려 해석 순환은 거의 멈추어 버리는데 이르렀다.

(安富步 2012: 8-10)

문헌 위주의 실증주의 사학자들에게는 텍스트에 드러난 것 이외에는 관심도 없고, 텍스트 너머에 있는 진실을 규명하려는 양심이나 사명감도 없다. 그들은 텍스트=진실로 생각한다. 더구나 그들은 국가의 공식기록만을 믿는다. 마치 삼국사기만을 믿고 삼국유사를 버리는 것과 같다. 과연 국가 공식기록만이 진실인가?

橋本의 말대로 「역사 문헌으로 그 객관적 분석을 통해 역사 진실에 접근할 수 있다고 하는 주장이 근대에 있어서 큰 힘을 가졌다」. '근대에 있어서'는 그렇다. 나는 여기서 정약용의 '오청'론, 김범부의 '오증 (징)'론을 제시하고자 한다.

먼저, 丁若鏞은 『흠흠신서』에서 말한다.

- 若鏞이 살펴보건대 (중략) 『周禮』의 秋官 小司寇에 "五聽으로 형사사건의 진술을 듣고 백성의 마음을 찾아낸다. 첫째는 辭聽이며, 둘째는 色聽이며, 셋째는 氣聽이며, 넷째는 耳聽이며, 다섯째는 目

聽이다.”

- 鄭玄이 이르기를, 그 진술하는 '말'을 살펴볼 때 정직하지 못한 경우 번거롭고, 그 '얼굴빛'을 살펴볼 때 정직하지 못한 경우 얼굴이 붉어지고, 그 '숨소리'를 살펴볼 때 정직하지 못한 경우 헐떡이고, 그 '듣고 느낌'을 살펴볼 때 정직하지 못한 경우 헛갈려 어지러워 하고, 그 '눈동자'를 살펴볼 때 정직하지 못한 경우 눈에 정기가 없어진다.

- 若鏞이 살펴보건대, 기색만을 전적으로 의지하면 선입견을 가지게 되어 사건을 그르치게 된다.[20]

이어서, 범부 김정설은 1950(54세) 「朝鮮文化의 性格 – 제작에 對한 對談抄」[21]에서 일제가 훼손, 말살한 조선 관련 '史蹟'을 연구하는 방법론으로서 그의 독특한 오증론을 선보인 바 있다. 즉 ① '文證'(←文獻), ② '物證'(←古蹟), ③ '口證'(←口碑傳說), ④ '事證'(←遺習 · 遺風 · 遺俗 · 風俗 · 習俗), ⑤ '血證'(←心情 · 血脈)이 그것인데, 이것은 경주-신라의 '時代 精神'인 '그 時代의 中心文化'를 들춰내려는 방법론(넓은 의미에서 「동방학적 방법론」)이었다.[22] 김범부는 한국문화

---

20) 丁若鏞, 『역주 欽欽新書』 · 1, 朴錫武 · 丁海廉 역주, (서울: 현대실학사, 1999), 27-28쪽.

21) 金凡父, 「朝鮮文化의 性格 – 제작에 對한 對談抄」, 『新天地』통권45호, (서울: 서울신문사, 1950.4).

22) 이에 대해서 상론은 피하기로 하고, 최재목, 「東의 誕生 – 水雲 崔濟愚의 '東學'과 凡父 金鼎卨의 '東方學' –」, 『陽明學』제26집, (한국양명학회 2010.8)과 최재목, 최재목, 「범부 김정설의 〈최제우론(崔濟愚論)〉에 보이는 동학 이해의 특징」을 참조.

의 독특성은 현재 문헌적 기록이 많이 남아 있지 않아서 '문증(文證)'
만으론 한계가 있음을 밝히고, '물증(物證)'. '사증(事證)', '구증(口
證)', 그리고 추가적으로 또 하나의 '다른 증명 방법' 즉 방증(傍證)으
로서 '혈증(血證)'을 제시한 것이다.

범부의 오증론	1	문증(文證)	문헌(文獻)
	2	물증(物證)	고적(古蹟)
	3	구증(口證)	구비전설(口碑傳說)
	4	사증(事證)	유습 · 유풍 · 유속 · 풍속 · 습속
	5	혈증(血證)	심정(心情) ㄷ 혈맥(血脈)

범부가 '혈증'론을 주장한 것은 그 자신을 포함한 우리 민족이 '풍류
도(風流道)' 등 한국적 문화의 혈맥을 직접 계승하고 있다는 확신, 문
화 DNA에 관한 발언이다. 이런 五證論의 시야는 〈사료는 주어진 텍스
트 안에서 해석하는 것〉이란 방법론과 관점에서는 나올 수 없다.

'독도(獨島)'의 '홀로' 독 자가 '돌' 石'의 借字라는 한국 측의 언어학
적 논의에 눈감는 이케우찌 등의 일본 연구는 논증의 방법이 여러 가
지 가운데서 단지 '文證'에만 머문 것이다. 동아시아에서 논의된 역사
연구의 방법론인 『周禮』- 丁若鏞의 '五聽'論, 김범부의 '五證(徵)'론에
귀기울인다면 그 한계점도 인지하게 될 것 아닐까.

이케우찌는 문헌실증주의자인 만큼, 「현 단계 사료 연구의 도달점

최근 진교훈 교수(서울대 명예교수)는 범부의 오증론 같은 것은, denjin, K.K의 『
interpretive Biography study』(London: sage, 1989)와 Epstein, M의 『Thoughts
without a thiker』(New york: Basic Books, 1983)와 같은 현대의 첨단 傳記 연구
이론과 방법에서 쓰이는 것과 흡사한 것으로, 이처럼 범부의 이론이 돋보임을 언
급한 바 있다.

에서는 일본 편입 시에 죽도가 어느 쪽 나라에 속하고 있었다고 하
는 결정적 근거는 없다. 그 점에서는 「無主의 섬」을 취득했다고 하는
일본의 주장은 당시의 국제법에 비추어 보아 형식상 유효가 될 수 있
다.」고 한다. '결정적 근거'는 '국제법'적 근거를 말한다.

그러나 '법적 근거'가 되는 것을 '문헌 내'에서만 구한다는 것은 과
연 어떤 의도를 갖는 언표인가? 그는 그 당시 한국의 상황이 어떠했으
며 일본의 침탈 행위가 어떠했는지, 그런 것을 묻는 것은 역사학자로
서의 행위가 아닌지 인지를 못하는 것일까? 알고도 국가를 위해서 애
써 혼네(本音)를 드러내지 않고 다테마에(建前)로서 무시하는 것일
까? 후자라면 과연 양식과 양심이 있는 학자인가? 일본 국가주의의
走狗나 하수인에 불과한 것일까?

문헌, 기록을 통제하고, 폐기하는 권한을 가졌던 일본이 근대기 조
선에 저지른 일들은, 마치 「케일을 자르기도 하고 선택도 하며, 노예
와 그의 좋은 모습을 손에 넣고 심지어는 그 좋은 상(像)의 설계 감
독까지도 하는」, 서구의 오래된 전통인 「지적 제국주의(intellectual
imperialism)」의 큰 틀[23]을 모방한 것이었다. 그들은 조선의 언어까지
관리하였다. 언어-언설이 없다는 것은 주권이 없다는 것이다.

공식기록, 문헌 내의 문자란 실제와 주관 사이의 존재이다. 엄밀
한 의미에서 객관이란 있을 수 없다. **기록되었다는 것은 특기할 사실
에 해당하며, 기록하지 않았다는 것은 특기할 이유가 없었기 때문이**

---

23) 장의식 外, 『미국의 중국 근대사 연구』(서울: 고려원, 1995)]. 150쪽.(원서는 Paul
A. Cohen, Discovering History in China : American Historical Writing on the
Recent Chinese Past(New York : Columbia University Press, 1984)). 참고로 이
책은 중국어 일본어 번역본이 있다.

다. 기록하지 않았다 해서 진실이 없는 것은 아니다. 예컨대, 한국인들이, 특히 경상도 사람들이 부부간에 사랑한다는 말을 잘 하지 않는 것은 '사랑하지 않기 때문'이 아니라 사랑하지 않을 때 사랑하는 것을 확인하기 위하여 특별하게 사용한다. '기록'이란 '기록되지 않은 더 많은 보이지 않는 기록을 토대로 하고 있다.'

『莊子』「外物」에서는 말한다. 〈기록-쓸모 있음〉과 〈무기록-쓸모없음〉의 대비 속에서 읽으면 좋겠다 : 쓸모없는 것의 가치를 알아야 비로소 쓸모 있는 것을 논할 수 있지. 당신이 너른 땅 위를 걸어간다고 해봐. 땅이 아무리 넓다 한들 당신에게 딱 필요한 건 발 딛는 부분 뿐. 나머지는 직접 필요한 부분이 아니지. 그래, 당신에게 필요 없는 땅이라 해서 발 딛는 부분 외의 땅을 모조리 다 파버린다고 생각해봐. 까마득한 절벽 위에 발 딛는 부분만 겨우 남아 있게 될 걸! 이렇게 딱 걸을 부분만 남긴다고 하면, 어찌 맘 놓고 너르고 먼 곳으로 걸어 나갈 수가 있으랴.(인용자가 일부 수정)

기록되지 않은 것, 기록할 수 없었던 정황을 보다 명확히 밝혀내는 것이 오히려 학자적 태도라고 생각한다. 니시나리 카츠히로(西成活裕, 동경대)는『疑う力(의심하는 힘)』라는 책에서「경찰관, 의사, 대학교수, 인기탈랜트를 의심하라」[24]고 하였다. 그들이 구축한 이론을 맹신하는 것은 금물이라는 말이다. 교수, 전문가, 학자들의 논의를 의심하라는 말인데, 한 마디로 국가의 목적을 성취하는 일이든 무엇이든 '전문가'라는 직업은 남-타자-타국의 불행을 기반으로, 그것을 자본 삼아, 돈벌이를 하는 자(=전문가 사기꾼)들이다. 국가의 목표를 위해

---

24) 西成活裕,『疑う力』, (東京: 株式會社PHP硏究所, 2012), 128쪽.

서 합리적인양 위장하여 세상을 거기에 맞춰간다. 학문-지식이 갖는
도구적 속성은 그런 것이다.

데카르트는 『방법서설』에서, 기본적으로 각 영역의 전문가라는 것
은 타인의 정신적인 불행으로 벌어먹고 살아가는 '허위의 자격'이라
보았다. 그래서 그는 여러 영역의 이론과 전문연구에 대해서, 「사기당
하지 않기 위하여, 그것이 어떤 점에서 타당한가를 인식하고 검토하
려고 생각하였다」고 한다.[25] 특히 연구실 속의 지식인-학자에 대해서
는 이렇게 말한다.

> 연구실 속의 지식인은 자신의 연구성과에 대하여 그것을 더 그럴듯
> 하게 나타낼 양으로 많은 교묘한 기지를 쓰기 때문에 더욱 나는 경계해
> 야한다고 믿었다.[26]

니체는 『짜라투스트라는 이렇게 말했다』 속의 「學者에 관하여」에서
말한다. 학자란 나누고 쪼개는 사람이며, 「그들은 어느 누구도 자기들
의 머리 위를 걸어가는 발소리를 듣는 것을 원치 않는다. 그러므로 그
들은 나와 그들의 머리 사이에 목재와 흙덩이와 그 밖의 여러 가지 잡
동사니를 쌓아 놓았다.」[27]고 한다. 현재 독도연구자들의 단면을 말해

---

25) 데카르트, 『方法敍說』(三省版 世界思想全集11), 김형효 역, (서울: 삼성출판사,
   1982), 47-48쪽.
26) 데카르트, 『方法敍說』(三省版 世界思想全集11), 김형효 역, (서울: 삼성출판사,
   1982), 48쪽.
27) 「아이들과 엉겅퀴와 붉은 양귀비에 대해서 나는 역시 한 사람의 학자이다. 그들은
   악행을 할지라도 천진난만하다. 그들은 훌륭한 시계공이다. 오직 그들의 태엽을
   알맞게 감아 주도록 주의하라! 그들은 정확히 시간을 가리키며, 또 동시에 조심스
   레 종소리를 낸다. 그들은 마치 맷돌처럼 그리고 제분기처럼 부지런히 일한다. 그

주는 것 같다.

　하지만, 과연 문헌실증주의자들은 주어진 텍스트 이외의 '필요충분'한 자료에 눈을 돌려 '진실'을 규명하려는 의사가 있기는 한가? 그리고 일본 국가주의에 발을 딛고 서서, 과연 학자로서 양심 있는 행동을 할 수는 있는 걸까? 지식인의 사명감을 갖고는 있는가?

　일본의 우경화는 진보적 지식인의 몰락을 의미한다. 독도가 일본의 제국주의 침탈로 인해 획득된 영토라는 것은 양식 있는 사람이라면 인지할 수 있는 명백한 사실이다. 문헌실증주의자들은 역사를 연구하면서도 이러한 진정한 역사, 역사의 진실을 외면한다. 〈사료는 주어진 텍스트 안에서 해석하는 것〉이란 입장은 인간의 생명, 평화, 자유라는 것과 관계없이 텍스트 내로 숨어서 그 논리만 붙들고 있다는 것이다. 이것은 한마디로 '역사의 장님' 즉 '사맹(史盲)'[28]이다. 텍스트와 그 너머의 의미를 제대로 짚지 못하는 것이다.

　인국의 식민지배, 영토강탈, 자원침탈, 강제징용과 연행, 위안부 등으로 인한 씻을 수 없는 피해와 상처를 주고도 진정성 있는 사죄나 반

들에게 곡식을 맡겨보라!그들은 낟알을 갈아 흰 가루로 만드는 것을 이미 알고 있다. 그들은 서로 날카로운 눈으로 감시하면서 가장 선한 것도 믿지 않는다. 그들은 잔재주를 잘 부리며 창백한 지식인이 나타나기를 기다린다. 마치 거미처럼 그들은 기다린다. 그들은 언제나 조심스레 독을 만든다. 그때마다 그들은 언제나 조심스레 독을 만든다. 그때마다 그들은 손에 유리로 된 장갑을 끼었다. 그들은 사기의 주사위로 도박하는 것을 안다. 나는 땀을 흘릴 정도로 그들이 이 도박에 열중하고 있는 것을 본 일이 있다. 그들은 어느 누구도 자기들의 머리 위를 걸어가는 발소리를 듣는 것을 원치 않는다. 그러므로 그들은 나와 그들의 머리 사이에 목재와 흙덩이와 그 밖의 여러 가지 잡동사니를 쌓아 놓았다. 그렇게 하여 그들은 내 발소리를 잠잠하게 하였다. 사실 나는 지금까지 유식한 자일수록 그에게서 이야기를 조금밖에 듣지 못하였다.」(니체, 『라투스트라는 이렇게 말했다』(三省版 世界思想全集 21), , 정경석 역, (서울: 삼성출판사, 1982), ??쪽.)
28) 김범부, 『정치철학특강 : 凡父遺稿』, (대구/서울, 以文出版社, 1986), 100쪽.

성을 하지 않는 일본이란 나라는 〈사료는 주어진 텍스트 안에서 해석하는 것〉으로 제국주의적 행보의 주제를 轉移的으로 반복하고 있다. 그 온상은 우익적 정신과 영혼이다.

'악마는 디테일에 있다'(The Devil is in the details)는 서양 속담을 상일에 악마를 숨기고 그것을 통해서 이야기하자는 것이며, 그것을 논리적, 이론적이라고 이야기 하는 꼴이다.[29]

渡辺哲雄는 『死と狂氣—死者の發見』이라는 책에서 「死者들은 生者들의 세계를 역사적으로 계속 구조화한다. 死者야말로 生者를 역사적 존재로 만들 수 있고 生者를 도와주고 있는 것이다. (중략) 이 세상의 인간의 생활에 필요한 일체의 것은 사자로부터 부여되고 있다. 종교, 법률, 습관, 윤리, 생의 의미, 감정, 그리고 무엇보다도 언어를 우리들은 無名 또한 무수한 死者들에게 신세지고 있다.」[30]라고 말한다. 이에 대해 末木文美彦씨는 『仏敎vs.倫理』라는 책에서, 우리가 先人으로서 사자들을 존중하고 기억하는 것만으로 충분하지 않으며, 예컨대 살인이라는 것을 생각해볼 때, 「합리적으로 生者만의 세계를 생각한다면 死者는 이미 과거의 존재이며, 그 기억만이 남아있을 뿐이다. 그래서 그 기억으로밖에 남아 있지 않는 과거의 존재에 대해 지금 현재 책임을 질 필요가 있는 것이다.」라고 말한다. 그리고 그는 말한다. 「死者의

---

29) 히틀러의 뜻대로 '아무생각없이' '무자각적으로' '평범한 사람으로' 유태인 말살 홀로코스트에 앞장섰던 아돌프 아히히만처럼, 제국주의의 어용 관학은 무섭다. 그 전통은 지금 우익, 문헌실증주의로 이어진다. 여성철학자 한나 아렌트의 〈예루살렘의 아히히만〉에 따르면 유대인 학살 책임자 아히히만은 맡은 일에 대한 근면성을 제외하면 어떠한 악의도 없었다. 이들의 악은 바로 사유와 상상의 무능력, 기계의 부속품이 되어 자기가 행하는 것이 어떤 의미인지 성찰할 능력을 상실한 이들. 그것이 바로 '악의 평범성'이었다.

30) 渡辺哲雄, 『死と狂氣—死者の發見』, (東京: 筑摩書房, 2002), 33쪽.

힘을 잊을 때 生者의 오만이 시작된다.」³¹⁾라고.

역사적으로 일본은 '도의'보다는 적자생존-우승열패라는 물리적 '힘'에 기대어 온 나라이다. 安部 총리가 '과거에 대해서 겸허하며, 예의바르게 미래지향으로 마주하는 한'이라는 유교적 어법을 구사하지만 과연 한국과 일본은 진정한 대화가 가능할까.

예컨대, 아직도 일본인 가운데는 한국인의 반일 감정을 겨냥하여 「자신이 불행한 것을 다른 사람의 탓으로 돌리고 있어도 아무것도 해결되지 않는다. 그것은 인생을 생각하면 상식으로 알 수 있는 것이다.」³²⁾라 하여, 한국인들의 태도를 나무라는 분위기도 있다. 그런데, 과연 전쟁과 식민지배가 피해당사국인 자기만의 탓인가? 〈사료는 주어진 텍스트 안에서 해석하는 것〉이란 입장도 이와 마찬가지이다. 더 이상은 이야기 하고 싶지 않은 것이다.

달라이라마는 『傷ついた日本人へ』(상처입은 일본인에게)에서 후쿠시마 원전 이후 일본을 방문하여 일본 국민들에게 이런 메시지를 전한 바 있다.

일본인 여러분도 정신적인 「행복」을 추구하고, 「타자에의 자비」를 키워가는 것을 꼭 지향해주십시오.

일본이 이미 매우 풍요롭게 발전해 있는 것은 누구라도 알고 있습니다. (중략)

일본은 이미 충분히 물질적인 발전은 완수되었기에 지금부터는 「다음의 단계」즉 「정신적 발전」을 완수해야만합니다. 이 발전은 눈에 보이

---

31) 末木文美彦, 『仏教vs.倫理』, (東京: 筑摩書房, 2002), 192쪽 참조.
32) 養老孟司, 『超バカの壁』, (東京: 新潮社, 2006), 107쪽.

는 것이 아니기 때문에 고도성장기와 같은 알기 쉬운 실감은 없을지도
모릅니다만 반드시 사회가 잘 되어 갈 것입니다. 그리고 그 발전은 다
른 나라의 모범도 될 것입니다. (ダライ·ラマ14世 2012: 55-57).

자신의 행복과 타자에 대한 자비를 추구하라는 달라이라마의 메시
지는 도덕보다 힘을, 文보다 武를 숭상하는 일본에서 과연 통용일 될
것 같지는 않다.[33] 예컨대, 이상적 동양의 평화(=文, 道)를 외쳤던 安
重根과 현실적인 적자생존의 패권주의(=힘, 권력)에 기댔던 伊藤博文
의 문제의식은 현재도 한일 간의 세계를 바라보는 관점 차로서 여전
히 남아있다. 아베신죠가 '과거에 대해서 겸허하며, 예의바르게 미래
지향으로 마주하는 한'이라는 레토릭을 구사하지만, 그가 바라는 미
래지향이라는 것은 우익적 태도와 상반되는 위선처럼 보인다.

4. '해결'에서 '해소'로: '새로운 가치'로의 의식 전환을

박동천 교수(전북대)는 〈독도를 둘러싼 '불편한 진실'〉에서 말한다.

한국인들끼리는 "독도는 명백한 우리 땅"이라는 말을 주고받으며 서
로 일체감을 확인하고 단결을 과시한다. 그런데 국제적으로도 독도가
'명백히' 한국 영토라고 인정되고 있는가? 국제적인 통설은 "독도는 한

---

33) 도덕과 힘 : 文의 나라 한국, 武의 나라 일본에 대해서는 최재목, 「이토 히로부
미(伊藤博文)의 한국 유교관(儒敎觀)」, 이성환 외, 『한국과 이토 히로부미』, (서
울: 선인, 2009)을 참조.(이 책은, 『伊藤博文と韓國統治』(京都: ミネルヴァ書房,
2009)라는 제목으로 일본에서 동시출판되었음).

국이 점유하고 있지만 일본이 영유권을 주장해 논란이 벌어지고 있는 지역"이다. … (중략) … 독도 문제에 관해 한국 정부가 화끈하게, 다시 말해 한국 국민들의 분이 풀릴 만큼 일본을 혼내줄 수 있는 길은 없다. 독도의 경우 현상을 유지하는 가운데, 일본의 주장이 억지임을 국제 사회의 이성과 일본인들의 양심에 가급적 널리 알리고 호소하는 길밖에 없는 것이다.[34]

그럼 독도를 둘러싼 한일 간의 문제는 어떻게 해결할 수 있을까? 필자는 해결이 불가능하다고 본다. 다만 해소될 수 있을 뿐이라 생각한다.

그럼 독도 문제를 어떻게 풀어갈 것인가? 현재의 독도 문제 해결 방법은 다음 세 가지 정도인 것 같다. ① 법적 방법(국제사법재판소에서 법적으로 해결) ② 정치적, 외교적 방법(한일 양국의 화해와 공생을 위한 결단, 국제외교적 협력에 편승) ③ 힘의 논리 방법(힘으로 밀어붙이기, 무력사용 가능)라는 세 가지를 생각할 수 있다.[35] 물론 여기에다 〈④ 기타의 방법〉을 넣을 수도 있을 것이다.

그런데, 사실 위의 세 가지 어느 것도 속 시원하지는 않을 것 같다. 왜냐하면 ①법적 방법은 한국이 대응하지 않을 경우 일본 혼자만으론 사실상 불가능하다. ③힘의 논리 방법은 이론적으로는 가능하나 실제 한일 양국이 힘-무력이라는 극단적인 선택지를 활용할 가능성은 적다. 그렇다면 남은 것은 ②정치적 방법이다. 이것은 한일 양국의 화해

---

34) 〈프레시안 박동천 칼럼〉(2012.8.29)
35) 이에 대해서는 保阪正康·東鄕和彦, 『日本の領土問題-北方四島, 竹島, 尖閣諸島-』, (角川書店, 2012), 14-17쪽 참조.

와 공생을 위한, 통 큰 안목 있는, 새로운 리더에 의한, 정치적 결단을
기대하는 것이다.

王雲海(一橋大學院 교수)는 일본과 중국의 영토문제에 대해서 「현
대사회는 유례없는 기술의 발달, 교류확대를 특징으로 하는 글로벌화
시대이다. 이러한 시대에 적합한 원칙보다도 애매함이며, 대립하는 것
보다도 〈융화〉하는 것이다. (중략) 지금의 시대에 상응하여 적합한,
양국 어느 쪽도 합의할 수 있는 제3의 발상 · 방법이 일본과 중국의 쌍
방에게 요구되고 있다」[36]고 본다. 독도에 관련하여 王雲海의 언급은
참고할 점이 있다고 본다.

논리학에서는 排中律(principle of excluded middle)이라고 있다.
배중률이란 "A는 B도 아니고, 또 B가 아닌 것도 아니라는 것은 없다."
라는 원리이다. 다시 말해서 중간을 배제하는 원리이다. 형식논리학
용어로서 어느 것에 대해서 긍정과 부정이 있는 경우, 하나가 참(眞)
이면 다른 하나는 거짓(僞)이고, 다른 하나가 참이면 하나는 거짓이라
는 경우처럼, 이것도 아니고 저것도 아닌 중간적 제3자는 인정되지 않
는 논리법칙을 말한다. 제3의 선택지가 허용되지 않는 배중률의 원리
가 독도 문제에도 적용되고 있다. 그러나 우리는 제3의 선택지를 생각
해 볼 필요가 있다. 그러나 제3의 선택지라 해서 이케우찌의 말대로,
「현 단계 사료 연구의 도달점에서는 일본 편입 시에 죽도가 어느 쪽
나라에 속하고 있었다고 하는 결정적 근거는 없다. 그 점에서는 「無主
의 섬」을 취득했다고 하는 일본의 주장은 당시의 국제법에 비추어 보

---

36) 横山宏章 · 王雲海, 『對論! 日本と中國の領土問題』(東京 : 集英社, 2013), 221-2
쪽.

아 형식상 유효가 될 수 있다.」고 하는 논조의, 사료에 입각한 일본 편
들기가 아닌, 한일 양국의 미래세대를 위한 '가치 전환'을 논의하자는
것이다. 현실적으로는 A, B 두 가지만이 아니라 C,D,E…의 여러 다른
선택지가 존재할 수 있는 것이다.[37] 그러나 이런 판단은 우리 세대에
서만이 아닌, 미래세대의 지혜에 기댈 필요도 있다.

　그렇다면 한일이 추구할 새로운 가치는 무엇인가. 한일 양국도 이
제 '보다 나은 어떤 가치'에 합의하고, 미래의 상생, 생명과 평화, 에너
지 문제를 위해, 〈사료는 주어진 텍스트 안에서 해석하는 것〉이란 小
我的 입장을 넘어, 대승적 정치적 외교적 결단을 종용받고 있는 것이
다. 여기엔 일국주의(一國主義)를 넘어서는 역사교육도 병행할 필요
가 있다.

　에라스무스는 '세계'를 조국으로 생각했다. 그는 『평화의 탄핵』에
서 '전 세계는 공동의 조국'임을 선언한다. 이러한 정신은 이후 유럽통
합의 상징이 되었다.[38] 그는 1521년 8월 프랑스 국왕과 신성로마제국
의 황제 사이에 전쟁이 터졌고, 1525년 파비아 벌판에서 프랑스왕 프
랑수아 1세는 패배했고, 폐위되어 마드리드에 포로로 잡혀갔다. 그때
에라스무스는 이렇게 말했다. 「내가 황제였다면 프랑수아에게 이렇게
말했을 것이다. "그대는 잘 싸웠으나 다만 운이 따르지 않았소. 다음번
에는 내가 질수도 있을 것이오. 싸움을 계속하면 우리 모두에게 상처
가 될 뿐이오. 나는 그대의 나라를 그대에게 돌려주겠오. 우리 각자의
국경을 확장하려고 안간힘을 쓰는 일을 그만두고 우리가 가진 것이나

---

37) 西成活裕, 『疑う力』, (東京: 株式會社PHP研究所, 2012), 161쪽.
38) 박홍규, 「에라스무스」, 『인간시대의 르네상스』, (서울: 필맥, 2009), 198-201쪽 참
　　조.

잘 다스립시다.(하라)"」[39]

5. 결어

이제 한국과 일본은 독도를 통한 대화방식 보다는 또 다른 가치 발견을 통해 협력하고 교류해 가야 한다. 그리고 양국 간의 미래를 위한 제3의 시야를 확보할 필요성을 느낀다.

최근 일본의 지인으로부터 온 편지 가운데서 다음과 같은 내용을 접한 바 있다 : 「영토 귀속 문제는 지금 단계에서는 판단중지하고 미래 세대들의 예지를 믿고, 그들에게 위탁해서 해결하는 것이 좋다고 나는 생각합니다. 이것은 문제를 미루겠다는 것은 아니고 미래가 되면 '국민국가'라는 생각도 낡게 되고, '영토'라는 개념도 지금까지의 오래된 개념과는 다른 새로운 해석이 생겨날 것을 기대하고 싶어서기 때문입니다」[40]

나는 진정어린 이런 조언을 존중하고 싶다. 그리고 한일간의 공동적 가치-공동선을 위해 사고의 전환이 필요한 때임을 강조하고 싶다. 독도 문제에 관한 한 논문 편수가 문제가 아니라 진정성 있는 진실 규

---

39) 롤란드 베인턴, 『에라스무스의 생애』, 박종숙 옮김, (서울: 크리스챤 다이제스트, 2001), 266쪽.

40) 領土歸屬問題は,今の段階では判斷を中止して,未來世代の人達の叡智を信じて,彼らに託して解決してもらった方が良いと私は考えています.これは問題を先送りするということではなく,未來になれば「國民國家」というような考え方も古くなり,「領土」という概念もこれまでの古びた概念とは違った新しい解釋が生まれてくることを期待したいからです.

명이 먼저이다.[41]

일본의 한 연구자는 2012년 어느 국제세미나의 사석에서 독도 연구
는 이제 '9회말 투 아웃' 단계라고 말한 바 있다. 다시 말해서 거의 다
논의되었고 남은 것은 일본이 주장하는 무주지선점론 부분에 대한 규
명 뿐이라는 말이다. 그러나 필자는 이제부터 논의가 다시 시작되어
야 할 점이 많다고 본다. 왜냐하면 일본의 국가주의의 주도로 만들어
진 사료를 토대로 추진된 문헌실증주의, 그리고 그 속에 담긴 '배중률'
을 넘어서서, 왜곡된 문헌적 사실이 아니라 문헌자료에서 말할 수 없
는 '은폐된 역사'를 규명해내려는, 양심에 입각한 '진실 규명'의 노력
이 필요하기 때문이다. 아울러 이러한 안목을 전제로 한, 한일 간의 미
래를 향한 새로운 가치전환의 '결단'이 논의되어야 할 시점이기 때문
이다. 여기에 필자는 '제3의 선택'도 안목에 넣어야 하며, 나아가서 이
'제3의 선택'이 우리 현세대만의 권리주장이나 판단에서만이 아니라
미래세대'의 입장과 관점에서 새롭게 논의될 필요성을 언급하고 싶
다.

---

41) 이 글에서는 시마네현 제2기 『죽도 연구회 보고서』의 문제점을 다루지 못했다. 특
히 下條正男의 논의에 대한 비판은 처음부터 논외로 하였다. 그의 시각이 일본의
우익-국가주의자의 관점에서 투철해 있기 때문에 독도 문제를 풀어 가는데 별 도
움이 되지 않는다는 판단 때문이다.

07 / 울릉도에서 獨島가 보이는 조건 '풍일청명'의 해석

1. 서언

현재 한국과 일본은 한 목소리로 獨島/竹島는 역사적, 국제법적으로 자신의 '고유영토'이다라고 주장하고 있다. 양쪽이 똑 같은 주장을 하고 있기에 어느 한쪽은 '진실'이 아니거나 아니면 양쪽 다 자기 나름의 진실을 주장하는 논리적 근거를 가지고 있다는 말이 된다.[1] 그래서 마치 생텍쥐페리가 『인간의 대지』라는 소설의 첫 머리에서 「대지는 우리 자신에 대해 모든 책보다 더 많은 것을 가르쳐준다. 왜냐하면 대지는 우리에게 저항하기 때문이다」[2]라는 말처럼 독도는 한국과 일본

1) 이성환, 「일본의 독도 관련 연구의 새로운 동향과 분석 −사회과학 분야를 중심으로−」『일본의 독도연구 동향과 분석』, 경상북도 독도연구기관 통합협의체 연구총서2, 도서출판 지성인, 2014, p.128 참조.
2) 생텍쥐페리, 『인간의 대지』, 민희식 역, 문학출판사, 1990, p.13.

양쪽에게 과연 스스로의 존재가 무엇인지를 확인하도록 저항하고 있는 듯하다.

이러 가운데 최근 일본의 지식인 가운데 독도를 「평화와 협력의 섬으로 활용하자」[3]는 의견도 있고, 아울러 한일 연구자들 사이에는 부분적이기는 하나 '진실'에 접근하려는 노력과 성과가 나타나는 '긍정적 변화'를 살필 수 있기도 하다.[4] 어쨌든 진실은 규명되어야 한다. 그 몫은 한일 양국 간의 외교적 노력, 그리고 학자들의 진정성 있는 史實 규명 노력에 달려 있다.

그동안 독도를 둘러싼 많은 논의 가운데서도 찬찬히 들여다보면 매우 단순한 문제이지만 깊은 검토나 성찰 없이 그냥 지나친 사항들이 많다. 그 중에 하나가 바로 『고려사』·『세종실록』·『신증동국여지승람』[5]에 보이는 '風日淸明'[6]이라는 네 글자의 해석에 관한 것이다. 이것은 단순히 자구 해석 차원에만 머물지 않고, 자구를 해석하기 위해서는 '자연과학적', '생활사적'인 사실 확인에 바탕한 '해석학적 순환'이라는 기법이 요청된다.

다시 말해서 '風日淸明'은 울릉도에서 독도가 '보이는'/'볼 수 있는'(=可望見) 기본 '조건'인 셈이다. 그런데 지금까지 이루어진 국내외의 독도 관련 연구나 사료 번역에서 이 네 글자를 대부분 '날씨가 맑으면' 등

---

3) 東鄕和彦, 『歷史認識を問い直す:靖國, 慰安婦, 領土問題』, 角川書店, 2013, p.71.
4) 이성환 앞의 논문, 같은 곳 참조.
5) 이 세 자료 가운데 『新增東國輿地勝覽』에 나오는 '風日淸明' 뒤의 내용으로 다음 세 가지 경우[①독도에서 울릉도가 보인다, ② 강원도에서 울릉도가 보인다, ③ 울릉도에서 울릉도 주변 섬이 보인다 등등]의 해석이 가능한 부분이다. 여기서는 단지 '風日淸明'이란 의미 자체에만 주목한다.
6) 우리 전통 문헌에서도 풍일청명이란 말이 나온다 : 李穡, 『牧隱藁』「牧隱詩藁」권16 의 「淸明節」; 宋光淵, 『泛虛亭集』권7, 「遊桂陽山記」참조.

등 '風' 혹은 '風日'의 뜻을 무시하거나 축약하는 식으로 무감각해 있다.

　예컨대 외교부 홈페이지[7]/「독도에 대한 기본 입장」[8]가운데 「2. 독
도에 대한 지리적 인식과 역사적 근거」의 「가. 독도는 지리적으로 울
릉도의 일부로 인식되어 왔습니다.」부분에서는 『세종실록』「지리지」
의 '풍일청명' 부분을 '날씨가 맑으면'으로 하고 있고, 아울러 「울릉도
주변에는 많은 부속도서가 있지만 날씨가 맑은 날에만 육안으로 보이
는 섬은 독도가 유일합니다」(그림 1 참조)처럼 울릉도에서 독도는 그
냥 '날씨가 맑으면' 보이는 섬으로 공식화하고 있다.

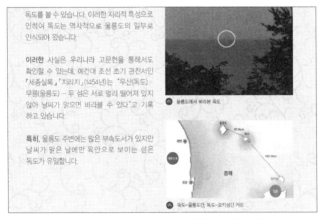

[그림 1] 외교부 홈페이지「독도에 대한 기본 입장」일부

　아울러 동북아역사재단의 「(개정) 독도 통합홍보 표준 지침」(2013
년 1월 30일 개정판)에서도 아래와 같이 '한국고전번역원의 의견을
따른'다는 원칙이라며 '날씨가 맑으면'으로 번역하는 기준을 통일안으

---

7) http://www.mofa.go.kr/main/index.jsp(검색일:2013.5.1)
8) http://dokdo.mofa.go.kr/kor/(검색일:2013.5.1)

로 정하고 있다.(표1 참조)[9]

[표 1] 동북아역사재단의 「(개정) 독도 통합홍보 표준 지침」 중 '風日淸明' 해석 부분

분류	항목	통일안	비고
한문 해석	('風日淸明'해석) "바람 불고 맑은 날"/ "날씨가 맑으면"	날씨가 맑으면	• 한문 번역의 경우 한국고전 번역원의 의견을 따르는 것 을 원칙을 함. • 한자어 병기 권장

더욱이 '실증주의' 연구 운운하는 일본의 전문 연구자들조차도 한국의 연구를 그냥 '답습'하고 있는 탓이거나 아니면 자신들의 논의를 유리하게 이끌어가기 위한 의도에서이거나 간에 대부분 '날씨가 맑으면 (天氣が良ければ)'이 아니면 '風日淸明하면(風日淸明なれば)' 식의 읽기에 머물러 있다.[10]

이처럼 한일 양국의 '風日淸明'에 대한 해석은 어딘가 좀 부족한 것처럼 보인다. 따라서 이 논문에서는 먼저 『高麗史』 · 『世宗實錄』 · 『新增東國興地勝覽』등에 나오는 '風日淸明' 네 자를 둘러싼 여러 해석을 살펴볼 것이다. 이어서 '風日淸明'의 과학적 의미에 대해 기존의 연구 성과를 참고하여 재검토해 볼 것이다. 이런 논의를 통해서 과연 '風日淸明'의 의미 내용을 잘 살린 해석이 무엇인지를 확정해보고자 한다.

---

9) 동북아역사재단, 「(개정) 독도 통합홍보 표준 지침」, 영남대학교 독도연구소 편, 『초 · 중 · 고등학교 '독도교육 내용체계' 수정 · 보완』, 영남대학교 독도연구소, 2014.3.21., p.46.

10) 이러한 태도는 그들이 기본적으로 지켜오는 '역사주의적' '실증주의적' 방법을 간과하고 있는 것처럼 보인다. 필자는 이 점에 대해서 지적한 바 있다[최재목, 「'獨島' 연구에 대한 성찰과 제언」 『일본문화연구』제47집, 동아시아일본학회, 2013.7, p.448 참조].

사실 독도 관련 초기 단계의 연구[11]에서 현재에 이르기까지 '風日淸明' 자체에 천착한 깊이 있는 연구는 아직 없다. 따라서 이 연구는 한일 간의 독도를 둘러싼 진실 규명에 도움이 될 것으로 본다.

2. 종래의 '풍일청명'을 둘러싼 여러 해석들
-문제의 소재-

지금까지 '風日淸明' 해석은 합의된 바가 없이 다양하게 자유롭게 이루어져 왔다. 그만큼 연구자 각자가 자신의 연구 문맥에서 대체로 무자각적으로 읽고 있었다고 판단된다.

아래에는 지금까지 조사된 '風日淸明' 해석을 열거해 보기로 한다. 물론 조사를 더 해본다면 여기서 제시한 것 외에도 더 많은 예를 찾을 수는 있겠으나 범례라는 차원에서 본다면 이것만으로도 충분할 것이다.

　1) '날씨가 맑으면' : 경상북도, 『대한민국의 아름다운 섬, 독도』[12] /
　　유미림[13] / 송병기[14] / 下條正男[15] / 池內 敏[16] / 「독도종합정보시스

---

11) 예컨대, 申奭鎬 외, 『獨島』, 大韓公論社, 1965.
12) 경상북도, 『대한민국의 아름다운 섬, 독도』, 경상북도, 2013, p.18.
13) 유미림, 「『世宗實錄』「地理志」」, 『독도사전』, 한국해양수산개발원, 2011, p.186.
14) 본고 3장 속 1)의 ①, ② 참조.
15) 下條正男, 「최종보고에 즈음하여: 다케시마(竹島) 문제의 해결을 저지하는 것」 『제2기 竹島문제에 관한 조사연구 최종보고서』, (제2기 시마네현 죽도문제연구회, 2012), pp.11-12.(여기서는 영남대 독도연구소 번역본을 사용하였다.) 그리고 下條正男, 『竹島は日韓どちらのものか』, 文藝春秋, 2004, pp.159-160에도 분명한 해석이 없이 그냥 지나치고 있다.
16) 池內 敏, 『竹島問題とは何か』, 名古屋大學出版會, 2012, pp. 218-9.

템」[17]/홍성근[18]

2) '날씨가 좋은 날에는': 『중학교 역사(하)』[19]/日本 外務省 홈페이지[20]

3) '바람이 불어 청명한 날에는' : 『중학교 역사(하)』[21]

4) '풍일이 청명하면' : 송병기[22]

5) '풍일이 청명할 때' : 송병기[23]

6) '바람과 날씨가 청명하면' : 송병기[24]

7) '바람과 태양이 청명하면' : 송병기[25]

8) '바람이 곱고 맑은 날에는'[26]

9) '날씨가 청명하면' : 愼鏞廈[27]

10) '풍일청명하면'(風日淸明ならば) : 川上健三[28], 池內 敏[29] 외

11) '날씨가 좋으면'[30]

---

17) http://www.dokdo.re.kr(검색일: 2013.5.1)

18) 홍성근, 「총론: 독도 가시일수 조사의 배경과 의미」, 『독도! 울릉도에서 보인다』, 동북아역사재단, 2010, p.26.

19) 『중학교 역사(하)』, (두산동아, 2012), p.62(본문 중의 일반 기술).

20) 天氣の良い日には : 이것은 다음을 참조. http://10point.wiki.fc2.com/wiki/%E9%9F%93%E5%9B%BD%E3%81%AE%E5%AE%98%E6%92%B0%E6%96%87%E7%8C%AE%EF%BC%88%E7%BE%8E%E7%8D%A8%E5%B3%B6%EF%BC%89?sid=cc0c8c892860bf6641b27101bd4d7016(검색일: 2013.5.1.)

21) 『중학교 역사(하)』, 두산동아, 2012, p.63(탐구활동 중 세종실록지리리 해석).

22) 송병기, 『(개정판) 울릉도와 독도』, 단국대학교추판부, 2007, p.24.

23) 송병기 같은 책, p.26.

24) 송병기, 『독도영유권자료선』, 한림대학교 아시아문화연구소, 2004, p.7.

25) 인터넷에는 이런 식으로 재생산되어 유포되고 있다.

26) http://cafe.naver.com/rhfu202/123(검색일: 2013.5.1)

27) 신용하, 『獨島領有權 資料의 探究』제1권, 독도연구보전협회, 1998, p.66, p.148.

28) 川上健三, 『竹島の歷史地理學的研究』, 古今書院, 1996.

29) 池內 敏 앞의 책, pp.218-9.

30) 홍성근 앞의 논문, p.25.

12) '풍일청명한 날'31) : 홍성근

13) '맑은 날'32) : 홍성근

15) '바람 부는 맑은 날에는' : 權五曄33)

16) '바람 부는 청명한 날에는' : 權五曄34)

17) '날씨가 청명하면' : 한겨레 신문35)

18) '바람이 부는 개인 날에는'(風が吹く晴れた日には) : サイバ 獨島/Dokdo of Korea36)

19) '날씨가 개이면'(天氣が晴れれば)[37]

위에서 보듯이 '風日淸明'을 두고 흥미롭게도 약간씩 다른 '19개'의 해석이 이루어지고 있음을 알 수 있다. '풍일청명'의 네 글자에 이렇게 많은 해석이 존재한다는 사실은 불가사의하다 할만하다. 이상에서 열거한 해석상의 특징을 정리하면 다음과 같다.

첫째, 가장 일반적인 해석이 '날씨가 맑으면'이다.

둘째, 같은 저자인 경우에도, ① '날씨가 맑으면', ② '풍일이 청명하

---

31) 홍성근 같은 논문, pp.25-26.

32) 홍성근 같은 논문, 같은 곳.

33) 川上健三, 權五曄 역, 『일본의 獨島論理 - 竹島의 歷史地理學的 硏究 - 』, 백산자료원, 2010, p.105, p.115.

34) 川上健三 前揭書, p.116.

35) 「"울릉도에서 독도가 육안으로 보인다"의 의미는?」(한겨레뉴스, 2008.7.21.) (http://www.hani.co.kr/arti/society/society_general/299875.html)(검색일: 2013.5.1)

36) http://www.dokdo.go.kr/fBoard.do?command=detail&langType=JP&boardType=001&boardCode=BM_JP_001&categoryCode=&searchType=&searchWord=&page=1&bIdx=17252(검색일: 2013.5.1)
http://matome.naver.jp/odai/2134595356579860601(검색일: 2013.5.1)

37) http://take8591.blogspot.kr/2010/02/blog-post_2407.html(검색일: 2013.5.1)

면', ③ '풍일이 청명할 때', ④ '바람과 날씨가 청명하면', ⑤ '바람과 태양이 청명하면'처럼, 다섯 종류의 해석이 이루어지고 있다. 그만큼 일관성 없이 무자각적으로 읽고 있다는 말이다.

셋째, '風日淸明'의 문자적 해석에 가장 접근한 것은 〈'바람이 불어 청명한 날에는〉, 〈'바람 부는 맑은 날에는'〉, 〈바람이 부는 개인 날에는〉 등이다.

이것을 좀더 숙고해보면 다음과 같은 결론을 올을 수 있다.

우선 〈'바람(이) 부는' '맑은 날'/'개인 날'〉은 '바람 부는'(ⓐ) 조건과 '맑은 날'(ⓑ)의 조건이 병립적이며 '바람'과 '맑음' 양쪽에 모두 동등하게 무게가 실린다. 다시 말해서 '바람도 불어주어야' 하고 동시에 '날씨도 맑아야' 한다는 말이다(ⓐ;ⓑ, ⓐ+ⓑ).

이어서 '바람이 불어 청명한 날에는'은 '바람이 불어'(ⓐ)라는 조건=원인에 의해 시간적, 논리적 계기로 '청명한 날'(ⓑ)이라는 결과가 나옴을 말한다. 다시 말해서 '청명해도' '바람이 불지 않으면 안 된다'는 뉘앙스를 갖는다(ⓐ → ⓑ).

그렇다면, 과연 풍일청명은 (1) '바람도 불어주어야' 하고 동시에 '날씨도 맑아야' 한다는 말인가, 아니면 (2) '청명해도' '바람이 불지 않으면 안 된다'는 것인가?

3. 역사 속의 논증 —울릉도 및 여타 지역에서 '독도를 볼 수 있다'는 기록—

풍일청명의 해석이 (1)'바람도 불어주어야' 하고 동시에 '날씨도 맑아야' 한다는 말인지, (2) '날씨가 맑아도' '바람이 불지 않으면 안 된다'는 것인지를 과학적으로 재검토하기 전에 사료 속에서 울릉도 및 여타 지역에서 독도를 '볼 수 있다' 혹은 '보았다'는 기록을 들어보기로 하자.

아래에서는 울릉도 및 여타 지역에서 독도를 '볼 수 있다'/'보았다'는 기록을 1)『高麗史』·『世宗實錄』·『新增東國輿地勝覽』의 예와 2)『竹島紀事』·『鬱陵島事蹟』·『西溪雜錄』의 예로 나누어서 살펴보고자 한다. 전자는 '風日淸明' 해석과 직접 관련되고 후자는 한국에서 독도를 인지하고 있었다는 전자의 내용을 보완하는 자료라 하겠다.

1)『高麗史』·『世宗實錄』·『新增東國輿地勝覽』 기록의 예

아래의 ①-③은 울릉도에서 독도가 보인다는 기록이다. '風日淸明'에 대한 기존의 다양한 해석 가운데서 여기서는 송병기의 것으로 예시해둔다.

① 『高麗史』(1451) 「地理志」·「東界」·「蔚珍縣」條 〈有鬱陵島〉의 本註

"一云, 于山·武陵本二島, 相距不遠, 風日淸明, 則可望見"

[예: 송병기 해석] : 혹은 말하기를 '우산도와 무릉도는 본래 두 섬으로 서로 거리가 멀지 않아 날씨가 맑으면 바라볼 수 있다'고 한다.[38]

② 『世宗實錄』(1454) 「地理志」·「江原道」·「蔚珍縣」條 〈于山·武

---

38) 송병기,『독도영유권자료선』, 한림대학교 아시아문화연구소, 2004, p.5.

陵二島, 在縣正東海中〉의 本註

"二島相距不遠, 風日清明, 則可望見"

[예: 송병기 해석] : 두 섬이 서로 떨어짐이 멀지 않아, 날씨가 맑
으면 바라볼 수 있다.[39]

③『新增東國輿地勝覽』(1530)[←『東國輿地勝覽』(1486))]「江原
道」·「蔚珍縣」條〈于山島 · 鬱陵島〉의 本註

"一云武陵, 一云羽陵, 二島在縣正東海中, 三峯岌嶪撑空, 南峯稍
卑, 風日清明, 則峯頭樹木及山根沙渚, 歷歷可見, 風便則二日可到"

[예: 송병기 해석] : 무릉이라고도 하고, 우릉이라고도 한다. 두 섬
이 고을[40]의 바로 동쪽 가운데에 있다. 세 봉우리가 곧게 솟아 하
늘에 닿았는데 남쪽 봉우리가 약간 낮다. 바람과 날씨가 청명하면
봉우리 머리의 수목과 산 밑의 모래톱이 역력히 볼 수 있다. 순풍
이면 이틀에 갈 수 있다.[41]"[42]

2)『邊例集要』·『竹島紀事』·『鬱陵島事蹟』·『西溪雜錄』기록의 예

이어서 위의 논의를 보완하는 자료로, 안용복이 울릉도에서 독도를
보았다는『竹島紀事』, 그리고 강원도에서 울릉도가 보인다는 (것으로
추정되는)『鬱陵島事蹟』과『西溪雜錄』을 참고하기로 한다.

④ 안용복은 일본에서 오키도(隱岐島), 돗토리번(鳥取藩), 나가사키

---

39) 송병기 같은 책, p.6.
40) '울진현'을 가리킴(인용자 주)
41) 이 부분은 '울진현 → 우산도 · 울릉도'인지 '울릉도 → 울릉도 주변'인지 '우산도
   → 울릉도'인지 '우산도 → 울릉도'인지 분명하지 않다(인용자 주).
42) 송병기 앞의 책, p.7.

봉행소(長崎奉行所), 쓰시마번(對馬藩)에서 각각 조사를 받으며 '3회' 독도를 보았다는 진술을 하였다.

우선 1693년 피랍되어 울릉도를 출발한 다음날 배 위에서 「竹島(울릉도)에 비해 꽤 큰 섬을 보았다.」고 독도에 대해 진술한 기록이 『邊例集要』권17, 「鬱陵島」조(1694年 1月)에 보인다. 이렇게 안용복이 보았다는 竹島가 독도가 아니라고 보는 경우(下條正男)[43]도 있으나 이에 대해 朴炳涉과 池內敏는 독도라고 본다.[44]

다음으로 쓰시마번 조사에서 다음과 같이 2회 독도를 보았다는 진술이 『竹島紀事』[45] 「元祿6年(1693) 11月1日」조에 보인다.

인질[이 된 조선인 두 사람이] 이쪽(쓰시마)에 한동안 머물고(=逗留) 있을 때 [그 渡海한 섬에 대해] 물은 일이 있었다. 그때 [그 자가 이야기 한 것은] 이번에 간 섬의 이름을 알지 못한다는 것이었다. 그리고 이번에 간 섬의 북동에 해당하는 곳에, 또 큰 섬이 있다고 말했다. 그 섬에 한동안 머무는 사이, 겨우 두 번 정도 [그 섬의 모습을] 보았다 한다. 그 [또 하나의] 섬을 알고 있는 자가 이야기 한 것에 의하면 그 섬은 于山嶋[46]라고 말한다고 한다. 그 섬에 대해서는, 결국 건너간 일은 없었으

---

43) 下條正男, 「竹島問題考」 『現代コリア』, 現代コリア研究所, 1996, p.62.

44) 이에 대해서는 다음을 참조: 朴炳涉, 「安龍福事件と鳥取藩」 『北東アジア文化研究』28號, (鳥取短期大學, 2009)과 池內敏, 「隱起·村上家文書と安龍福事件」 『鳥取地域史研究』9號, 鳥取地域史研究會, 2008. (이 자료에 대한 해석을 포함한 자세한 사항은 박병섭, 「2000년 이후 독도 관련 일본학계의 역사학 연구」, 『일본의 독도연구 동향과 분석』, 경상북도 독도연구기관 통합협의체 연구총서2, 도서출판 지성인, 2014, pp.60-61 참조).

45) 권정·오오니시 토시테루, 『죽도기사』1, 한국학술정보(주), 2011.

46) 嶋는 산처럼 뾰족히 솟은 섬을 말함.

나, 대개의 [渡海의] 路法으로는 1일여의 항로에 해당한다.[47)]

이 인용문에서 인질은 안용복 일행이고, 진술은 안용복에 따른 것
이며, 于山嶋는 독도를 가리킨다. 안용복은 울릉도에서 '이번에 간 섬
의 북동에 해당하는 곳'에 있는 큰 섬'을 '두 번' 보았고, 그 섬을 '알고
있는 자' 즉 울릉도 거주하면서 독도를 인지하고 있는 자로부터 그것
이 '于山嶋'라고 부른다고 들었음을 진술하고 있다. 위에서 '이번에 간
섬의 북동'의 '북동'이란 표현은 조선시대의 지리지들의 방향과 거리
표시는 '본읍으로부터'임을 염두에 두어야 한다. 부산 동래에 살았던
안용복이 동래에서 울릉도보다 더 먼 곳의 '동북방'에 있다는 말을 들
었고, 울릉도에서 그 자신이 희미하게 '두 번 정도 보았다'는 우산도=
독도를 (부산 동래 출신인 자신의 기준에서) 동북방이라고 진술한 것
이었다.[48)] 어쨌든 안용복의 진술대로라면 울릉도에서 '두 번' 우산도=
독도를 보았다고 볼 수 있다.

그리고 잘 알려진 기록으로서 張漢相(생몰년 미상. 조선 후기의 무
신)의 『鬱陵島事蹟』(1694)에서도 '강원도에서 울릉도와 독도가 보인
다'는 기록을 볼 수 있다.

동쪽으로 5리쯤에 한 작은 섬이 있는데 그다지 높고 크지 않으며 해
장죽(海長竹)[49)]이 한쪽에 무더기로 자라고 있다. 비 개고 안개 걷힌 날

---

47) 권정 · 오오니시 토시테루, 『죽도기사』1-2, 한국학술정보(주), 2011, pp.97-98. 번
   역문은 인용자가 일부 수정하였음.
48) 김호동, 「조선시대 독도 · 울릉도에 대한 인식과 정책」『歷史學硏究』제48호, 湖南
   史學會, 1012.11, p.108 참조.
49) 바다 속에서 자라나오는 죽순 같은 이미지의 대바위(촛대바위)를 말하는지, 대나

산으로 들어가 중봉에 오르면 남북 양봉이 높다랗게 마주보고 있는데
이를 삼봉이라고 한다. 서쪽을 바라보면 대관령의 구불구불한 모습이
보이고 동쪽을 바라보면 바다 가운데 한 섬이 보이는데 아득히 동남쪽
(辰方)에 위치하며 그 크기는 울릉도(蔚島)의 3분의 1 미만이고, 거리
는 3백여 리에 불과하다.[50)]

　東方五里許, 有一小島, 不甚高大, 海長竹叢生於一面, 霽雨靄捲之日,
入山登中峰, 則南北兩峯, 发崇相面, 此所謂三峰也, 西望大關嶺逶迤之
狀, 東望海中有一島, 杳在辰方, 而其大滿蔚島三分之一, 不過三百餘里.

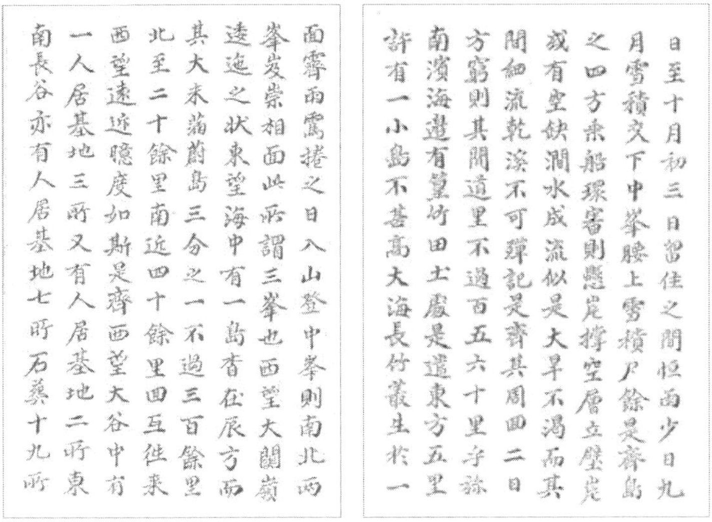

[그림 2] 張漢相의 『鬱陵島事蹟』 일부[51)]

무의 일종인지 불분명.
50) 張漢相, 『鬱陵島事蹟』, 1694.
51) http://dokdo-or-takeshima.blogspot.kr/2009_04_01_archive.html(검색일:
　2013.5.1)에서 재인용.

위에서 장한상이 「서쪽을 바라보면 대관령의 구불구불한 모습이 보이고 동쪽을 바라보면 바다 가운데 한 섬이 보이는데 아득히 동남쪽(辰方)에 위치하며 그 크기는 울릉도(蔚島)의 3분의 1 미만이고, 거리는 3백여 리에 불과하다.」고 한 부분은 '독도'에 관한 진술이 분명하다. 물론 이 앞부분은 울릉도에 관한 기술이다.

다음으로 ⑤西溪 朴世堂(1629-1703)의 『서계잡록』 끝부분에는 울릉도와 독도에 관한 기록이 보인다. 박세당은 장한상과 비슷한 시기에 살았는데, 그는 이렇게 언급한다.

대개 두 섬이 여기에서 그다지 멀지 않아 한번 큰 바람이 불면 이를 수 있는 정도이다. 우산도(宇山)(=독도)는 지세가 낮아 바다 (날씨가) 매우 맑지 않거나, 최정상에 오르지 않는다면 볼 수가 없다. 울릉이 (우산도보다) 조금 더 높다.

盖二島去此不甚遠, 一飄風可至, 宇山勢卑, 不因海極淸朗不登最高頂, 則不可見, 鬱陵稍峻.

여기서 「우산도(宇山)는 지세가 낮아 바다 (날씨가) 매우 맑지 않거나, 최정상에 오르지 않는다면 볼 수가 없다.」는 기록은 위 ①-③의 '風日淸明'과 내용상 상통한다.

아울러 울릉도의 최정상(=최고봉 984m인 성인봉)에서 독도를 바라본 李奎遠(1833-1901)은 「사방을 바라보니 바다와 하늘이 아득할 뿐이요 다른 한 점의 섬도 없고…」[52]라고 기록했는데, 이것은 성인봉

---

52) 울릉군지편찬위원회, 「이규원 울릉도 검찰 계초본」 『울릉군지』, 울릉군, 2007, p.1379.

의 중턱에서 꼭대기까지 구름이 덮혀 있는 날이 많기 때문이다. 따라서 성인봉에 걸쳐 있는 구름의 아래 중턱 부근, 즉 망향봉(317m)에 있는 독도 전망대가 독도를 잘 볼 수 있는 높이이다. 이 높이에서 주민들이 많이 살고 있기 때문에 그곳에서 '風日淸明'을 조건으로 하여 '독도가 바라보인다'는 사실(=「風日淸明, 則可望見」)이 역사적으로 기록된 것은 당연한 것으로 볼 수 있다.[53]

4. '風日淸明'의 기상학적 재검토

1) 기상학적 관점의 검증

'風日淸明'에 대한 종래의 여러 해석들은 기상학적으로 재검토해볼 필요가 있다.

여기서는 종래의 연구 가운데 전영신·이효정의 「'울릉도에서 독도가 보인다'는 것의 기상학적 의미」란 연구의 주요 부분을 들어보기로 한다.

> "울릉도에서 독도가 보인다"는 최근 기상학적 검토에 따르면, 울릉도에서 87.4km의 직선거리에 놓인 독도가 보이는 순간은 울릉도 하늘이 아주 맑을 때인데, 울릉도 주민 대부분은 "독도가 보이기 전후에 비나 눈이 내린다"고 말한다고 한다. 이는 맑은 다음에 비가 오거나 비가 오

---

53) 전영신·이효정, 「'울릉도에서 독도가 보인다'는 것의 기상학적 의미」『독도! 울릉도에서 보인다』, 동북아역사재단, 2010, p.142.

기 전에 맑다는 것과 일맥상통한다. 이를 뒷받침해 줄 수 있는 것이 바로 기압계의 흐름이다. 시정이 아주 좋은 시기는 고기압의 영향권에 접어들었을 때다. 우리나라는 편서풍의 영향을 받으므로 기압계의 흐름이 동진한다. 따라서 고기압 이후에는 저기압이 오고 저기압 이후에는 고기압이 다가온다. 우리나라는 시베리아고기압, 북태평양고기압, 오호츠크해고기압, 이동성 고기압(=흔히 양쯔강 기단으로 알고 있음)의 영향을 받으며 이런 고기압들의 세력 변화로 인해 계절별로 각기 다른 기상현상이 나타난다. 봄과 가을은 이동성 고기압과 저기압의 영향을 받는다. 편서풍은 겨울동안 시베리아고기압의 세력 확장에 의해 남하해 주로 태평양 부근에서 분다. 하지만 봄에는 시베리아고기압이 약해지면서 북상하게 되고 중국 대륙에서 발생한 저기압과 고기압이 편서풍을 따라 이동하면서 우리나라에 영향을 미친다. 또한 여름철 북태평양고기압이라는 큰 세력에 의해 북상해 있던 편서풍이 가을철에는 남하해 우리나라에 큰 영향을 미친다. 이때도 저기압과 고기압이 함께 발생, 이동해오는 경우가 대부분이다.[54]

"박무가 되면 수평거리가 10km 이하가 되어 (울릉도에서) 독도가 잘 보이지 않게 된다. 따라서 늦봄부터 여름까지 독도를 보기 어렵다. 울릉도에서 독도가 잘 보이기 위해서는 울릉도에서의 수평가시거리도 중요하지만, 독도가 보이는 수평선 위의 조건도 중요하다."[55]

"동해상에 북풍이나 북동풍이 불고 있을 때가 독도가 보였던 날 36일 가운데 31일이다. 독도가 보이는 때에 울릉도와 북동쪽과 동쪽의 상

---

54) 전영신 · 이효정 같은 논문, pp.144-45 참조.
55) 전영신 · 이효정, 같은 논문, p.157.

대적으로 차고 깨끗한 공기가 이류(移流)되었다는 것이다. 이는 독도
가 보이는 경우를 '풍일청명'(86%)이라 기록한 것과 잘 부합하며 옛 선
조들의 관찰력에 다시금 놀라게 된다"[56]

위의 인용문을 참고한다면 우리의 역사서에 나오는 '風日淸明'이 단
순한 기록이 아님을 알 수 있다. 다시 말해서 '기상학'적인 이른바 '과
학적' 견지를 바탕으로 기록된 것임을 추론하게 된다. 요약하자면 '風
日淸明'은 '주변에 해무가 없는 맑은 날'에만 보일만큼 '독도는 (울릉
도)에서 떨어져 있다'[57]는 사실을 알려 준다. 해무란 바다에 끼는 안개
인데, 기상학적으로는 따뜻한 공기가 찬 해면으로 이동할 때 해면 부
근의 공기가 냉각되어 생기는 안개를 말한다.[58] '주변에 해무가 없다'
는 조건은 '울릉도에서'가 아니라 '독도 주변에서'를 말한다. 독도 주
변에서 '바람이 불어주어야' 해무가 걷힐 것이며, 울릉도에서 독도가
보이게 된다는 것이다. 그것도 주로 '가을철'이지만 조건이 되면 '그
이외의 시기'에도 볼 수는 있다는 말이다.

2) '울릉도에서 독도를 볼 수 없다'는 주장의 허구

주지하는 대로 일본 외무성은 국내외 홍보용으로 만든「다케시마
문제를 이해하기 위한 10의 포인트(竹島問題を理解するための10の

---

56) 전영신 · 이효정, 같은 논문, p.160.
57) 문철영,「'울릉도에서 독도가 보인다'는 것의 역사적 의미」『독도! 울릉도에서 보
   인다』, 동북아역사재단, 2010, p.61.
58) 전영신 · 이효정 앞의 논문, p.147.

ポイント)」가운데서(일본 외무성 홈페이지[59] 참조), 「2. 한국이 예부터 다케시마(독도)를 인식하고 있었다는 근거는 없습니다(韓國が古くから竹島を認識していたという根據はありません).」라는 억측 논리로 자국의 입장이 정당함을 위장하고 있다.[60]

이러한 일본 외무성의 입장은 카와카미 켄죠(川上健三)의 『竹島の歷史地理學的硏究』[61] 등의 왜곡된 입장을 그대로 답습한 것이다. 예컨대 카와카미는 1905년 일본이 독도를 자국의 영토로 편입하는 그 시점까지 한국인들은 독도를 인지하지 못하고 있었다고 본다. 그는 실제로 울릉도에도 가보지 않고서 울릉도에서 독도가 보이지 않는 것을 증명하기 위해서 '과학'을 위장한 다음의 가시거리 공식[62]까지 동원한다. 아울러 그는 울릉도에서는 해발 200m이상 올라가지 않을 경우 독도를 볼 수 없는데, 200m이상 올라간다 하더라도 당시 밀림이 무성하여 독도를 볼 수 없었다고 주장한다.[63] 따라서 그는 『高麗史』

---

59) 일본 외무성 홈페이지 해당 부분(http://www.mofa.go.jp/region/asia-paci/takeshima/pamphlet_k.pdf)(검색일: 2013.5.1)

60) 결국 이러한 논리를 토대로 일본은 「1. 다케시마는 역사적 사실에 입각해 봐도, 국제법상으로도 명백한 일본국 고유의 영토이다. 2. 한국에 의한'다케시마 점거는 국제법상 아무런 근거 없이 이루어지고 있는 불법 점거이며 한국이 이런 불법 점거에 의거해 다케시마에서 행하는 어떤 조치도 법적인 정당성이 있는 것이 아니다. *한국 측으로부터는 일본국이 다케시마를 실효적으로 지배하고 영유권을 확립하기 이전에 한국이 이 섬을 실효적으로 지배하고 있었다는 사실을 보여주는 명확한 근거가 제시되지 않고 있다.」(일본 외무성 홈페이지 해당 부분: http://www.mofa.go.jp/region/asia-paci/takeshima/index-k.html)(검색일: 2013.5.1)

61) 川上健三, 『竹島の歷史地理學的硏究』, 古今書院, 1996.

62) 이 공식은 다음과 같다.

$$D = 2.09 (\sqrt{H} + \sqrt{h})$$

D: 가시거리(해리), H: 물체의 해면높이(m), h: 눈높이(m)

63) 川上健三 前揭書, 1996, pp.281-82.

「지리지」나 『世宗實錄』 「지리지」의 「…相距不遠, 風日淸明, 則可望見」이라는 기록이 울릉도와 독도 사이의 사실이 아니라 한반도 본토에서 '맑은 날' 울릉도를 바라본 상황을 묘사한 기록이라고 보았다.[64]

안용복을 제외하고는 그 전후에 한국인들이 오늘날 竹島를 인지하고 있었다고 할만한 확실한 증거는 없다. 한국인이 竹島의 존재를 알았던 것으로 확실히 추정할 수 있는 것은 그들이 울릉도에 정착하고, 일본인에게 고용되어 竹島에 출어하게 되고, 또한 일본인의 지도로 울릉도 근해에서 조업하게 된 이후의 일로, 그 시기는 명치37(=1904)년, 38(=1905)년 이후로 추정된다.[65]

이런 왜곡된 논의는 이미 과학적으로 논박되고 있다.[66] 그리고 한국 측에서 일본의 '울릉도에서는 독도를 볼 수 없었다'는 주장에 대해 역사적 반박의 증거자료로 주로 인용하는 것이 『高麗史』·『世宗實錄』·『新增東國輿地勝覽』에 나오는 「于山·武陵…二島相距不遠, 風日淸明, 則可望見」이라는 구절이다. 이 가운데서도 대부분 울릉도에서 독도를 볼 수 있는(='可望見') 가장 중요한 조건인 '風日淸明'의 해석을 대부분 애매하게 처리해버리고 있는 것이다.

'風日淸明'이란 네 글자는 소홀히 하기 쉬우나 '울릉도에서 독도를

64) 川上健三 上揭書, p.282.
65) 川上健三 上揭書, p.275.
66) 이에 대해서는 예컨대, 전영신·이효정, 「'울릉도에서 독도가 보인다'는 것의 기상학적 의미」, 『독도! 울릉도에서 보인다』, 동북아역사재단, 2010와 정태만, 「독도문제의 수학적 접근 - 독도는 왜 지리적, 역사적으로 우리 땅이 될 수밖에 없는가?」 『獨島硏究』, 영남대학교독도연구소, 2008.12.

인지하는 중요 조건'이다. 다시 말해서 '평일' 혹은 '특별한 시기(=계절)'에 '風日淸明'이라는 조건을 충족시키면 일상생활 속에서 관습적으로 울릉도에서 독도를 인지할 수 있다는 것을 지적해주고 있다.

5. 결어

위에서 논의한 것을 종합해보면 이제 다음과 같은 결론을 내릴 수 있다 : '風日淸明'의 뜻은, 바람이 불어서 독도 주변의 해무가 걷힌 맑은 날이라는 조건이 충족되면 언제든지 울릉도에서 독도가 보인다는 뜻이다. 그래서 '風日淸明'은 기상학적인 상식을 바탕으로 기록한 言明임을 입증한다.

좀 더 구체적으로 논의한다면 '風日淸明'은 독도 주변에 '바람이 불어야' 하고 동시에 울릉도 및 독도 해역에 '날씨가 맑아야' 한다는 두 조건을 충족시켜야 된다는 말이다. 아무리 울릉도 및 독도 해역이 '(날씨가) 맑아도', '해무가 있으면' 울릉도에서 독도를 볼 수 없다는 것이다. 이 해무를 걷히게 하기 위해서는 '바람이 불지 않으면 안 된다'. 그래서 '風日淸明'은 '바람 불어/불며/부는 날' + '맑으면'이라는 두 조건을 충족시키는 기상학적 함의를 가진 개념임을 알 수 있다.

이런 분명한 사실에도 불구하고 기존의 연구에서는 아쉽게도 울릉도에서 독도가 보이는 조건이 '바람 부는 날 맑으면'인지, '언제든지'인지, '가을 철(9월-11월)에만'인지 진술이 혼재하거나 애매함을 드

러내고 있다.[67] 그래서 동북아역사재단이나 외무부, 그리고 교육부 등
에서 '風日淸明'의 해석을 공식적인 문건에 기재할 경우 보다 세심한
주의할 필요하다고 본다.

인간의 인지능력 중에 가장 중요한 것이 바로 '視覺'-'見'이다. 시각
다음에 오는 것이 '聽覺'-'聞'이다. 그래서 보통 '視聽覺' 혹은 '見聞'이
라는 관용구를 사용한다. 울릉도에서 보통 육안으로도 독도가 보인다
는 것은, 울릉도 거주민들이 평소 독도라는 존재를 인지하고 있었고
[68] 아울러 독도를 울릉도와 하나되는 생활문화권역으로 인식해왔다
는 것을 입증하는 것이다. 육안으로 독도를 볼 수 있다는 것(="울릉도
에서 독도가 육안으로 보인다"의 의미)은 이미 일반 카메라로 촬영된
사진으로도 입증(『한겨레뉴스』2008.7.21)[69]되었기 때문에 더 이상
논란의 여지는 없다.[70] 물론 울릉도에서 독도가 보인다는 것이 독도가
울릉도의 부속섬이며 곧바로 한국의 영토라고 단정짓는 논리와는 다
른 것이라고 누군가 주장한다 하더라도 일단 울릉도 주민이 일상적으
로 독도를 볼 수 있고 그 존재를 인지하고 있었다는 사실은 바꿀 수 없
음이 분명해진 것이다.[71]

---

67) 홍성근 외, 『독도! 울릉도에서 보인다』, 동북아역사재단, 2010에는 여러 진술이 혼
재하고 있다(p.17, p.24 참조).
68) 물론 당시 사람들의 시력 조건(시력이 지금보다 좋았다는 점) 등도 검토해야 할
사안이다.
69) 「"울릉도에서 독도가 육안으로 보인다"의 의미는?」(한겨레뉴스, 2008.7.21.)
(http://www.hani.co.kr/arti/society/society_general/299875.html)(검색
일:2013.5.1)
70) 정태만, 「독도문제의 수학적 접근 - 독도는 왜 지리적, 역사적으로 우리 땅이 될
수 밖에 없는가?」, 『獨島硏究』, 영남대학교독도연구소, 2008.12, p.177 참조.
71) 「"울릉도에서 독도가 육안으로 보인다"의 의미는?」(한겨레뉴스, 2008.7.21.) 참
조.

국제법에서는 울릉도와 독도의 '지리적 근접성'을 '지리적 접속 또는 연속성, 영토적 인접성'을 근거로 영토주권을 주장할 수 있다는 논의가 있다. 즉 본토에 가까운 섬인 경우 본토가 속한 국가의 영토 일부분을 이루고 또 군도의 경우에는 主島의 운명에 따라 나머지 섬의 운명이 결정된다는 논의이다.[72] 이제 울릉도에서 독도가 보이는 조건인 「風日淸明, 則可望見」이 분명히 입증되었기에 앞서 언급한 「다케시마 문제를 이해하기 위한 10의 포인트」중 「2. 한국이 예부터 다케시마(독도)를 인식하고 있었다는 근거는 없다」라는 주장은 '사실 왜곡'임이 밝혀져 논란할 필요가 없게 된 것이다. 그만큼 우리는 우리 역사서에 기록된 이 '風日淸明'에 내포한 기상학적인 함의와 진실을 충분히 살려내고 홍보할 필요가 있다고 본다.

---

72) 홍성근 앞의 논문, pp.89-90 참조.

환경의 관점에서 읽는 중국 고대 사상
試論

1. 서론

이 글은 중국 고대의 경서를 중심으로 환경 및 그 파괴나 변화의 실상에 대하여 살펴보는 것이다.

여기서 말하는 '環境'이란 '인간을 둘러 싼 주변 혹은 자연적 조건이나 사회적 상황'이란 의미이며, 근대기 영어 'environment'의 번역어로서 자리잡은 개념이다. 한자어 '環境'이란 말은, 예컨대 『신당서』 「王凝傳」에 「時, 江南環境, 爲盜區(당시에 강남 지역은 도적의 구역이었다)」라든가, 남송시대 洪邁(1123~1202)의 『夷堅甲志』 「宗本遇導人」에 「二月, 環境盜起(2월에 주변에서 도적이 일어났다)」와 같이 '周邊' · '周圍'라는 뜻으로 사용되었다. 아울러 '環境'이란 개념은 거의 유사한 뜻으로 우리 고전에도 자주 등장한다.[1]

영어 'environment'란 말은 원래 프랑스어에서 '圓' '環' '周邊(周圍)'을 의미하는 'Viron'에서 유래하였다. 다시 말해서 en(안으로, within)+viron(圓, 環, 周邊(周圍). circle, ring)(→ 둘러싸다, 포위하다, 두르다)에 명사형접미사 ment가 붙어서 만들어진 개념이다. 그런데, 'environment' 경우 그 주체는 어디까지나 '인간'이다.[2] 인간이 만들어 내는 주변(주위)라는 점에서 生物·生態는 그 핵심에서 일단 비껴나 있다.

인간의 역사에서 새로운 문화, 문명의 창출은 주변·주위의 자연을 파괴-훼손하는 과정으로 이루어져 왔다. 따라서 환경파괴는, 정도의 차이가 있을 뿐, 문화, 문명의 발달에 따른 필연적인 산물이라 할 수

---

1) 예컨대 한국고전번역원의 원문 DB를 검색(http://www.itkc.or.kr/)(검색일자: 2015.3.31)을 해보면 다음의 여러 예들이 발견된다(검색 순서로 나열).
 • 金正國의 『思齋集』卷二, 詩, 「珍島碧波亭」에 「環境滄溟闊」
 • 閔齊仁의 『立巖集補遺』, 詩文, 「寧邊開平驛四絶堂」에 「溪山環境舊」
 • 鄭逑의 『寒岡集』卷11, 祝文, 「餘航山謝雨文」에, 「忽遍於環境遠近」
 • 李恒福의 『白沙集』卷1, 詩, 「偶吟」에 「萬里春陰環境落」
 • 李瀷의 『星湖全集』卷52, 序, 「小山草廬序」에 「由都門四之環境之內」
 • 趙顯命의 『歸鹿集』卷18, 序, 「聞韶閣宗會序」에 「環境散處者甚繁云」
 • 黃德吉의 『下廬集』卷6, 書, 「上縣宰」에 「環境大小民庶」
 • 金光煜의 『竹所集』卷3, 詩, 「送盧蔚山 之任」에 「環境向來饒剝鑠」
 • 李元禎의 『歸巖集』卷3, 疏, 「請冠山書院賜額疏」에 「故環境土而設八齋」
 • 洪柱國의 『泛翁集』卷2, 五言律詩, 「贈朴殿中 出宰奉化」에 「環境想山皆」
 • 趙顯期의 『一峯集』卷8, 封事, 「甲午封事」에 「將見環境之內」
 • 李時恒의 『和隱集』卷4, 疏, 「請修西路中嶺關防疏」및 『和隱集』卷8, 附錄, 「通訓大夫行兵曹正郞兼春秋舘記注官李公行狀[楊日榮]」에 「開野環境」
 각각 뉘앙스가 있긴 하나 기본적으로는 인간을 둘러 싼 주변 경관이나 자연적·사회적 조건을 의미하고 있다.
2) 물론 'ecology'도 환경이란 말로 사용되는 경우가 있지만, 보통 '生態'로 번역한다. 'ecology'는 지구상의 모든 생물의 상호연관을 객관적으로 정리하고 과학적으로 분석하는 관점이다. 따라서 주체가 인간이 아니라 생물들이다.

있다. 중국, 동아시아 사회에서도 환경 파괴는 사회, 도시의 발달과 확대에 따른 공통된 현상이었다.

이러한 역동적인 현상들이 중국 고대의 經書(예컨대 『春秋』, 『論語』, 『孟子』, 『墨子』, 『韓非子』, 『老子』, 『莊子』 『管子』 등)에 부분적으로 반영되어, 그 흔적을 남기고 있다. 따라서 경서를 통해서도 우리는 고대 중국의 환경 문제를 추정해 볼 수 있는 것이다.

그런데, 국내의 연구에서는 보통 중국 고대의 사상 관련 텍스트를 철학사상, 윤리도덕, 정치경제의 문제를 살펴보는데 중점을 두어왔다. 더 구체적으로는 본체론과 인성론 중심으로 논의되어 왔기 때문에, '환경' 문제가 어떻게 기록, 반영되어 있는지를 본격적으로 살핀 경우는 드물었다. 그러나 해외의 경우에는, 예컨대, 原宗子(하라 모토코)의 『古代中國の開發と環境-『管子』地員篇研究 - 』(東京: 研文出版, 1999) ·『環境から解く古代中國』(東京: 大修館書店, 2009)와 같은 연구가 있다.[3] 이 연구에서는 이러한 기존의 연구를 토대로 중국 고대의 환경 문제를 살펴보는데 주요한 참고 자료로 삼고자 한다.

아래에서는 중국 고대의 환경 관련 문제를, 『노자』, 『논어』, 『장자』, 『맹자』, 『한비자』에서 보이는 몇 가지 예를 중심으로, 중국사상사 연구를 다른 각도에서 접근해보는 하나의 시론으로서 논의해 볼 것이다.

---

3) 이외에도 다음을 참고 바람: 原宗子(2005), 『「農本」主義と「黃土」の發生』, (東京; 研文出版), 岩田進午(1985), 『土のはなし』, (東京: 大月書店). 이 논문은 原宗子(2009), 『環境から解く古代中國』, (東京: 大修館書店)에서 많은 시사를 얻었음을 밝혀둔다.

2. 중국 고대의 환경 파괴의 여러 형태들

1) 주지육림

『史記』「殷紀」에 나오는 이야기이다. 즉 夏나라 桀王이 성질이 거칠고 포악하여 무고한 백성을 죽이고 탐욕에만 빠져 정사가 말이 아니었다. 거기에다가 末喜라는 미녀에게 취하여 밤낮 주색에 빠져 고기를 숲처럼 쌓아 놓고 술을 빚어 못에 댈 정도로 호화를 다하였다. 술로써 못을 삼고 고기를 걸어서 숲을 이루고서, 남녀로 하여금 벌거벗겨서 서로 그 사이에서 장난치게 하여 밤이 새도록 마시니 백성이 원망하였다. 殷나라 紂王은 夏나라 桀王과 더불어 '桀紂'라 하여 전형적인 폭군의 대명사로 불려진다. 그리고 그들 뒤에는 傾國之色의 미인들이 있었으며, 그들에게 붙는 말이 바로 '酒池肉林'이란 용어이다.

그런데, 酒池肉林이란 말에는 여러 가지 정보를 가지고 있다. 즉 당시의 사냥에 대한 상황이나 동물 포획이 자주 이루어지고, 그것이 가능한 충분한 사냥터가 있어야 함을 암시한다.

관련 연구에 따르면, 지금으로부터 약 1만년 전 제4 빙하기가 끝나고 서서히 따뜻해지면서 8천년 경부터 대략 4천년 사이 황화 유역은 온난하였으나 기원전 2천년 경 즉 약 4천년 전부터 한랭화와 건조화가 발생하였다[4]고 한다.

아울러 한랭화 · 건조화가 진전됨에 따라 벼농사(稻作)는 곤란하게 되고, 植生(지표에 생육하고 있는 식물의 집단)의 면에서 본다면 樹木

---

[4] 原宗子(2009),『環境から解く古代中國』, (東京: 大修館書店), 7쪽 참조.

이 감소하고, 草類 중심으로 변화하고 있었다. 현재 鄭州에 있었던 殷王이 殷墟로 거주지를 옮긴 것은 이러한 한랭화가 시작된 시기에 해당한다. 다만 洛陽·鄭州 부근보다 좀 북쪽인 은허 근처에서는 한랭화가 시작되었다 하더라도 삼림은 좀 남아 있었다. 왜냐하면 「은왕이 수렵을 하였다」는 기록이 남아 있기 때문이다. 현재 남아 있는 방대한 갑골문 속에는, '田'자로 표시된 경우가 많은 왕의 수렵에 관한 卜辭를 살필 수 있다(田+獵에서 田獵이라는 말이 나온다). 여기에는 '수렵 일규정' 같은 규칙이 발생하고 있으며, 수렵이 빈번하게 이루어지고 토지는 모두 은허에서 반경 20키로미터 정도의 장소였다. 이 시대에는 수렵·채집이 생활의 중심이었고, 이런 활동은 자원(=생식하고 있는 동식물)이 아무리 풍부하더라도 수렵하고 채취하는 사람의 테크닉(기량), 그때그때의 기후상황 등의 조건에 따라 획득물의 많고 적음이 달라지기 마련이다. 수렵을 하여 획득물이 있다는 것은 수렵지의 신들이 수렵을 한 王(=帝)에게 '貢物이 있다'고 상징한다. 수렵의 卜辭에 나오는 '省'[=구체적으로는 '본다(見)'는 행위]은 그 지역의 地靈, 산천의 신들, 그곳에 서식하는 動植物, 그 땅을 가진 인간의 靈 등에게 王(=帝)이 영향력·지배력을 미치는 것이라고 생각하고 있었다. 그래서 '省'은 단순하게 '본다(見)'는 행위가 아니고 巡視·征伐과 밀접하게 관계하는 주술적 의례이다. 다시 말하면 동서양의 문화에서 권력자가 '본다'는 행위는 靈的·呪術的인 힘을 보여주는 것이다.[5] 따라서 사냥은 王(=帝)權 유지를 위한 巡視·征伐의 한 표현으로 통치영역의 확인, 번식 및 생산력의 점검, 권위의 과시 등을 함축하고 있는 것이

---

5) 原宗子(2009), 『環境から解く古代中國』, (東京: 大修館書店), 9-11쪽 참조.

다. 한 마디로 여성성을 보여주는 대지를 지배하는 남성성의 과시이
다.

아울러 수렵(田獵)은 제사를 위한 희생물의 제공 기반과 형식이라
는 차원에서 중요하다. 거기에는 충분한 술과 음식이 필요하며 '酒池
肉林'이란 成語에는 이런 정치적, 사회적, 문화적 관련성을 읽을 수 있
다. 주지육림을 위해서는 동물의 개체수가 감소하거나 동물들이 서식
하는 산천초목이 훼손되거나 해선 안 되므로 수렵일이 정해져야 하는
등등의 수렵규칙이 필요하다. 더구나 한랭화와 건조화의 진행에 따라
산천초목이 줄어들고 동물의 개체수가 감소하여 왕의 제사와 희생,
고기와 술, 축제와 유흥은 '사치'와 '낭비' 요인으로 인식되고 결국 국
가 부실과 멸망의 원인으로 귀착할 수밖에 없었다는 이른바 주나라의
은나라 타도 명분과 빌미를 주었다. 주나라에 의해 혹은 은나라 자체
적으로 '은나라는 망할 수밖에 없었다' 부덕한 은 왕조 이미지(상) 만
들기, 은나라 제사의 무용성(무의미) 선전하기의 명분용 논거로서 -
이것은 반대로 주나라 정권의 정당화였다 - 등장한 것이 '酒池肉林'이
었다. 말하자면 주지육림의 고사는 주나라가 殷나라의 마지막 군주인
紂王의 부덕(난폭 · 음란 · 사치 등)을 선전하고 환경 변화에 따른 음
주와 육식 제한 분위기를 만들어 가는 주나라 혁명을 위한 매우 유용
한 설화였다.[6] 즉 환경의 변화를 혁명을 위한 정치사상에 매우 탁월하
게 적용하여 활용한 예가 '酒池肉林'이라는 내러티브였다.

---

6) 이에 대한 논의는 原宗子(2009), 『環境から解く古代中國』, (東京: 大修館書店),
   13-16쪽 참조.

2) 守株待兎

일반적으로 잘 알려진 속담 「수주대토(守株待兎)」가 있다. 「지킬 수(守), 그루터기 주(株), 기다릴 대(待), 토끼 토(兎)」의 네 글자가 모인 것이다. 이 이야기는 『한비자』「五蠹篇」에 나온다.[7]

상고시대에는 사람은 적고 새나 짐승이 많았다. 사람들이 새, 짐승, 벌레, 뱀을 이기지 못하였다. 어느 성인이 일어나 나무를 얽어 집을 만들어서 여러 가지 해악을 피하게 하였다. 그래서 민이 좋아하여 천하의 왕으로 삼고 그를 유소씨(有巢氏)라고 불렀다. 민은 나무열매, 풀씨, 조개를 먹었으나 비린내 나고 더러운 냄새로 뱃속이 상하여 병을 많이 앓았다. 어느 성인이 일어나 부싯돌로 불을 일으켜서 비린내를 없앴다. 그래서 민이 좋아하여 천하의 왕으로 삼고 수인씨(燧人氏)라고 불렀다. 중고(中古)시대에는 천하에 큰물이 나서 곤(鯀)과 우(禹)가 물을 텄다. 근고(近古)시대에는 걸(桀)과 주(紂)가 난폭하여 탕(湯)과 무왕(武王)이 정벌하였다. 만약 하후씨(夏后氏)의 시대에 나무를 얽거나 부싯돌을 긋는 자가 있었다면 반드시 곤과 우에게 비웃음을 당하였을 것이다. 은(殷)과 주(周)의 시대에 물을 트는 자가 있었다면 반드시 탕과 무왕에게 비웃음을 당하였을 것이다. 그렇다면 요즘 시대에 요·순·우·탕·문·무의 도를 찬미하는 자가 있다면 반드시 새 성인에게 비웃음을 당할 것이다. 이런 까닭으로 성인은 옛 것을 따르기를 기필하지

---

7) 오두의 '두'란 나무속을 파먹는 좀 벌레를 가리킨다. 나라 안에 기생하는 벌레 같은 사람들을 비유한 것이다. 즉 국정이 어지러운 틈을 타서 혼란을 조장하는 무리들의 행태를 다섯 가지 부류[①儒者(=학자), ②言談者(=유세객), ③帶劍者(=遊俠客), ④患其御者(평민 신분을 버리고 세도가의 종이 된 자), ⑤商工民]로 나누고 이를 오두라 하였다.

않고 일정한 법을 지키려 하지 않으며 하지 않으며 시대 사정을 문제 삼아 알맞은 대책을 세운다. 송(宋) 나라 사람으로 밭갈이 하는 자(=농부)가 있었다. (하루는 밭을 갈고 있었는데) 밭 가운데 나무 밑동이 있어 토끼가 (숲 속 어디선가 달려 나와) 달음박질치다가 나무 밑동에 걸려 목이 부러져 죽었다. 그래서 그는 (밭 갈던) 쟁기를 집어던져 버리고 나무 밑동을 지키며 다시 토끼 얻기만을 바랐다. 그러나 토끼를 다시는 얻을 수 없었으며 자신이 송나라의 웃음거리가 되었다. 지금 선왕의 정치를 가지고 요즘의 민을 다스리려 하는 것은 모두 나무 밑동을 지키는 것과 같은 부류다. 다시 나타나지 않았고, 그는 사람들의 웃음거리가 되었다.(밑줄은 인용자. 이하 같음)

옛날에는 남자가 농사짓지 않아도 초목의 열매가 먹거리로 넉넉하였고 여자가 베 짜지 않아도 새나 짐승들의 가죽이 옷 해입기에 넉넉하였다. 힘들여 일하지 않아도 생활이 넉넉하며 사람 수가 적고 물자가 남아 민이 다투지 않았다. 이런 까닭으로 후한 상을 내리지 않고 중벌을 쓰지 않아도 민이 저절로 다스려졌다. 지금은 한 사람에게 다섯 자식이 있어도 많지 않은데 또 다섯 자식을 가져 조부가 아직 죽지 않으면 스물 다섯 명의 손주가 된다. 이런 까닭으로 사람 수는 많아지고 재화는 적어지며 힘써 일해 지치더라도 생활이 야박하므로 민이 다투게 되었다. 비록 상을 배로 하고 벌을 더하더라도 혼란에서 면하지 못하게 되었다.[8]

---

8) 『韓非子』「五蠹」: 上古之世, 人民少而禽獸衆, 人民不勝禽獸蟲蛇. 有聖人作, 搆木爲巢以避羣害, 而民悅之, 使王天下, 號曰有巢氏. 民食果蓏蚌蛤, 腥臊惡臭而傷害腹胃, 民多疾病. 有聖人作, 鑽燧取火以化腥臊, 而民悅之, 使王天下, 號之曰燧人氏. 中古之世, 天下大水, 而鯀, 禹決瀆. 近古之世, 桀紂暴亂, 而湯武征伐. 今有搆木鑽燧於夏后氏之世者, 必爲鯀, 禹笑矣. 有決ㄴ게於殷, 周之世者, 必爲湯武笑矣. 然則今有美堯舜湯武禹之道於當今之世者, 必爲新聖笑矣. 是以聖人不期脩古, 不法常可, 論世之事, 因爲之備. 宋人有耕田者, 田中有株, 兔走觸株, 折頸而死. 因釋其耒而守株, 冀復得兔,

일반적으로 '守株待兎'에 대하여 사전에서는 이렇게 기술하고 있다: 「어떤 착각에 빠져 되지도 않을 일을 공연히 고집하는 어리석음을 비유하는 말. 원래 그루터기를 지켜보며 토끼가 나오기를 기다린다는 뜻으로『韓非子』「五蠹篇」에 나오는 말이다. 韓非는 堯舜의 이상적인 왕도정치를 시대에 뒤떨어진 사상이라고 주장하여 그를 반대하는 사람들에게 이런 이야기를 하였다. (중략) 이는 곧 낡은 관습만을 고집하여 지키고, 새로운 시대에 순응하지 못하는 것을 가리킨 말이다.」[9]

그러나 守株待兎에는 이런 설명을 넘어선 여러 가지 환경 관련 정보가 들어 있다. '왜 밭가운데 나무 밑동(株)이 남아 있는가?', '왜 토끼(兎)가 어디서 갑자기 뛰쳐나왔는가?' 등에 대해서 좀 더 당시의 상황을 고려하여 논의할 필요가 있다.

여기서 우선 이야기의 주인공인 '송' 나라 사람들에 대한 이야기를 좀 더 살펴볼 필요가 있다. 송은 周에 의해 망한 殷나라의 유민들이 많이 살던 땅이다. 송나라 사람들은 은 왕조의 문화전통과 유풍을 계승하고 있는 지역이다. 송은 주 왕조 이래 피정복 부족이 사는 땅으로서 지목되어 회자되며, 멸시받고 천대받아 온 약소국이었다. 그들은 가난하고, 순진하고, 단순하여서 주변국들로부터 바보 취급을 받았다. 그래서 '바보'의 대명사가 된 나라다.『莊子』「逍遙遊」에 나오듯

兎不可復得, 而身爲宋國笑. 今欲以先王之政, 治當世之民, 皆守株之類也. 古者丈夫不耕, 草木之實足食也. 婦人不織, 禽獸之皮足衣也. 不事力而養足, 人民少而財有餘, 故民不爭. 是以厚賞不行, 重罰不用, 而民自治. 今人有五子不爲多, 子又有五子, 大父未死而有二十五孫. 是以人民衆而貨財寡, 事力勞而供養薄, 故民爭. 雖倍賞累罰而不免於亂.[한글 번역은 이운구 옮김(2010),『한비자』II, (서울: 한길사), 885-6쪽을 참조.]

9) 네이버 백과사전: http://100.naver.com/100.nhn?docid=97330(2015.3.31검색)

이, 송인들은 조상들의 전통을 존중하였으며 순박하였다. 은에서 제사 때 착용하던 예복의 하나인 章甫를 팔러 越나라에까지 갔다는 이야기나 조상 대대로 '손 트지 않는 약(不龜手之藥)'을 물려받아 그 노하우(비방)를 백금의 싼 값에 팔고서 계속 손물빨래(세탁업)를 하며 생계를 꾸려갔다는 이야기는 바보 같이 순박한 그들의 심성을 엿볼 수 있는 대목이다. 송나라 사람들을 둘러싼 어리석음, 야유, 무시, 바보취급 등으로 회자되는 이야기는 더 있다. 쓸데없는 인정을 베풀거나 불필요한 동정이나 배려를 하는 어리석은 행동을 비유하는 이야기인 '宋나라 襄公의 仁'(宋襄之仁)[10], 狙公(원숭이 사육사)이 잔꾀로 원숭이를 농락하는 '朝三暮四' 이야기[11]나 연못 속 물고기가 재앙을 당했다는 황당한 이야기인 '池魚之殃'[12]가 그것이다. 중국사상사에서 유명한

---

10) 관련 이야기는 『史記』「宋微子世家」나 『左傳』「僖公 22년」에 기록되어 있으며 宋襄之仁이란 비웃음에 대한 정리는 『十八史略』「春秋戰國」에 잘 되어 있다 :「송양공이 제후의 패자가 될 욕심으로 초나라와 전쟁을 했다. 공자 목이가 초나라 군대가 아직 진을 형성하지 못했을 때 치자고 청했다. 양공이 말했다. "군자는 다른 사람이 어려움에 처했을 때 곤란하게 만들지 않는 것이오." 그러다가 초나라에 패했다. 세상 사람들은 이를 송나라 양공의 인이라고 하며 비웃었다.(宋襄公欲霸諸侯, 與楚戰. 公子目夷, 請及其未陣擊之. 公曰, 君子不困人於厄. 遂爲楚所敗. 世笑以爲宋襄之仁.)」

11) 『莊子』,「齊物論」

12) 『呂氏春秋』,「必己篇」에 나오는 이야기다. 즉 「춘추 시대 송(宋)나라의 사마(司馬)라는 벼슬에 있던 환퇴(桓魋)라는 사람에게는 천하의 진귀한 보석이 있었다. 그런데 그는 죄를 지어 벌을 받게 되자 보석을 가지고 종적을 감추어 버렸다. 한편 환퇴의 보석 이야기를 듣고 탐이 난 왕은 보물을 차지해야겠다고 생각했다. 왕은 환관들에게 환퇴를 찾아 보석을 감춰 둔 곳을 알아보라고 명했다. 환퇴는 자신을 찾아온 환관에게 이렇게 말했다. "그 보석은 내가 도망칠 때 궁궐 앞 연못 속에 던져 버렸소." 보고를 받은 왕은 즉시 사람을 시켜 연못의 물을 퍼내고 찾으라고 했으나 아무 것도 찾아내지 못하자, 결국 물고기들만 말라 죽고 말았다(宋桓司馬有寶珠, 抵罪出亡, 王使人問珠之所在, 曰, 投之池中, 於是竭池而求之, 無得, 魚死焉)」.

莊子도 송의 수도(國都)는 睢陽의 동북쪽 교외 '蒙' 사람이었다. 그곳에서 그는 漆園 즉 '옻밭'의 관리인이었다.[13] 사람을 다스리는 관리가 아니라 식물을 관리하는 관리였다. 그는 여기서 식물적인 관찰과 상상력으로 여러 가지의 '나무'이야기를 하거나 나무의 쓸모있음(有用), 쓸모없음(無用)의 발상법을 피력해간다. 약소국 송에 살며, '옻 밭'을 관리하던 장자는 끼니를 거를 지경으로 가난하여 쌀 한 되박을 꾸러 갔다가 퇴짜 받고 희롱당하기도 한다.[14]

중국 고대의 事典인 『이아(爾雅)』에는 각지의 '藪'(수: '수풀'을 의미하며 삼림지역을 말한다)를 나열한 항목이 있다. 대표적인 것 열 개를 '十藪'라 하며, 草木魚鼈(수풀과 海産動物)이 풍부한 열 곳이며, 이 가운데 「송에는 孟諸가 있다(宋有孟諸)」[15]고 한다. 孟諸는 송의 國都인 睢陽 근처 즉 하남성 商丘縣의 동북쪽이다. 송에서는 孟諸 등을 이용하여 은대 이래 제사를 계속하는 데에 필요한 수렵이 행해지고 있었다. 그런데 춘추시대는 수렵 · 채집 경제 생활이 차츰 곤란해지는 한랭기를 맞이하고, 周族의 정치지배 방침 아래에서는 송의 정치가 곡물생산중심의 경제정책이 행해졌다. 구체적으로는 各邑에 일정 할당량의 곡물을 징수하는 정치방침으로 전환하였다.[16] 송나라 사람의 일화 가운데 『孟子』「公孫丑」에 나오는 '揠苗' 이야기[17]는 농업과 식량증

---

13) 칠원이 '지명'이라고 보는 경우도 있지만, 문자 그대로 옻밭임에 틀림없다.
14) 『莊子』, 「外物」
15) 『爾雅』, 「釋地」: 「魯有大野, 晉有大陸, 秦有楊陓, 宋有孟諸, 楚有雲夢, 吳越之間有具區, 齊有海隅, 燕有昭余祁, 鄭有圃田, 周有焦護」.
16) 原宗子(2009), 『環境から解く古代中國』, (東京: 大修館書店), 59-60쪽 참조.
17) 송나라의 어떤 사람은 싹이 더디게 자라는 것이 안타까워 싹을 쑥쑥 뽑아 올려놓고 집으로 돌아와 이렇게 말했다. "오늘은 피곤하구나. 내가 싹이 잘 자라도록 살짝 뽑아 놓고 왔다." 이에 그 아들이 놀라 급히 달려가 보니 이미 싹은 말라 죽어

진의 차원에서 더 음미해볼 필요가 있을 것이다. 말하자면 이 이야기가 송나라 사람들이 바보거나 어리석었다는 점이 논의될 것이 아니라 왜 그들이 '더 빨리'라는 성장과 속도를 추구하여 '助長'이라는 말로 회자되는가를 살필 필요가 있다.

따라서 농토의 확대로 산을 개간하고 그에 따라 火田이 증가하여 산림이 줄어드니 동물들이 활동할 영역도 사라지기 마련이다. 나무 밑동은 삼림을 태워서 밭으로 만들었기에 삐죽히 날카롭게 튀어나온 나무를 상정할 수 있다.[18] 더구나 좁아진 삼림지역에서 맹수들이 토끼 같은 약소 동물을 추격해오거나 또는 사냥에 쫓겨서 수풀을 벗어나 부득이 농사짓는 밭으로 다급하게 튀어나오다가 삐죽삐죽하게 잘린 나무밑동에 부딪혀 죽게 되는 경우가 있었음을 보여준다. 이처럼 守株待兎에서 예측할 수 있는 것은 곡물생산의 확대, 철기 도구로 개간하는 탓에 살림이 훼손되는 등의 경제적, 환경적 배경이다.

3) 齊 나라 우산(牛山)의 아름다운 숲의 훼손

孟子는 牛山之木(우산의 나무)을 예로 들어 인간의 본심을 비유하고 있다. 후대의 사람들 이 모두 벌거숭이 산으로 생각하는 齊나라의

있었다. 천하에 싹이 자라는 것을 돕지 않는 자가 드문데 무익하다 하여 버려두는 사람은 김매지 않는 사람이요 잘 자라도록 싹을 뽑아놓은 사람은 무익할 뿐 아니라 해치는 것이다(宋人有閔其苗之不長而握之者, 芒芒然歸, 謂其人曰, 今日病矣, 予助苗長矣. 其子趨而往視之, 苗則矣. 天下之不助苗長者寡矣. 以爲無益而舍之者, 不耘苗者也. 助之長者, 握苗者也, 非徒無益, 而又害之.)

18) 이 부분은 原宗子(2009), 『環境から解く古代中國』, (東京: 大修館書店), 62-66쪽을 참고.

牛山은 원래 초목이 무성하여 아름답던 산이었다. 그런데 이 산을 사람들이 도끼를 들고 와서 함부로 찍어대니 그 아름답던 숲이 모두 망가져 버렸다는 것을 '인간의 선한 본성이 외부적 요인으로 선한 성질을 잃어버렸음'에 비유한 것이다. 이 이야기에서 맹자 당시 제나라에서 삼림개발로 인해 아름답던 산림이 훼손되는 예가 많았음을 보여준다.

> 牛山의 나무들은 일찍이 무성하고 아름다웠는데, 큰 성곽 도시 근교에 있어서 도끼로 나무를 함부로 벤다면 아름다울 수 있겠는가?[19]

아울러 맹자는 동물의 남획 방지, 식량증산 등에 대해서도 다음과 같이 말한다.

> 농사철을 어기지 않으면 곡식을 배불리 넉넉히 먹을 것이요, 촘촘한 그물을 깊은 연못에 던지지 않으면 물고기 넉넉히 먹을 것이요, 도끼를 적당한 시기에 산림에 들인다면 목재도 역시 넉넉히 쓸 것입니다. 곡식과 물고기기를 이루 다 먹을 수 없으며, 목재도 다 쓸 수 없을 것입니다. 이는 백성들이 살아가는 것과 죽은 사람을 장례를 치루는 데에도 유감이 없을 것입니다. 살아가는 것과 장례를 치루는 것에 유감이 없게 하는 것이 王道의 시작일 것입니다. 五畝의 집터에 뽕나무를 심도록 하면, 오십 된 노인이 비단 옷을 입을 수 있으며, 닭, 돼지, 개 등의 가축을 기르는데 그 시기를 놓치지 않으며, 칠십된 노인이 고기를 먹을 것입니다. 百畝의 밭에 때를 놓치는 일이 없으면 여러 명의 가족이라도 굶는

---

19) 『孟子』, 「告子·上」: 牛山之木嘗美矣 以其郊於大國也 斧斤伐之 可以爲美乎.

일이 없을 것입니다.[20)]

이처럼 당시 곡물생산의 증가, 인구의 증가, 농토의 확대 등으로 인해 생물, 동물, 산림자연이 훼손될 수밖에 없었음을 충분히 유추할 수 있다.

4) '상상(想像/想象)'의 '코끼리', 그리고 '상저(象箸)'

이미 앞서서 언급하였듯이, 약 1만년 전 제4 빙하기가 끝나고 따뜻해지면서 8천년 경부터 대략 4천년 사이 황화 유역은 온난하였으나 기원전 2천년 경 즉 약 4천년 전부터 한랭화와 건조화가 발생하였다. 따라서 고대에 북경 지역에도 코끼리가 살았으나 온도가 차츰 내려가면서 남방으로 이동하고, 차츰 자취를 감추고 만다. 그래서 코끼리 象 자는 殷으로부터 周에 걸쳐서 만들어진 청동기 표면을 치장하는 문양으로서 자주 사용하면서[21)] 명맥이 유지된다.

중국에 코끼리가 살았으나 후세사람들은 화석으로밖에 남아있지 않기에 그 흔적을 단서로 코끼리를 추정해보는 것을 '想象'이라 한다. 그래서 『노자』에서는 '惚兮恍兮, 其中有象' 즉 "어슴푸레하고 흐릿한

---

20)『孟子』,「梁惠王 · 上」: 不違農時, 穀不可勝食也. 數罟不入洿池, 漁鼈不可勝食也. 斧斤以時入山林, 材木不可勝用也. 穀與漁鼈不可勝食, 材木不可勝用, 是使民養生喪死無憾也. 養生喪死無憾, 王道之始也. 五畝之宅, 樹之以桑, 五十者可以衣帛矣. 雞豚狗彘之畜, 無失其時, 七十者可以食肉矣. 百畝之田, 勿奪其時, 數口之家可以無飢矣.

21) 阿辻哲次(1994),『漢字の字源』, (東京: 講談社), 197쪽과 原宗子(2009),『環境から解く古代中國』, (東京: 大修館書店), 4-6쪽 참조.

데, 그 가운데에 낌새(象: 형상, 이미지)가 있고…"[22]처럼, '감각할 수는 없으나 마음속으로 생각해낼 수 있는 것'을 '象'이라고 하였다.

원래 '想像'이란 말은 『韓非子』 「解老(노자를 풀이함)」편의 '想象'이란 말에서 왔다. '象'은 코끼리이다.

> 사람들은 산 코끼리(象)를 거의 본 일이 없다. 그래서 죽은 코끼리 뼈를 얻어 그 그림에 의지하여 살아있는 모습을 상상한다. 그러므로 일반 사람들이 마음속으로 생각해낼 수 있는 것을 모두 가리켜서 상(象)이라 한다. 이제 비록 圖의 실제를 보거나 들을 수 없다 해도 성인은 나타난 공의 자취를 집어 들어 그 형체를 소상히 생각해 내보인다. 그러므로 노자가 말하기를 형상없는 형상(狀)이며, 물체 없는 형상(象)이라고 한다.[23]

코끼리를 생각하면 象牙를 빠뜨릴 수 없다. 상아란 코끼리의 위턱에 나서 입 밖으로 길게 자라 나온 두 개의 엄니를 말한다. 고급 치장품이다. 아울러 상아로 만든 젓가락은 고가였을 것인데, '象箸玉杯'라는 고사성어가 남아 있는 것을 보면 중국 고대에 남방에서나 어디선가 코끼리가 귀하게나마 잡히고 있었다는 말이다.

『한비자』 「喩老」편에는 象箸가 酒池肉林의 연장선에서, 극도의 사치와 방탕한 생활의 상징으로 제시된다.

---

22) 『老子』(王弼本) 21장.
23) 『韓非子』, 「解老」: 人希見生象也, 而得死象之骨, 案其圖以想其生也. 故諸人之所以意想者, 皆謂之象也. 今道雖不可得聞見, 聖人執其見功以處其見形, 故曰, 無狀之狀, 無物之象.

옛날 紂王이 상아 젓가락(象箸)을 만들자 箕子(은의 마지막 왕인 紂
王의 숙부)가 염려해 이렇게 말했다. "상아 젓가락은 흙으로 만든 그릇
에는 사용할 수 없을 것이고 무소뿔이나 옥으로 만든 그릇에만 사용될
것이다. 상아 젓가락에 옥으로 만든 그릇을 쓰게 되면 채소보다는 소나
코끼리나 표범 고기를 먹게 될 것이다. 소나 코끼리나 표범 고기를 먹
게 되면 베로 만든 짧은 옷을 입거나 초가집 밑에서는 살려고 하지 않
을 것이다. 반드시 비단 옷을 입고 구중궁궐이나 넓은 집, 높은 누대가
있는 집에서 살려고 할 것이다. 나는 그 최후가 두렵기 때문에 상아 젓
가락을 처음부터 걱정한 것이다. 오 년이 지나 紂王이 고기를 늘어놓고
炮烙 장치(고기 굽는 숯불 장치)[24]를 펼치며 술지게미 쌓은 언덕을 오
르고 술 채운 연못에서 놀았다. 주왕은 드디어 그 때문에 멸망하였다.
여기서 기자는 상아 젓가락을 보고 천하의 화근을 미리 알 수 있었다.
그러므로 노자에 말하기를 '작은 것을 꿰뚫어 보는 것을 明이라 한다.'
고 하는 것이다."[25]

이 '상아로 만든 젓가락(象箸)'과 '옥으로 만든 술잔(玉杯)' 이야기
는 『한비자』에 처음으로 등장하고 있는데, 이 때 이미 상저가 존재하
였고 귀족들의 식사 자리에 사용되고 있었음을 말해주는 대목이다.[26]
이 상저옥배는 극도의 사치와 방탕한 생활을 가늠할 용어라는 측면만
이 아니라 동물 개체수라는 측면에서도 좋은 정보를 제공한다. 즉 상

---

24) '포락'이란 원래는 '불에 달군 동기둥을 맨발로 건너가게 하는 극형'을 말한다.
25) 昔者紂爲象箸而箕子怖, 以爲象箸必不加於土鉶, 必將犀玉之杯, 象箸玉杯必不羹
菽藿, 則必旄象豹胎; 旄象豹胎, 必不衣短褐而食於茅屋之下, 則錦衣九重, 廣室高
臺.吾畏其卒, 故怖其始. 居五年, 紂爲肉圃, 設砲烙, 登糟丘, 臨酒池, 紂遂以亡. 故箕
子見象箸以知天下之禍. 故曰, 見小曰明.
26) 阿辻哲次, 『漢字の字源』, (東京: 講談社, 1994), 17-18쪽 참조.

아가 있기 위해서 코끼리가 있어야 하며, 또한 귀족들에게 상저를 수
급하기 위해서 코끼리 사냥과 도살이 이루어지니, 귀하게 잡히고 있
었던 코끼리마저 점점 그 숫자가 줄어들 수밖에 없었을 것이다.

5) 耰라는 농기구

『論語』와 『莊子』에는 '耰'라는 농기구가 등장 한다. '우(耰)'는 우리
말로 '곰배, 곰뱅이' 등으로 불리는 농구이며, '흙 부수기 · 고르기 · 덮
기'에 사용된다. '우'의 모양과 농사에서의 쓰임새는 다음 그림[27]을 참
고하기로 하자.

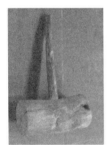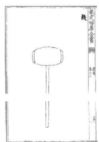

[그림 1] '耰'라는 농기구

이런 도구를 사용한다는 것은 그 지역의 토양이 이미 딱딱해졌다는
것, 즉 산성화가 진행되었다는 것을 말한다. 다시 말하면 黃土로 바뀐
토양은 삼림이 감소한 華北 지역 등에서 공기가 건조해지면서 딱딱해

---

27) 출처: ⟨http://jamesrommel.blog.163.com/blog/static/1718729092012428925
43145/⟩ ⟨http://blog.voc.com.cn/blog_showone_type_blog_id_821670_p_1.
html⟩(검색일자: 2015.5. 20)

지는데, 이것을 방지하는 것이 '우'라는 농구이다. 화북지역에서는 춘추시대 때부터 딱딱해지는 토양을 막기 위하여 사용하는 것이다.[28] 흙 알갱이들이 딱딱해지니 그것을 잘게 부수어야 농작물을 심고 가꿀 수 있다. 이러한 농작업에 유용한 것이 '우'이다. '우'를 사용한 농작업의 예는 우선 『論語』 「微子」에 나온다.

> (초나라의 은자인) 장저와 걸익이 파헤쳐진 흙을 잘게 깨부수며(耰) 밭 일구는 작업(耕)을 하고 있었는데, 공자가 그곳을 지나다가 자로(子路)에게 나루터[津]를 묻게 하였다.
>
> 장저가 자로에게 물었다. "저기 수레의 고삐를 잡고 있는 이는 누구인가?" 자로가 말했다. "공구(孔丘)이십니다." 장저가 다시 물었다. "노나라의 그 공구 말인가?" 자로가 다시 대답했다. "그렇습니다." 장저가 말했다. "그 사람이라면, 나루터가 어디에 있는지 알고 있을 터인데." (이렇게 장저는 나루터를 가르쳐 주지 않고 빈정대다가 자기 일만 하였다.)
>
> 자로가 이번에는 걸익에게 가서 묻자, 걸익이 말했다. "자네는 누구인가?" 자로가 대답했다. "저는 중유(仲由: 자로의 이름)입니다." 걸익이 물었다. "그대가 공구의 제자인가?" 자로가 대답했다. "그렇습니다." 걸익이 말했다. "도도한 것이 천하에 다 이러한데, 누구와 함께 세상을 개혁하겠는가? 자네는, (공자처럼) 사람들을 피해 여기저기 떠도는 사람을 따르느니 차라리 속된 세상 자체를 피하여 은거하는 우리 같은 사람을 따르는 것이 어떤가?" 그렇게 말하고 나서 걸익은 장저와 파헤쳐진 흙을 잘게 깨부수는 작업(耰)을 계속 하였다.
>
> 자로가 (언짢은 마음으로) 돌아와서 (공자에게 있었던 일을 그대로)

---

28) 原宗子(2009), 『環境から解く古代中國』, (東京: 大修館書店), 69쪽 참조.

일러바쳤다. 그러자 공자는 몹시 낙담하여 말하였다. "들짐승, 날짐승과 함께 무리를 지어 살 수는 없다. 내가 이 세상 사람들과 어울려 살지 않는다면 누구와 함께 더불어 살겠느냐? 천하에 도가 있다면 내가 구태여 세상을 개혁하려 들지 않았을 것이다."[29]

장저와 걸익이 파헤쳐진 흙을 '우'로 잘게 깨부수는 일을 하고 있었다. 다음으로 『莊子』 「則陽」에 나온다.

長梧(장오)의 땅의 경계를 관장하는 사람이 子牢(자로)에게 말하였다. "임금이 정치를 함에 있어 거칠게 함부로 해서는 안 되며, 백성을 다스림에 있어 소홀히 아무렇게나 해서는 안 됩니다. 전에 내가 벼를 심어보니, 밭갈이를 거칠게 함부로 하니까 벼 이삭도 거칠게 함부로 내게 보답하였습니다. 김매는 것을 소홀히 아무렇게나 하니까 벼이삭도 소홀히 아무렇게나 내게 보답하였습니다. 다음해에는 방법을 바꾸어 밭을 깊이 갈고 파헤쳐진 흙을 잘게 깨부수었더니만(耰) 벼가 잘 자라 많은 결실을 하여 나는 내내 실컷 먹을 수가 있었습니다.[30]

이미 이 시대에 토양이 딱딱해져서 곡식을 심기 위해서는 '밭을 깊

---

29) 『論語』, 「微子」: 長沮桀溺耦而耕, 孔子過之, 使子路問津焉, 長沮曰, 夫執輿者爲誰, 子路曰, 爲孔丘, 曰, 是魯孔丘與, 曰, 是也, 曰, 是知津矣, 問於桀溺, 桀溺曰, 子爲誰, 曰, 爲仲由, 曰, 是魯孔丘之徒與, 對曰, 然, 曰, 滔滔者, 天下皆是也, 而誰以易之, 且而與其從辟人之士也, 豈若從辟世之士哉, 耰而不輟, 子路行以告, 夫子憮然曰, 鳥獸不可與同群, 吾非斯人之徒與而誰與, 天下有道, 丘不與易也.

30) 『莊子』 「則陽」: 長梧封人問子牢曰, 君爲政焉勿鹵莽, 治民焉勿滅裂. 昔予爲禾, 耕而鹵莽之, 則其實亦鹵莽而報予, 芸而滅裂之, 其實亦滅裂而報予. 予來年變齊, 深其耕而熟耰之, 其禾蘩以滋, 予終年厭飧.

이 갈고, 파헤쳐진 흙을 잘게 깨 부수'는 작업이 필요하였다. 이것 또한 환경의 변화에 따른 농작업의 변화이며, 이러한 변화가 결국 인간의 농생활 뿐만 아니라 문화, 나아가서는 의식저변에 영향을 미치고 있었다. 위에서처럼 『論語』와 『莊子』와 같은 인문서들에 남아있는 농기구들을 통해서 우리는 단편적이나마 당시 농작업의 환경과 내용을 추정해볼 수 있는 것이다.

6) 여우나 담비 가죽 - '狐貉(호학)'

인간의 의식주의 변화는 환경의 변화와 밀접하다. 아래의 '縕袍(온포)'나 '狐貉(호학)'의 예에서 모피 코트를 입는 습관과 그것을 만드는 집단이 있었음을 살펴볼 수 있다.[31]

공자가 말했다. "낡은 모시 솜 겹옷(縕袍)을 입고서 여우나 담비 가죽으로 만든 갖옷(狐貉)을 입은 사람과 같이 서 있어도 부끄러워하지 않을 자는 아마 자로 일 것이다."[32]

여기에 나오는 '縕袍'나 '狐貉'은 당시의 의복 사정을 말해준다. 특히 여우(狐)나 담비(貉) 가죽으로 만든 옷은 지금의 고급 모피 코트에 해당하는 옷이니 당시에도 고가의 옷이었다. 그것을 입는 부유한 귀족 계층이 많으면 많을수록(물론 그 계층은 귀족이었겠지만) 동물 포획의 양도 많아졌을 것이다. '온포'와 '호학'이 대비되고, 온포를 입는

---

31) 原宗子(2009),『環境から解く古代中國』, (東京: 大修館書店), 37-39쪽 참조.
32) 『論語』,「子罕」: 子曰, 衣敝縕袍, 與衣狐貉者立, 而不恥者, 其由也.

사람들이 호학을 입는 사람들과 '같이 서 있어면 부끄러워하는' 일상적 분위기라면 아마도 일상적으로 '호학'이 상류 계층에서 많이 유통되고 있었음을 알려주는 대목이다. 아울러 이러한 고가 의복의 수요가 따라주기 위해서는 가죽을 구하기 위해 여우나 담비 남획이 자행되었을 것이고, 당연히 동물의 개체수도 감소해갈 수밖에 없었을 것이다.

3. 결론

중국사상사는 많은 문화적 정치적 경제적 연관을 가지면서 전개되었다. 그러나 종래의 연구에서는 철학사상의 논리구조에 주목하며, 그것도 인성론이니 본체론 방면에 집중해왔다.

위에서 몇 가지 예를 통해서 우리는 중국사상사의 많은 장면 속에서 환경 관련 언급들을 살필 수 있었다. 이를 통해, '환경적 관점'에서 중국 고대 사상을 다시 읽어볼 수 있는 가능성을 찾을 수 있었다. 물론 이 논문에서는 『老子』, 『論語』, 『莊子』, 『孟子』, 『韓非子』에 나타난 몇 가지 잘 알려진 예들을 시론적으로 분석한 것에 지나지 않는다. 더 많은 텍스트 조사와 분석을 통해서 환경의 변화 양상을 폭넓게 추출해낸다면 지금까지 서술되지 않았던 새로운 '중국고대 환경 사상사'를 구상해 볼 수도 있을 것이다.

중국고대의 사상사가 지나치게 본체론과 인성론을 중심으로 논의되어왔음을 감안할 때 종래의 주류적 논의에 가려지거나 소외된, 아니 소거되거나 무시된 많은 담론들이 새로운 형태로 복원될 필요가 있을 것이다.

이것은 중국 나아가서 동아시아 사상사를 풍요롭게 하는 좋은 계기
가 될 것이다. 이러한 논의는 텍스트 속에 산재하는 단편적 용어나 구
절들을 좇아가면서 환경상황을 복원해내는 이른바 '미시사적 논의'에
속한다. 마치 마서 벨러드라는 '산파'가 1785년부터 1812년 죽을 때까
지(향년 77세) 27년간 썼던 일기(=『산파일기』[33])라는 미시사를 통해
당시 전문직 여성의 일상과 사회상을 살필 수 있듯이 말이다.

어쨌든 酒池肉林, 守株待兎, 牛山의 아름다운 숲의 파괴, 想像이라
는 말, 耰라는 농기구, 여우나 담비 가죽 – '狐貉(호학)'라는 몇 가지
주요 예를 통해서 환경 관련 언급들을 살필 수 있었고, 그 이면에 환경
과 연관된 중국 고대 사상문화가 펼쳐지고 있음을 알 수 있었다. 이제
이런 시론적 논의를 넘어서서 본격적인 연구로 나아가 보다 섬세한
지성사의 내러티브를 시도해야 할 것이다.

---

33) 로렐 대처 울리히, 『산파일기』(27년간 기록된 한 산파의 일기에서 탄생한 미시사
의 걸작), 윤길순 옮김, (동녘, 2008).

09 고향의 회생과 그 생태론적 의의 : 개성 있는 지역생태 복원 시론[1]

1. 들어가는 말

코스모스 피어 있는 정든 고향역

이뿐이 곱뿐이 모두 나와 반겨 주겠지

달려라 고향 열차 설레는 가슴 안고

눈 감아도 떠오르는 그리운 나의 고향역

코스모스 반겨 주는 정든 고향역

다정히 손잡고 고갯마루 넘어서 갈 때

---

1) 이 발표문은 한국환경철학회 · 문학과환경학회 공동 심포지움 《인문학의 생태적 사유의 만남》[2007. 09. 14(금) 13:30~18:00, 충남대 인문대학 문원강당 134호]에서 같은 제목으로 발표한 것을 대폭 수정 보완한 것임. 아울러 이 원고는 「나에게 고향이란 무엇인가?」(최재목, 2004a), 「늪, 늪의 글쓰기」(최재목, 2006a)를 기반으로 하여 발전적으로 논의하고 있음을 밝혀둔다.

> 흰머리 날리면서 달려온 어머님을
> 얼싸안고 바라 보았네 멀어진 나의 고향역

이것은 추석이 되면 자주 듣는, 우리가 잘 부르는 유행가 「고향역」
의 1, 2절 가사이다. 고향에는 가족, 어머니, 친구 등의 '님'도, 또한 그
들에 대한 그리움, 설레임, 눈물도 있다. 그리고 고향을 떠남[離鄕, 失
鄕]으로써 생겨난 슬픔도, 망향(望鄕)에 대한 추억도 있게 된다. 우
리가 이미 잘 안다고 생각하고 있거나, 또는 무감각하게 잊어버렸거
나, 아예 떠나버렸거나 간에, 전통적으로 '고향(故鄕)'은 우리의 본원
적 감정, 귀소 본능을 자극하는 힘을 갖는다. 그리고 모성애(母性愛)
처럼, 「온갖 더러운 것들을 받아들여 맑고 아름다운 것으로 만들어 내
는 늪」(최재목, 2006a:3)처럼, 시비와 선악 '이전'이거나 그것을 넘어
선 포용의 공간으로, 나아가서 「영혼의 맑고 푸른 상상력과 낭만」(최
재목, 2006a:51)같은 예술적, 시적 감성의 발원처로 자리매김하는 것
이다.

고향하면 누구나 이성보다 감성이 앞선다. 그리고 우리 전통의 고
향이란, 김소월(金素月. 1902-1934)의 시 「엄마야 누나야 강변 살자/
뜰에는 반짝이는 은모래 빛/뒷문 밖에는 갈잎의 노래/엄마야 누나야
강변 살자」(「엄마야 누나야」)처럼, '엄마/누나'의 여성 내지 모성의 인
간애, 나아가서는 가족 공동체적 안식감을 준다. 독일의 서정시인 횔
덜린(Holderlin, Johann Christian Friedrich. 1770-1843)이 고향(DIE
HEIMAT)이란 시에서 「나도 정말 고향 찾아가고 싶구나.」(황윤석,
1983:146)라고 읊듯이, 고향은 아무 조건 없이 다가가서 안기고 싶은
어머니의 품 같은 자연적 원초적 생태의 공간인 것이다.

고향에는 자기가 태어난 집 생가(生家)가 있다. 이 세상에 '내던져진'(=저질러진) 사건으로서 '태어난다'는 현실을 담아 낸 곳이 생가이다. 그래서

> 나의 생가(生家)는 내 생애의 초고(草稿)이고, 유년(幼年)의 낱말사전이며, 추억의 필름이며, 고향 기억 나이테의 출발지이다. 내 인생의 첫 만남은 모두 거기서 시작되었다(최재목, 2003c:65).

고향은 출생과 더불어 맺어진, 혹은 부모 이전부터 연관된 원초적 공간인 만큼, 그런 공간적(지리적) 관련성이 평소의 인간관계에서도 많이 가동된다. 다시 말해서 지연(地緣)을 형성하는 중요한 요인이 된다는 말이다. 예컨대 누구를 만나면, 흔히 '고향'부터 묻는다. 지연이라는 공간을 통해 그 사람에 대해 알아가기 시작한다. 그가 '어디서 태어났는가?' '어디에 사는 사람인가?'를 알게 됨으로써, 다시 말해서 그 사람의 공간적 특성부터 알고 나서 '그가 누구인가?'라는 '그 사람 자체'(=본질)를 가늠해보는 것이다.[2] 그만큼 고향을 알아보는 것에서 인간 상호 간의 많은 정보를 얻고, 관계의 방법, 정도를 계산하기 위한 연대감이나 이질감을 고려하는 것이다.

고향은 우리의 생명이 태동한 곳이며, 나아가서는 하나의 자생적, 자족적 생태 공간이기도 하다. 물론 근대 이후 산업화, 도시화의 진전에 따라 고향이 시골 지역이 아니며 도시일 수도 있고, 더구나 병원에

---

2) 더불어 고향에 이어 흔히 묻는 것이 나이이다. 나이는 시간을 말한다. 이처럼 고향과 나이는 한국에서 한 인간을 알아내는(=인식하는) 하나의 주요한 시공간적 틀이다.

서 태어나 도시 한복판, 고층 아파트에서 성장할 수도 있다. 다시 말해서, 고향을 상실하거나 고향에 대한 의식조차 없거나 심지어 고향이라는 말에 부정적 기억마저 가진 사람도 있을 것이다. 그러나 여기서 이런 것들을 일일이 지적하는 것은 목적이 아니다. 현재 우리 한국의 상황에서 고향의 논의가 '지역의 개성 있는 생태'를 복원하는 하나의 방법적 시론(試論)이 될 수 있다는 것을 지적하고 싶을 뿐이다.

'고향'이란 '태어나서 자란 곳'이란 뜻이다. 이를 바탕으로 고향이란 개념을 활용하는 문맥에 따라 다소 그 의미 내용이 변화, 확대되기도 한다. 그런데, 이 논문에서는 '고향'이란 말은 넓은 의미에서 '지역(地域)'을 가리킨다는 점을 미리 언급해두고자 한다. 우리는 흔히 지역이란 말 대신 '지방(地方)'이란 말에 익숙해 있다. '지방'이란 옛날 중국 사람들의 우주관으로서 '하늘은 둥글고 땅은 모났다'는 이른바 '천원지방(天圓地方)'(『呂氏春秋』)의 '지방(地方)'에서 온 것으로, 예컨대 '중부지방'처럼 '어느 한 방면의 땅'을 가리키거나 '지방에 있는 학교'처럼 '한 나라의 수도나 대도시 이외의 고장'을 가리킨다. 대체로 우리나라에서는 서울 혹은 중앙 이외의 고장을 '지방'이라 한다. 따라서 지방은 '서울·중앙'에 대해 낮추어 부르는 말로 변해왔고, 주로 (도시가 아닌) '시골'을 상징하게 되었다. 반면에 '지역'은 '일정한 땅의 구역(zone)이나 땅의 경계, 또는 그 안의 땅',[3] 나아가서는 토지(土地)

---

3) 영어로는 경계가 지정된 구역을 zone, 경계가 불분명한 대략적인 지역을 area, 행정상의 구획 또는 타 지역과는 다른 특징을 지닌 지방을 district, 꽤 넓은 면적에서 문화적·사회적·지리적 특징을 공유하는 지역을 region으로 분류한다. 넓음의 순서는 'zone → area → district → region'의 순이다. 그렇다면 여기서 사용하는 고향은 native heath, hometown, region 등의 의미를 갖게 될 것이다.

나 풍토(風土)라는 의미도 포괄한다.[4] 따라서 서울이든 그 이외의 어느 곳이든 '동일한 삶의 토대'로서 차별적인 것이 아닌 대등한 입장에서 '자기 정체성'을 보여주고 있는 말이다. 예컨대, 어느 글에서 「서울이 중심처럼 여겨지는 시대에서 서울을 중심으로 한 말인 '지방'이 아니라 서울도 한국도 하나의 삶의 토대임을 인지하는 말인 '지역'은 지역민들의 자기 정체성을 회복하는 말, 지역의 개성을 뜻하는 새로운 말입니다. 지방정부가 아니라 지역정부, 지방자치가 아니라 지역자치, 지방문화가 아니라 지역문화, 지방이전이 아니라 지역이전…. 지역민들이 자신의 삶의 토대를 소중히 여기고 자부심으로 여기고 자주적으로 개척해 나가는 자기긍정의 표현으로 '지역'이 사용될 수 있고 사용되어야 합니다.」(하영권, 2007)라고 지방과 지역을 구분하고 있는 것처럼 말이다.

위와 같은 이유로 이 내용에서는 고향을 비교적 가치중립적인 개념인 '지역'이란 말에 상응하는 말로서 사용하도록 한다. 다만, 인용문에서 사용되는 고향은 다양한 용례를 갖고 있고, 그 만큼 '은유'의 폭도 넓기에 개념의 뉘앙스를 잘 따져볼 필요가 있다.

아울러 「토지가 공동체라는 것은 생태학의 기초 개념이지만, 토지가 사랑과 존중을 받아야 한다는 것은 윤리적 문제이다」라고 알도 레오폴드가 그의 『모래 군(郡)이 열두달』이란 책의 서문에서 말했듯이 (알도 레오폴드, 2000:18) 고향=지역이 사랑을 받아야 한다는 것은 윤리적인 문제이다. 따라서 '고향=지역의 윤리론' 자체를 생태론과 연

---

4) 토지에 대해서는 알도 레오폴드(2000)를 참고 바람. 아울러, 한국적 자연관에 뿌리내린 '風土'를 핵으로 하는, 개인-지역-국가의 共生型 合意의 한 모델은 龜山純生 (2005)을 참고바람.

관하여 논하기 시작하면 매우 복잡하고 전문적인 논의가 필요하다. 그러나 이 책에서는 생태론 자체의 논의는 하지 않고, 생태론적 시사점을 시론적(試論的)으로 스케치해둔다는 점을 미리 밝혀둔다. 다만, 생태론이 그 지역의 환경, 산업, 생물적 제 조건과 복잡하게 연관되어 있으며, 이런 조건들을 얼마나 최대한 활용하는가가 본 책의 논의에 있어 최대의 관건이다.[5]

이 책에서는, 「'고향(故鄕)'이라는 은유」, 「고향(故鄕)·고(故)·향(鄕)의 의미」, 「지역의 개성과 생태를 복원하는 하나의 방법으로서 '고향(故鄕)'」으로 나누어 서술하고자 한다. 아울러 이 책에서는 주로 근대기의 시와 노래(歌) 가사의 검토를 겸하게 될 것이다.[6] 이렇게 해서 '지역의 개성 있는 생태'를 복원하는 하나의 방법으로서 고향(故鄕)의 회생(回生)과 그 생태론적 의의가 서술될 것이다.

2. '故鄕'이라는 은유와 사상

1) 근대-탈고향의 경험을 넘어

우리나라 근대기의 고향의 노래나 시에는 임(친구, 애인, 어머니, 부모, 자식, 가족)이 있고, 정에 바탕한 사랑이 있다. 이들은 여러 상황과

---

5) 이러한 생태론에 대한 기본적 지식은 알도 레오폴드(2000), 龜山純生(2005), 도널드 위스터(2002), 유진 오덤(2006)을 참고하였다.
6) 다만, 여기에 인용된 우리에게 이미 잘 알려진 시, 노래 가사는 지면 관계상 별도로 출처를 각주처리 하지 않는다.

조건에 의해 고향을 떠나거나 정든 사람들과 이별을 한다. 이별은 자발적인 것도 있지만, 천재지변 등 불가항력적 요인으로 해서 유랑, 방랑 등을 경험하기도 한다. 여기서 슬픔, 고통, 그리움이 생겨난다. 문학과 예술, 정치적 행동은 이런 데서 나온다.

이런 주제들이 폭발적으로 증가하는 것은 바로 우리의 '근대'라는 공간에서이다. 다시 말해서 근대공간은 탈고향적(脫故鄉的) 성격을 띠고 있다. 우선 수많은 외국인들이 자신들의 고향을 떠나 '조선'이라는 이국에 살아야 했고, 더불어 수많은 내국인들이 고향을 잃고 그곳을 떠나가 타국이나 타지에서 선교활동, 교육활동, 새로운 시장개척, 식민지배, 독립운동, 망명, 이민, 도회지로의 이주 등 다양한 이유로 타향살이를 해야 했다(민경천, 2006:77).

아래의 노래가사, 시에는 이런 정황들이 잘 나타나 있다.

　　모처럼 찾아 왔네 내자란 고향
　　타향살이 설움 속에 그리던 고향
　　저산도 시냇물도 옛 모습인데
　　보고 싶은 그 사람은 간곳이 없네

　　천리길 멀다않고 찾아온 고향
　　꿈속에도 잊지 못해 부르던 고향
　　님 간 곳 물어봐도 수소문해도
　　대답 없이 흘러가네 흰구름 마저
　　- 배호의 노래「찾아온 고향」

헌 짚신짝 끄을고
나 여기 왜 왔노
두만강을 건너서
쓸쓸한 이 땅에

남쪽하늘 저 밑에
따뜻한 내 고향
내 어머니 계신 곳
그리운 고향집.
 - 윤동주의 시 「고향집」

보리피리 불며
봄 언덕
고향 그리워
피—ㄹ 닐니리.

보리피리 불며
꽃 青山
어린 때 그리워
피—ㄹ 닐니리.

보리피리 불며
인환의 거리
人間事 그리워
피—ㄹ 닐리리.

보리피리 불며
방랑의 幾山河
눈물의 언덕을 지나
피—ㄹ닐리리
  - 한하운의 시 「보리피리」

고향에 고향에 돌아와도
그리던 고향은 아니러뇨.

산꿩이 알을 품고
뻐꾸기 제철에 울건만,

마음은 제 고향 지니지 않고
머언 港口로 떠도는 구름.
오늘도 뫼끝에 홀로 오르니
흰 점꽃이 인정스레 웃고,

어린 시절에 불던 풀피리 소리 아니나고
메마른 입술에 쓰디쓰다.

고향에 고향에 돌아와도
그리던 하늘만이 높푸르구나.
  - 정지용의 시 「고향」

시와 마찬가지로 한국의 근대음악에도 '고향'에 대한 것이 많다. '고향'을 주제로 한 노래는 근대 이전에는 별로 없다가 근대 노래의 출현과 함께 대량으로 등장하였고, 근대 노래의 전 장르에 걸쳐서 나타나 애창되었다. 한국의 근대에 나타난 노래라는 양식들 속에는 한결같이 우리 시대의 상황이 반영되어 있는데, 고향은 ① 사랑, ② 이별, ③ 눈물, ④ 임과 더불어 '근대 노래의 5대 주제'가 되고 있다.

> 남쪽나라 바다 멀리 물새가 날으면
> 뒷동산에 동백꽃도 곱게 피었네
> 뽕을 따던 아가씨들 서울로 가네
> 정든사람 정든고향 잊었단 말인가
>
> 찔레꽃이 한잎 두잎 물위에 내리면
> 내고향에 봄은 가고 서리도 차네
> 이 바닥에 정든 사람 어디로 가네
> 전해오던 흙냄새 잊어버렸단 말인가
> - 장세정의 노래 「고향초」

우리에게 잘 알려진 다음의 가요 「찔레꽃」에는 위의 '5대 주제'가 다 등장한다(민경천, 2006:91).

> 찔레꽃 붉게 피는 남쪽나라 내 고향
> 언덕 위에 초가삼간 그립습니다
> 자주 고름 입에 물고 눈물 젖어
> 이별가를 불러주던 못 잊을 사람아
> (이하 2절 생략. 밑줄은 인용자)

'사랑, 이별, 눈물, 임'이란 주제는 이전부터 있어왔지만, 고향은 근대기에 새롭게 부각된 주제이다. 고향에 대한 시, 노래(나아가서는 고향 찾기의 정치론)의 기본 요소를 정리하면 다음과 같다(민경천, 2006:76,77,90).

① 고향(=공간)		② 이별 (이탈, 유랑, 방랑)	→	⑤ 그리움 (→고통, 슬픔…→서정성, 낭만성, 애상…)
④ 임 (친구, 애인, 어머니, 부모, 자식, 가족)	③ 사랑 (정, 정듦)			

이어서, 아래의 노래가사는 최근까지도 자주 들을 수 있는, 배호가 부른 「황토십리길」이다. 여기에는 고향의 풍경, 소리, 냄새 등이 들어 있다.

　돌아오는 석양 길①에 황혼 빛②은 타는데
　집을 찾아 가는 길이 멀기도 하구나
　올 때에도 십리길 갈 때에도 십리길③
　터벅터벅 걸어가는 수수밭 길④에
　황소타고 넘는 고개 황토 십리길⑤

　해바라기 그림자도 노을 따라 물들고⑥
　밥을 짓는 저녁연기 곱기도 하구나⑦
　고개 넘어 십리길⑧ 내를 건너 십리길⑨
　터벅터벅 걸어가는 화전밭길⑩에
　피리불고 넘는⑪ 고개 황토 십리길
　(밑줄 및 번호는 인용자)

   고향에는 「석양①/황혼 빛②/황소⑤/노을 따라 물드는 해바라기
그림자⑥/밥을 짓는 저녁연기⑦」와 같은 그 지역만이 가진 고유의 '색
깔', 「피리⑪」와 같은 그 지역 밀착의 '소리', 「석양 길①/십리길③/수
수밭 길④/황토 십리길⑤/고개 넘어 십리길⑧ 내를 건너 십리길⑨/화
전밭길⑩」처럼 시간적 · 공간적으로 변화하는 '길'이 있다. 이런 풍경
들이 고향엔 있다. 더욱이 「밥을 짓는 저녁연기⑦」오르는 데서 알 수
잇듯이 집, 식구, 가족 또한 고향엔 존재한다.

   다음의 시 정지용의 「향수」를 보면, 아버지, 누이, 아내와 같은 가족
이 눈에 잘 그려진다. 그리고 「실개천-황소-질화로-지붕-불빛-이야
기-전설」등 가족과 환경 · 생태, 사람의 무늬(인문)가 멋진 합일(合
一)을 이루어낸다.

      넓은 벌 동쪽 끝으로
      옛 이야기 지줄대는 실개천이 휘돌아 나가고,
      얼룩백이 황소가
      해설피 금빛 게으른 울음을 우는 곳.

      -그 곳이 차마 꿈엔들 잊힐리야.

      질화로에 재가 식어지면,
      비인 밭에 밤바람 소리 말을 달리고,
      엷은 졸음에 겨운 늙으신 아버지가
      짚베개를 돋워 고이시는 곳.

-그 곳이 차마 꿈엔들 잊힐리야.

흙에서 자란 내 마음
파아란 하늘빛이 그리워
함부로 쏜 화살을 찾으려
풀섶 이슬에 함초롬 휘적시던 곳.

-그 곳이 차마 꿈엔들 잊힐리야.

전설 바다에 춤추는 밤물결 같은
검은 귀밑머리 날리는 어린 누이와
아무렇지도 않고 예쁠 것도 없는,
사철 발 벗은 아내가
따가운 햇살을 등에 지고 이삭 줍던 곳.

-그 곳이 차마 꿈엔들 잊힐리야.

하늘에는 성긴 별
알 수도 없는 모래성으로 발을 옮기고,
서리 까마귀 우지짖고 지나가는 초라한 지붕,
흐릿한 불빛에 돌아앉아 도란도란거리는 곳.

-그 곳이 차마 꿈엔들 잊힐리야.

그래서 고향은 누구나 돌아가고픈 곳이다.

고향으로 돌아가자, 나의 고향으로 돌아가자.
암 데나 정들면 못 살리 없으련마는,
그래도 나의 고향이 아니 가장 그리운가.

방과 곳간들이 모두 잿더미 되고,
장독대마다 질그릇 조각만 남았으나,
게다가 움이라도 묻고 다시 살아 봅시다.

삼베 무명 옷 입고 손마다 괭이 잡고,
묵은 그 밭을 파고 파고 일구고,
그 흙을 새로 걸구어 심고 걷고 합시다.

　　–이병기의 시조 「고향으로 돌아가자」

　고향을 상실하면 또 다른 고향을 찾아 나선다. 윤동주가 아래 시에
서 「가자 가자/쫓기우는 사람처럼 가자/白骨 몰래/아름다운 또 다른
故鄕에 가자」라고 노래하듯이, 고향을 향한 「아름다운 魂」이 우리를
「가자 가자」고 종용해댄다.

故鄕에 돌아온 날 밤에
내 白骨이 따라와 한방에 누웠다.

어둔 房은 宇宙로 通하고
하늘에선가 소리처럼 바람이 불어온다.

어둠 속에서 곱게 風化作用하는
白骨을 들여다 보며
눈물짓는 것이 내가 우는 것이냐
白骨이 우는 것이냐
아름다운 魂이 우는 것이냐

志操 높은 개는
밤을 새워 어둠을 짖는다.

어둠을 짖는 개는
나를 쫓는 것일게다.

가자 가자
쫓기우는 사람처럼 가자
白骨 몰래
아름다운 또 다른 故鄕에 가자.
    - 윤동주의 시 「또 다른 고향」

  위에서 보듯이, 고향은 다음과 같은 문화적, 인문적 나아가서 생태
적 함의 등을 갖는다.

  ① 말(언어), 음식과 같은 전통문화나 습속(習俗)·관습(慣習)
  ② 나를 낳은 부모, 그리고 형제, 친인척, 노소의 나이, 조상, '집·집
    안(家)', '관혼상제(冠婚喪祭)', '남녀노소(男女老少)에 대한 예
    (禮)' 같은 인류

③ 사랑, 정과 같은 '정감(情感)'

④ 얼룩배기 황소, 황토 십리길, 논둑길, 언덕, 모래밭, 봇도랑, 개망초 꽃, 무덤, 뒷동산, 마을, 풍수, 풍경, 풍토 등 그 지역만 독특한 환경이나 생태

⑤ 개인 및 공동체의 생로병사가 갖는 이력(履歷)이나 역사, 전설 등

⑥ 탈중심-주변이 경험한 자생적 경험이나 기록

⑥ 문학과 예술

이와 같이, 적어도 전통사회에서 그리고 현재의 도시화가 진행된 시점에서도 고향=지역은 은 많은 것을 상실하거나 훼손당했다 하더라도 위의 요소들 중 적지 않은 것을 갖고 있다. 나를 낳은 부모, 그리고 선조들. 가족 특유의 말(언어)과 경험. 음식, 그리고 공동체적 환경, 생활, 사람이 살아가는 생활지(生活知. 지혜). 고향은 제도지(制度知)가 가르쳐 주지 못하는 많은 앎을 전수해주는 주요한 삶의 공간이다.

태어난 고향에서 처음 접한 집과 마을, 인간관계, 자연 환경, 시간과 공간은 있는 그대로 하나의 완결된 '세계'이자 '환경'이다. 따라서 고향은 유년기에 인간과 세계에 대한 '관점'을 정립해주고, 생태적(生態的) · 미적(美的) 심성을 발양해주는 훌륭한 텍스트라 보아도 좋겠다. 자신의 '마음속에 어떤 고향이 있는가?'엔 그 사람의 생각과 느낌을 결정해주는 원초적 의미도 있다. 예컨대, 다음의 「고향의 봄」(이원수 작사, 홍난파 작곡)이란 노래처럼, 고향은 문학 · 예술에서 본다면, 인간 삶의 초심(初心)을 제공해주고 발양해주는 힘을 갖는다.

나의 살던 고향은 꽃 피는 산골

복숭아꽃 살구꽃 아기 진달래
울긋불긋 꽃대궐 차리인 동네
그 속에서 놀던 때가 그립습니다.

꽃 동네 새 동네 나의 옛 고향
파란 들 남쪽에서 바람이 불면
냇가에 수양버들 춤추는 동네
그 속에서 놀던 때가 그립습니다.

어머니 · 모성(母性) 그리고 아버지 · 부성(父性)과 같은 인간의 원초적 인륜과 심성이 숨 쉬는 곳이다. 그래서 고향은 자신의 동심(童心)과 유치찬란(幼稚燦爛)함이 허용되는 공간이며, 삶의 시간성을 비춰볼 수 있는 하나의 거울이자, 삶의 치유(治癒)와 안식(安息)을 얻어내는 터이기도 하다.

2) '고향' – 사상을 잉태하는 자궁

이미 지적하였듯이, 고향=지역의 논의는 환경과 생태, 생명의 논의에 여전히 주요한 의미를 갖고 있다. 더 나아가서 고향은 하나의 사상을 낳는 자궁이라는 중요한 또 다른 의미를 갖는다.

동양에서는 전통적으로 천지인(天地人) 삼간(三間)을 중시하였다. 천(天)은 시간성(temporality)을 말하며 추상성(abstraction)을 상징하고, 지(地)는 국부성(locality)-현실성(reality)을 말하며 구체성(concreteness)-이상성(ideality)을 상징한다. 천지인 삼간의 천간(天

間)은 시간(時間)이며, 지간(地間)은 공간이며, 인간(人間)은 지의 국
부성에 발을 붙이고 살면서도 천의 보편성을 추구한다. 그렇다면 '인
간은 천과 지를 포섭하며'(人參天地[7], 人參兩間[8]), 또한 '지는 천과 인
을 포섭하며'(地參天人, 地參兩間), '천은 지와 인을 포섭한다'(天參
地人, 天參兩間)(김용옥, 2003:14-15). 여기서 '포섭'[9]이란 '상호침
투'와 '소통', 혹은 감통(感通)을 내용으로 하는 '상생적 화해'의 의미
이며, 다른 말로는 '서로 제자리를 잡아 편히 길러짐=위육(位育)'[10]이
다.『노자』에서 말하듯, 인간은 공간의 형식에 맞춰 살도록 되어 있으
며, 공간은 시간의 변화하는 형식에 맞춰져 있으며, 나아가서 시간은
'그냥 제 스스로 그러한' 우주적 작용의 원리 속에 들어 있다(人法地,
地法天, 天法道, 道法自然)(王弼本 25장).「하늘은 사람 위에 있고, 땅
은 사람 밑에 있다. 사람은 하늘과 땅의 중간에 있다. 그런데, 만일 인
간이 존재하지 않는다면, 천지의 이법을 보는 자가 없게 될 것이다(天
位乎上, 地位乎下, 人位乎中,無人則無以見天地)」(『程氏遺書』11). 인
간이 없다면, 천지의 의미도 없다. 인간이 천지의 의미를 만들어 간다.
여기서 사람의 무늬(人文), 즉 문화가 탄생하고, 사람의 하늘과 땅의
무늬를 살펴서 각각의 의미를 부여한다. 전통 용어에 대비하여 표현

---

7) 이 용어는『鍼灸甲乙經』,「券七 陰衰發熱厥陽衰發寒厥第三」(이 책은『甲乙經』·『
黃帝甲乙經』이라고도 하는데, 晉代의 黃甫謐(215~282)이 지었다고 전해짐)과『訓
民正音 解例本』의「制字解」에 나옴.(이하, '地參天人', '天參地人' 그리고 '地參兩間',
'天參兩間'은 모두 필자가 위의 용어에 맞춰 지은 것임).
8) 念齋 金均(1888-1978)이 지은『大東千字文』속의 용어.
9) 이 말은 다른 말로 표현하자면, 수평적 의미의 '통섭(通攝)'이며, 수직적 의미의 '통
섭(統攝)'은 아니다.
10) 「천지가 제자리를 잡고, 만물이 길러진다」는『중용(中庸)』의「天地位焉, 萬物育
焉」에서 따온 말이다.

하자면, 일월성신(日月星辰)에 관한 하늘의 문양[天之文/天文](=자연학), 산천초목(山川草木)에 관한 땅의 문양[地之文/地文](=사회학)이며, 그 중심에 시서예악(詩書禮樂)에 관한 사람의 문양[人之文/人文](=인문학)이 자리해 있는 것이다.[11]

따라서 이 글에서 말하는 '고향=지역'은 바로 우리의 전통 속에 존재해온, 그리고 현재로도 연속되는, 천지인의 삼간(三間)이 상생하는 자생적 생태의 공간을 말한다. 이러한 우리의 전통적 맥락에서 본다면, 어느 고향=지역이든 그 자체로 곧 하나의 온전한 세계이며, 중심

---

11) 『주역(周易)』「비괘(賁卦)」에서 「천문을 살펴 때의 변화를 알아내고, 인문을 살펴 천하의 교화를 이룬다(觀乎天文, 以察時變, 觀乎人文, 以化成天下)」라고 하여, '천'과 '인'을 짝지었고, 같은 책 「계사전(繫辭傳)」·상의 제 4장에서는 「위를 올려다보고 천문을 살피고, 아래를 내려다보고 지리를 알아낸다(仰以觀於天文, 俯以察於地理)」고 하여 '천-지'와 그것을 관찰하는 '인'(인간)의 세 축을 말하고 있다. 이어서 같은 책 「계사전」·하의 제 10장에는 「천도가 있고, 인도가 있고, 지도가 있다(有天道焉, 有人道焉, 有地道焉)」라고 하여 천지인 삼재의 도리, 즉 '천도', '지도', '인도'를 분명히 밝히고 있다. 고려 말 조선 초의 개국공신이자 학자인 삼봉(三峰) 정도전(鄭道傳. 1337-1398)은 『삼봉집(三峰集)』권3, 「도은문집서(陶隱文集序)」에서 천지인 삼재와 관련해서 이렇게 말하고 있다. 「일월성신(日月星辰)은 천의 문(天之文)이고, 산천초목(山川草木)은 지의 문(地之文)이고, 시서예악(詩書禮樂)은 인의 문(人之文)이다. 그런데, 천은 기(氣)로, 지는 형(形)으로, 인은 도(道)에 말미암는다. 문(文)은 도를 싣는 그릇이다. 인문(人文)은 그 도(道)를 얻어서 시서예악의 가르침(詩書禮樂之敎)을 천하에 밝히고, 삼광(三光. 일·월·성신 즉 자연현상)의 운행에 따르고(順三光之行), 만물의 마땅함을 다스림(理萬物之宜)을 말하는 것이다. 문의 성함은 이러한 데에 이르러 극에 달한다」(日月星辰, 天之文也, 山川草木, 地之文也, 詩書禮樂, 人之文也, 然天以氣, 地以形, 人則以道, 文者載道之器, 言人文也, 得其道, 詩書禮樂之敎, 明於天下, 順三光之行, 理萬物之宜, 文之盛至於此極矣)고 하였다. 현대식으로 풀이하면, 삼광의 운행에 따르는 것은 일월성신의 '천지도'로서 「자연학(자연과학)」에 해당하며, 만물의 마땅함을 다스리는 것은 산천초목의 '지지도'로서 「사회학(사회과학)」에 해당한다. 그리고 「인문학(인문과학)」은 ① 시서예악의 가르침(=인간이 인간으로서 갖추어야 할 기본교양)을 천하에 밝히는 것을 바탕으로, ② 자연학(자연과학), 사회학(사회과학)과의 조화를 지향하는 것이다.(이에 대해서는 조동일(1997): 210-212쪽을 참조)

이자 전체라는 의미를 갖는다.

우리 전통 교육의 주요 교재인 『천자문(千字文)』, 『계몽편(啓蒙篇)』, 『동몽선습(童蒙先習)』의 첫머리에서는 '천지(天地)'라는 문자를 성찰하고, 깊이 있게 인식하게 한다. 그럼으로써, 시공간(=환경체계) 인지 교육을 조기에 실시하고, 나아가서는 나라는 인간의 신체가 환경과 일치하는 삶을 살도록 유도하는 것을 찾아볼 수 있다. '세상이 이러이러하니 나도 이러이러 하게 살아야 한다'는 것은 바로 환경 인식의 신체화, 체질화, 의례화인 셈이다. 천지를 알고, 철이 들어, '천지(天地)도 모르고 날 뛰는', '철없이 날 뛰는' 몰환경적인 인간을 양산하지 않는 교육이 우리의 전통 아동교육에서부터 있었던 점은 흥미로울 뿐 아니라 적지 않은 시사를 준다(최재목, 2007:371-372). 고향=지역에는 예를 들면 『천자문(千字文)』첫머리에 나오는 「일월영측(日月盈昃. 해는 서쪽으로 기울고 달도 차면 점차 이지러진다)」는 우리 삶의 양면성을 제대로 인식하면서 그 전체를 통찰하는 안목이 자생한다. 사람들의 의식주는 이러한 자연적 환경, 나아가서는 생태를 모범으로 하여 구축해 갈 수 있는 지혜와 힘을 갖고 있다. 그것은 낭만적이든 사실적이든 간에 문학이나 예술, 그리고 사상을 통해서 여러 형태로 구체적인 고향=지역의 풍경, 소리, 냄새 등을 보여준다. 그렇다면 고향=지역은 하나의 사상이 되어도 좋다.

일반적으로 '사상'은 인간의 생활 속에서 나와 다양한 자연적 · 문화적 · 역사적 · 사회적 등등의 생활 경험을 통하여 형성된다. 인간의 사상이 어떤 '형태(形)' · '존재방식' · '표현방식'을 갖는 데에는 생명을 가진 인간 자신의 '경험'(體驗 · 企圖 · 認識)이 있다. 당연히 거기에는 인간의 '시간(←시간적 이력='생노병사' 등)'이 있고, '공간(←공간적

배치='주거' 등)'이 있다. 또한 그 시간·공간의 '사이(間)'(즉, 기억·
추억·목적·장래, 순간·퇴행, 원근 등)의 구조화가 이루어지고, 꿈
등의 '상상(想像)'(像의 드러남·형성, 기도·瞑想 등)이 있다. 이렇게
해서 이 세상 인간들의 삶-살림살이가 구성된다(黑住眞, 2007:9).

　이렇게 보면 사상은 어디에서나, 어느 시기나 가능한 것이며, 특정
한 지역, 그것도 어느 특정의 중심지(도시, 서울)에서만 가능한 것이
아니다.[12] 고향-지역은 사상을 낳는 어머니이자 그 자궁이다.

---

12) 나는 어느 신문 칼럼(최재목, 2000) 속에서 나의 고향과 지역의 보전에 대한 생각
　을 이렇게 정리한 적이 있다.
　「'종이 울리네. 꽃이 피네.…아름다운 서울에서 서울에서 살으렵니다' 이것은 기차
　를 타고 종착역인 서울역에 닿을 즈음 경쾌히 흘러나오는 '서울의 찬가' 일부이다.
　과거 우리 기억 속의 서울은 늘 장밋빛이었다. 그 빛깔 속엔 가시도 하나 없었다.
　지난날 시골을 버리고 서울로 간다는 내용의 가요를 부르던 심정은 '서울의 거리
　는 태양의 거리. 태양의 거리에는 희망이 솟네'의 '럭키 서울' 바로 그것이었다. 볼
　일이 있을 때마다 우리는 귀하고 높은 서울로 상행선을 타고 '올라가서' 천하고 낮
　은 지방으로 하행선을 타고 '내려온다'. 서울 표준말에 사투리는 주눅 들던 때도
　있었다. 정도(定都) 600년을 넘긴 지금, 정치와 경제, 교육과 문화 거의 모든 것은
　서울 왕국의 손아귀에 들어 있다. 시골[鄕]은 망해도 권세 있고 잘난 분들이 득실
　거리는 서울[京]은 영원할 것 같은 착각이 든다. 억울한 사람은 출세하기 위해, 가
　난한 사람은 먹고 살기 위해 서울로 갔다. '마소의 새끼는 시골로, 사람의 새끼는
　서울로'라는 속담이 그저 생겨 난 것이 아니다.
　이처럼 화려했던 서울이 이제 한마디로 난장판이 된 듯하다. 지금 우리가 경험하
　고 있는 법과 도덕의 해이, 그리고 총체적 위기관리 능력 부재는 IMF의 어두운 터
　널을 완전히 통과하지 못하고 허둥대는 국민들에게 설상가상으로 불안감을 고조
　시키고 있다. 특히 지금의 위기는 이래저래 가뜩이나 어려운 지방을 더욱 황폐화
　시키고 있다. 어떤 사람은 지금의 위기는 서울 탓이 아니라고 딱 잘라 말할지 모른
　다. 그러나 말은 바로 하자. 분명 이 위기의 진원지는 서울이다.
　우리 현대사에서 중앙정부의 중앙 집중 정책이 서울을 비대화하였고, 그 결과 서
　울은 왕이고 지방은 머슴이 되어왔던 것이다. 서울은 늘 아득히 앞서 달렸고, 지방
　은 뒤에 처지고 낙오하며 홀대받았다. 도산 지경에 빠진 지방은 더 이상 몰락할 것
　없을 정도로 참담하다. 지방의 붕괴에 중앙정부도 지방정부도 모두 속수무책이다.
　종래 구조적으로 지방을 황폐화시키는 형태로 공룡처럼 성장해온 서울은, 대학과

3. 故鄕, 故, 鄕의 의미

1) 고향(故鄕)

'고향(故鄕)'은 중국어로는 '꾸쌍(guxiang)', 일본어로는 '후루사또 (ふるさと)' 등으로 읽는다. '고향(故鄕)'을 한글사전에서는, 「① 제가 나서 자란 곳 ② 마음이나 영혼의 안식처」(한글학회, 1991:323)으로, 한어(漢語)사전에서는 「家鄕. 태어났거나 장기로 거주했던 지역(出生 或長期居住過的地方)」(羅竹風 主編, 1991:435)으로, 그리고 일본어

입시가 그렇듯이, 이후로도 빈사상태에 이른 지방을 흡수 · 편입해 갈 것이다.
지방엔 돈도 힘도 인재도 권력도 학문도 문화예술도 자생하기 어렵게 되어 있다. 서울은 당근과 채찍, 지원과 통제 모두를 쥐고 있다. 그런 권좌의 서울이 한술 더 떠 정치판의 헤게모니 장악을 위해 수시로 지방에다 이런저런 색깔[色]을 칠해대 고 그것을 실체화 · 고정화시켜 정략적으로 이용해왔다. 지방은 서울의 들러리로 권력폭행을 당하지만 정작 자신 있게 그것을 고발하고 대변할 사람은 없다. 그럴 위치에 있는 사람들의 대부분은 친 서울주의자거나 서울에 직 · 간접적으로 예속 된 자들이기 때문이다.
이제 분명한 것은 서울로부터 보다 자유로워지는 형태로 지역의 활로를 찾아야 한다는 점이다. 건강한 지방이 있을 때 서울의 미래도 있다. 양자는 어차피 공생 적 동반자 관계다. 하지만 주변부인 지방은 중심인 서울을 통하지 않고 자립할 길 을 찾아야 한다. 지방이 곧바로 세계로, 국제로 소통하고, 또 지방끼리는 화해하며 연대할 수 있어야 한다. 그때 서울 왕국의 낯선 자 - 타자였던 지방이 바로 중심이 된다. 중앙정부도 이를 적극 도와야 한다. 지방은 보편적 원리를 존중하면서 진정 한 자신의 '고향'과 '향토'를 키우고 사랑하고 지켜가야 한다. 그러나 자신의 색깔 이 쉽게 서울의 정치판에 이용당하지 않도록 하는 등 자기관리를 철저히 해야 한 다. 지방은 어쨌거나 약자이다.
강자인 서울에 대해 자신의 권리와 이익을 대변해줄 시민단체나 범 지방연대의 발족도 필요하다. 지금 국가 주도하의 중앙중심 정책이 부당할 때 불복종하거나 이를 견제하고 비판하며 대안들을 제시해주는 건강한 지방이 있는가? 과연 우리 에게 서울은 희망인가? 자기본질을 꿰뚫어 보며 고행으로 업을 떨쳐낼 때 지방은 성불(成佛)할 수 있다. 서울만이 진리로 가는 길이 아니다. 」

사전에서는 「① 옛날에 사물이 있었던 땅(土地). 古跡, 舊都 ② 자신이 태어난 땅. 鄕里 ③ 일찍이 산 적이 있는 땅. 또는 깊이 정든 땅(か
つて住んだことのある土地. また,なじみ深い土地)」(新村出 編, 昭和
44:1970)으로 규정하고 있다.

위와 같이 '고향'은 대체로 '태어나서 자란 곳'이란 본래의 뜻을 바탕으로 그 의미 내용이 변화, 확대되었다고 생각한다.

2) 고(故)

고(故)는 옛 '고'(古)자와 같다. 우리가 전통적으로 '예[옛]'로 읽는 「고(古)」의 고대문자에 대해서 후한(後漢)의 허신(許慎)이 편찬한
『설문해자(說文解字)』에서는, 「까닭이 되는 것[故]이다. 열 십[十]과
입 구[口]에 따른 것이다. 이전의 말을 아는 것이다(故也, 從十口, 識
前言者也)」라고 되어 있다. 다시 말하면 「고(古)」는 '열 십(十)'과 '입
구(口)'로 성립한 회의문자(會意文字)이다.

'십구(十口)'란, 「열 사람의 입이 전한 바의 것」이란 뜻이다. 서개(徐
鍇)의 『설문해자계전(說文解字繫傳)』에서, 「고대에는 문자가 없었기
때문에 구두(口頭)로 서로 전승되었다(古者無文字, 口相傳也)」고 말
한 대로, 이전 사람의 언어를 구두 전승으로 알았다는 말이다.

또한, 청대(淸代)의 단옥재(段玉裁) 주(注)에 「생각건대, '예[古]'
라는 것은 온갖 일들[凡事](=만사)이 그러한 까닭(이유)이다. 그런
데, 그러한 까닭은 모두 예[古]에 갖춰져 있다. 그래서 『예[古]는 까닭
[故]이다』라고 말한다(按古者, 凡事之所以然, 而所以然皆備於古, 故
曰, 古, 故也)」라고 되어 있다.

다시 말해서 '예[古]'라는 것은 온갖 일들[凡事] 즉 만사가 그렇게 유래한 까닭(이유)(=故)이다. 결국 열 사람의 입이 전하는 것이 시간의 경과와 역사의 전개를 드러내고, 나아가서 그것은 역사의 현실을 규율하고 지도하는 법칙 · 규범이 된다. 고(古)라는 말이 전(典)과 결합되는 까닭은 바로 여기에 있다.(최재목, 2003a:41-46)

『맹자(孟子)』「이루하(離婁下)」에는「맹자께서 말씀하셨다. 천하에서 인간의 본성(性)을 말하는 것은 과거의 그러했던 사실(故) 뿐이다. 그러나 과거의 사실(故)이라는 것은 잘 인도함(利. 利導)을 근본으로 삼는다(孟子曰天下之言性也, 則故而已矣, 故者以利爲本)」라고 하고 있다. 여기서도 고(故)는 이전의 경험적인 사실이며, 훗날을 잘 인도하는 모범으로 규정되고 있다. 흔히 "옛말에 틀린 게 없다"라고 하듯, '고(古=故)' 자에서 '옛말'이 곧 '삶의 모범'이 된다.

고향에는 이처럼 삶의 모범이 될 '말(언어)'이 있다. 훈고(訓詁) 즉 말의 '공간적 읽기'(=訓)와 '시간적 읽기'(=詁)에서 알 수 있듯이, 말의 시간, 공간이 바로 인간의 삶이며 사상이다. 다른 말로 하면 말은 인간의 경험의 총체이다. 이 말은 '어른'과 '얼굴'을 통해서 만들어지고 전승된다. 말은 논리화, 체계화를 통해서 '사상'을 만들어 간다.

3) 향(鄕)

향(鄕)(藤堂明保, 1978:1346)(小川環樹 외, 昭和57:1021)은 읍(邑)+경(卿)의 약체(略體)이다. 이것을 좀 더 자세히 살펴보면 다음과 같다.

'읍(邑)'(민중서림 편집국 편, 2002:2078)= 阝(우부방(右阜旁))은

'편안히 앉아 쉬는 사람'을 형상한 데서 '사람이 무리 지어 모여 사는 곳(지역)=마을'을 의미하게 되었다. '사람이 서로 마주하여서 소리[音]가 오고가며, (사람이 사는) 집과 집이 마주하여 연기[煙]가 서로 피어오르는 마을'[13]을 상상하면 된다.[14] 예컨대 배호의 노래 「황토십리길」가운데서 「해바라기 그림자도 노을 따라 물들고/밥을 짓는 저녁 연기 곱기도 하구나」를 연상하면 되겠다.

'경(卿)'은 「잘 차린 음식(=皀)+서로 마주한 사람」에서 성립한 회의문자(會意文字)로 '회식(會食)하는 모습'을 나타낸다. 경(卿)은 향(饗)(=대접하다/제사지내다/마시다, 먹다/누리다/차려 올리는 酒食 잔치의 뜻)의 원자(原字)로 '서로 마주하다'는 뜻을 지닌다. 즉 중간에 음식[皀[15]](=食/음식, 먹을 것)을 의미(加藤常賢, 昭和60:183)]를 두고, 사람들이 양쪽에서 서로 마주 해 있는 모습을 의미한다.

---

13) 이 점에서 卿(=鄕) 자는 인륜(人倫), 윤리(倫理)의 윤(倫) 자를 연상하게 한다. 「륜(倫)」은 자의(字義)로 볼 때, 사람(亻)[=人]과 륜(侖)자의 결합으로 생긴 것이다. 륜(侖)은 책[冊:대나무 패(=竹簡)]과 그것을 덮은 글자, 즉 합(合)자에서 입구(口)가 빠진 모양인 「모으다」는 의미를 드러내는 글자가 합성된 것이다. 그래서 륜(侖)은 「대나무 패를 가지런히 정리해 놓은 모습」을 나타낸다. 그렇다면 「륜(倫)」은 사람 인(亻) 변이 있는 것에서 「질서가 잘 잡힌 인간관계」를 의미한다. 동시에 륜(倫)은 「무리」를 뜻하는 류(類), 배(輩), 군(群)과도 통한다. 무리가 있으면 관습, 습관, 습속을 통해서 자연스럽게 질서가 생겨나기 마련이다. 그래서 사실 「륜(倫)」자는 이미 그 자체로서 조리(條理), 이법(理法)을 의미하고 있다.

14) 향(向: 향하다) - 향(香: 냄새가 맞은편 쪽으로 향하다) - 향(響: 소리[音]가 맞은편으로 움직이다)은 같은 계열의 말이다.

15) '흡(皀)'은 ①다 끓은 곡물에서 풍기는 향기(→ 향기나다), ②곡물 한 알(낱알)을 뜻한다.(佐藤進 · 濱口富士雄, 2000:961)

4) '가(家)'와 '국(國)'을 연결하는 매개항으로서의 '고향'

위에서 보듯이 고와 향이 합한 '고향'은 우리의 전통 속에 존재하는 자생하는 하나의 생태적 문화적 '지역' 공간으로 내세워서 좋을 것이다. 이 지역은 전통적 의미의 '가(家)'와 '국(國)'을 잘 연결하는 매개항이 될 수 있기 때문이다.

남송 주희(朱熹)의 예(禮)에 관한 저작으로 『의례경전통해(儀禮經傳通解)』라는 책이 있는데, 이 책은 관례(冠禮), 혼례(婚禮)라는 가례(家禮)로 시작하여 방국례(邦國禮), 왕조례(王朝禮) 즉 치국(治國) 평천하(平天下)에 상당하는 순서로 이루어진다. 그 중간에 학교 관계의 사항을 모아서 기록한 학례(學禮)와 나란히 향례(鄉禮)라는 편목이 존재한다. 이때의 '향(鄉)'이란 말은 '가(家)'와 '국(國)'의 중간 영역을 가리키는 의미로 예로부터 자주 인용된 용어이다(고지마 쓰요시, 2004:161-62). 예를 들면 『노자(老子)』에서도, 『왕필본(王弼本)』 54장, 『백서본(帛書本)』26장』뿐만 아니라, 최근 중국 곽점(郭店)의 초묘(楚墓)에서 발견된 죽간본(竹簡本)(=楚簡本) 을본(乙本) 8장에서도 「修之家, 其德有餘, 修之鄉, 其德乃長, 修之邦, 其德乃豐(이것(=도)을 집안에서 닦으면 그 덕이 넉넉함이 있다. 이것을 동네에서 닦으면 그 덕이 오래오래 갈 것이다. 이것을 나라에서 닦으면 그 덕이 곧 널리 퍼질 것이다)」이라고 하고 있다(최재목, 2006b:262-268). 다시 말해서 향은 가와 국의 중간이자 매개항으로 설정되어 있다.

4. 지역의 개성 있는 생태 복원의 한 방법으로서 '고향'

1) 고향, 타향의 불이론적(不二論的) 이해

고향은 무반성적 원초적 특정 공간이며, 낯익은(친숙한) 습속, 풍경, 세계이다. 이에 반해 타향(혹은 이향異鄕)은 반성적 선택적 자각적 공간이며, 낯선(이질적) 습속, 풍경, 세계이다. 이를 도식화 하면 다음과 같다(최재목, 2004a:39).

故鄕		他鄕(異鄕)
• 무반성적 원초적 특정 공간 • 낯익은(친숙한) 습속, 풍경, 세계	⇔	• 반성적 선택적 자각적 공간 • 낯선(이질적) 습속, 풍경, 세계

고향은 타향/이향과 달리 선이해 혹은 선입견으로서 있다. 그것은 '나만의 땅'을 고집하는 편견, 편향성, 배타성, 지역 이기주의를 그 한계로서 갖는다. 그러나 이것은 한계만을 갖지는 않는다. 고향이라는 특정의 공간에서 갖는 선이해 혹은 선입견은 타향과의 '대화'와 상호간의 '교류'를 통해 '견문(見聞) 넓히기'가 가능하고 또한 이를 통한 '삶의 지평 확대'와 '이질공간과의 공감과 연대'도 가능하다. 여기서 우리 모두(=같은 인간)의 땅, 하나 되는 땅이 기대될 수 있다. 타향도 '정이 들면' 고향이 된다. 고향 또한 정이 멀어지면 타향처럼 변한다. 이렇듯 고향과 타향은 개별 고립적 폐쇄적 시공간이 아니라 쌍방 소통적 개방적 시공간이다.

선이해 선입견 (故鄕) →	한 계	편견, 편향성, 배타성, 지역이기주의	▷	나만의 땅	
	가 능 성	'대화' '見聞 넓히기'를 통 한 '삶의 지평 확대'와 '이 질공간과의 공감과 연대'	▷	우리 모두 (=같은 인간)의 땅	하나되 는 땅

오래 전에 내가 쓴 시에서 「서성거렸던 땅/다시, 수성동으로 가고
싶다」(최재목, 1984:203)라고 표현한 적이 있다. '무언가'에로, '어디
엔가'로 '가고싶다'는 의식, 여기에 문학과 예술이 생성된다. 우리의
글쓰기, 그리기는 '가고 싶다'라는, 이른바 내 삶의 진정한 고향으로
의 회귀, 열정, 낭만에 뿌리를 둔다. 고향을 향한 영혼의 맑고 푸른 상
상력, 그것은 '좋은(eu-)' 그러면서도 '없는(ou-)' '장소(toppos)'라
는 뜻의 유토피아(utopia)를 향한 꿈을 꾸도록 한다. 우리들의 영혼으
로 하여금 저 청정한 상류를 희구하도록 하는 것, 어떤 선을 향한, 마
치 아리스토텔레스가 『니코마코스 윤리학』에서 「모든 기술과 탐구,
또 모든 행동과 추구는 어떤 선을 목표 삼는 것이라 생각한다. 그러므
로 선이란 모든 것이 목표 삼는 것이라고 한 주장은 옳은 것이라 하겠
다」(아리스토텔레스, 1984:31)고 말했듯이, 고향을 향한 진정한 지향
은 '선(善)'과 맞닿는 것이라 해도 좋다.

그러나 다만 아리스토텔레스가 「모든 지식과 모든 노력은 선을 지
향한다」고 언급한 것이 개인적인 선인지, 사회적인 선인지, 환경적인
선인지의 여부는 실제 세계에서 일어나는 많은 윤리적 딜레마들의 원
천이 된다. 자기중심적 윤리, 인간 중심적 윤리, 생태 중심적 윤리는
토지 및 자연 자원 이용을 두고 벌어지는 투쟁에 개입하고 있는 다양
한 이해 집단들의 정치적 입장을 뒷받침하고 있다는 점을 무시할 수

없다. 이러한 윤리들은 17세기 이래로 서구 문화 속에서 발전해 온 정치적, 종교적, 윤리적 경향들이 서로 얽혀있는 집합체의 극치라고 보여진다(캐롤린 머천트, 2007:104).

2) 색깔 있는 '지역생태론'

종래 우리의 환경, 생태, 생명의 논의에서는 지역론으로서의 '고향'에 대한 고려가 거의 결여되어 있다 해도 과언이 아니다. 하지만 이 문제를 소홀히 하고서는 우리의 환경, 생태의 논의는 구체성을 얻지 못하고 이론적 추상적인 차원에 머물러 버릴 우려도 있다. 다시 말해서 '현장(필드)' 없는 '이론의 공회전(空回轉)'으로 빠질 가능성이 높다.

우리의 환경과 생태 논의는 항상 '중심'에서 출발하여 '주변'을 간과했으며, 또한 '개념' '이론'이라는 추상적 작업에 머물고, 그것을 지역이라는 주변부로 '연역'해가는, 이른바 지역에 대한 중심의 이론적 추행이나 폭력을 행사하기까지 한다. 그래서 「제발 우리를 그냥 내버려 둬」라던 강원도 산골 이장님의 말씀」(김선규, 2002: 「글머리」)처럼, 우리는 고향=지역을 자생적 생태를 존중하는 측면에서 가능한 보전할 필요가 있다.

환경론이나 생태론을 외래산 수입 이론 그대로[=原論/原本 그대로] 한국적 현실에 실현하려는 일종의 생태적 원리주의 · 근본주의적 태도에는 우선 동의하고 싶지 않으며, 소외된, 그러나 핵심적인 주변들을 중심의 논의로 끌어올려, 그것을 시야에 넣어 새롭게 논의를 진행할 필요가 있다. 예를 들면, 아래 시 몇 편을 보자(특히 밑줄 참조. 밑줄은 인용자).

내 고향은 곽산의 황포가외다
봄노래 실은 배엔 물결이 높고
뒷산이라 접동꽃 따며 놀았소
그러던걸 지금은 모두 꿈이요

첫릿길도 꿈 속엔 사오십리라
오가는 길 평양에 들려 놀던 곳
어제 밤도 가다가 또 못 갔노라
야속타 헤메는 맘 낸들 어이랴

지는 꽃은 오늘도 하늘을 날 제
아지랑이 봄날을 종달새 우네
육로 첫릿길 멀다 둘 곳 없는 맘
이 날도 고향 찾아 떠나는 것을
- 김억의 시「내 고향」

언제든 가리라.
마지막엔 돌아가리라.
목화꽃이 고운 내 고향으로

아이들이 하눌타리 따는 길머리론
학림사 가는 달구지가 조을며 지나가고
등잔 심지를 돋우며 돋우며
딸에게 편지 쓰는 어머니도 있었다.

둥굴레 산에 올라 무릇을 캐고
활나물 장구채 범부채를 뜯던 소녀들은
말끝마다 꽈 소리를 찾고
개암쌀을 까며 소년들은
금방망이 놓고 간 도깨비 애길 즐겼다.

목사가 없는 교회당
회당지기 전도사가 강도상을 치며 설교하던
촌 그 마을이 문득 그리워
아라비아서 온 반마(斑馬)처럼
향수에 잠기는 날이 있다.

언제든 가리 나중엔
고향 가 살다 죽으리
모밀꽃이 하이얗게 피는 촌
조밥과 수수엿이 맛있는 고을
나뭇짐에 함박꽃을 꺾어오던 총각들
서울 구경이 소원이더니
차를 타보지 못한 채 마을을 지키겠네.

꿈이면 보는 낯익은 동리
우거진 덤불에서
찔레순을 꺾다 나면 꿈이었다.
– 노천명의 시「망향」

나는 북관(北關)에 혼자 앓아 누워서

어느 아침 의원(醫員)을 뵈이었다.

의원은 여래(如來) 같은 상을 하고 관공(關公)의 수염을 드리워서

먼 옛적 어느 나라 신선 같은데

새-끼손톱 길게 돋은 손을 내어

묵묵하니 한참 맥을 짚더니

문득 물어 고향이 어데냐 한다

평안도(平安道) 정주(定州)라는 곳이라 한즉

그러면 아무개씨(氏) 고향이란다.

그러면 아무개씨(氏)를 아느냐 한즉

의원은 빙긋이 웃음을 띠고

막역지간(莫逆之間)이라며 수염을 쓸는다.

나는 아버지로 섬기는 이라 한즉

의원은 또다시 넌즈시 웃고

말없이 팔을 잡아 맥을 보는데

손길은 따스하고 부드러워

고향도 아버지도 아버지의 친구도 다 있었다.

-백석의 시 「고향」

추풍령을 내려서면 고향이 가깝다

걸어서 2시간, 차로 30분

어른이 된 뒤에도 늘 편지봉투 위에다 써왔다

'경상북도 상주군 모동면'

할머니 손잡고 소풍 가던 내 어릴 적의 백화산

내 幼年의 古典 책 한 권

줄줄이 포도원 들어서도
자갈밭을 둘러 흐르는 조용한 그 물길들
牟東이란 글자로 수십 번 덧칠해 놓은
삽화 (최재목, 2004b:84)

위의 시에서 보듯이 우리는, 구체적 고향=지역에 따른 특유의 풍경과 언어, 소리, 색깔 등을 발견해낼 수 있다. 구체적인 지역에 밀착하여, 지역과 지역이 공생적으로 연대할 수 있는 이런 구체적인 생태론은 시간, 공간, 인간을 공생과 상생의 파트너로서 끌어들여 논의하는 매우 실천적인 것이다. 여기에는 문학과 예술이 있고, 조경과 건축이 있고, 풍경과 시야가 있고, 역사와 문화 그리고 전통이 어우러져 있다.

나아가서 인간의 가치와 자연의 가치가 대립될 경우, 그것을 해소하고 처리하는 지역적 전통적 지혜마저 되살려 낼 수 있을 것이다. 더구나 소규모적 형태로 지역적 생태의 미학을 구축해 갈 수 있을 것이다.

5. 나오는 말

위에서 말하고 있는 그런 전통적 고향은 이미 없는 지도 모른다. 도시에 잠식당하고, 세계화에 편입되었기 때문이다. 더구나 근대 이후 오염되고 공해로 찌든 현실을 고려한다면, 본고에서 논한 고향=지역은 상상 속에서만 자가발전 되고 있는 '기억'이나 '희망'일지도 모른다.

그런데, 돌이켜보면, 농촌사회의 시간과 공간의 상실은 사실 우리들

마음속의 자연풍경과 자연친화적인 심성 · 상상력 모두를 박탈했다
는 점에서 참혹하다. 농촌적 감성과 상상력, 그것이 살아 숨을 쉬는 시
간과 공간의 회복은 우리 삶의 질, 인간성의 회복과도 연관된다. 우리
에게 무상으로 인문학적 예술적 심성 · 상상력을 제공해왔던 소가 그
립다. 자, 지금 천재화가 이중섭의 그림 속에 나오는 열정의 소고삐를
부여잡고 길을 나서는, 그 돈 안 드는 상상이라도 해보면 어떨까. 소가
있는 언덕을 찾아 나설 수 있는 사람은 누구나 훌륭한 '시인'이다(최
재목, 2003b:11). 그렇다면, 고향=지역은 하나의 지역을 개성있게 만
들고 서로 다른 지역과 연대해 가며, 새로운 지역의 생태를 창의적으
로 구축하는 힘이자 가능성이기도 하다.

　물론 이런 실천적 지역 생태론은 그것의 지역적 강조나, 왜곡으로
인한 위험성, 부정적 측면도 있다. 예컨대, 「어제의 용사들이 다시 뭉
쳤다/직장마다 피가 끓어 드높은 사기/총을 들고 건설하며 보람에 산
다/우리는 대한의 향토 예비군/나오라 붉은 무리 침략자들아/예비군
가는 길에 승리뿐이다」라는 '향토예비군'이란 노래에서 느낄 수 있는
우익적, 극우적 사고도 나타날 수 있다. 이처럼 지역을 '향토'라는 향
토민, 나아가서는 한 동족과 같이 고향=지역을 닫힌 공간으로 만들고,
또한 이념적으로 색칠하여 외부와의 이념적 방어와 방위의 기호(記
號)로 둔갑시켜, 보수우익화를 추진할 가능성도 있다.

　그러나 이 글에서는 이런 닫힌 향토를 지향하는 고향=지역 논의가
아니다. 본고는, 국가나 수도 중심의 지역 살리기가 아니라, '지역'='구
체적 현장'에서, 더욱이 그 지역의 역사와 문화, 전통을 실제적으로 존
중하며 그 장점과 특성, 독자성을 실현해주는 방향에서, 생태의 '중심
논의'를 만들어 가야한다는 점을 강조하고 있는 것이다. 그것은 전통

적 맥락에서 이야기 한다면 '가(家)'와 '국(國)'을 연결하는 매개항으로서의 의미도 보여주고 싶다. 이것은 결국 한국적 자연관에 뿌리 내린 '풍토(風土)'를 핵으로 하여, 개인-지역-국가의 공생형(共生型) 합의를 이끌어 내는 생태론의 한 형태라 할 수 있다.

  이런 논의가 궁극적으로 경주, 상주, 안동, 목포, 강진, 춘천과 같은 지역의 문화가 고려된 특징 있는(=얼굴과 몸통이 있는) 생태론이 구축되었으면 한다. 그래서 예컨대 경주의 돌담길, 상주의 감나무 가로수와 황토길, 목포의 해안과 노을, 춘천의 소나무와 모래 등등 처럼, '지역의 들판, 길, 논둑이라는 공간' 그리고 '아침과 저녁의 시간적 정취와 풍경', '거기에 위치한 살아있는 사물과 인간의 이야기'가 복원되어 브랜드화된, 특성있는 생태론이 될 수 있다. 이를 토대로 '경주학', '상주학', '안동학', '목포학', '강진학', '춘천학'과 같은 통합적 형태로 포섭되어 논의되어 갔으면 어떨까 한다. 여기에는 지역의 나름의 전통과 역사, 사상과 사고, 문화와 예술, 음악 등등의 이른바 지역적 생태에서 소생한 '글쓰기, 생각하기, 그리기, 말하기, 노래하기와 같은 다양한 실천적, 역동적, 심미적 지성(知性)이 소생할 수 있다.

10 / '몸'의 희망학 : 몸의 희망, 희망의 몸

1. 시작하는 말

이 글은 '몸의 희망' 혹은 '희망의 몸'에 대해 학문적으로 논의해보는 것이다. 따라서 제목을 '몸의 희망학(希望學)'이라 하였다. 부제를 '몸의 희망, 희망의 몸'이라고 한 것은 '몸의 희망학'을 보다 구체화하기 위한 것이다.

인간의 '몸'은 동양이든 서양이든 기본적으로 생명과 연관되어 이해되며, 그 유한성을 벗어나기 위하여 다양한 이해와 해석의 방식이 있어왔고, 더욱이 마음·정신과 깊은 관련 속에서 탐구되어 왔다.

일생을 통해 우리는 몸에 많은 기대를 건다. 따라서 몸=희망일 때가 많다. 몸의 건강, 몸의 안전, 몸의 아름다움 등등. 그러나 결국 우리의 몸은 제한된 시간에서 끝난다. 몸은 영원하지 않고, 순간을 통해 드러난다. 따라서 몸은 희망이었던 탓에 동시에 절망이다. 그렇다면, 몸이란 무엇이며, 어떻게 바라볼 것인가? 몸은 과연 희망인가? 이 내용은 기본적으로 이와 같이 몸에 대한 종합적인 성찰을 통해 '몸의 희망, 희망의 몸'에 서술하고자 한다.

삶의 의미를 묻는 것이 곧 몸의 의미를 묻는 것은 아니다. 그러나 삶의 의미 속에는 그 본질적으로 몸의 의미가 포함되어 있다. 따라서 몸에 대한 의미를 간과할 때에는 삶의 의미 또한 간과할 수 있다. 몸이 없는 삶이란 있을 수가 없으며, 있다 하더라도 그것은 관념적 형이상학적 논의에 머문다.

몸을 이해하는 큰 흐름에서 본다면, 먼저 오늘날의 스포츠 문화, 신체문화(Körperkultur), 나체문화(Nacktkultur) 등에서처럼 몸을 긍정하고 삶의 의미 가운데 왕좌를 차지하고 신화(神化)하는 경향이 있다. 이 몸의 숭배 경향은 몸 자체가 삶의 의미이며, 힘과 건강, 몸의 매력과 아름다움이 인간의 최고 가치이자 유일한 가치로 나타난다. 다음으로 전자와는 상반되게 몸의 궁핍을 바라보는 시선이다. 즉 추하고 위축된 인간신체, 병들어 고통 속에서 상해가고 있는 신체, 가난과 질병, 궁핍과 관리부족으로 굽고 황폐해서 상해가는 신체, 무시무시한 파괴적 기계, 무력과 전쟁에 의해 갈기갈기 찢어진 육체, 그리고 인생의 마지막에 무덤 속에서 썩어 문드러져가고 있는 시체와 해골, 이와 같이 궁핍한 몸을 통해서 결론지워진 몸의 비하와 부정을 통해서 몸 자체가 삶의 의미는 아니며[1] 초기불교의 부정관(不淨觀)[2], 백골관(白

---

1) 요한네스 헷센, 『현대에 있어서 삶의 의미』, 허재윤 역, (이문출판사, 1984), 98-100쪽 참조.
2) 실제 몸의 요소를 관함으로써 몸의 더러움을 관한다는 의미.

骨觀)[3], 시신관(屍身觀)[4]에서 잘 드러나듯이, 몸과 마음이 곧 공(空) 이기에[5] 인간의 최고, 유일한 가치도 아님을 말한다. 오히려 영원하고 도 불멸한 마음 · 정신이 강조된다. 동양의 오랜 전통에서도 몸은, 수 신(修身), 명철보신(明哲保身)이라는 말에 잘 드러나 있듯이, 정신 · 이성의 계도 · 계몽에 의해 '닦고, 지켜야 하는'(=관리 · 보호되는) 것 이며, 또한 '위성(爲聖: 성인이 되다)'의 이념에서 보듯이 '이다'[존재/ Sein]에서 '되다(되어야 한다, 다워야한다)'[당위/Sollen]는 이른바 체 계적 수행(修行)에 의해 철저히 '변화'되어야[氣質變化] 할 대상이다.

이렇게 해서 몸은 긍정과 희망의 대상이기도 하고, 동시에 부정과 절망의 대상이기도 하다. 좀 더 몸 이야기로 발을 들여놓으면 복잡하 다. 우리들이 팬티를 입는 이유처럼, 몸은 '감추는 것=금기 준수'의 대 상임과 동시에 '벗기기 위한 것=금기 침범'의 대상이기도 하다. 몸은 감추기 위해서 있기도 하고 벗기기 위해서도 있다.[6] 몸에 관한 한, 긴 역사를 통해서 종교와 권력 제도 등에 의한 '감춤'과 욕망에 의한 '벗 김' 사이의 '긴장'으로 일관되어 왔다. 즉, 남성과 여성의 몸이 이야기 되기도 하고, 특히 여성의 몸은 동서양을 막론하고 감춤과 벗김, 그리

---

3) 자신의 몸을 살은 썩어 없어지고, 뼈만 남은 것으로 관한다는 의미.

4) 사후의 몸을 관한다는 것으로 자신의 육체를 시체로 관한다는 의미. 우리의 전통에 서 보면 (영화나 교통사고에서 접하듯이 처참한 죽음의 광경이 아니라) 미리 준비 해 둔 관을 어루만지거나 그 속에 들어가서 미리 죽음을 체험하듯 스스로의 몸을 경건하게 성찰하는 태도 등이 이에 해당한다 하겠다.(이에 대해 최재목, 「죽음도 고 귀해야한다」, 『佛光』통권347호, (서울: 불광회, 2003.9), 24-25쪽))

5) 이에 대한 해설은 한자경, 『불교철학의 전개』, (서울: 예문서원, 2003), 82-84쪽 참 조.

6) 고다 스미오, 「사람은 왜 팬티를 입을까」, 『스릴 만점의 철학』, 김민영 옮김, (제제, 2004), 66-72쪽 참조.

고 은밀함과 수치의 대상으로 오랜 역사 동안 남성의 몸에 억압되기도 하였다.[7] 나아가 인간의 몸과 동물의 몸, 그리고 신성한 존재의 몸과 구분되어 논의되기도 하며, 아름다운 몸과 추한 몸 등으로 나누어지기도 하며, 체육(혹은 올림픽) 그리고 종교제례와 스포츠 사이에 존재하는 몸의 의미[8], 질병과 의학, 해부학의 측면에서 과학적으로 바라보는 측면[9] 심지어 몸을 갈기갈기 나누어 자동차의 부품처럼 각기 다른 기능으로 상징화하여 묘사하는 면이 있기도 한다.[10] 몸이 해부학적으로 규명된 것은 이전의 신비적인 금기대상이거나 신분적 차별이라는 의미도 붕괴되어 인간 평등적, 과학적 인간관을 가져오는 데 기여한다.[11] 이외에도 몸은 상상력을 더하여, 미적 · 예술적 시적 '풍경'을

---

7) 이에 대해서는 김미영, 『유교문화와 여성』, (서울: 살림, 2004)와 한스 페터 뒤르, 『은밀한 몸』, 박계수 옮김, (서울: 한길/HISTORIA, 2004)를 참고바람.

8) 이에 대해서는 김복희, 『고대 올림픽의 세계』, (서울: 살림, 2004)와 이창익, 『종교와 스포츠』, (서울: 살림, 2004)를 참고.

9) 이에 대해서는 신규환, 『질병의 사회사』, (서울: 살림, 2006)과 강신익, 『몸의 역사』, (서울: 살림, 2007)을 참조.

10) 루돌프 센다, 『욕망하는 몸: 인간의 육체에 대한 100가지 이야기』, (서울: 뿌리와 이파리, 2007) 참조.

11) 그 한 예가 데지마(出島)를 통해 일본으로 소개되는 의학서의 파장이다. 즉, 일본에서 처음으로 번역된 서양 서적인 『해체신서(解體新書)』(1774)는 네덜란드 동인도 회사의 의사들이 데지마를 통해 들여온 책인데, 원래 이것은 독일의 쿨무스(Johann Adam Kulmus, 1689-1745)가 1722년에 펴낸 책(Anatomische Tabellen)의 네덜란드 번역서(Tabulae Anatomicae. 1743)를 기본으로 스기다 겐바쿠(杉田玄白, 1733-1817)와 그의 동료들이 번역한 것이다. '해체신서'에서의 '해체'는 '장분(臟分)'을 말한다. 장을 나누어 갈라본다, 해부(解剖)한다는 말이다. '해체신서'에 따르면 해부의 방법은 여섯 가지가 있다. 첫째는 뼈와 관절을 조사하는 것이고 둘째는 선(腺. 편도선과 같이 분비작용을 하는 기관)이 있는 장소를 조사하는 것, 셋째는 신경을 조사하는 것, 넷째는 맥관(脈管)의 주행과 맥이 닿는 곳을 조사하는 것, 다섯째는 장기(臟器)의 형상과 그 작용을 조사하는 것, 여섯째는 근육의 주행을 조사하는 것이다. 이 '해체신서'는 당시 일본의 귀족사회를 흔들고 귀족들의

선보이기도 한다.[12]

크게 보면 하나의 몸을 두고 긍정=빛=양(陽)=희망으로 보는가, 부정=그늘=음(陰)=절망으로 보는가이다. 그러나 엄밀하게 말하면 하나의 양면성에 불과하다. 마치 '하나의 위대한 원리=태극(太極)'의 작용에서 '음양(陰陽)'이라는 두 가지 입상[兩儀]이 생겨나듯이 말이다. 음양에 있으면서 태극을 잊지 않는 것처럼, 몸이 희망인 동시에 절망이라는 사실을 균형감 있게 바라보는 논의가 필요하다. 따라서 이 논문에서는 몸의 빛과 그늘을 모두 바라보는, 그리고 몸을 항상 마음과 공명(共鳴)하는 상태로 두는, 그런 의미에서 통합적인 '몸의 희망학'을 논하고자 한다.

아울러, 이 글의 전개는, 먼저 「몸, 희망, 희망학」을 살펴보고, 이어서 「생명과 몸」을, 마지막으로 「몸의 희망, 희망의 몸: '소유모드'에서 '존재모드'로의 전환」을 논의하고자 한다.

2. 몸, 희망, 희망학

지금 우리가 사용하는 몸-마음에 대한 생각은, 이미 현대적 해석, 다시 말해서 마음(心/mind)-몸(身/body)을 둘로 분리해서 보는 이

신성시되는 몸을 탈신비화시키는데 적지 않은 역할을 하였다고 한다. 난학과 해부학을 통해서 본 18세기의 일본에 대한 풍경은, 타이먼 스크리치, 『에도의 몸을 열다』, 박경희 옮김, (서우 그린비, 2008)을 참조할 것.

12) 이에 대해서는, 진중권, 「얼굴은 풍경이다」, 『놀이와 예술 그리고 상상력』, (서울: humanist, 2005), 145-165쪽, 그리고 장석주, 「얼굴-풍경의 시학」, 『풍경의 탄생』, (서울: 인디북, 2005), 164-189쪽을 참고바람.

른바 서양근대의 심신이원론적인 시각에 의해서 말이다. 그러나 몸은 다양하고도 복합적인 무수한 의미를 가지며, 우리의 전통적 언어습관에서 볼 때도 마음과 쉽게 구분되는 것도 아니다.

흔히 마음[13]과 불가분의 관계에 있으면서도 종종 상대적으로 사용되는 몸(body)이란 말은, 다음의 한자어를 모두 포괄하는 개념이다.

---

13) '마음'이라고 훈독하는 '심(心)'자는 본래 심장의 상형이다. 갑골문에서는 심장의 실제 모습을 그렸다. 안쪽은 심장의 판막을 바깥쪽은 대동맥을 보여준다. 편방으로 쓰일 때에는 글자의 균형을 고려해 심(忄)으로 쓰고 있다. 생각하다는 뜻의 사(思)나 상(想) 자에서 알 수 있듯이 고대 중국인들은 일반적으로 사람의 생각은 두뇌가 아닌 심장에서 나온다고 생각하였다. 그래서 심 자와 합성된 한자들은 대부분 감정, 심리, 사상 활동과 관련되어 있다. 사람의 성품도 마음에서 결정된다고 보았다. 심은 몸의 한가운데 있고 생명을 유지하는 가장 중요한 기관이다. 그래서 중심, 핵심이라는 뜻을 가진다. 나아가서는 식물의 생장을 가능케 하는 긴요한 존재인 꽃술[蕊]처럼 생물체의 핵심이란 의미도 갖는다.
심장(또는 그 부근)에 심이 있다고 생각한 것은 아마도 심장의 고동이 마음의 움직임과 밀접하기 때문일 것이다. 심장에 있는 심을 흔히 방촌(方寸)이라 칭한다. 심의 뜻을 대신하는 방촌은 사방 일촌(一寸)의 매우 작은 넓이이다. 이처럼 심은 원래 심장을 가리키던 말임과 동시에 심은 사고의 중추로 간주되어, 단순히 어떤 사실 인식 기능만이 아니라 양심과 같은 윤리적 가치 판단 기능도 함께 하는 것으로 간주되었다. 예컨대, 인도의 산스크리트어에서는 정신작용으로서의 마음을 시타(citta) · 마나스(manas) · 비쥬냐나(vijñāna)라고 하였고, 대승의 한 갈래인 유식사상에서는 이 셋을 엄밀히 구별하여 각각 심(心) · 의(意) · 식(識)이라고 번역하였다. 한편 심장에 해당하는 산스크리트어는 힐다야(hṛdaya)라고 한다. 이처럼, 중국에서 정신작용으로서의 마음과 신체의 심장을 동일한 심 자로서 표현한데 비해, 산스크리트에서는 양자를 별개의 언어로 표현하고 있다.
심은 맹자(孟子) 이래 중국철학사에서 가장 중요한 관념으로 다루어졌다. 이후 오랜 시대를 거치면서 다른 관념들과 연관되거나 다른 관념들을 수반하면서 끊임없이 그 의미를 확대하였다. 마침내 심은 심장, 이성, 정신, 영혼, 감성, 의지, 욕망, 나아가서는 신체까지 총괄하는 개념이 된다.(최재목, 「심」, 『21세기의 동양철학-60개의 키워드로 여는 동아시아의 미래-』, 이동철 · 최진석 엮음, (을유문화사, 2006), 159-160쪽.)

① 육[(짐승의) 살 → (썰어 놓은)'고기', '살코기'. 종종 血[14], 體, 身
과 결합]

② 체[운동기능=골격 · 근육이 참여하는 신체 각 부분. 종종 肉, 身,
혹은 用[15]과 결합하여 쓰임 → 접미어로서 '일정한 상태나 형체를
가진 물질'/'일정한 체계를 가진 조직'/'글씨 따위에 나타나는 일
정한 방식이나 격식'/'글을 서술 · 표현하는 방식이나 체재'를 나
타냄]

③ 신[임신한 (그래서 무거워진) 몸. 생리적 기능=내장 · 순환기를
가진 유기체. 종종 肉과 體와 결합하여 쓰임. ㉠몸 ㉡몸소 ㉢줄기
㉣나이 ㉤애배다의 뜻이 있음]

④ 신체[=身과 體가 결합한 것. 종종 髮膚(머리털과 피부)와 결합하
여 쓰임. 사람의 몸에 대해서 씀]

⑤ 육체[肉과 體가 결합한 것. 구체적인 물체로서 사람의 몸. 肉 · 肉
身과 가깝다]

⑥ 육신[肉과 身이 결합한 것.]

이것을 포함관계로써 나타내면 〈肉⊂體⊂身體≒肉體≒肉身〉
과 같다. 그리고 한글의 '몸'은 우리말사전[16]에 보면,

① 사람이나 동물의 머리로부터 발까지 거기에 딸린 모든 것을 통틀

---

14) 피와 살을 아울러 이르는 말(=피와 살을 가진 몸) → 부모, 자식, 형제 따위 한 혈
통으로 맺어진 육친(=血肉之親, 血肉之身)
15) 이 체(體)는 용(用)과의 연관 속에서도 다양한 관점으로 파악할 수 있다. 이에 대
해서는 최재목, 「체와 용, 몸과 몸짓이라는 화두에 거는 기대」, 『시인이 된 철학
자-골방을 넘어 거리로-』, (청계, 2000), 187-202쪽을 참조.
16) 한글학회, 『우리말 큰사전』, (서울: 어문각, 1991).

어 일컫는 말
② 몸통
③ 물건의 원등걸
④ '몸엣것'의 준말
⑤ 잿물을 덮기 전의 도자기의 덩치
⑥ '사람'의 뜻
⑦ '신분'의 뜻

이라는 일곱 가지로 정의되고 있다. 몸이 '사람이나 동물의 머리로 부터 발까지 거기에 딸린 모든 것을 통틀어 일컫는 말', 그리고 '사람' '신분' 등과 동일하게 쓰인다는 것은 몸이 단순히 살과 뼈, 피만을 의 미하는 것은 아니라는 것을 알 수 있다.

참고로 같은 사전에는, '마음'을, 1) 생각, 의식 또는 정신 2) 감정이 나 기분 3) 의지나 결심 4) 관심이나 의향의 네 가지로 정의되고 있 다. 이렇게 보면, 몸과 마음은 각각 〈속/안(內)-정신적〉 대 〈겉/바깥 (外)-육체적(혹은 물질적)〉과 같은 이분법적으로 해석되기 쉽다.

그런데 우리가 사용하는 말 가운데에는 '마음에 와 닿다' · '마음에 사무치다'(ⓐ)라는 말이 있는데, 이 말들은 '피부(몸)에 와 닿다' · '뼈 (몸)에 사무치다'(ⓑ)라는 말과 거의 같은 뜻으로 쓰인다. 현실적으로 몸에 '사람' · '신분'의 뜻이 있음을 알 수 있듯이, 우리는 ⓐ보다는 ⓑ 쪽의 표현이, 의식차원 뿐만 아니라 무의식 차원을 포함하여 더욱이 신체 차원까지 포함한 절실한 느낌을 받았다는 이른바 '포괄적' 의미 를 내포하고 있음을 알게 된다. 다시 말해서 '몸으로 안다', '몸으로 보 여 준다'고 말할 경우에는 역시 '마음으로 안다', '마음으로 보여준다'

는 것보다도 강한 느낌과 의미를 갖는다. 이렇게 본다면 역시 마음은
의식적 혹은 관념적 차원의 것이고, 몸은 그것까지를 포괄하는 개념
으로 사용되고 있음을 알 수 있다.

이와 같이 몸은 마음과 긴밀한 연관, 감응관계를 가지고 있다. 나아
가서 몸은, 북송대(北宋代) 장횡거(張橫渠, 1020-1077. 이름은 載)의
말 「천지를 위하여 마음을 세우고(爲天地立心)….」[17]와 같이 우주적
인 마음에 의해 움직여가거나, 「몸은 천지만물 가운데 있으며 내가 사
사로이 할 수 있는 것이 아니다. 마음은 천지만물의 바깥을 포용하므
로 하나의 꺼풀로서 제한할 수 있는 것이 아니다. 천지만물을 두루 하
여 한 마음으로 하니, 따로 안ㆍ바깥이라고 말할 수 없다. 천지만물을
몸으로 하여 하나의 근본으로 삼으니, 따로 근본을 찾을 수 없다.」[18]는
명대(明代) 유종주(劉宗周. 호 念臺 혹은 蕺山. 1578-1645)의 말처럼
천지만물을 포괄하는 마음에 의해 우주적인 규모를 갖추기도 한다.[19]
북송시대 주렴계(周濂溪. 1017-1073)의 「태극도설(太極圖說)」에는
「오직 인간만이 그(=음양ㆍ오행 기운의) 빼어난 것을 얻어 가장 영특
하다. 형체[形. 신체]가 이미 생기자 정신(神)이 인식능력[知]을 드러
내고, 다섯 가지 본성[五性. 仁義禮智信]이 (바깥사물에 응하여) 느끼
고 움직인다.」[20]고 하였다. 몸은 우연발생이 아니라 '우주의 기운 혹은
우주적 원리'와 닿아있다고 본다.

---

17) 『近思錄』「爲學大要」: 爲天地立心, 爲生民立道, 爲去聖繼絶學, 爲萬世開太平.
18) 『明儒學案』권62,「蕺山學案」,「體認親切法」: 身在天地萬物之中/非有我之得私/心
包天地萬物之外/非一膜之能囿通天地萬物爲一心/更無中外可言/體天地萬物爲一
本/更無本之可覓.
19) 최재목,「共生의 원리로서의 心」,『철학논총』제14집, 5-9쪽 참조.,
20) 『近思錄』「道體」: 惟人也, 得其秀而最靈. 形旣生矣, 神發知矣, 五性感動.

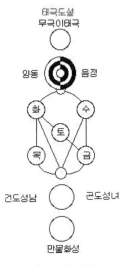

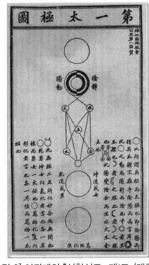

[그림 1] 주렴계의 「태극도」　　　　[그림 2] 이퇴계의 「성학십도」 제1도 〈태극도〉

다시 말해서, 우리의 몸을 구성하는 이목구비의 감관뿐만 아니라
살, 살갗, 피와 핏줄, 힘줄, 근육, 뼈는 모두 세계와 닿아있다. 그렇다면
우리의 몸은 마음을 담고 있지만, 동시에 몸은 마음에 포함되어 있다.
그래서 몸은 세계를 내 속으로 가져오고, 동시에 나를 세계 속으로 가
져간다. 그것이 바로 지각능력=인식 기능[知]이다.

『예기(禮記)』 「곡례상편(曲禮上篇)」에는 사람의 지각은, 7세[=도
(悼)라고 한다]까지에는 아직 완전하지 못하며(七年曰悼), 80, 90세
(=모(耄))가 되면 정신이 혼망(昏忘)해진다고 한다(八十九十曰耄).
그래서 7세까지와 80, 90세는 죄를 지어도 형벌할 수 없다고 한다(悼
與耄, 雖有罪, 不可刑焉).[21] 이처럼 인간의 지각능력을 인격의 기준으

---

21) 주에는 「愛幼而尊老(어린이를 애처롭게 여기고 노인을 존경하는 것)」이라고 있
　다.

로 보았다. 참고로 인간의 의식에 대해 좀 더 살펴보면 중국에서는 인
간의 마음을 삼층의 구조로 보고 있다. 즉 의지(意志), 영혼(靈魂), 정
신(精神)[22]이 그것이다. 이것을 도표화 하면 다음과 같다.[23]

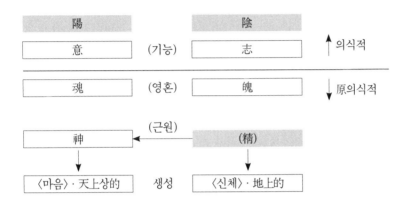

우리들의 인식은 크게 보면 '본다·관찰한다'는 사물을 대상화·객
관화하는 측면, 그리고 '접촉한다·감촉한다'는 사물과 직관적으로 교
류하는 측면을 갖고 있다. 전자는 새[鳥]가 높은 위치에서 대상이나
지상(地上)을 보는 것과 같은 시점(鳥瞰. 遠·大, 보편)이며, 후자는
벌레들이 낮은 곳에서 기어가며 촉각을 사용하여 예컨대 아메바가 사
물을 인지하는 것과 같은 감각의 시점(蟲感, 近 少, 구체)이다. 이것은

---

22) 精=米+靑, 神=示+申
23) 이에 대해서는 최재목, 『노자』, (서울: 을유문화사, 2006), 198쪽의 각주(28)을 참
조. 참고로 이 도표는 이시다 히데미, 「氣 흐르는 신체」, 이동철 옮김, (서울: 열린
책들, 2000), 110쪽과 유아사 야스오, 『氣의 인간과학』, 손병규 옮김, (서울: 여강
출판사, 1992), 71쪽을 참고하여 만든 것이다. 이외에도 몸에 대한 이해는 유아사
야스오,『氣, 修行, 身體』, 박희준 옮김, (서울: 범양사 출판사, 1990), 유아사 야스
오,『몸과 우주』, 이정배·이한영 옮김, (서울: 지식산업사, 2004)은 좋은 참고가
된다.

개념적으로 보면, 전자는 이성 이(理)(=logos)이며, 후자는 생명 기(氣)(=eros)로서 파악할 수 있다. 인간적 측면에서는 전자는 남성성-머리, 후자는 여성성-몸이다.[24] 그러나 우리의 삶과 세계는 실제로 전자와 후자가 확연하게 구분되지 않고 오히려 이 양자가 교합(交合) 통합 통섭되는 원만한 '사이'[間]를 가지고 있고, 또한 서로 '겹 맞물리고'[際] '맞닿아 붙어서'[卽] 있기도 하다.[25]

구분	인식	시점				개념		인간	실제 현실
a	본다·관찰한다	조감(鳥瞰). 遠·大, 보편/ 유목적/敬	逍遙/ 꼴림	外/ 啄	同機	이성· 이(理) (=logos)	妙合	남성성 -머리	a·b의 교합 (交合)
b	접촉·감촉한다	충감(蟲感), 近·少, 구체/ 농경적/誠	體驗/ 끌림	內/ 口卒	同時	생명· 기(氣) (=eros)		여성성 -몸	융합 (融合) 적

우리의 몸의 이 두 기능에 의해 상상력(想像力)이 만들어지고, 또 새로운 가능성이 생겨난다. 이 논문에서 말하는 희망이란 바로 이 점을 말한다. 몸의 상상력에 의해 몸의 희망은 계속된다. 상상력의 '상(像)'은 '모양, 형상, 상, 본뜨다, 닮다.' 등의 뜻이 있는데, 보다 구체적으로 말하면 ①형상(形像. 모양), ②도상(圖像. 그림), ③영상(影像. 이미지), ④상상(想像. 생각)을 포괄한다. 다시 말하면 ①,②,③,④의 각

---

24) 이 부분은 黑住眞,「文明論からみた東アジア新儒教」,『複數性の日本思想』, (東京: ぺりかん社, 2006), 226쪽의 내용을 대폭 수정, 보완한 것임.
25) 최재목,『상상력과 글쓰기의 유비쿼터스 네트워크: 늪』, (경산: 지앤지, 2005)의 「책머리에」부분 참조.

각은 자신 외의 셋을 모두 포함한다. 따라서 몸에 대한 상상력은 구체
적, 구상적인 동시에 은유적, 상징적, 추상적이다.

예컨대, 석가의 몸이 사후에 '색신'(色身. 역사적 몸)과 '법신'(法身.
진리의 몸)으로 되었다가, 나중에는 색신은 '응신'(應身. 應化身 혹은
化身)(=역사적 몸)으로 법신은 '법신'(=진리의 몸) 그대로, 여기에 다
시 응신과 법신을 합한 '보신'(報身. 과거에도 있었고 지금도 있고 앞
으로도 계속 있을 진리를 드러낼 모든 몸)(역사적 몸+진리의 몸)이 상
정되듯이 말이다.[26] 게다가 석가의 몸을 더욱 세밀하고도 구체적으로
규정하여 뛰어난 성스러운 모습[妙相] 혹은 좋은 모습[相好]을 '32상
(相) 80종호(種好)'라고 하여 불상 제작에 응용하는 것은 몸이 갖는
은유성, 상징성, 추상성의 극치를 보여준다. 이것은 몸이 갖는 하나의
가능성이다.

[그림 3] 간다라 불상　　　　　[그림 4] 석굴암의 불상

---

26) 이것을 기독교의 삼위일체(三位一體, trinitas) 설에 비기어 성부(법신), 성령(보
　신), 성자(화신)으로 보기도 한다.

이것은 비단 불교에서만 그런 것이 아니다. 남북조시대(南北朝時代)에 남인도에서 달마(達磨)가 중국으로 들어와 선종(禪宗)을 일으키는 동시에 전했다고 하는 『달마상법(達磨相法)』, 그 후 송(宋)나라 초기에 마의도사(麻衣道士)가 남겼다고 하며 관상학의 체계가 확립된 『마의상법(麻衣相法)』[27]등의 관상학의 신체와 지식, 권력, 예술적 상상력의 극치를 보여준다. 이것은 화성에서 사람의 얼굴을 발견하듯이, 몸에서 '의미'를 읽어내는 일이다. 이 '의미 찾기'가 몸의 '희망'을 만들어 가는 상상력의 동력(動力)이자 동인(動因)이다.

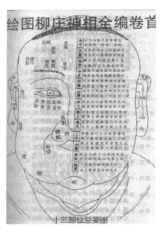

[그림 5] 마의상법의 십삼부위총요도
(十三部位總要途)

[그림 6] 화성의 얼굴 사진

그런데, 우리가 흔히 말하는 '희망'이란 말은 「앞일에 대하여 어떤

---

27) '달마상법'과 '마의상법'은 관상학의 쌍벽을 이룬다. 관상학이 한국에 들어온 것은 신라시대이며, 고려시대에는 혜징(惠澄)이 상술로 유명하였다. 조선시대에도 끊임없이 유행하여 오늘에 이른다.

기대를 가지고 바람」혹은「앞으로 잘될 수 있는 가능성」을 말한다. 보통 '절망(絶望)' 혹은 '실망(失望)'의 상대어로서 사용되기도 한다. 일찍이 중국의 작가 노신(魯迅. 1881-1936)은 그의 글『야초(野草)』에서 헝가리 시인 페퇴피 샹돌(Petofi Sandor. 1823-1849)의 말을 인용하여「절망이 허망하기는 희망과 마찬가지이다」라고 말한 것을 싣고 있다. 노신도 페퇴피의 말에 깊이 감명하여, 삶에서 끊임없이 찾아오는 절망적 상황을 자력으로 물리치도록 청년들을 격려하기 위해 이러한 말을 남겼던 것 같다. 잘 알려져 있듯이, 페퇴피 샹돌은 헝가리의 애국시인이다. 그는 헝가리 독립전쟁에서 조국을 위해 싸우다가 코사크 병사의 창에 찔려, 사망하기 전에「희망이란 무엇이더냐? 탕녀로다./그녀는 아무에게나 웃음을 팔고 모든 것을 바친다./그대가 고귀한 보물 – 그대의 청춘을/바쳤을 때/그녀는 그대를 버린다.」라는 말을 남겼다. 탕녀(蕩女)는 탕부(蕩婦)와 같은 뜻이다. 남자를 유혹하여 몸을 파는 음탕한 여자를 말한다. '희망이 탕녀라니?' 하고 의아해할지 모르겠다. 그런데, 페퇴피의 말대로 '희망(=그녀)'은 모든 것을 우리들에게 줄 것처럼 웃음을 팔거나 한다. 그런데 정작 우리가 희망을 좇아 일생의 진귀한 보물인 청춘을 죄다 바치고 나면 희망은 온데 간데도 없이 우리를 버리고 만다. 우리는 절망한다. 이렇듯 희망은 허망한 것이다.[28] 희망은 행복보다는 '절망'이나 '단념'과 오히려 깊이 관련을 맺고 있다. 희망의 사전적 의미는, '어떤 일을 이루거나 얻고자 기대하고 바람'이나 '좋은 결과를 기대하는 마음 또는 밝은 전망'이다. 희망에 해당하는 기대 바람 전망은 '밝음'의 이미지를 갖지만, 그것들은 언

---

28) 최재목,「찰나의 희망학」,『海印』통권 제295호, (합천: 해인사, 2006. 9), 6-7쪽.

제나 '어두움'에 기대어 있다. 나아가서 '밝음'이란 '의미'를 말하고 '어
두움'은 어떤 '무의미'를 말할지도 모른다. 그러나 의미와 무의미의 구
분이 실제로 그렇게 명확한 것이 아니다.

결국 희망이란 것은 유(有)로도 비유(非有)로도 정의할 수 없는 마
야(Māyā), 즉 환영(幻影)=허깨비인 것이다. 이 환영은, 「저 산 너머 또
너머 저 멀리 모두들 행복이 있다 말하기에 남을 따라 나 또한 찾아 갔
건만 눈물지으며 되돌아 왔네. 저 산 너머 또 너머 더 멀리 모두들 행복
이 있다 말하건만…」이라는 칼 부세(Karl Busse. 1872~1918)의 「저
산 너머」라는 시에 나타난 '행복'과도 맥을 같이 한다. 모두 실체가 없
는 허깨비이다. 희망은 갈망[愛]에 의해 취득된 것[取]이다. 비가 그친
뒤 물방울이 많은 대기에 햇빛이 비칠 때 나타나는 아름다운 빛깔의
반원형 호(弧)인 '무지개'처럼, 대기 중 빛의 이상굴절에 의해 물체가
실재의 방향에서 벗어나 보이는 현상인 '신기루'처럼 말이다.[29]

몸의 희망은 결국 '마음'에 닿는다. 마음과의 공명(共鳴), 그것 없이
는 몸은 초라하다. 몸의 초라함을 극복하기 위해 많은 노력들이 있어
왔다.

3. 생명과 몸

몸은 생명을 벗어나서 논할 수 없다. 아래에서는 몸을 논의하는데
필수적인 것이 '생명'에 대한 논의이다. 몸은 생명을 기초로 논의될 수

---

29) 최재목, 「찰나의 희망학」, 『海印』통권 제295호, 7-8쪽.

밖에 없다. 마치 어느 시인이 '신이여 내가 없으면 당신은 무얼 하겠습
니까?'라고 말한 것처럼 인간[人]이 없으면 천지(天地)의 의미가 없
듯이, 생명 없는 몸 또한 논의할 수 없다.[30] 아래에서는 생명의 의미의
포괄성을 반성하면서 몸의 의미(예컨대 개체에서 전체로, 자아에서
우주로의 의미)를 살펴보기로 한다.[31]

우선 '생명'의 정의를 사전에서 찾아보자. 〈인터넷〉에 들어가서 '생
명'을 검색해보면『백과사전』에는「사람을 포함한 모든 생물의 살아
있다는 공통적 속성을 추상적으로 나타낸 것으로 삶(生) 목숨 등과
동의어이다」[32]라고 하고,『국어사전』에서는「① 목숨 ② 살아 움직이
고 있는 힘 ③ 가장 기본적이며 본질적인 것 ④ 수명(壽命)」[33]이라 하
고 있다. 그리고 한글학회의『우리말 큰사전』에서는「① 목숨 ② 생명
체 ③ 수명 ④ 사물이 가지는 작용의 본바탕」[34]이라 하고 있다. 어느
쪽이나 정의가 대동소이하나 의미가 명료한 것은 아니다. 보통 생명
을 정의하는 경우 인간의 생명이 중심에 들어 있다. 위의 사전적 정의
에도 '인간'을 표준에 두고 말하고 있다.

예컨대, 신약성서에서 비오스(bios/βιος)는 생명의 생존기간이나
인간의 인생 또는 생활을 위한 능력의 의미로, 지상적인 삶, 또는 자연

---

30) 최재목,『쉽게 읽는 퇴계의 성학십도』, (서울: 예문서원, 2004), 105쪽 참조.
31) 이 부분은 기본적으로, 최재목,「동양철학에서 보는 '생명'의 의미 - '생명'의 개
　　념 분석을 중심으로 -」,『동양철학연구』49집, (동양철학연구회, 2006)와 최재목,
　　『노자』, 199-202쪽을 참고하여 정리한 것임을 밝혀둔다.
32) http://kr.dic.yahoo.com/search/enc/result.html?pk=14692600&field=id&type=e
　　nc&p=생명
33) http://kr.dic.yahoo.com/search/kor/result.html?pk=67610&p=생
　　명&field=id&type=kor
34) 한글학회,『우리말 큰사전』Ⅱ, (서울: 어문각, 1992), 2229쪽.

적, 육체적인 삶(=육체적, 생물학적으로 살아있는 것)을 가리키나[35] 생명공학에서 생명이라 할 경우에는 생물(동식물, 미생물)이나 그것의 운동(활동, 기능)의 의미로 주로 쓰이며, 공학은 그것(생물의 활동, 기능)을 이용하는 것이다. 바이오는 생명 가운데서 보편적 추상적인 것이 아니라 '현재 살아 움직이고 있는 생물체'에 집중되며, 그런 의미에서 구체적인 과학과 기술적 접근이 가능하다고 할 수 있다. 이에 비해, 마찬가지로 생명이라고 번역하는 명사어 life는 현재 만이 아니라 과거 미래에 걸쳐 존재하는 생명 전반의 존재 본질과 현상을 보다 포괄적으로 추상화, 개념화한 것이라 생각된다.

bio, life 등의 번역어인 한자어는 '생명(生命)'은 '생'과 '명'을 합한 글자이다. 물론 번역어인 생명은 영어와 그대로 합치하는 것이 아니다. 한자어 생명이란 말은 그것이 영어의 번역어로 일단 '유사어로서 채택된 것'일 뿐이며, 중국사상사 넓게는 동양철학사에서는 또 다른 의미 전개를 갖는다.

번역어인 한자의 생명이란 말은 원래 '성명(性命)'과 같은 것이다. 즉, '성명'이라는 말은 《사서(四書)》의 하나인 『중용(中庸)』 제일 첫머리(제1장)에 있는 「하늘이 명한 것이 성(性)이며, 성을 따르는 것이 도(道)이며, 도를 닦는 것이 교(敎)이다(天命之謂性, 率性之謂道, 修

---

35) 이 '비오스'(bios; βιος)에도 『신약성경』에는 생명을 의미하는 말로서 '조에'(zoe; ζωος), '프쉬케'(psyche; ψυχς)가 있다. 조에는 죽음과 대조되는 생명으로 구약성서의 하임과 같은 뜻이다. 프쉬케는 혼(魂)의 의미로 인간의 생명활동의 핵심을 가리키며 『구약성경』의 네페쉬보다는 더 포괄적인 개념이다. 신약성서의 생명관은 인간의 자연적인 생명 즉 비오스를 넘어서서 참생명, 즉 영원한 생명(=永生)에 초점이 놓여 있다. 영생은 생물일반이 아니라 인간중심의 논의이다. 이후 비오스(bios; βιος)는 biology(생물학)로, 조에(zoe; ζωος)는 zoology(동물학)로, 프쉬케(psyche; ψυχς)는 psychology(심리학)로 된다.

道之謂敎)」속의 '천명지위성'이라는 문구 속에 잘 나타나 있다. 성경에서 하나님과 관련하여 비오스가 쓰였듯이 성명(性命)은 하늘과 관련하여 논의되는 것이다. 즉, 하늘이 부여한 바가 '명(命)'이고, 사람이나 사물이 얻은 바가 '성(性)'이다. 이것을 보다 자세히 말하면 『성자명출(性自命出)』이란 책에서 「성(性)은 명(命)에서 나왔고, 명은 천(天)에서 내려온 것이다. 도는 정에서 시작되었고, 정은 성에서 생겼다」[36]라고 말하는 대로, 천 → 명 → 성의 계보를 갖는다. 하늘이 부여한 바인 '명(命)'은 「사람이 할 수 있는 일을 다 하고서 하늘의 명을 기다린다(盡人事, 待天命)」,[37] 공자가 말한 「오십이 되어서 하늘의 명을 알았다(五十而知天命)」,[38] 부하고 귀함은 하늘에 있고 죽고 사는 것엔 명이 있다(富貴在天, 死生有命)」,[39] 「명은 하늘에 있다(命在天)」[40]에 나오는 '명'과 같이 사람이나 사물이 어찌 하고자 해도 어찌 할 수 없이 그렇게 되어 있는 '사실'로서의 운명(運命)[제한성, 한계성: 꼬라지=꼴/녹명[41]]을 말한다. 이 '명'은 운명이지만 동시에 이러이러하게 마땅히 살아야 한다는 '당위'로서의 사명(使命)[꼬라지 값=꼴값=덕명[42]]을 나타내기도 한다. 그리고 사람이나 사물이 (하늘로부터) 얻은 바인 '성(性)'='생(生)'은, 『논어』에서 「성은 서로 가까우나, 습관에 의

---

36) 『性自命出』: 性自命出, 命自天降, 道始於情, 情生於情(荊門市博物館 편, 『郭店楚墓竹簡』, (北京: 文物出版社, 1998), 179쪽)

37) 『獨史管見』

38) 『論語』「爲政篇」

39) 『論語』「顏淵篇」

40) 『史記』「高祖記」

41) 사람의 빈부, 귀천, 수명과 같은 운명.

42) 도를 구체적으로 실현(구현)하는 힘(능력)으로서의 사명감.

해 멀어진다」[43] 『성자명출(性自命出)』에서 「천하 사람들의 성은 모두 같다」[44]와 같이, (천이 명한) 일반성, 보편성을 말한다. 성(性)은 '심(忄)'(=心)과 '생(生)'을 합한 글자로서 '살려고 하는 마음(의지, 힘)'을 말한다. 하늘로부터 부여받은 본성(그것을 그것이게끔 하는 것. 본질적인 것)을 말한다. 『주역(周易)』에서는 「하늘과 땅의 커다란 힘(德 =惠. power)을 생이라 한다(天地之大德曰生)」[45]라고 하고, 같은 『주역』에서 「나고 낳는 것을 역이라고 한다(生生之謂易)」[46]라고 한다. 또한 맹자와 논쟁을 벌였던 고자(告子)는 「생(타고난 것) 이것을 성(천성=본성)이라고 한다(生之謂性)」[47]라고 하였다. 이렇게 보면 성(性)은 곧 생(生)인 것이다. 그래서 성명(性命)은 곧 생명(生命)이 된다.

이렇게 하늘이 부여한 바인 '명'과 사람이나 사물이 얻은 바인 '성'='생(生)'을 합한 것이 성명=생명이라 보면, 생명 속에는 개체로서의 제한성/한계성과 더불어 전체로 연결된 일반성, 보편성이 있다. 그래서 나는 나인 동시에 남이며, 우리 전체이고, 우주이다. 흔히 목숨이라고 읽는 생명에는 이런 개체적인 동시에 전체적 우주적 의미가 공존하고 있다.

초기불교의 기본경전 『상윳타 니카야(Sa yutta-nik ya)』(상응부 경전)에서는 이렇게 말한다.

이 몸에 관해 지혜가 풍부한 사람은 말했다. 세 가지를 벗어났다면

---

43) 性相近, 習相遠(『論語』「陽貨篇」)
44) 『性自命出』: 四海之內, 其性一也(『郭店楚墓竹簡』, 179쪽)
45) 『周易』「繫辭傳 下」
46) 『주역』「繫辭傳 상」
47) 『孟子』「告子 上」

모양과 색깔(形色)을 버렸다고 보아라. 그 세 가지는 수명(壽命), 체온
(體溫), 식별작용(識別作用)이다. 만일 이 세 가지가 이 신체를 벗어났
다면, 이 신체는 내버려지고 쓰러져서 정신(精神)이 없는 것으로서 다
른 것의 먹이가 된다.

이것이 불교의 기본 생명관이다. 이에 이어서 인도의 세친(Vasubandhu.
320-300경)은 『아비다르마코샤(Abhidharmakośa)』(아비달마구사
론)에서 이렇게 말하고 있다.

　　여기서 '수명(壽命)'이라는 것은 어떠한 법(dharma)인가? 답해서 말
　하였다. 그것은 체온(體溫)과 의식(意識)의 의지처이다. 존경하는 스승
　[尊師]은 다음과 같이 말하셨다. 수명과 체온과 의식작용이 신체를 버
　렸을 때, 내버려졌다. 정신이 없어서 나무조각처럼 쓰러졌다 라고. 그
　때문에 체온과 의식작용의 의지처이며 존속의 원인인 것이 수명이다.
　물어서 말하였다. 그러면 수명의 의지처는 무엇인가? 대답하여 말하였
　다. 체온과 식별작용의 양자가 의지처가 되고 있는 것이다.

그리고, 잠시 『불교사전』의 「생명」 항목을 살펴보면,

　　불교에서는 수명(壽命)[수(壽)는 아유스(āyus)의 번역이며, 명(命)
　은 지비타(jīvita)의 번역이다. 수와 명을 구별하는 설도 있다]이라든가,
　명근(命根)이라고 말한다. 이 세상에 생(生)을 얻어서 죽음에 이르기
　까지 지속하며, 체온[暖]과 의식[識]을 유지하는 것이다. 수(壽)는 난
　(暖: 따스함)과 식(識. 의식)을 유지하고, 또 역으로 난과 식은 수를 유
　지하며, 상호 의존 관계에 있으며, 죽음에 이르러서는 이 수, 난, 식이

육체로부터 떠나는 것이다. 이 수는 삼계육도(三界六道)의 구별에 의
해 양이 정해져 있는데, 이것을 수량이라고 한다. 부처[佛]의 수명에는
끝이 없기에 수명무량(壽命無量)이라든가 무량수(無量壽. 아미타유스
(amitāyus), 阿彌陀)라고 부른다.[48]

라고 있다. 이렇게 보면, 인간의 생명은 ①난(暖)=체온(體溫)[호흡
(숨)과 피[血]의 순환과 관련], ②식(識)=마음의 식별작용(識別作用)
이 주된 것이다.

생명이란 말에는 인간, 동물의 '목숨' 외에도 '사물이 성립, 유지되
는 유일한 힘', '사물의 대단히 중요한 것(본질적인 것)'과 같이 사물의
'근원적 힘', '본질' 등의 뜻도 들어 있다.[49]

그런데, 우리는 가끔 생명을 좁은 의미로 인간을 포함한 동물일반
의 삶(=生. 죽음[=死]에 대하여)으로 국한하여 보는 경향이 있다. 예
컨대, '목숨'을 『우리말 큰 사전』에서는 「① 동물로 하여금 살아있게
하는 힘. ② 숨을 쉬며 활동하여 살아 있는 상태」[50]로 정의하고 있다.
즉 '목숨'은 인간을 포함한 동물 일반의 '살아있게 하는 힘'이며, 특히
'숨[呼吸/息]'과 깊은 관계 속에 정의 되고 있음을 알 수 있다. 물론, 좀
더 엄밀하게 말하면 생명과 목숨에는 의미의 차이가 있다. 목숨(=목+
숨)은 사람(인간)에 대해서 말하며 구체적이고, 능동적이며 거래교환
의 조건이 되기도 한다. 이에 대해 생명은 모든 사물 일반에 해당하며,

---

48) 中村元 감수,『新 佛教辭典』, (東京: 誠信書房, 昭和61), 313쪽.
49) 諸橋轍次,『大漢和辭典』권7, (東京: 大修館書店, 1984), 1038쪽, 羅竹風 主編,『大
　　漢語詞典』, (上海: 漢語大詞典出版社, 1993), 1499쪽 참조.
50) 한글학회,『우리말 큰사전』Ⅰ, 1435쪽.

추상적, 수동적이며, 신성 · 초월적이라서 거래교환의 조건이 될 수 없다.[51]

구분	대상	특징		
목숨	사람(인간)	구체적	능동적	거래 · 교환의 조건 가능
생명	사물일반	추상적	수동적	신성 · 초월적

목숨은 '목에 숨이 넘어간다'는 말에서 알 수 있듯이, 목(=호흡기관)을 통해서 '숨을 쉬는 것'이다. 숨을 쉴 경우에 당연히 '심장(心臟)'을 가지고 피가 순환하기에 '체온(體溫)'을 가지고, '의식(지각/사유 능력)'을 담당하는 '두뇌'와 '마음[心]'이 있는 등 몇 가지 주요 요소가 상정될 것이다. 결국 사람의 생명(=목숨) 넓게는 생물을 이야기 하는 경우, ①호흡+②체온(혈액순환)+③의식-지각과 같은 요인들의 결합에서 논의된다.

첫째, 생명은 '호흡(呼吸)'이다. '호흡(呼吸) 작용'즉 숨을 쉬는 것이다. 보통 생명은 수동적이고, 보편적이며, 일반적이며, 교환 불가능하고, 한계가 없으며, 만물 일반에 영속하는 것이다. 생명을 좁게는 '목숨'이라고 하는데 이것은 생물체에만 적용되며, 능동적이며, 교환 가능하며, 한계가 있다. 목숨이란 '목+숨'이다. 사전에는 〈명사〉로서 '사람이나 동물이 숨을 쉬며 살아 있는 것'으로 보고, '명(命). 생령. 생명. 성명(性命)'과 〈동의어〉라 하고 있다. 그런데 숨 쉬는 것이란 무엇인가? 호흡(呼吸)의 호(呼)는 날숨(내쉼)이고, 흡(吸)은 들숨(들이마심)

---

51) 이것은 김경원 · 김철호, 『국어 실력이 밥 먹여준다』, (서울, 유토피아, 2006), 118-125쪽을 참조.

이다. 이러한 호흡활동이 정지하면 생명을 다한 것으로 본다. 그래서 우리는 죽은 것을 '숨이 넘어갔다' '숨이 멎었다' '숨을 거두었다' '숨이 끊어졌다' 등으로 표현한다. 이처럼 우리말에서도 생명은 숨(=호흡)과 관련이 깊다. 삶은 '숨 쉼'이며, 죽음은 '숨 거둠', '숨 멎음'이다.

인도의 고대에 성립한 우빠니샤드 철학에서는 우주의 근원(궁극적인 실재)인 브라흐만(brāhman, 梵(=大我), 전체 우주적 원리)과 개인에 내재하는 아트만(ātman, 我(=小我), 개체적 원리)를 동일시하여 범아일여(梵我一如) 사상이 나온다. '나'(小我=小宇宙)의 본체인 아트만은, 본래 호흡(呼吸)을 의미하고, 생기(生氣), 신체(身體), 자신(自身), 본체(本體), 영혼(靈魂), 자아(自我)의 뜻을 가지며, 결국은 창조주와 동일시된다.[52]으로 말한다. 여기서 푸라나란 숨(息, 呼吸)을 말한다. 인도에서는 생명체의 숨은 누군가로부터 주어진 것이 아니고, 호흡, 숨이라는 것 그 자체가 바로 생명으로 보았다. 이 관점은, 예컨대 히브리어로 '인간'이라는 뜻의 '아담(Adam)' 창조 내력을 보면, 창조주 하나님이 흙으로 사람을 만들어 '생명의 입김을 불어넣어' 생명을 가진 존재가 되었다[53]는 것과는 좀 다르다. 인도에서는 숨이 바로 생명인 것이다.

한자어에서 '스스로' '나'의 뜻인 '自'(그래서 중국인들은 자신을 가리킬 때 보통 코를 가리킨다)라는 글자는 원래 숨을 쉬는 '코 비(鼻)자'의 형상에서 왔다고 한다. 나, 스스로는 호흡하는 존재이며, 호흡을

---

52) 이 밖에도 산스크리트에서는 생명에 해당하는 말로 jīva, sattva, prāṇa, āyus가 있다.
53) 『구약성경』 「창세기」에는 「여호와 하나님이 흙으로 사람을 지으시고 생기를 그 코에 불어넣으시니 사람이 생령이 된지라」(2:7)라고 되어 있다. '생기'란 하나님의 생명력 곧 하나님의 생명을 주시는 능력을 말한다.

할 때 비로소 나는 성립하는 것이다.『장자(莊子)』의 '제물론(齊物論)'을 보면, 숨을 쉬는 자연의 소리, 즉 자연의 피리소리를 '천뢰(天籟)'로 표현했다. 사람의 피리소리를 인뢰(人籟)라 한다. 인뢰는 사람이 내는 숨소리 등 온갖 소리로 보면 된다. 땅의 피리 소리를 '지뢰(地籟)'라 한다. 지뢰는 바람이 불어 대지의 갖가지 구멍에서 나오는 소리 등 숨 쉬는 대지의 모습을 말한다. 이렇게 천지인은 숨 쉬며 살아 있다. 이렇게 천지인의 숨 쉼은 인간을 포함한 우주 전체가 살아있음의 환희이자, 교향악이며, 전생명의 교감이라 이해되었다. 그 조화로운 원리를 도라고 한다. 마찬가지로 일본어에서는 생명, 목숨을 이노찌(いのち)라 하고 죽는 것을 시누(死ぬ)라고 한다. 먼저, 생명 즉 '이노찌'의 어원은'이노우찌(イノウチ)[息內]' '이끼노우찌(イキノウチ)[生內]' '이노찌(イノチ)[息路, 息續, 息力]' '이끼네우찌(イキネウチ)[生性內]' '이노찌(イノチ)[息靈, 生靈]' 등이다. 또한 죽는다는 뜻의 '시누(しぬ)'는'시이누(シイヌ)[息去]','시이누루(シイヌル)[息逝]','스기누루(スギィヌル)[過往]','시보무(シボム)[萎]', '시나우(シナウ)[靡う]'등이다. 이처럼 보면, 동양에서는 생명은 천지인 즉 우주가 숨을 쉬는 것(息, 呼吸作用)이며, 죽음(死)은 그 숨, 호흡작용을 정지한 것이다. 이처럼 우주와 함께 호흡을 같이하고, 호흡에 주목하는 것은 인도의 요가, 도교의 호흡법, 불교의 좌선(坐禪), 유교의 거경(居敬)에 기초한 정좌(靜坐) 혹은 정관위좌(正冠危坐)[54], 도교나 국선도의 단전호흡(丹田呼吸) 등에 모두 다 들어있다.

둘째로, 생명은 '피가 도는 것', 체온(體溫)을 가진 것이다. 불교에

---

54) 갓을 바로 쓰고 의관을 정제하고 무릎을 꿇고 앉음.

서는 몸은 본래 실체가 없는 것이라 보고 있다. 몸은 지수화풍(地水
火風), 즉 사대(四大)로 구성되어 있다. 이것은 실체가 있는 것이 아
니다. 그래서 중국의 승조(僧肇. 374/384?-414. 東晉 때 승려. 鳩摩羅
什의 제자)는 참수형을 당하기 직전에 「사대(四大)는 원래 주인이 없
고, 오온(五蘊: 色+受想行識)은 본래 공(空)이다. 목을 시퍼런 칼로 자
르더라도 그것은 마치 봄바람을 자르는 것과 같도다」[55]라고 읊었다고
한다. 이처럼 '나'라고 할 만한 것은 없으며 그것은 연기법에 의해 일
시적으로 정신과 육체가 결합되어 있는 것에 불과하다. 그런데 유교
에서는 몸-핏줄은, 조상-후손을 연결하는 이른바 '유체(遺體)=유전
자(遺傳子)'로서, 마치 볏짚이 새끼를 엮어가듯이, 나만의 것이 아닌
조상과 후손을 연결하는 고리의 의미를 갖는다. 이렇게 해서 일종의
'몸'-'핏줄'(血緣的 연관)의 의미 연대=공동체를 형성한다. 공자의 수
제자 증자(曾子)는 공자는 「몸뚱이 · 머리털 · 피부는 부모에게서 받
은 것이니, 함부로 훼손하지 않음이 효의 시작이다(身體髮膚, 受之父
母, 不敢毁傷, 孝之始也)」라고 한 말을 평생의 신조로 삼았다. 그는 죽
음에 이르러 그 제자들에게 「내 발을 벌려라! 내 손을 벌려라!」고 하
여, 「전전긍긍하며 살얼음을 밟는 것 같이」 자신의 몸을 다치지 않도
록 살아왔음을 보여주었다.[56] 그리고 이와 비슷한 이야기로 증자(曾
子)의 제자 악정자춘(樂正子春)의 고사는 유명하다.

　　악정 자춘이 당(堂)을 내려오다가 발을 다쳤다. (그런데 상처가 다

---

55) 四大元無主, 五蘊本是空, 以首臨白刃, 猶如斬春風.

56) 曾子有疾, 召門弟子曰, 啓予足, 啓予手, 詩云, 戰戰兢兢, 如臨深淵, 如履薄氷, 而今
　　而後, 吾知免夫, 小子(『論語』「泰伯篇」)

나았는데도) 몇 달 동안이나 밖에 나가지 않고 오히려 슬픈 기색을 보였다.

문하생들이 말했다 : 선생님의 발이 나으셨는데 몇 달 동안 나가시지 않고 오히려 슬픈 기색을 보이시는 것은 무엇 때문입니까?

악정 자춘이 말했다 : 너의 물음이 좋구나! 너의 물음이 좋구나! 나는 이것을 증자에게서 들었고, 증자는 이것을 공자에게서 들었다. 하늘이 낳은 바와 땅이 기르는 바가 사람보다 더 큰 것은 없다. (천지의 뜻을 이어받아) 부모가 온전히 하여서 이것(=몸)을 낳았으니, 자식은 이것을 온전히 하여서 (천지에) 되돌려주어야 한다. 이것을 효라고 한다. 그 몸을 일그러뜨리지 않고 그 몸을 욕되게 하지 않는 것을 온전히 한다고 말할 수 있다. 그러므로 군자는 반 발자국을 내딛더라도 감히 효를 잊을 수 없는 일이다. 지금 나는 효의 도리를 잊었다. 나는 이 때문에 슬픈 기색을 보이는 것이다. 한 발자국 발을 내딛더라도 감히 부모를 잊지 못하고, 한마디 말을 하더라도 감히 부모를 잊지 못할 것이다. 이 때문에 길을 가더라도 (바른길로 가지) 지름길로 가지 않고, (강을 건너더라도) 배를 타고 가지 헤엄쳐 건너지는 않는다. 감히 돌아가신 부모의 유체(父母之遺體)를 위태롭게 행동하지 않는다. 한마디 말을 하더라도 감히 부모를 잊지 못한다. 이 때문에 악한 말을 입에 내지 않고 분한 말이 내 몸에 돌아오지 않게 한다. 그 몸을 욕되게 하지 않고, 그 부모를 부끄럽게 하지 않는 것을 효라고 말할 수 있는 것이다.[57]

---

57) 樂正子春下堂而傷其足, 數月不出, 猶有優色, 門弟子曰, 夫子之足瘳矣, 數月不出, 猶有優色, 何也, 樂正子春曰, 善如, 爾之問也, 善如, 爾之問也, 吾聞諸曾子, 曾子問諸夫子曰, 天之所生, 地之所養, 無人爲大, 父母全而生之, 子全而歸之, 可謂孝矣, 不虧其體, 不辱其身, 可謂全矣, 故君子頃步而弗敢忘孝也, 今予忘孝之道, 予是以有優色也, 壹擧足而不敢忘父母, 壹出言而不敢忘父母, 壹擧足而不敢忘父母, 是故道而不經, 舟而不游, 不敢以先父母之遺體行殆, 壹出言而不敢忘父母, 是故惡言不出於口, 忿言不反於身, 不辱其身, 不羞其親, 可謂孝矣(『禮記』,「祭義篇」/樂正子春의 이

이렇게 악정 자춘은 증자와 마찬가지로 부모에게서 받은 완전한 몸을 그대로 죽을 때까지 잘 보존해야한다고 생각하였다. 이것은 바로 공자가 「몸뚱이·머리털·피부는 부모에게서 받은 것이니, 함부로 훼손하지 않음이 효의 시작이다」라고 한 것을 모범으로 삼은 것이다. 이러한 정신은 『시경(詩經)』의 「대아편(大雅篇)」에서 「어떤 말을 하거나 행동을 할 때에 너의 조상 생각을 하지 않을 수 없을 것이니 자진하여 그 덕을 닦아야 하느니라(亡念爾祖聿修其德)」고 한 것과 상통한다. 중국에 불교가 들어왔을 때 유교에서는 그들을 「삭발」하는 이유 때문에 비판을 하였다. 마찬가지로 우리 나라에서도 구한말(舊韓末)의 단발령(斷髮令)이 내려졌을 때, 최익현과 같은 유학자는 「내 머리는 자를 수 있을지언정 머리털은 자를 수 없다」고 하여 단발(斷髮)을 목숨을 앗아가는 것과 동일시하여 거부한 것이나, 요즘에도 젊은이들이 「머리를 빡빡 밀면」 주위 사람들이 「너 사회에 불만 있니?」라고 묻곤 하는 것[58]은 완전한 신체를 중시하는 『효경(孝經)』의 정신이 오늘날까지 이어져 오는 까닭에서이다.

내 몸은 부모가 남겨준 몸이다. 부모가 없었다면 이 몸이 없었다. 물론 부모의 몸도 마찬가지로 선조가 없어선 성립할 수 없었다. 「나·부모·조부모·증조부모·고조부모 …… 선조(시조)」라는 식으로 소급·추적해보면 '나'라는 생명은 선조의 몸을 그대로 이어받고 있다는 '논리'와 그 논리를 통해서 선조에 대한 은혜와 감사의 '윤리'를 읽어 낼 수 있다. 『예기(禮記)』「제의편(祭義篇)」에서 증자(曾子)는 세

야기는 이외에 「檀弓上·下篇」에 보임).
58) DJ DOC의 노래, 「DOC와 춤을」참조.

가지 효의 뜻, 즉 「존친(尊親), 불욕(弗辱), 능양(能養)」을 이야기하고 난 뒤에 「몸(身)이라는 것은 부모의 '유체'(=남긴 몸)(父母之遺體)이다. 부모의 유체로 행동하니(行父母之遺體) 감히 공경스럽게 다루지 않을 수 있겠는가?」[59]라고 하였다. 나의 몸은 곧 부모의 생명을 물려받은 것이다. 그래서 나의 몸=부모의 유체를 다음 세대에 훼손 없이 물려주어야 할 의무가 있다. 함부로 몸을 다뤄선 안 된다는 말이다. 소급해서 말하면 나의 몸은 선조의 유체인 것이다. 앞서서 언급한 공자의 「몸뚱이 · 머리털 · 피부는 부모에게서 받은 것이니, 함부로 훼손하지 않아야 한다」는 것은 이런 맥락에서 이해해야 한다. 그렇다면 자손이 없어 대를 잇지 못하는 것은 바로 부모의 유체를 소실하는 것=훼손한 것이라 할 수 있다. 큰 불효를 저지르고 있는 셈이다.[60] 위에서 부모의 유체(父母之遺體)의 '유체(遺體)'는 말을 바꾸면, '유자(遺子)'라고 할 수 있으며, 유자는 전(傳)자를 넣어 '유전자(遺傳子)'로 바꿔 말해도 좋다. 현재 우리가 사용하는 유전자라는 말은 이렇게 해서 나온 것 같다. 자손의 영속은 나의 유체=유자=유전자의 영속이 되는

---

59) ⋯ 曾子曰, 身也者, 父母之遺體, 行父母之遺體, 敢不敬乎(『禮記』「祭義篇」).

60) 유교에서 본다면 부부의 결합에 의해 자손이 이어지는 것, 그리하여 대를 이어가는 것은 「부모의 유체」로 「공경스럽게」 행동하고 있는 과정이자 그 결실인 것이다. 본처가 아이를 낳지 못할 때 양자를 하거나 또는 '씨받이'를 통해서 혹은 첩(側室)을 통해서라도 대를 이을 아이를 낳고자 하는 것은 일회적인 삶의 연속성을 위한 집요하고도 대단히 이기적인 노력이었다. 대를 잇는 자식은 나의 유체(遺體)이므로 자식이 존재한다는 것은 곧 나의 영속을 증거하는 것이다. 이렇게 보면 지아비(夫)가 처(妻)를 맞아 장가(丈家)가는 혼인(婚姻)의 목적은 ① 자식(아들)을 낳아 집안의 혈통을 영속시키는 것 ② 조상의 제사를 계속 거행하는 것 ③ 부모를 봉양하는 것이다. 자식으로서 장가를 들지 않는 것은 이러한 의미들을 폐기하고, 〈조상-부모-나-자식-후손〉의 생명 영속을 단절하는 이른바 불효막심한 일로 여겨진다.

것이다. 그런데 유교의 효는 보다 우주적인 의미를 갖는다. 다시 말해서 생사의 문제를 극복하는 한 방안이며, 영생을 위한 하나의 방편이었다. 효는 유교적 우주론에 기초해 있다. 즉 사람은 기(氣), 즉 〈음기(陰氣)=혼(魂)=넋〉과 〈양기(陽氣)=백(魄)=얼〉의 응집(凝集)에 의해 살고 그 분산(分散)에 의해 죽는다고 보는 데서 생겨난 문화 및 생물학적 전승(傳承) 기제이다. 우리는 죽는 것을 '돌아가신다'고 말한다. 이는 한자(漢字)의 '귀(歸)' 자의 뜻에 해당한다. '귀(歸)'와 '귀(鬼)'는 통한다. 죽는 다는 것은 귀신(鬼神)이 되는 것이다. 흔히들 죽어도 혼백(魂魄)이 있다고 한다. 혼(魂)은 영혼(靈魂)으로 양(陽)의 정기(精氣)가 모인 것이며, 백(魄)은 음기(陰氣)가 모인 것이다. 혼(魂)은 운(云, =雲)과 귀(鬼)의 뜻이 모인 것이다. 신(神)이 구름을 타고 하늘로 올라간다(=魂飛). 백(魄)은 백(白, 백골, 흰뼈)과 귀(鬼)의 음과 뜻이 결합된 것으로 땅속으로 돌아가 백골이 되었다가 흙으로 된다는 것이다. 옛 시조에 「백골(白骨)이 진토(塵土)되어 넋이라도 있고 없고」라고 하듯이, 인간의 육체는 썩어 희게 되었다가(백골이 되어) 그것이 결국엔 흙으로 돌아가는 것이다. 생명 즉 살아있음은 음기와 양기의 조화(=中和)이며, 제사(祭祀)는 초혼재생(招魂再生. 일종의 영생론(永生論)으로 자손이 있는 좋은 이 세상에 다시 돌아옴)[61]의 의미를 갖는다. 초혼을 해주는 경우 죽은 자와 가까운 자식, 그 중에서도 아들이 중시한다.[62] 이것을 도식으로 나타내면 다음과 같다.[63]

---

61) 佛敎의 輪廻轉生이나 道敎의 不老長生과 비견된다.
62) 왜냐하면 여자는 출가(出家)하기 때문이다. 여기서 아들(男兒) 중시 사고가 나오며, 자식 못낳는 며느리가 고생하고, 씨받이(일종의 대리모) 같은 풍습도 있었다.
63) 최재목, 『노자』, 198쪽의 각주(28)을 참조. 아울러 이 표는, 미우라 구니오, 『주자와 기 그리고 몸』, 이승연 옮김, (서울: 예문서원, 2003), 108쪽을 많이 참고하였다.

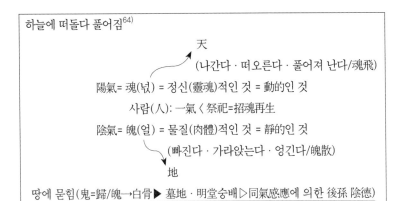

하늘에 떠돌다 풀어짐[64]

天
(나간다 · 떠오른다 · 풀어져 난다/魂飛)

陽氣= 魂(넋) = 정신(靈魂)적인 것 = 動的인 것

사람(人): 一氣 〈 祭祀=招魂再生

陰氣= 魄(얼) = 물질(肉體)적인 것 = 靜的인 것
(빠진다 · 가라앉는다 · 엉긴다/魄散)

地

땅에 묻힘(鬼=歸/魄→白骨 ▶ 墓地 · 明堂숭배 ▷同氣感應에 의한 後孫 陰德)

一氣	魂	陽	靈氣	운동	동적	호흡	사려	계획	飛→天	神	祭祀 =招魂再生 (▷孝, 남아숭배)
							向미래적				
	魄	陰	精氣	형체	정적	지각	기억	변별	散→地	鬼	
							向과거적				

『장자』에서는 「사람이 태어나는 것은 기(氣)의 모임인 것이다. 모이면 태어남[생]이며, 흩어짐은 죽음[死]이다」(「知北遊篇」)라고 말하고, 북송 시대의 철학자 장횡거는 만물의 생성은 기의 모임이고, 소멸은 그 흩어짐으로 보았다. 즉 다음과 같다.

萬物 (客形=假有)

(離 · 散) ╱   ╲ (合 · 集)

太虛 ＝ 氣
(氣之本體=實有)

<hr />

[64] 시간의 경과에 따라 혼이 없어진다고 보는 수도 있으나, 주자는 있긴 있으나 설명하기 어렵다고 보았다.(四代奉祀의 근거가 됨)

　유교에서는 몸을 좀 더 확대하여 천지만물도 인간의 몸과 한 몸으로 여긴다. 이것을 '만물일체론(萬物一體論)'이라고 한다. 몸, 형체를 가진 것은 모두 마음을 가졌다고 본다. 몸의 확대해석에 따라 마음도 확대 해석된다. 천지만물에까지 말이다. 예컨대 풀도 천지의 큰 기운을 받고 생겨난 것이므로 인간과 같이 살려는 의지를 가졌다는 생각에서, 북송의 정명도는 그의 서재 마당에 계단을 덮을 정도로 우거진 풀을 어떤 사람이 없애라 했지만 그는 정원의 풀을 베어버리지 않았다[정초부제(庭草不除)]는 일화가 전한다. 그리고 그는 「의학책에서 손발(에 피가 통하지 않아) 저린 것을 불인(不仁)이라고 하는데 이것은 가장 잘 형용한 것이다. 인자(仁者)는 천지만물과 일체이다. (만물이) 자신[己]이 아닌 것이 없다」고 보았다.[65] 불인(不仁)은 기가 몸을 관통하고 있지 않는 것(생명의 연대가 단절되어 있다는 것)이며, 더욱이 그런 사태에 대해서 느낄 수 없다는 것을 의미한다.

　그리고 정명도는 「천지가 만물을 낳는 기상을 보라」[66], 「만물이 살려고 하는 뜻(의지)는 가장 볼만한 것(멋진 것)이다」[67], 「천지만물의 이치는 홀로 인 것이 없다. 반드시 짝이 있다. 모두 저절로 그러하여서 그러하다. 억지로 도모함이 있는 것이 아닌 것이다」[68]라고 하였다. 생명에 찬 우주를 묘사한다. 「학자는 모름지기 먼저 인을 알아야 한다.

---

65) 醫書言手足痿痺爲不仁, 此言最善名狀, 仁者以天地萬物爲一體, 莫非己也, 認得爲己, 何所不至, 若不有諸己, 自不與己相干, 如手足不仁, 氣之不貫, 皆不屬己(『近思錄』「道體篇」)
66) 觀天地生物之氣象(『近思錄』「道體篇」)
67) 萬物之生意最可觀(『近思錄』「道體篇」)
68) 天地萬物之理, 無獨, 必有對, 皆自然而然, 非有按排也(『近思錄』「道體篇」)

인이란 혼연하게 만물과 한 몸[同體]이다」[69]라 하고, 「맥박을 눌러(切脈)볼 때 가장 잘 인을 알 수 있다」[70]고 한다. 맥박이 규칙적으로 쉼없이 뛰는 것을 스스로의 손으로 체험해봄으로써, '지구가 돌고 있고 우주만물이 하나로 살아 움직이는 위대한 우주적 사랑'이라는 원리(仁)를 알게 된다는 것이다. 정명도의 제자인 사량좌(謝良佐. 호는 上蔡)는 인은 아픔과 가려움의 지각을 갖는 것이라 한다. 즉 「심이란 무엇인가? 인(仁)일뿐이다. 살아있는 것은 인이고, 죽은 것은 불인이다. 지금 사람의 몸이 마비되어 아프고 가려움을 알지 못한 것을 불인이라고 한다. 심어서 싹이 돋는 복숭아나 살구의 씨를 도인(桃仁), 행인(杏仁)이라고 한다. 살려는 뜻이 있음을 말하는 것이다. 이것을 미루어서 인을 볼 수가 있다」고 본다.[71]

이렇게, 우주는 인(仁), 불인(不仁)을 거듭하며 전개된다. 인은 삶이자 양이고, 불인은 죽음이자 음이다. 중국의 전통적인 방위 감각과 규정에서 보면, 남쪽을 향해 앉는 통치자의 입장에서 말하면, '왼쪽'은 양이며 해가 떠오르는(=사물이 살아나고 사물을 살리는) 동쪽이며 삶을 상징한다. 또한 '오른쪽'은 음이며 해가 지는(=사물이 죽고 사물을 죽이는) 서쪽이며 죽음을 상징한다.[72]

---

69) 學者須先識仁, 仁者, 渾然與物同體, 義, 禮, 智, 信, 皆仁也.(『識仁篇』)
70) 切脈最可體仁(『程氏遺書』3, 「語錄」)
71) 心者何也, 仁是已, 活者爲仁, 死者爲不仁, 今人身麻痺不知痛癢, 謂之不仁, 桃杏之核可種而生者, 謂之桃仁杏仁, 言有生之意, 推此仁可見矣(『上蔡語錄』)
72) 참고로 영어에서 옥시덴트(Occident. 서양)와 오리엔트(Orient. 동양)는 로마(Rome)를 중심으로 말한 것이다. 오리엔트(Occident)는 라틴어의 옥시데레(occidere. 떨어지다 · 몰락하다의 뜻)에서 나왔으며 일몰(日沒)지역(=Occidentis)의 의미이다. 오리엔트(Orient)는 라틴어의 오리리(oriri. 떠오르다 · 태어나다 · 나타나다)에서 나왔으며 일출(日出)지역(=Orientis)의 의미이다

이처럼 인간을 포함한 천지, 우주만물 일체는 있는 그대로 살아 움직이는 하나의 큰 생명체이다. 동양철학의 '인(仁)'의 개념이 동양의학의 혈관, 혈맥, 기혈 등의 혈액의 흐름이라는 몸[=人體的]이라는 의미이듯, 풍수사상(風水思想)에서 지하 및 지표의 물 흐름, 수로(水路) 등이 인체에 비유되듯이 말이다. 물과 바람 등의 순환, 흐름을 포함한 생태, 생명의 유기적 연관을 의미하는 '천일합일(天人合一)', '만물일체(萬物一體)'의 철학에 기초하는 것이다.[73] 따라서 나의 몸은 나인 동시에 그대로 강물이고, 바람이며, 언덕이고, 해와 달과 별이며, 산하이다.

결국 위의 생명의 논의에서 보면, 나의 몸은 '식색(食色: '식'은 개체보존본능, '색'은 종족보존본능)의 몸'에서만 머물지 않고, '부모의 유체[父母之遺體]로서의 몸', 그리고 '만물일체 · 천일합일로서의 몸' 등의 의미를 통섭해 있다.

4. 몸의 희망, 희망의 몸: '소유모드'에서 '존재모드'로의 전환

인류의 신화적 사고에는 몸을 그릇(용기)로 받아들이는 동시에 그것을 여성적인 것으로 여기는 보편적인 상징표현들이 들어 있다. 다시 말하면 〈여성=몸=그릇〉이라는 기본적인 상징의 등식은 인류에게 ― 단지 여자뿐만이 아니라 남자에게도 ― 반드시 여성적인 것이 인류

(최재목, 『노자』, 290쪽 참조).

73) 이에 대해서는 많은 책이 있지만, 특히 可納喜光, 『風水と身体』, (東京: あしあブックス, 2001)을 참고바람.

의 가장 기본적인 체험임을 암시한다.[74] 이처럼 우리의 몸에는 이미
〈희미한 '여성=몸=그릇과 함께 한' 옛 사랑의 그림자〉가 드리워져 있
다. 이 점에서 몸은 원래 '우주적인 의미'를 갖고 있으며, 더욱이 '여성
만의 것이 아니라 인류 일반의 것'이었다.

  예컨대 동양에서 바깥의 우주(外)를 안쪽의 우주(內)를 동일시하
는 데서 드러나는 우주화된 몸, 신체화된 우주, 혹은 수행(修行)과 명
상(冥想)을 통해 도달하는 「심신일여(心身一如)」나, 심신지학(身心之
學)의 개념 내부에서 읽어낼 수 있는 '정신화된 육체' '육화된 정신'을
논한다.[75] 동양의 음양(陰陽) 내지 오행(五行) 논의, 동양(韓/漢) 의학
에서 말하는 음/여성성 – 양/남성성의 상보적 · 대대적 관계처럼, 여
성 내의 남성적인 것, 남성 내의 여성적인 것을 이야기하면서 남성, 여
성을 다 껴안은 '인간의 몸'을 논의해가야 한다. 그렇다면 몸=여성이
라는 단순/단선적 도식과 편향된 논점은 재고될 부분이 있다. '마음이
깃든 몸' '몸에 깃든 마음'이란 말처럼, 몸은 혼돈인 동시에 질서이며
감성인 동시에 이성이며, 몸은 감각하는 동시에 사유하고 유한한 동

---

74) 유아사 야스오, 『몸과 우주』, 25쪽 참조.
75) 이 점에서 우리는 왕양명의 논의를 귀담아 들을 필요가 있다. 즉 그는 「身 · 心 ·
   意 · 知 · 物은 한 가지(一件)일 뿐이다(但指其充塞處言之, 謂之身, 指其主宰處言
   之, 謂之心, 指心之發揮處, 謂之意, 指意之靈明處, 謂之知, 指意之涉着處, 謂之物,
   只是一件)」(「傳習錄」下)라고 규정하고, 그리고 「세상에는 功利辭章에 빠져서 '身
   心之學'이 있는 줄을 모른다(學者溺於辭章記誦, 不復知有身心之學)」(『왕양명전
   집(이하 『양명집』)』 권25 , 「祭元山席尙書文」)고 하였다. 다른 곳에서도, 「배우는
   자는 辭章記誦에 빠져 다시 '身心之學'이 있는 줄을 모른다. 선생은 首倡하여 이것
   을 말하고 사람들에게 우선 聖人이 되고자 하는 뜻을 세우도록 하였다(是年先生
   門人始進, 學者溺於辭章記誦, 不復知有身心之學, 先生首倡言之, 使人先立必爲聖
   人之志)」(『양명집』 권33, 「연보」34세조)라는 말이 보인다. 이것을 토대로 본다면
   그는 자신의 학문을 '몸과 마음으로 하는 학문'(身心之學)으로 생각하였던 것 같
   다. 다시 말해서 '온몸으로 생각하고 느끼고 깨닫는 학문'인 것이다.

시에 무한하다는 이른바 몸은 '복잡한 것' 내지 '퍼지(fuzzy)한 것'임을 자각해가야 한다. 물론 '마음이 깃든 몸' '몸에 깃든 마음'이라 할 때 '깃들었다'는 것은 일여(一如)/일체(一體)의 의미이지, 단순한 동거나 기생은 아니다.

지금 우리의 몸은 금기의 조작으로부터 해방되어 있고, 마치 그린벨트 해제로 인한 토지의 난개발처럼 욕망으로 인한 수없는 '벗김' '개조'의 유혹에 시달리고 있으며[76], 거기에 깃든 주체는 가벼워져 정처 없는 부초(浮草)처럼 되어있다. 이승환은,

> 인간은 스스로를 어떤 존재로 규정하느냐에 따라 다양한 층위에 소속될 수 있다. …인간은 저 아래에서 맨 위까지 오르내릴 수 있는 자기 결정권을 가진 존재다. 신체는 그저 '살'이기보다는 정신이 깃든 몸이고, 육체는 그냥 스킨이라기보다 영혼이 스며있는 몸이다. 스스로 어떤 층위에 속하기를 원하는가에 따라 인간은 옅은 영혼의 소유자에서 깊은 영혼의 소유자로 향상할 수 있다. 그리고 스스로를 어떤 존재로 규정하는가에 따라 인간은 인격적 주체에서 추락하여 다만 동물혼(動物魂)만을 지닌 금수로 바뀔 수도 있다. 선택은 개별 주체들의 몫이다.[77]

라고, 「후기근대를 유령처럼 배회하는 '부박(浮薄)한 주체'들이 '근심체고(根深蒂固)의 주체'로 탈바꿈해야 한다」[78]는 것을 말하고 있다.

---

76) 이에 대해서는 최재목, 「여자의 몸」, 『크로스 오버 인문학 – 젊은 철학자의 늪의 글쓰기 –』, (장승, 2003), 40-52쪽 참조.

77) 이승환, 「후기 근대적 신체-주체의 부박(浮薄)함에 대하여」, 『인문연구』47집, (영남대인문과학연구소, · 월인, 2004), 15-16쪽.

78) 이승환, 「후기 근대적 신체-주체의 부박(浮薄)함에 대하여」, 『인문연구』47집, 16쪽.

인간의 주체적 선택으로 해서 몸에 대한 사고가 바뀔 수 있음을 설명하고 있다. 이 '주체적 선택'은 아마도 자기존재에 대한 사려 깊은 통찰과 자기규정 내지 이해와 자각, 그리고 그러한 실천의 수반을 말한다.

폴 발레리는 몸을 네 가지로 분류한다. 개체적 몸(=자아적 몸)인 제 1의 몸, 사회적 공동체적 몸(=타아적 몸)인 제 2의 몸, 해부학적 의학적 조작적 몸인 제 3의 몸, 미지(열린, 텅빈) 몸으로서의 제 4의 몸이 그것이다.[79] 이것은 차례로 1,2,3,4차원, 다시 말해서 제 1의 몸은 점이나 선에, 제 2의 몸은 평면에, 제 3의 몸은 시공간에, 제 4의 몸은 초시공간에 대응해보아도 좋을 것 같다. 그리고 이 단계들은, 가치의 서열에 따라 배당해보아도 좋을 것 같다. 보통 하르트만(Nicolai Hartmann. 1882~1950)의 가치서열[80] 기준을 계승하는 막스 쉘러 (Max Scheler, 1874~1928)의 물질적 가치(쾌락적 가치, 유용적 가치) → 생명 가치 → 정신적 가치(진 · 선 · 미적 가치, 종교적 가치)의 서열과도 관련시켜볼 수 있다.[81] 아울러, 키시모토 히데오(岸本英夫) 는 신앙체제의 유형을 청원태(請願態. 기복태 · 현세적) → 희구태(希

---

79) 이창익,『종교와 스포츠』, 41-44쪽을 참조.
80) 이에 대해서는 이완재 외 3인,『인간과 윤리』, (경산: 영남대 출판부, 1993), 126-134쪽 참조.
81) 이것을 도표로 나타내면 다음과 같다. 이것은 이양호,『막스 쉘러의 철학』, (서울: 이문출판사, 1999), 104-110쪽을 참고하여 만든 것이다.

가치의 종류		특징	고저
물질적 가치	쾌락적 가치 (감각적 가치)	욕구 · 본능에 따른 즐거움 · 만족감으로 이루어지는 가치 ⇨ 지나치면 정신적 황폐화	저
	유용적 가치 (경제적 가치)	삶에 필요한 것을 충족시켜 주는 쓸모 있는 것 ⇨ 도구 · 수단의 역할	
	생명 가치 (독자적 가치)	유일무이한 독자적 가치 ⇨ 다른 가치 양상으로 환원될 수 없음	↕

求態. 자기성찰적 · 반성적) → 제주태(諦住態. 주객미분 · 물아일체 · 절대타력적)로 서열을 지워 설명한 것과도 비교해볼 수 있다.[82]

나아가 에리히 프롬(Erich Fromm. 1900-1980)이 『소유냐 존재냐 (To Have or to Be)』에서 인류의 산업화가 가져온 불행과 소외에서 벗어나기 위해 '소유모드'에서 '존재모드'로 전환해야 한다고 생각한 것과도 같다. 프롬이 소유와 존재라는 두 가지 판이한 삶의 방식을 설명하기 위해서 든 예, 즉 알프레드 테니슨의 시 '갈라진 벽 틈새에 핀 꽃이여/나는 너를 그 틈새에서 뽑아내어/지금 뿌리째로 손안에 들고 있다⋯.'와 일본의 마쓰오 바쇼의 하이쿠 '눈여겨 살펴보니/울타리 곁에 냉이 꽃이 피어있는 것이 보이누나!'는 매우 적절하다. 꽃을 본 테니슨은 그 꽃을 뿌리째 뽑아 들고 소유한다. 그래서 꽃에 대한 그의 관심은 꽃의 생명을 단절시키는 결과로 이어진다. 그러나 바쇼는 다만 바라보기만을 원한다. 또한 꽃을 그냥 관조하는 데에 그치지 않고

가치의 종류		특징	고저
정신적 가치	지적 가치 (眞, 학문)	참된 것=진리를 말함	고
	도덕적 가치 (善, 윤리 · 도덕)	착한 것 · 옳은 것 · 정당한 것을 말함 ⇨ 사람들의 의무와 올바른 삶을 이끌어 주는 역할	
	미적 가치 (美, 문화 · 예술)	아름다움, 고귀함, 사랑스러움 ⇨ 예술 · 문화의 발전을 통해 보다 풍요로운 삶을 추구함	
	종교적 가치 (聖스러움, 종교)	경건함 · 성스러움의 추구와 관련되는 가치 ⇨ 인간의 불완전함을 극복하고 보다 차원 높은 삶을 살도록 함	

82) 키시모토 히데오(岸本英夫), 『종교학』, 박인재 옮김, (서울: 김영사, 1996, 7쇄), 58-60쪽.

꽃과 일체가 되기를, 꽃과 결합하기를 원한다.[83] 프롬은 바쇼의 태도
가 무엇을 소유하거나, 소유하기 위해 탐하지 않고 기쁨에 차서 세계
와 하나 되는 실존양식이라 설명한다. 이러한 삶의 양식은 몸을 바라
보는 시각에서도 적용될 수 있다. 몸은 소유하는 것이 아니라 존재하
는 그대로 바라볼 줄 알아야 한다. 마치 노자나 장자가 있는 그대로 두
고 바라보는 무위자연(無爲自然)을 이야기 하고, 특히 장자에서 신체
적 정신적 장애자를 '존재 그 자체'에서 의미를 구하는 것은 모두 몸을
존재적 양식에서 파악하는 전형을 보여준다.『장자』의「추수편(秋水
篇)」에서는 다음과 같이 말한다.

'천'(=자연)은 (선천적으로 이미) 안에 갖춰진 것이고, '인'(=인위)은
(후천적으로 나중에) 밖에서 부과된 것이다.… 그럼 무엇이 천이고 무
엇이 인인가. 소와 말의 발이 네 개 있는 것 이것이 천이요, 말머리에 고
삐를 씌우고 소의 코를 뚫는 것은 인(人)이다.[84]

이미 주어진 몸에 대한 사랑은 천차만별·각양각색의 꼴값하는, 생
긴 대로 놀 수 있는[遊] 몸을 가치 있게 받아들이고 사랑해야 한다는
점이다. '존재 그 자체'를 현실의 유용함, 능력 등등의 값어치(가치)에
따라 평가·판단하지 않고 '있는 그대로 바라보자는 것'이다. 이것은
'소유모드'에서 '존재모드'로의 전환이다. 여기에 바로 '몸의 희망'이
있고, 그런 있는 그대로의 삶이 모두 인정되고 실현되는 것이 바로 '희

---

83) 에리히 프롬,『소유냐 존재냐』, 차경아 옮김, (서울: 까치, 2003), 31-37쪽 참조.
84) 天在內, 人在外,… 何謂天, 何謂人 何謂天 何謂人 北海若曰 牛馬四足 是謂天 落馬
   首 穿牛鼻 是謂人.

망의 몸'이다.

다음은 지난 2005년 한국스페셜올림픽대회 우기정 조직위원장의 칼럼 「모두가 승리자 되는 '스페셜 올림픽'」이다.

아이스링크 333m를 질주해 오던 선수가 결승점 앞에서 멈춰 섰습니다. 코치와 관중들은 빨리 골인하라고 함성을 지르며 성화입니다. 그런데 선수 자신은 뒤에서 쫓아오고 있는 선수들에게 어서 오라고 손짓하며 서 있습니다. 뒤에 오는 선수들이 가까이 오자 그제야 함께 골인했습니다. 이 장면은 TV 드라마에서 본 것이 아니라 '스페셜올림픽'의 한 장면입니다. 그 선수의 말인즉 혼자 1등으로 들어가면 다른 선수들이 마음 아파할 것 같아서 함께 골인한 것이라고 했습니다.

이어지는 시상식. 한 선수가 자신이 받은 금메달을 동메달리스트와 바꾸어야 한다며 막무가내로 고집을 부렸습니다. 동메달을 딴 선수가 시합 전에 꼭 금메달을 따서 홀어머님께 바치고 싶다고 했다며 자기는 금메달이 아니어도 괜찮으니 금메달을 동메달과 바꿔 달라는 것입니다. 메달이 어찌 중요하지 않을까마는 이렇게도 정신발달 장애인들의 올림픽은 순수하고 아름다웠습니다.

스페셜올림픽은 만 8세 이상 된 정신발달 장애인으로서 일정 기간 훈련받은 사람이 참가하는 대회로, 우리가 잘 알고 있는 하계 동계올림픽 이외에 유일하게 IOC가 '올림픽'이라는 명칭을 사용할 수 있도록 인정한 당당한 세계대회입니다.

스페셜올림픽의 모든 경기는 기록이 비슷한 선수들 8명이 한 그룹이 되어 순위를 다투는데 1 2 3등에게는 금 은 동메달을 주고 8등까지는 리본을 줍니다. 미리 제출한 자신의 기록보다 너무 좋으면 1등을 했더라도 탈락하게 됩니다. 코치 자원봉사자 가족 후원자들의 격려에 기분이 좋아진 선수들은 흔히 자기 기록을 훨씬 뛰어넘어 실격하는 경우가 생기기도 합니다. 선수들은 메달이나 리본 색깔에 상관없이 자신이 최선을 다했음을 인정받았다는 데에 존재감을 느끼고, 승리하지 못해도 다시 도전할 다음 기회를 기다립니다.

세상이란 잘난 사람만이 잘 사는 것이 아니며 또 그래서도 안 됩니다. 오직 1등만을 바라고, 1등만이 영예를 독차지하는 일종의 권위주의 스포츠가 아닌, 인간적 존엄성과 능력을 인정받도록 한 스페셜올림픽을 한 번이라도 구경한 사람이라면 진정한 승리가 무엇인가를 깨달을 수 있을 것입니다. 인생의 결과보다는 포기하지 않고 열심히 살아가는 것이 중요함은 인간이라는 이름으로 모두가 같습니다. 인간이란 누구나 나름대로 승리자인 특별한 존재들인 것입니다.

그렇다고 특수올림픽 정신이 모든 사람이 평등하게 살아야 한다는 정치적 평등주의에 매몰되어 있는 것은 결코 아닙니다. 모두가 생산적인 사회 구성원으로 서로를 인정함으로써 보다 나은 미래를 만들어 나가자는 것입니다.

"나는 승리합니다. 그러나 만약 이길 수 없더라도, 용기를 잃지 않고 도전하겠습니다." 이것은 스페셜올림픽 선수 선서문입니다. 하지만 가끔 저는 이것이 '인간 선서문'이라는 생각을 해 보기도 합니다.

스페셜올림픽 경기장에서 본 정신발달 장애인들의 이런 모습들을 보고 과연 '정상(正常)'의 범위를 어떻게 규정해야 할 것인지 누구도 함부로 말하기 어려울 것입니다. 과연 육체적으로 성한 사람만을 정상이라고 할 수 있을 것인가.

스페셜올림픽은 유엔에 비정부기구로 등록되어 있으며, 세계대회와 함께 지역별 다국가대회와 국가 지방대회로 나눠 수시로 개최됩니다. 정신발달 장애인들을 위해 연중 지속적인 스포츠 훈련 기회를 제공해서 신체적 적응력을 향상시켜 주고 사회 적응력을 키우자는 의도입니다.

13일부터 15일까지 스페셜올림픽 한국대회가 국군 상무대에서 열립니다. 이번 대회에서는 또 얼마나 가슴 찡하게 하는 순수와 감동들이 메달보다 더 빛나게 쏟아져 나올지 궁금합니다.[85](밑줄은 인용자)

여기서 말하듯이, 정신발달 등등의 장애인이나 정상의 인간이나 누구든지, 인생의 결과보다는 포기하지 않고 열심히 살아가는 것이 중요하다. 그 점에서는 인간이라는 이름으로 모두가 같으며, 누구나 나름대로 승리자인 특별한 존재라는 점이다. 소유의 몸에서 존재의 몸으로 전환은 바로 이런 관점을 낳는다.

『장자』의 「소요유(逍遙遊)」에 다양한 언설이 교직(交織)되어 있지만, 그 핵심은 「지인(至人)에게는 에고가 없으며[無己], 신인에게는 의식적인(=위하여 하는) 행동이 없으며[無功], 성인(聖人)에게는 상대적 · 분별적 경계와 판단이 없다[無名]」는 말에 집약되어 있다. 몸은 있는 그대로, 타고난 그대로가 존중되어야 한다. 몸의 담론이 복잡해질수록 몸은 희화되어 보이지 않는다. 『열자(列子)』의 「황제편(皇帝篇)」에 나오는 이야기이다.

바닷가에 갈매기를 좋아하는 사람이 살고 있었다. 그는 매일 아침 바닷가로 가서 갈매기와 친하게 어울려 놀았다. 그와 함께 노는 갈매기는 수백 마리가 넘었다. 이 소리를 들은 그의 아버지는 "듣자 하니 너는 갈매기와 친하게 어울려 논다고 하는데, 내일 네가 바닷가에 가거든 갈매기를 좀 잡아오너라. 나도 갈매기와 놀고 싶구나"고 하였다. "네, 그렇

---

85) 禹沂楨, 「[기고] 모두가 승리자 되는 '스페셜 올림픽'」, 『조선일보』(2005.10.12).

게 하지요" 하고, 다음날 아버지의 청을 들어주기 위하여 갈매기를 잡을 생각으로 바닷가로 갔으나 하늘에서 빙빙 맴돌기만 할 뿐 이전처럼 한 마리도 내려앉지 않았다. 그러므로 지극한 말은 말을 떠나며 지극한 행위는 함이 없는 것이다. 자기의 작은 지식의 아는 바로써 사물을 제한(한정)한다면 천박한 것이다(진리에 다가갈 수 없는 것이다).[86)]

생명은 '가치-소유'의 측면보다는 '의미-존재'의 측면에서 고려되어야 하며, 유용성 보다는 삶의 측면에서 고려되어야 한다.

이제 지금까지 이 논문에서 논의된 몸에 대한 논의를 요약하면 다음 표와 같다.

---

86) 海上之人有好鷗鳥者, 每旦之海上, 從鷗鳥游, 鷗鳥之至者百住而不止, 其父曰, 吾聞鷗鳥皆從汝游, 汝取來, 吾玩之, 明日之海上, 鷗鳥舞而不下也, 故曰, 至言去言, 至爲無爲, 齊智之所知, 則淺矣.

차원				가치서열	藝術·宗教 등		몸의 회망학
					儒教·道教·聖書 등	佛教·基督教	
제4의몸	초시공간	상징적 은유적 추상적	未知 (열린) 몸	성스러움	眞人·至人·聖人 (無己, 無功, 無明) / 招魂再生 不老長生 輪廻轉生 / 天人合一 (合德)/ 萬物一體의 몸	진리의 몸 · 法身/聖父/體 · 諦住態의 몸	존재
제3의몸	시공간	구체적 구상적	自己創造的 몸 / 解剖學的醫學的/操作的 몸	미선진	상상의 몸 종교제례 (詩書禮樂)의 몸 스포츠·舞踊의 몸 서커스의 몸	養生技藝의 몸 · 진리+역사의 몸 · 報身/聖靈/相 · 希求態의 몸	
제2의몸	평면	구체적 구상적	社會的 共同體的 몸 (他我的 몸)	생명	生命(生+命)氣 / 넋(魂)-神/天上的 → psyche(ψυχς)→ psychology bios(βιος)→biology / 얼(魄)-精/地上的 → zoe(ζως)→ zoology / 목숨(목/코*+숨) 능동적/생물일반 *自(←鼻)-Atman 呼吸 血液 體溫 / 父母之遺體身體髮膚受之父母의 몸	역사의 몸 · 應(化)身/(色身)/聖子/用 · 請願態의 몸	소유
제1의몸	점·선		個體的 몸 (自我的 몸)	욕망재화·상품의 몸 긍정적/부정적	身(心)-生理的機能 (內臟·循環器)을 가진 유기체 / 體(肉)-運動機能(골격·근육)이 참여하는 신체 각 부분 (=身體髮膚)	食(飮食)/色(男女)의 몸 (종족+개체보존의 몸)	

몸

5. 맺음말

　몸의 의미는 책에, 지식에 있는 것이 아니다. 우리의 마음 즉 성찰과
지혜 속에 있다. '마음속에서' '내 마음에 닿은 채로' 음미될 때 몸은 살
아있다. 마음에서 몸이 소외되어 홀로 질주해 갈 때, 오히려 몸은 과장
되거나 비하되거나. 과도 포장되거나 상품화되는 등 물화(物化)되어
버리고 만다. 결국은 몸은 마음의 활동과 함께, 그것도 지식이 아니라
지혜 속에서 포섭되어 논의되어야 한다.[87]

---

87) 마치 『대승기신론(大乘起信論)』의 「논술의 핵심적 주장」을 제시한 「입의분(立義
分)」에서 「마하야나」(大乘; 큰 수레)는 크게 두 가지로 설명할 수 있다. 하나는,
'큰 수레'라는 것은 무엇을 가리키는가 하는 것이고(法), 또 하나는 그것을 어째서
'큰 수레'라고 부르는가 하는 것이다(義). 첫째로, '큰 수레'라는 것은 '중생심(衆生
心; 중생의 마음)'을 가리킨다. 이 마음은 일체의 경험적 사실[世間法]과 초경험적
사실[出世間法]을 포함한다. 마하야나에 관한 일체의 교설은 오로지 이 '마음'
과 관련되어 있다. 보다 구체적으로 말하면 이 마음은 '실재[眞如]'와 '현상[生滅]'
이라는 두 측면에서 파악될 수 있다. 이 중에서 실재의 측면[眞如相]은 마하야아
나의 본체[體]를, 그리고 현상의 측면[生滅因緣相]은 마하야아나 본체의 외적 표
현으로서의 양상[自體相]과 기능[用]을 나타낸다(摩訶衍者, 總說有二種, 云何爲
二, 一者法, 二者義, 所言法者, 謂衆生心, 是心則攝一切世間法, 出世間法, 依於此
心, 顯示摩訶衍義, 何以故, 是心眞如相, 卽示摩訶衍體故, 是心生滅因緣相, 能示摩
訶衍, 自體相用故)[이 한글 번역은 馬鳴 저 · 眞諦 漢譯, 『大乘起信論』, 이홍우 譯
· 註釋, (서울: 경서원, 2000, 2쇄), 63-64쪽을 참조]라고 말하듯이 말이다. 여기
서는 '마하아야나' 즉 대승이라는 것은 곧 '중생심'임을 말하고, 일심(一心)은 '실
재[眞如]'와 '현상[生滅]'이라는 두 측면(이것을 二門이라고 한다)에서 파악하고
있다. 그리고 실재의 측면은 마하야아나의 본체[體]를, 현상의 측면은 마하야아나
본체의 외적 표현으로서의 양상(=본체가 지닌 모든 잠재력)[相], 기능[用](이 셋
을 三大라고 한다)을 나타낸다. '일심(一心)' - '이문(二門)' - '삼대(三大)'는 결국
일심을 분절화시켜 표현한 것에 불과하다. 이 셋은 「어떤 본질적인 같은 것」을 현
실적인 여러 각도에서 파악한 것이다. 이 모두를 통섭(通攝)하는 개념은 다름 아
닌 중생심=일심이다. 본체(體)가 일심(一心)에 포섭되듯이, 우리의 몸은 '마음'에
포섭되어 있다. (아울러, 몸의 논의를 동양의 전통적인 체용론(體用論)과 관련지
어 보는 것도 흥미롭다. [중국에서 행해진 체와 용에 대한 해석은 예컨대, 김용수,

수많은 '논의'를 접고 지금 눈앞에 있는 내 손등의 살결, 그리고 내 가족의 몸을 바라보자. 이런 구체적인 맥락에서, 몸을 상품화되거나 회화(戱化)하지 않고 바라보아야 한다.

『타고르의 회상록』에는 이런 내용이 있다.

> 그는 강 위에 떠 있는 배에 머물고 있었다. 배 위의 작은 오두막 속에서 그는 모든 시인들의 오랜 질문인 '미란 무엇인가?'에 대해 고심하고 있었다. 그는 미에 관한 고대에서 현대에 이르는 책들을 뒤지고 있었다. 그의 오두막은 미학에 관한 거의 모든 책이 있는 작은 도서관이라고 할 수 있었다. '미란 무엇인가?'라는 질문은 그가 평생을 두고 고심하던 문제였다. 왜냐하면 그는 '미란 곧 진리요 신'이라는 느낌을 갖고 있었기 때문이었다.
>
> 밤이 깊어졌다. 강은 은빛으로 빛났고, 바깥은 너무나 고요했다. 멀리서 뻐꾸기 소리가 은은히 들려올 뿐이었다. 그는 모든 생각을 잊었다. 그러다 피곤해져 책을 덮고 작은 촛불을 껐다.
>
> 그러자 갑자기 커다란 계시가 일어났다!
>
> 그가 작은 촛불을 끄는 순간 창문으로부터, 문으로부터, 모든 곳으로부터 달빛이 스며들어와 오두막 안에서 춤을 추기 시작했다.
>
> 그 순간 타고르는 큰 경외감에 젖어 말했다.
>
> "나는 그 순간 미가 무엇인지 알았다. 나는 누구에게도 그것을 말할 수 없었고, 아직 그것을 정의 내리지 못했다. 하지만 그 순간 나는 아름다움이 무엇인지 알았다. 그 전적인 고요함, 멀리서 들리는 뻐꾸기 소리, 그리고 서서히 밀려오는 달빛…."

「王弼 體用論에 대한 몇 가지 論辯」, 『道敎文化硏究』제17집, (서울: 동과서, 2002), 203-211쪽을 참조바람)

그는 밖으로 나갔다.

그것은 순수한 아름다움 자체였다. 전 존재가 축제를 벌이고 있었다. 그는 자신의 노트에 썼다.

"얼마나 어리석었던가! 나는 미에 대한 정의를 책에서 찾고 있는데, 미는 내 문 밖에 서 있었다니! 작은 촛불이 거대한 빛의 들어옴을 막고 있었다니!"[88]

타고르가 발견한 달빛의 아름다움처럼, 몸도 개념으로서가 아니라 눈앞에 살아있는 것으로서, 있는 그대로, 느끼고 음미하며, 그 존엄에 대해 외경(畏敬)하는 것이다. 몸은 생명 그 자체로서 의미를 갖는 하나의 '목적'이며 수단이 아니다.

우주만물은 일체인 그대로 모두 생명이기에 티끌 하나라도 모두 생명이다. 먼지 하나라도 생명이며, 그것은 불교식으로 말하면 삼천대천세계(三千大天世界),[89] 즉 우주와 평등하게 있다. 그래서 생명은 신비롭고 경이로운 것이다. 불교의 「공양하는 마음가짐」인 「오관게(五觀偈)」는, 쌀 한 톨에도 머리를 숙이는 마음 즉 우리가 만물과 서로 의존되어 있는 생명을 느끼는 작은 실천이 들어 있다.

---

88) 이수원, 『삶과 사랑의 미학』, (서울: 집문당, 1997), 143-144쪽에서 재인용.

89) 불교에서는 우주공간이 무한한 세계로 구성되어 있다고 한다. 이들 세계에는 태양과 달이 하나씩 있는데, 이것이 1천개 모인 세계를 소천세계(小天世界)라 한다. 이 소천세계가 하나의 단위가 되어서 다시 1천개가 모이게 되면 이를 중천세계(中天世界)라고 한다. 다시 중천세계를 단위로 하여 이것이 천개가 모이면 대천세계(大天世界)라 한다. 이것은 1,000개의 세계가 소천세계이고, 1,000,00 0(1000 1000)개의 세계가 중천세계이며, 10,0000,0000(1000×1000×1000)개의 세계가 대천세계라는 것이다. 1대천세계에는 1소천, 1중천, 1대천이라는 3천이 있기 때문에 삼천대천세계라 한다.

이 음식이 어디서 왔는가.

내 덕행으로는 받기가 부끄럽네.

마음의 온갖 욕심 버리고

건강을 유지하는 약으로 알아

진리를 이루고자 이 음식을 받습니다.

나무마하반야바라밀[90]

　이처럼 몸에 대한 우리의 태도는 바로 이처럼 쌀 한 톨에도 머리를 숙이는 마음 즉 우리가 만물과 서로 의존되어 있는 생명을 대하듯 경건할 필요가 있다. 그렇지만 이것은 몸의 의미를 좁히는 것이 아니라 작은 몸에서 수많은 의미를 물어 가는 것이다. 이것은 몸이 바로 '값어치'와 '소유'의 차원에서 논의될 수 없는 '있는 그대로'를 존중하면서 그 의미를 묻는, 말하자면 몸을 생명적 · 생태적 · 자연순환적으로 파악해 가야함을 보여주려는 것이다.

---

90) 계공다소량피래처(計功多少量彼來處)

　　촌기덕행전결응공(村己德行全缺應供)

　　방심이과탐등위종(防心離過貪等爲宗)

　　정사양약위료형고(正思良藥爲療形枯)

　　위성도업응수차식(爲成道業應受此食)

11/ 근대 번역어 '자유' 개념의 성립과 중국 유입에 대하여

1. 중국에서 '자유(自由)' 개념 이해의 의의

역사는 현재가 과거를 규정하는 것만은 아니다. 과거도 현재를 규정한다. 이 점은 중국에 있어서도 통한다. 중국의 현재와 미래는 그 과거를 더듬어봄으로써 예측해 보는 방법도 있을 수 있다. 즉 근대 이후 중국이 걸어온 길은 결국 '근대'라는 시기를 지(地. ground)로 해서 그려진 도(圖. figure)였다. 이점에서 중국의 '근대'는 현재와 미래의 중국 역사를 바라보는 한 방법이라 할 만하다.

중국은 지난 1978년 개혁. 개방화 정책 노선을 선언한 이후 시장기능을 적극적으로 도입하였다. 그것은 「중국특색의 사회주의 시장경제 건설」을 통한 경제발전을 이룩하기 위한 노력이다. 이러한 결과로서 중국은 높은 경제성장을 이룩하였다. 최근 사스(SARS. 殺死) 때문에 중국 경제가 일시적으로 침체되는 듯한 분위기도 있었다. 하지만 앞으로 중국은 자본주의의 시장경제 체제로 바짝 접어들어 세계 시장을 향해 가속페달을 밟아낼 것으로 예측된다.

어떻게 보면 중국은 앞으로 자본주의의 시장경제 체제로 적극 전환을 시도하는 시점에서 자본주의에 부착되어 있는 '자유(自由)' '인권(人權)' '민권(民權)' 등의 이념적 키워드를 수용하든 배척하든 적지 않은 고뇌가 필요할 것으로 보인다. 실제로 근대기에 자유라는 개념을 둘러싸고 중국의 근대 지식인들은 적지 않은 논란을 했다. 개념은 개념에서 끝나는 것이 아니다. 개념은 사고와 실천으로 연결된다.

이 글은 현대 중국의 체제 전환에 대한 전망의 한 단서로서, 근대 일본에서 서구에서 말하는 liberty나 freedom를 번역한 '자유'라는 개념이 근대기 중국에 어떻게 유입되어 현재까지 전개되어 왔는가를 다루는 데 목적이 있다. 다만, 그 전반적인 내용을 한꺼번에 다 다루지 않고 근대기 번역어 '자유' 개념의 성립과 그 중국 유입에 이르는 간략한 과정만을 우선 살피게 될 것이다. '자유' 개념이 중국에 유입되어 근대 지식인 사이에서 어떤 논의가 이뤄졌는가에 대한 구체적인 논의는 다음 기회로 미루기로 한다.

2. liberty, freedom, 동양 고전 속의 자유(自由), 그리고 '자유'라는 번역어

'리버럴리즘(liberalism)과 '인디비주얼리즘'(individualism)이라는 서구의 개념들이 19세기에 동아시아에 소개되었을 때, 한국에서는 물론 중국어와 일본어에는 여기에 정확히 상응하는 말이 없어서 새로운 용어를 만들 수밖에 없었다. 그만큼 신생 개념이 가져올 파장도 예상되는 것이었다. 예컨대,『웹스터 신국제사전』(Webster's Third New International Dictionary) 제3판에서는 자유주의를 "진보의 신념에 기반을 두고, 인간성의 본질적인 선함과 개인의 자율성을 신뢰하며, 삶의 모든 영역에서 관용적 태도를 견지하면서 독단적인 권위에 대해 개인의 자유를 주장하는 철학"[1]이라고 정의하고 있듯이, 자유나 자유주의 개념은 개념 그 자체로 끝나는 것이 아니라 현실적 사고와 실천으로 연결되기 때문에 해석과 적용의 단계에서 논의와 논쟁을 수반할 수밖에 없는 것이다.

　논의를 위한 참고사항으로 잠시 liberty, freedom의 어원에 대해 약간 언급을 해두자. 영어의 liberty는 라틴어의 libertas에서 유래한다. 이 어원은 liber(구속되지 않는, 자유로운, 편안한)이라는 형용사이다. liberator, libertinus, libertus와 같이 '해방된 사람'을 가리키는 말이 있다는 것은 당시 해방되지 않은 사람 즉 노예가 많이 있었다는 것을 암시한다. 그리스어에서는 eleutheria라고 한다. 「모든 자유인은 법이라는 한 가지에 복종한다. 노예는 법과 주인이라는 두 가지에 복종한다」 (『彌蘭陀王問經(Milinddapanha 혹은 Milindapanho)』, 기원전 2세기)에도 있는 대로 eleutheria는 노예이지 않은 것을 우선 첫 번째로 의미한다. 사전에는 종종 freedom은 '장해 · 억제 · 구속 등에서 해방되어 있는 것', liberty는 '다른 것으로부터 구속 없이 자기 좋은 대로 행동하는 것'이라는 등으로 되어있다. 그러나 어원을 보면 반드시 그렇지

---

1) Webster's Third New International Dictionary(Springfield, Mass.: Merriam, 1961), Citing M.R. Cohen.

도 않다. liberty는 라틴어계이고, free는 게르만어계인 것에 불과하다. 영어는 라틴어계와 게르만어계의 두 방향을 이어받기에 자유라는 말에 liberty와 freedom의 둘이 있다. 하지만 프랑스어에는 libert a만 있고, 독일어에는 Freiheit만이 있다. free는 고영어(古英語)에서는 freo라 하고, 독일어에서는 frei이다. 이것은 Freund(친구, 영어의 friend), Frieden(平和) 등과 어원을 함께 한다. freien은 frei의 동사형으로 '자유롭게 하다'라는 의미도 있지만 주로 '결혼하다' '구혼하다'라는 의미로 사용된다.

어쨌든, 번역어 '자유'라는 말은 서구의 정치나 법사상의 맥락에서 쓰이는 'liberty'와 'freedom' 개념의 다양한 의미를 전달하면서, 동시에 현대 중국에서 많은 복합어들의 일부분으로 사용되고 있다. 최근 중화인민공화국에서 쓰이고 있는 '자유화'라는 말이 그런 예들 중의 하나이다.

자유라는 말은 중국과 일본의 고전에서 흔히 보인다. 우선, 중국에서는 예컨대 『후한서』의 「百事自由」, 후한 말 건안(建安) 때 탄생하여 이후 오랫동안 유행한 고시(古詩. 즉 중국 고대의 最長篇 民歌)「초중경처(焦仲卿妻)」속의 「汝豈得自由」, 柳宗元(773-819) 시(詩) 속의 「欲採蘋花不自由」, 『벽암록(碧巖錄)』(第一則, 評唱) 속의 「不立文字, 直指人心, 見性成佛, 若恁麽見得, 便有自由」 등에서 보인다.

물론 이 외에도 『한서』에서 「大臣擧錯恣心自在」라고 말한 것처럼, 자유에 유사한 자재(自在) 혹은 자유자재(自由自在), 그리고 해(解), 해방(解放), 해탈(解脫)이란 말, 나아가서 중국철학사상사에 나오는 유사 관념까지 합하면 훨씬 더 많은 용례를 찾을 수도 있다.[2] 예컨대, 중국의 저명한 역사학자인 전목(錢穆. 1895-1990)은 중국인의 '자유'에 대해서 이렇게 말한 적이 있는데, 이것은 중국의 자유 개념 이해에 좋은 단서가 된다.

'자유'라는 두 자는 중국인이 상용하는 것으로 자연이라는 두 자와 함께 전승되어 왔다. 일체는 자기로부터 말미암는다고 말하는 것은 곧 자연이 이러한 것이었다. 중국인은 자연을 중시하였기 때문에 자유도 중시하였다. 유가가 말하는 일체의 대도리(大道理)는 실제로 모두 천명지성(天命之性)이며 사람마다 자연이 이와 같은 것으로 자기에게서 말미암은 것이기 때문에 또한 자유자재라고도 말했다.

근대의 국민이 다투어 자유를 숭상한 것이 100년 이래의 일이다. 그러나 100년 이래 중국의 사회적 정황은 나날이 그 자재(自在)를 상실했다. 자재하지 못한데 어찌 자유가 있겠는가? 이 하나의 단서가 근대 국민이 다투어 숭상하던 자유가 중국 전통의 자유자재의 자유와 크게 그 취지를 달리한다. 이로 인해 근대의 자유는 다투어 바깥으로 향하여 군중 속에서 추구되었지만, 중국 전통의 자유는 늘 군중 속으로부터 물러나 숨는[退隱] 방면으로 자기 안쪽을 향해 추구되었다. 각자의 자유는 각인(各人) 내재의 심성이었다. 현대인이 말하는 자유는 대외적 행위와 사업을 지칭한다. 공자가 말하기를 "도가 행해지지 않는다는 것을 나는 알고 있었다(道地不行, 我知之矣)."[3] 이것은 바깥의 부자유(不自由)에 대한 것으로 공자 또한 스스로 이것을 알고 있었다. 또 "칠십이

---

2) 이에 대해서는 張華金, 『自由論』, (上海: 上海人民出版社, 1990), 35~42쪽 참조.
3) 이 말은 『論語』 「微子篇」의 「子路曰, …道之不行, 已知之矣」에서 온 것 같다. 그렇다면 孔子의 말이 아니고 子路의 말이 된다.

되어서는 마음이 내키는 대로 하여도 법도를 넘어섬이 없었다(七十而
從心所慾不踰矩)"고 말했다. 곧 그 자기 내재의 일심(一心)에 대해 본
래 이미 그 지극히 원만한 자유를 획득하고 있었다. 그러므로 공자는
중국의 지극히 성스러운 선사(先師)로서 서거한지 이미 2천 500년이
면서도 그 살아 있을 당시에 마음을 보존하고 사람들을 위했던 것[存
心爲人]은 오늘날에 이르러서도 마치 살아 계신 듯하다.

그러므로 중국인이 말하는 자유자재 내에는 심성의 수양이 있다. 바
깥에서 권력의 쟁취를 위하는 것을 소중히 여기지 아니하였다. 현대인
은 오로지 바깥을 향하여 단지 외면에 뚫고 들어갈 빈틈이 있으면 자신
의 자유가 있는 곳이라고 여기고 성정(性情)을 제 멋대로 하고 쟁취에
진력하고 변화와 새로움을 추구하며 그 극단에 이르지 않음이 없다. 그
리하여 각자의 본래면목은 완전히 소실해 버려서 거의 회복할 수가 없
다. 또한 여기서 손 쓸 줄을 모른다. 이와 같이 겨우 외재(外在)의 자유
가 있음을 알 뿐이며 내재의 인격이 있음은 알지 못한다. 인격을 소실
해 버렸는데 어찌 자유를 말할 수 있겠는가?

서구인은 바깥을 향하여 자유를 다투지 않음이 없어서 끝내 그 자신
의 존재를 잃어버렸다. 희랍과 로마 및 현대 국가에 이르기까지 그렇지
않음이 없다. 그런데 중국은 자유자재하여 5,000년 이래로 의연히 하나
의 중국이다. 그래서 중국 속어(俗語)에 '자유자재'라는 두 말이 연용하
여, 내포된 뜻이 심오하며 실로 완미(玩味)할 만하다. 지금 예컨대 인생
을 내외(內外)로 나누어서 말한다면 내재자(內在者)가 결국 주인[主]
이고 외재자(外在者)는 단지 손님[客]이다. 그 내재를 잃어버리면 일체
의 외재는 마땅히 의의와 가치가 없다고 말할 수 있다. 어찌 반드시 바
깥을 향해서 쟁취하겠는가?

중국인은 또한 자득(自得)을 말한다. 『중용』에서는 "부귀(富貴)에

처하여서는 부귀를 행하며, 빈천(貧賤)에 처하여서는 빈천을 행하며, 오랑캐[夷狄]에 처하여서는 오랑캐에서 행하며, 환난(患難)에 처하여서는 환란을 행하니 군자는 들어가는 데마다 자득하지 않는 것이 없다(素富貴行乎富貴, 素貧賤行乎貧賤, 素患難行乎患難, 素夷狄行乎夷狄, 君子素位而行, 无入而不自得)"라고 말한다. 사람이 처한 환경에서 빈천, 부귀, 환란, 이적의 넷을 나누어 행하는 것은 사실 위에서 말한 이른바 인생의 외면이다. 각 환경마다 반드시 하나의 처치(處置)가 있다. 처치가 맞아야 얻음이 있다. 얻음은 자기에게서 말미암으니 또한 자신에서 얻는 것이다. 그래서 자득이라고 한다. 그러니 사람 각자가 자유자득 할 수 있는 것이지 타인과 환경이 제한 할 수 있는 것이 아니다(錢穆(2002), 94~96쪽).

그리고 중국에서 뿐만이 아니라 일본에서는, 예컨대 『속일본기(續日本紀)』의 「專政得志, 升降自由」, 『도연초(徒然草)』의 「よろづ自由にして,大方, 人に從ふといふ事なし」 등에서 보인다. 그리고 『일포사서(日葡辭書)』(1603-1604)에서는 「Jiyu, ジユウ, 自由」라는 말이 보인다.

이처럼 중국, 일본에서 일찍부터 있어온 어휘이다. Liberty라는 서양의 개념은, 이탈리아의 선교사 마테오리치(Matteo Ricci, 중국 이름 利瑪寶, 1552-1610) 등의 기독교 선교사에 의해서 중국어로 번역되기까지, 중국인은 알지 못했다.

그렇다면, 서구의 liberty나 freedom의 번역어로서의 「자유」라는 개념은 중국, 일본에는 근세·근대에 이르기까지 「존재하지 않았다」고 할 수 있다. 하지만 그 개념의 내용면에서 볼 때는 이미 '존재했다'고도 말할 수 있다.

그런데 중국, 일본에서는 '자유'라는 말을 오랫동안 '제 맘대로', '제 멋대로'라는 뜻으로 사용돼왔다. 다시 말하면 '좋지 않은'-'부정적' 의미, 다시 말하면 「멋대로 자유=방향 없는 자유」[4)로 해석될 여지가 많은 개념이었다. 이러한 개념을 서구의 liberty나 freedom의 번역어로서 사용하여 새로운 의미를 부여한 사람은, 아래에서 언급할 대로, 일본 명치기(明治期) 계몽사상가로 잘 알려진 복택유길(福澤諭吉. 1834-1901)이다. 그의 번역에 의해 '자유'라는 개념은 '좋은'-'긍정적' 의미이다. 여기서 동양 전통적인 의미의 '멋대로 자유=방향 없는 자유'가 '룰이 있는 자유=방향 있는 자유'로 탈바꿈하게 된다.

사실 근대 이후 지금 우리들이 사용하는 '자유'라는 말에는 서구의 liberty/freedom의 번역어로서의 의미와 전통 한자어 '자유'의 의미가 혼재해 있다고 할 수 있다.

3. 일본에서의 '自由' 개념 번역 사정

근대 일본에 만들어진 『영화대역수진사서(英和對譯袖珍辭書)』에서는 '자유'를 convenience, easement, facility, freedom, leave, liberty, licence scope 등의 역어(譯語)로 하고 종래의 의미를 넘어서서 이해하고 있다.

명치기(明治期) 서주(西周. 1829-1897)는 『백학연환(百學連環)』

---

4) 서병훈, 『자유의 미학』, (서울: 나남출판, 2002), 19쪽 참조.

(1870)에서 「liberty 즉 자재(自在)로 번역하는 글자로서(liberty卽ち 自在と譯する字にして)」라고 적어 자재라는 말을 사용하고 있다. 그런데 그는 그 직후에 「자유자재(自由自在)는 오직 동물뿐만이 아니고 초목에 이르기까지 모두 욕망하는 바이다(自由自在唯動物のみなら ず草木に至るまで皆欲する所なり)」라 하고 일상적으로 사용되고 있는 '자유'란 글자를 병용하고 있다. 또 그는 「신은 만물의 근원으로서 만물을 자유롭게 하는 권리가 있다고 칭한다(神は萬物の根元にして 萬物を自由にするの權ありと稱する)」(같은 책)라고도 한다.

그리고 가등홍지(加藤弘之. 1836-1916)는 『입헌정체략(立憲政體 略)』(1868)에서 「任意自在」라는 말을 사용하고 『진정대의(眞政大 意)』(1871)에서는 「不羈自立」이라는 말을 사용하고 있다. 그러나 『국 체신론(國體新論)』(1874)에서는 가등(加藤)은 '자유' '자유권(自由ノ 權)'이란 말을 사용하고 있다. 그에 따르면 자유권이란 「나의 생명을 보전할 권리, 나의 신체를 자유로이(自由ニ) 사용할 권리, 나의 소유 를 자유로이 처분할 권리, 내가 믿는 바의 교법을 자유로이 받들고, 그 리고 내가 사고할 바를 자유로이 쓸(論述書記) 권리, 동지와 함께 결 합하여 자유로이 일을 도모할 권리」 등이다. 뒤에 그는 『인권신설(人 權新說)』(1883)에서 우승, 실패야말로 만물의 법칙이라서 자유, 자치, 평등, 균일은 망상이라고 말하고 있다.

자유란 말을 서양 개념의 번역어로서 파악한 가장 중요한 인물은 아마도 계몽사상가로 잘 알려진 복택유길(福澤諭吉. 1834-1901)이 라 일 것이다. 그는 『서양사정(西洋事情)』 권1(1866)의 본문주(本文 註)에서 다음과 같이 적고 있다. 「본문에서 자주임의(自主任意), 자 유라는 글자는 내 멋대로 방탕하여 국법도 두려워하지 않는다는 뜻이 아니고 모두 그 나라에 있으면서 사람과 사귀며, 남 신경 쓰고 않고 자력만으로 생각한 것을 해야 한다는 뜻이 있다. 영어에서는 이것을 freedom 또는 liberty라고 한다. 아직 적당한 번역어가 없다」. 명치유신(明治維新) 이후에 쓴 같은 책(『西洋事情』) 제 2편, 권1(1870)에서는 「첫째로, liberty는 자유라고 하는 뜻으로서 중국인(漢人)의 번역에 자주(自主), 자전(自專), 자득(自得), 자약(自若), 자주재(自主宰), 임의(任意), 관용(寬容), 종용(從容) 등의 글자로 사용되지만 아직 원어의 의의를 다하기에는 부족하다. 자유란 자신(一身)이 하고 싶은 대로 일을 하여 막힌다는 생각이 없음을 말한다」등등을 언급하고 있다.

이후 일본에서 『on Liberty』(自由論)라는 존 스투어트 밀(John Stuart Mill, 1806-1873)의 작품이 중촌정직(中村正直)에 의해 明治5년(1873)에 「자유지리(自由之理)」라는 제목으로 출판된다. 이때 일본에서는 '자유'라는 말이 그다지 저항 없이 받아들여졌고, 뿐만 아니라 당시의 청년을 자유민권운동(自由民權運動) 쪽으로 이끌어 가는 역할을 하였다.

그런데, 일본의 사정과는 달리 상당히 다른 상황에 놓여 있던 중국 청말의 사상계에서는 이 Liberty를 둘러싸고 격론을 주고받게 된다.

4. 번역어 '自由'의 중국 流入과 그 이후에 대한 전망

제국주의 군함의 대포가 중국근대사의 서막을 열어놓았는데, 이는 중국사회에 막대한 재난을 가져다주었음에 틀림없다. 뿐만 아니라 그것은 중국내부에 있던 여러 모순된 상황을 진일보시키는 역할도 하였다.

　서구와 대항, 교섭하는 시점에서, 중국에 서구의 자유 학설을 소개하고, 자유를 정치와 철학의 범주로서 토론, 서술한 사람은 엄복(嚴復. 1854-1921), 그리고 양계초(梁啓超. 1873-1929년)와 그의 스승 강유위(康有爲. 1858-1927)이다. 양계초와 강유위는 모두 일본에서 머물며 문물을 습득한 경험이 있는 사람이며, 번역어 자유 개념의 중국 유입과 확산에도 큰 역할을 한 사람들이다.

　중국에서 자유라는 말은, 이미 언급한대로 이미 당대(唐代) 시인 및 선(禪)의 어록 등에서 그 개념이 쓰여 왔고 또한 자연(自然), 자유자재(自由自在)라는 전통 사상의 맥락에서 보이는 선이해(先理解)를 바탕으로, '자유'란 개념이 친근하게 쓰일 수 있는 여건은 충분했다고 할 수 있다.

　광서(光緒) 22년(1896)에 쓰인, 정치 개혁의 첫 목소리인 양계초의「변법통의(變法通議)」속의「논변법필자평만한지계시(論變法必自平滿漢之界始)에서,「지금 우리 나라의 백성의 지혜(民智)가 미개하고, 자유의 진리를 밝히는 자가 매우 적다[今我國, 民智未開, 明自由之眞理者甚少]」라고 하여 자유란 말을 선보이고 있다.

　또한 광서(光緒) 24년(1898)에 쓰여진 강유위의『일본변정고(日本變政考)』속에서도 예컨대「至是民自由」(권2),「下之民皆自由」(권3, 卷末의 康有爲의「案語」) 과 같이 자유란 말이 사용된다.

　그리고 엄복(嚴復. 1854-1921)은, 영국의 사상가 헉슬리(T. Huxley)의『진화와 윤리(Evolution and Ethics, 1984)를 중국어로 번역하여 진화론(進化論)을 소개한『천연론(天演論)』을 광서(光緒) 24년에 간행한다(그는 이외에도 존 스투어트 밀(John Stuart Mill)의『자유론』등을 번역하여 선구적 지식인의 역할을 하였다). 여기서 그는 용어도 고풍(古風)으로 쓰며 일본어 사용을 거절하였다. 하지만 자유 란 말에 대해서는 예외로 사용하고 있다. 예컨대, 「太平公例[5]曰, 人得 自由, 而以他人之自由爲界」(卷上, 導言14) 등과 같이[6], 영국 해군학교 에 유학한 경험이 있는 그는 영국 풍의 freedom 혹은 liberty를 몸소 체험한 바탕 위에서 개념을 사용하고 있는 것처럼 보인다. 물론 그가 사용하는 자유는 일본어의 자유란 말과 관계없이 중국의 전통 사회에 서 사용되어 온 자유를 염두에 두고 그것을 사용하고 있는지도 모른 다.[7]

그러나 강유위와 양계초는 다르다. 이 둘은 자유란 말의 사용 뒤에 일본어의 이미지를 깔고, 일본어와 동일선상에서 논의하고 있는 것으 로 생각된다.

자유란 말의 중국 유입, 그리고 그것이 가져온 중국 지식인 사이의 지적 파장(=논쟁)에 대해서는 다음의 연구로 미루기로 한다.

---

5) 太平公例란 일본에서 自然法, 萬民法, 萬物法 등을 번역하고 있는 것을 말함.
6) 卷下, 論15에도 유사한 것이 보임.
7) 물론 이 점에 대해서는 그 당시 일본 사회에서 사용되는 자유란 말과 비교하여 검 토해볼 필요가 있다.

12/ 「유교와 인권」 강의를 위한
예비적 고찰

1. 들어가는 말

이 글은 「유교(儒敎)와 인권(人權)」 강의를 위한 예비적 고찰에 해당하며, 전문적 논의를 위한 하나의 시론(試論)이라 할 수 있다.

최근 「유교와 인권」과 관련한 강의가 법학부 등에서 이루어지고 있지만, 이를 위해 만들어진 마땅한 교재가 없는 것으로 보인다. 이 글은 기본적으로 국내외에서 이루어진 「유교와 인권」 관련 기초 자료를 수집, 정리하며 「유교와 인권」이라는 강의 교재를 만들기 위한 기초 작업으로서 이루어진 것임을 밝혀둔다.

최근까지 국내외에서 유교(儒敎)[1] 문제가 많이 거론되고, 뜨거운

---

1) 여기서는 유학과 같은 맥락에서 사용하고자 한다. 보통 유학(儒學), 유교(儒敎), 유가(儒家)는 구별되어 사용된다. 즉, '유가(儒家)'라는 말은 전국시대의 도가, 묵가, 법가와 대비되는 용법이다. 다시 말해서 다른 학파와 대립 개념으로서 사용되기 시

논쟁거리가 되기도 하였다. 이것은 넓은 의미에서 '동아시아의 전통문화 대 서양문화'의 대결, 교류와 대화, 계몽과 연대 등의 복잡한 문맥을 갖기도 한다.

현대사회에서 유교(儒敎)의 여러 내용 중에서 가장 활발하게 논의된 주제는 최근의 연구 경향으로서 '유교와 생태, 유교와 인권, 유교와 종교다원주의, 유교와 여성'과 관련한 것이다. 그런데, 유교와 인권에 대한 연구는, 중국의 개혁과 개방, 나아가서는 동아시아의 국제화, 세계화에 부응하여 다른 세 가지 주제(인권, 종교다원주의, 여성)와 더불어 많은 축적을 거듭해 왔다.[2] 더욱이 인권의 문제는 중국 등의 사

작한 말이다. 즉, 한대(漢代) 초기의 유가는 극히 정치적인 색채를 띤 도가(道家)인 황노학파(黃老學派)와 대립하였다. 하지만 무제(武帝)가 유교를 국교(國敎)로 정한 이후에는 유가와 대등하게 겨룰 수 있는 사상집단은 존재하지 않게 되었다. 후한 말 동란의 발생으로 분열기에 접어들면서 유가는 다시 노장사상, 불교사상과 대립하게 된다. 그러나 유가는 크게 빛을 발하지 못한다. 당대 중기부터 불교를 의식한 끝에 유가는 다시 각광을 받는다. 이후 송대를 통해 불교와의 대항 관계에서 벗어나 인간을 사회적 존재(修身齊家治國平天下를 실현해야 할 존재)로 파악하려는 유가 본연의 자세를 깨닫게 된다. '유교(儒敎)'라고 할 때는 (1) '유(儒)의 가르침(敎)', 즉 윤리적·정치적 규범 혹은 교설·교리의 뜻이 되어 사람들을 억누르는(억압하는) 듯한 느낌을 준다. 그리고 (2) '종교적'(종교가 아니고) 성격도 풍긴다. 사실 한 대의 유교에는 신비적이고 주술적인 성격이 강했기 때문에 일시적으로 종교화되었다(혹은 종교였다)고 해도 지나치지 않다. 일본에서는 보통 유교라는 말을 많이 쓰지만 이 경우에도 주로 (1)의 뜻이다. 그러나 중국에서는 (1)과 (2)의 의미를 포함하면서도 (2)쪽이 강하다. '유학(儒學)'이란 말은 유교의 전통적인 고전(古典)을 공부한다(즉 탐구한다)는 성격이 짙다. '학(學)'이란 말에는 합리성, 객관성, 논리성, 체계성 등의 뜻이 함축되어 있다. 다시 말하면 그것은 고전 즉 연구학습의 대상으로 삼는 문헌이 진리(道) 자체임을 전제하고 인정하고 나서 성립한 것이다. 여기서는 종교적이라는 뜻보다는 성현의 진리를 담고 있는 문헌을 연구·학습한다는 학문성의 의미가 강하다. 한국에서는 보통 유교라는 말보다는 유학이라는 말을 많이 쓴다. 그러나 성균관을 중심으로, 혹은 민간에서도 유학을 종교로서 보려는 움직임도 있는 것도 사실이다.

2) 이에 대한 주된 연구는 '참고문헌'을 참조바람.

회체제와 관련하여 앞의 주요 주제들 가운데서 가장 뜨겁게 논의가
진행되었다.[3]

유교와 인권 논의는 결국 다음의 두 가지로 크게 요약된다.[4] 즉 ①
원래 인권 개념은 개인주의를 중심으로 하는 서구사회에서 출발한 것
이므로 유교와 인권은 무관하다는 주장, ② 유교의 인권 개념은 『논
어』와 『맹자』에 이론화 체계화 되지는 않았지만 초보적, 맹아적 형태
로 이미 들어 있는 것이나 우리가 현대를 살아가는 만큼 인권사상에
기초한 법 개념의 설정이 필요하므로 그 방법론을 서양에서 배워서
발전시켜야 한다는 주장이 그것이다.

유교와 인권의 관계를 살펴보려면 인권이 무엇을 뜻하는지 그 개념
을 명확히 할 필요가 있다. 인권은 법에 의해 규정된 의무 내지는 법
에 의해 규정되고 보호되는 한도 내에서 어떤 행동을 하거나 거부 또
는 항거하는 행동을 하는 힘이다. 인권은 여섯 가지로 분류될 수 있
다: 첫째. 개인적인 권리(personal right), 둘째. 정치적인 권리(political
right), 셋째. 시민의 권리(civil right), 넷째. 경제적인 권리(economical
right), 다섯째. 사회적인 권리(social right), 여섯째. 문화적인 권리
(cultural right). 최근에는 여기에 '영적(靈的) 안녕을 위한 권리'를 포
함시킨다. 이런 권리의 개념들은 자연적 천부적 권리(natural right)와
법적권리(legal right)로 구분할 수 있다. 천부적 권리는 국가에서 법으
로 규정할 경우 법적 권리로 구체화된다. 천부적 권리는 하나의 철학

---

3) 이에 대해서는 김승혜,「한국유교 연구의 새지평」,『韓國宗敎硏究』권4, (서강대학
   교 종교학연구소, 2002)를 참고할 것. 아울러 유교와 인권 관련 주요 자료는 본고의
   참고문헌을 참고바람.
4) 김승혜, 위의 논문 참조.

적 문제이다. 이에 반해, 법적 권리는 구체적인 것일 뿐 아니라, 서구 사회에서 지난 이삼백년간 축적된 역사의 산물이다. 법적 권리로서의 인권의 개념은 분명히 서구사회에서 형성된 것이다. 법적 권리의 개념이 천부적 권리에 그 바탕을 두는 것이라면 동서의 교감이 가능하지만, '천부적 권리라는 개념은 하나의 가상일뿐이고 오로지 법적권리만이 인권문제의 전부'라고 이야기한다면 인권이란 완전히 서구의 개념이 될 것이다.[5]

그렇다면, 동아시아, 특히 유교에서는 과연 인권개념이 있는가? 있다면 어떤 방식으로 논의되고 있는가? 그것이 서구의 인권 개념과 어떻게 같고 다른가? 그리고 만일 없다면 왜 없으며, 유사 개념 또한 없는가? 이 강의에서는 이런 등등을 중심으로 강의가 이루어져야 할 것이다.

2. 「儒敎와 人權」강의의 목적과 내용

1) 강의의 목적

유교와 인권 강의의 목적은, 유교(儒敎. confucianism)와 인권(人權. 인간의 권리. human rights)에 대한 강의를 통해서, ① 유교에 대한 소양과 더불어 ② 유교에 포함된 인권 개념 혹은 인권 관련 도덕규범들을 파악하고, ③ 현대를 살아가는 우리의 입장에서 서구적 인권 개념

---

5) 김승혜, 위의 논문 참조.

의 기원, 전개 내용과 대비·비교적으로 논의하여, ④ 우리 사회 속의, 나아가서 우리 사회와 맞물린 동아시아권 및 서구사회 사이에서 빚어지는 인권 침해에 대한 실질적인 문제 해결 능력, 안목을 기르는데 있다.

동아시아의 경제발전, 국제사회 속의 정치적 역할의 증대, 국제관계의 활성화 속에서 부각되어 '유교자본주의', '유교 르네상스'라는 말이 나오는 등, 아시아적 가치관(Asian values), 아시아의 전통문화가 활발히 논의되어 왔다. 따라서 동아시아 내외에서 '유교'(儒敎, confucianism)가 집중적으로 주목을 받게 된다.

유교는 중국을 비롯한 동아시아 전체의 가치체계, 문화심리구조를 대표하면서 서구의 기독교주의(Christianism)에 대항할만한 사상으로서 부각되어, 동아시아=유교권, 서구=기독교권 식으로 문화가 분할된다. 더불어, 유교가 '아시아적'-'전근대적'인가, 아니면 세계와 호흡할 법사상의 기반이나 규범을 가진 '국제적(보편적)'-'근대적'인가도 화두가 된다. 더욱이 중국의 개방화, 국제화와 더불어 그동안 표면화되지 않았던 '인권'(human rights) 문제가, '유교와 생태', '유교와 종교다원주의', '유교와 여성'과 관련하여 부각, 논의되어 온 것이다.

'인권'의 사상은 기본적으로 서구에서 기원하여, 근대기 일본에서 '인권'이란 번역어(=日本漢語)가 탄생하고, 이후 근현대를 거치면서 동아시아 한자문화권(漢字文化圈) 사회에 확산되어 보편화된 것이다. 일본한어의 '人權'은, 비록 서구의 'human rights' 개념과 완전히 동일하지 않다. 그렇긴 해도, 서구의 'human rights' 개념과 '유사 개념', 혹은 '유사 도덕규범들'이 유교에, 구체적으로는 공자의 『논어』나 맹자의 『맹자』등의 텍스트에 포함되어 있다. 또한 그것은 '인정(仁

政)'이라는 정치사상의 형태로서 체계적인 전개를 보이기도 한다.

2) 강의의 주요 내용

「유교와 인권」강의에서는 다루어질 주요 내용을 소개하면 다음과 같다.

1. 유교와 인권 관련 자료 및 강의에 대한 기본 안내
2. '유교', '아시아적 가치'의 현대적 의미
3. 서구의 'human rights' 개념의 기원과 전개
4. 번역어＝일본한어(日本漢語)로서의 '人權' 개념과 그 동아시아적 유포
5. 동아시아의 '인간에 대한 관점(＝人間觀)'과 '인(人)'과'민(民)'의 구분
6. '권(權)'의 의미와 '사람(人)'-'백성(民)'에 부여된 기본권의 이론적 근거
7. 동아시아 유교 속의 '유사 인권 개념' 혹은 인권 관련 '도덕적 규범'의 구체적 예들(1): 중국편
8. 동아시아 유교 속의 '유사 인권 개념' 혹은 인권 관련 '도덕적 규범'의 구체적 예들(2): 한국편
9. 동아시아 유교 속의 '유사 인권 개념' 혹은 인권 관련 '도덕적 규범'의 구체적 예들(3): 일본편
10. 동아시아 유교 속의 '인정(仁政)'의 정치사상(1): 중국편
11. 동아시아 유교 속의 '인정(仁政)'의 정치사상(2): 한국편
12. 동아시아 유교 속의 '인정(仁政)'의 정치사상(3): 일본편

13. 동아시아 유교 속의 정치적 권리, 시민권의 주장 여부

14. 유교와 인권의 실제(역사적 실례를 통한 사례해결방식 검토- 특
　　히 현대법과의 관련 속에서)

「유교와 인권」 강의는 위와 관련한 최소한의 이론적 설명을 제공하
되, 이외에는 주로 문답=대화를 통해서 수강생이 자발적으로 개념에
접근하고 문제를 풀어갈 수 있도록 하며, 가능한 한 역사적 실례를 통
한 사례해결방식(case method)에 중점을 두어야 할 것이다.

　아래에서는 위의 1-14를 9가지로 축약하여 각각에 대한 내용을 간
략하게 정리하고 설명해두기로 한다.

① '유교', '아시아적 가치'의 현대적 의미

　'유교'하면 흔히 '봉건적' '계급적' '남녀차별 · 불평등' '남아선호'
'제사' '혈연' 등의 전근대적인 부정적 이미지를 떠올린다. 그래서 유
교=아시아적 가치를 전근대적인 것으로 폄하하거나 현대로 이행하는
데 '짐'이 되는 청산할 과제로 인식하는 경향이 있다. 따라서 유교에는
인권이라는 개념이나 의식이 없다는 결론에 이르기도 한다.

　따라서 우리는 우선 ①'유교(儒敎)'란 무엇인가?'를 '유(儒)'[6], '유교

---

6) 『說文解字』를 비롯한 여러 字典을 보면 유(儒)는 유(柔), 유(濡), 윤(潤)이라고 설
　명되어 있다. 유(柔)는 부드럽다는 뜻이고, 유(濡)는 스며들다 · 젖다의 뜻이고, 윤
　(潤)은 (물에 젖어) 붙다 · 윤택하다는 뜻이다.((성균관대)유학주임교수실, 『유학사
　상』, (서울: 성균관대학교출판부, 2001), 11쪽과 조남욱, 『현대인의 유교읽기』, (서
　울: 아세아 문화사, 2005), 18쪽 참조). 이것은 아마도 유(儒)라는 집단이 사람[= 亻]
　이 살아가는 일상생활에 필수적[=需]인 冠婚喪祭의 禮(특히 喪禮와 祭禮)를 전승
　하고 관장하거나, 가뭄 등에서 비를 부르며 점술에 능한 전문가 그룹을 말한 것 같
　다. 禮를 관장할 때 그들은 일반적으로 沐浴齋戒를 하였거나 또는 비 등의 물을 부

(儒敎)', '유학(儒學)', '유가(儒家)'의 개념, 유가사상의 전개과정을 개략적으로 소개하면서, 아울러 ② '유교자본주의', '유교 르네상스'의 배경과 '아시아적 가치'의 현대적 의미를 비판적으로 재검토하면서 그 내용들을 소개할 필요가 있다.[7] 유교가 무엇인지, 그리고 그것이 근대, 현대와 어떻게 접목이 되고, 아울러 어떻게 이 시점에서 재평가해야 하는가는 「유교와 인권」 강의의 초반부에 필수적으로 논의해야 할 일이다.

② 서구의 'human rights' 개념의 기원과 전개

여기서는 우선 ① 서구의 'human rights(인권)' 개념과 그 기원을 살펴보고, 이어서 ②서구의 '인권' 개념의 전개와 그 내용을 연대기적으로 설명할 필요가 있다. 즉, 근대적 개념으로서 '인권' 개념이 세계사에서 일반화된 과정을 소개할 필요가 있다.

다시 말해서, 서구에서 추상적 개념으로서 이해되어왔던 '인권'에 대한 기본권 사상은 영국의 '인권선언'이라고 할 수 있는 대헌장(마그나카르타, 1215년), 권리청원(1628년), 인신보호법(1679년)을 비롯한 미국의 독립선언(1776년), 프랑스혁명기의 인권선언(1789년) 등

르는(비는) 행위와 관련되었기에 '물(氵=水)'의 의미와 연관되고, 나아가서 '닦다'의 의미인 修 자가 몸(己/身)이나 도(道)에 활용되어, 修身, 修己, 修道와 같은 용어들이 형성되어 고전에 정착하였다고 보아도 좋을 것이다.

7) 이 부분의 주요 참고 자료는, 평유란, 『간명한 중국철학사』/余英時, 『동양적 가치의 재발견』/양적, 『인류와 자유-중국과 서양 인간관의 충돌과 전도』/이동희, 「동아시아적 컨텍스트와 인권 그리고 보편윤리」/Wm. Theodore de Bary, Aslan Values and Human Rights - A Confucian Communitarian Perspective/Wm. Theodore de Bary & Tu Wei-ming, Confucianism and Human Rights/(성균관대)유학주임교수실, 『유학사상』/조남욱, 『현대인의 유교읽기』등이 된다.

의 세계적 변혁기를 겪는 동안 홉스, 로크, 루소 등의 계몽주의 사상 가들에 의해 체계화되었다고 할 수 있다. 이후 17세기에 이르러 '인간의 권리는 양도될 수 없으며, 이는 국가도 침해할 수 없다.'는 기본권 사상의 정립은 17세기에 이르러 이루어진다. 그 이후 이것이 전 세계로 확산되어 인권사상과 제도로서 확립된다. 이러한 전통에 근거하여 1948년 12월 10일 유엔총회에서 '세계인권선언문'이 발표되었다. 이로 해서 인권사상은 전 인류를 대상으로 하는 보편적 선언이자 국제법적 실체가 되었다. 이렇게 이루어진 인권의 실질적 의미는'인간의 존엄성'에 바탕한다. 이 '인간의 존엄성을 보장받을 권리'는 국가나 실정법에 의해 부여받은 것이 아니며, 인간이기 때문에 인정되는 모든 생득적이고 절대적인 기본권을 말한다.[8] 이러한 일련의 논의 속에서,'인간으로서 당연히 가지는 기본적 권리'라는 '인권의 '보편성의 근거'를 파악해낼 수 있다.[9]

③ 번역어=일본한어(日本漢語)로서의 '人權' 개념과 그 동아시아 적 유포

서구의 'human rights(인권)' 개념은 근대기 일본을 통해 번역되어 한어(漢語)(이것을 일반적으로 '일본한어'라고 한다)로서 번역되어 동아시아사회로 유포된다. 따라서 여기서는, 번역어=일본한어(日

---

8) 한국인권재단,『일상의 억압과 소수자의 인권』, (사람생각, 2000), 694-696쪽 참조.
9) 이 부분의 주요 참고 자료는, 조효제,『인권의 문법』/유네스코 한국위원회,『인권이란 무엇인가?』/한국인권재단,『일상의 억압과 소수자의 인권』/한상진 편,『현대사회와 인권』/이승환,『유가사상의 사회철학적 재조명』/이승환,「인권」/石塚正英 柴田隆行,「人權 人間の權利」/이동희,「동아시아적 컨텍스트와 인권 그리고 보편윤리」 등이다.

本漢語)로서의 '人權' 개념의 탄생과 번역 당시 어떤 사정이 있었는지 등등을 살펴볼 필요가 있다. 아울러 번역어 '인권' 개념의 동아시아 사회(중국, 한국)로의 유포 경로나 상황을 개략적으로 살펴볼 필요가 있다.[10] 이것은 우리가 인권 개념에 접해 온 역사를 더듬는 것이며, 유교와 인권에 대한 논의의 좌표를 주체적으로 짚어보는 것이기도 하다.

④ 동아시아의 '인간에 대한 관점(=人間觀)'과 '인(人)'과'민(民)'의 구분

일반적으로 사용하는 human, man, 人, 人間, 民, 人民 등의 개념에 대해서 일단 어원적(語源的)으로 고찰할 필요가 있다. 그리고 이를 토대로 중국사상사에 보이는 '인간에 대한 관점(=人間觀)'에 대해 설명해야한다.

특히 주목해볼 일은 '인(人)'과 '민(民)'의 구분이다. 『논어』 등에 쓰이는 '인'은, 일반적으로 '사람다움[人]'[11], '사람(혹은 남)을 사랑함[愛人]'[12]이라고 해석하지만, 실제로는 구체적 직위를 가진 신분 높은 자이다. 이에 비해 '민'은 그들[人]의 부림을 당하는 하층민(무지한 존재 반항적인 존재 비천한 존재)[13]이다.

---

10) 이 부분의 주요 참고 자료는 丸山眞男 · 加藤周一, 『번역과 일본의 근대』/야나부 아키라, 「권리」/柳父 章, 『飜譯語成立事情』/鈴木修次, 「三權分立にまつわる用語」/石塚正英 柴田隆行, 「人權 人間の權利」/山室信一, 「アジアにおける思想連鎖」/後藤靖, 『自由民權』/高坂史郎, 『近代という躓き』/정용화, 「유교와 인권: 유길준의 '인민의 권리'론」등이다.

11) 『중용』제20장에는 「인은 사람다움이다(仁者, 人也)」라고 있다.

12) 『논어』「顏淵」에서는, 번지가 인(仁)에 대해 물었을 때 공자는 '사람(혹은 남)을 사랑하는 것'이다(樊遲問仁, 子曰, 愛人)라고 언급하였다.

13) 중국 고대에는 사람을 신에게 바치는 희생으로 하거나 신의 노예로 삼는 풍습이

(『논어』에서 말하는) '사람(人)'은 신분 있는 상층 계급을 가리킨다. 공자는 일반서민을 '백성(民)'이라 부르며 『논어』의 여러 부분에서 사람(人)과 백성(民)을 구별하였다. "백성은 시켜야 하며 알게 해서는 안 된다(子曰, 民可使由之, 不可使知之)."(『논어』「泰伯」)는 유명한 구절에서도 공자는 '사람(人)'이 아니라 '백성(民)'이라고 하고 있다. 즉 도덕정치의 기본 사항을 서술한 경우, 위정자를 '사람(人)'이라고 부르는데 반해 위정자에 의해 무상노동에 동원된 농민을 '백성(民)'이라고 부르는 등 지극히 명확하게 구별해서 사용한 실례를 발견할 수 있다(『논어』「學而」).[14] 이러한 사실에 유의하면서 공자의 많은 발언을 재검토해보면, 일반적으로 무지한 존재 반항적인 존재 비천한 존재 등을 지칭하는 의미로 대중을 가리킬 때에는 '백성(民)'이라고 표현한 경향이 현저함을 발견할 수 있다. 그러므로 '사람을 사랑하는 것(愛人)'이라고 규정된 인(仁)의 본질을 보편적 인간애라고 생각하는 것은 경솔한 해석임을 알 수 있다. 공자의 진의는 신분 높은 자들 상호 간의 도덕에 대해 이야기 한 것임이 분명하다.[15]

있었다. 자원에 따르면, 보통 그들은 '바늘로 눈을 찔러 실명한 존재'이다. 이렇게 눈이 찔러 보이지 않는 데서, '無知, 하층민, 노예'라는 인식이 생겨났다. 그들은 당연히 윗사람이 시킨 일밖에 할 수 없는 존재였고, 이후 이런 습관들이 굳어져서 백성은 천한 신분을 타고 나며 눈 먼 사람(무식자)이라는 생각이 보편화되었을 것이다. 물론 이러한 의견에 반대하는 경우도 있다.(예컨대, 반대 의견의 예는 http://www.hanja.co.kr/html/letter/hanja79.htm를 참고바람).

14) 즉, 「공자가 말했다. "千乘의 나라(=諸侯國)를 다스리되, 일을 공경하고 믿게 하며, 쓰기를 절도있게 하고 사람을 사랑하며, 백성을 부리기를 때(=농한기)에 맞춰서 하여야 한다(子曰, 道千乘之國, 敬事而信, 節用而愛人, 使民以時)"에서처럼 위정자를 人으로 무상노동에 동원된 농민을 民으로 하고, 民은 人이 부리는 존재로 부각된다.(옮긴이 주)

15) 시게자와 도시로, 『역사 속에 살아 있는 중국 사상』, 이혜경 옮김, (서울: 예문서원, 2003), 17쪽.

따라서 중국의 인권을 설명하기에 앞서 인(人)과 민(民)의 개념 구분을 포함하여,《사서(四書)》와 주렴계(周濂溪. 이름은 惇頤, 1017-1073)의 「태극도(太極圖)」·「태극도설(太極圖說)」 등을 통한 인간관에 대한 검토가 구체적으로 필요할 것이다.

아울러 인권, 민권의 의미가 무엇인지, 그런 유사한 것이 있었는지를 『설문해자(說文解字)』 등을 통한 문자론적 파악이 필요하다.[16] 예컨대, 도가 계열의 서적인 『열자』라는 책에 단적으로 나오듯이, 유교에서도 기본적으로 이와 맥락을 같이하는 남녀간의 차별을 주장하는 점도 살펴보아야 한다.

나의 즐거움은 매우 많다. 하늘이 낳은 것 중에서 오직 사람을 귀한 것(=萬物의 靈長)으로 여기는데, 나는 사람으로 태어날 수 있었다. 이것이 첫 번째 기쁨이다. 인간에게는 남녀의 구별이 있는데, 남자는 (신분이) 높고 여자는 낮다(男尊女卑). 그래서 남자를 귀하게 여긴다. 나는 남자로 태어났다. 이것이 두 번째의 즐거움이다. 그런데, 사람으로 태어났는데도 해와 달을 보지 못하고 강보(=포대기)를 벗어나지도 못하는 자가 있다. 나는 이미 살아온 해가 구십이다. 이것이 세 번째 즐거움이다.[17]

---

16) 이 부분의 주요 참고 자료는 『說文解字』/ 「太極圖」, 「太極圖說」/ 『聖學十圖』/《四書》/石塚正英・柴田隆行, 「人權 人間の權利」/이승환, 『유가사상의 사회철학적 재조명』/이승환, 「인권」/시게자와 도시로, 『역사 속에 살아 있는 중국 사상』 등이다.

17) 吾樂甚多, 天生萬物, 唯人爲貴, 而吾得爲人, 是一樂也, 男女之別, 男尊女卑, 故以男爲貴, 吾旣得爲男矣, 是二樂也, 人生有不見日月, 不免襁褓者, 吾旣已行年九十矣, 是三樂也.(『列子』「天瑞」).

유교를 거론할 때 항상 지적되는 여성차별적인 점(남아존중을 근간으로 하는 孝, 祭祀 등)에 대해서도 인권의 차원에서 적극 비판적으로 논의를 해보아야 한다.

⑤ '권(權)'의 의미, '사람(人)'-'백성(民)'에 부여된 기본권의 이론적 근거

여기서는 '권(權)'이란 글자의 본래 뜻, 용례, 의미를 먼저 살펴보고, 이어서 '사람(人)'-'백성(民)'에 부여된 기본권의 이론적 근거가 있는지, 있다면 무엇인지를 알아보아야 한다.

다만, 유교에는 '인권(人權)' 또는 '권리(權利)'라는 개념이 없다고 해서 동양에는 인권이나 권리가 없다는 식으로 논의해가는 것은 너무 순진하거나, 유교의 구조를 제대로 바라보지 못한 평면적 접근임에 틀림없다.[18] 유교에서 현대의 인권, 권리에 해당하는 개념이 어떻게 논의되고 있고, 또 그 제약과 근거는 무엇인지가 보다 세밀하게 논의될 필요가 있을 것이다. 여기에는 유교가 절대 개인보다도 인륜성, 관계성과 같은 공동체에 보다 높은 가치를 두어온 경향을 염두에 둘 필요가 있을 것이다. 다시 말해서 서양에서는 '절대 개인'을 상정하고 개인과 그 자유의 획득에 대한 객관적 지식을 목표로 해 왔다. 이에 비해 유교에서는 사람과 사람의 '사이'라는 관계(人間)[19]를 설정하고 그 자타의 관계성을 정립, 즉 인륜(人倫)을 목표로 해왔다.[20] 중국에서 '꽌

18) 이에 대해서는 이승환, 「유가(儒家)윤리에 '권리' 개념이 있었는가?」, 『철학』 Vol.49 No.1, (한국철학회, 1996)를 참고.
19) 이것에 주목한 책으로는 와쓰지 데쓰로, 『인간의 학으로서의 윤리학』, 최성묵 옮김, (대구: 이문출판사, 1995)가 있다.
20) 이 부분의 주요 참고 자료는, 와쓰지 데쓰로, 『인간의 학으로서의 윤리학』/양적,

시'라고 발음하는 '관계'라는 말은 원래 일본에서 만들어져, 중국 등
지로 유포된 것이다. 유교에서 사용하는 오륜(五倫), 윤상(倫常)의 윤
(倫)[21]은 기본적으로 '인륜의 관계성'을 나타내는 것이다.

　개인이 아닌, 사람과 사람 사의의 관계(人間)을 전제로 하는 유교에

『인륜과 자유-중국과 서양 인간관의 충돌과 전도』/최석만 최영진 외,『탈현대와
유교』/최재목,「'자연'에 대한 왕양명의 시선」/펑유란,『간명한 중국철학사』/李雲
九,「한자문화권에 있어서 남녀 평등의식의 변천」등이다.

21)「륜(倫)」은 자의(字義)로 볼 때, 사람(亻)[=人]과 륜(侖)자의 결합으로 생긴 것이
다. 륜(侖)은 책[冊:대나무 패(=竹簡)]과 그것을 덮은 글자, 즉 합(合)자에서 입
구(口)가 빠진 모양인「모으다」는 의미를 드러내는 글자가 합성된 것이다. 그래
서 륜(侖)은「대나무 패를 가지런히 정리해 놓은 모습」을 나타낸다. 그렇다면「륜
(倫)」은 사람 인(亻) 변이 있는 것에서「질서가 잘 잡힌 인간관계」를 의미한다. 동
시에 륜(倫)은「무리」를 뜻하는 류(類), 배(輩), 군(群)과도 통한다. 무리가 있으
면 관습, 습관, 습속을 통해서 자연스럽게 질서가 생겨나기 마련이다. 그래서 사실
「륜(倫)」자는 이미 그 자체로서 조리(條理), 이법(理法)을 의미하고 있다.
우리가 흔히 사용하는 고향(故鄕)의 향(鄕)은 읍(邑)+경(卿)의 약체(略體)이다.
'읍(邑)'= 阝(우부방(右阜旁))은 '편안히 앉아 쉬는 사람'을 형상한 데서 '사람이 무
리 지어 모여 사는 곳(지역)=마을'을 의미하게 되었다. '서로 마주하여서 소리[音]
나 연기[煙]가 서로 오고가는 마을') 이 점에서 卿(=鄕) 자는 인륜(人倫), 윤리(倫
理)의 윤(倫) 자를 연상하게 한다.「륜(倫)」은 자의(字義)로 볼 때, 사람(亻)[=人]
과 륜(侖)자의 결합으로 생긴 것이다. 륜(侖)은 책[冊:대나무 패(=竹簡)]과 그것
을 덮은 글자, 즉 합(合)자에서 입 구(口)가 빠진 모양인「모으다」는 의미를 드러
내는 글자가 합성된 것이다. 그래서 륜(侖)은「대나무 패를 가지런히 정리해 놓은
모습」을 나타낸다. 그렇다면「륜(倫)」은 사람 인(亻) 변이 있는 것에서「질서가 잘
잡힌 인간관계」를 의미한다. 동시에 륜(倫)은「무리」를 뜻하는 류(類), 배(輩), 군
(群)과도 통한다. 무리가 있으면 관습, 습관, 습속을 통해서 자연스럽게 질서가 생
겨나기 마련이다. 그래서 사실「륜(倫)」자는 이미 그 자체로서 조리(條理), 이법
(理法)을 의미하고 있다.을 상상하면 된다.(향(向: 향하다)-향(香: 냄새가 맞은편
쪽으로 향하다)-향(響: 소리[音]이 맞은편으로 움직이다)는 같은 계열의 말이다.)
'경(卿)'은「잘 차린 음식(식사)(=皀)+서로 마주한 사람」에서 성립한 회의문자(會
意文字)로 '회식(會食)하는 모습'을 나타낸다. 모두 사람과 사람이 만나서 살아가
는 모습을 형용한 것이다.(최재목,『멀고도 낯선 동양』, (대구: 이문출판사, 2004),
29쪽을 참고).

서는 결코 절대적인 개인, 인간관계를 넘어선, 그에 선행하는 권리, 국가나 사회전체의 이익을 위해서라도 침해할 수 없는 신성불가침의 개인의 영역이란 있을 수 없다. 서구의 인권사상을 비롯한 삼권분립, 선거를 통한 정권교체, 최소국가주의, 인권의 절대화 등의 제도와 가치들은 국가와 정부에 대한 근본적 불신에서 나온 것이다. 그러나 유교(송명시기 및 그 이후에 전개하는 性理學-朱子學 포함)의 세계관은 인간의 이성[本然之性, 善性, 明德]을 통하여 객관적이고도 도덕적인 지식을 터득하여 실천에 옮길 수 있는 지식인층, 지도층이 형성될 수 있다고 가정하고 있다.[22] 이러한 인간 및 사회에 대한 낙관주의, 이상주의, 도덕주의가 유교의 기본이었다. 여기서는 법치주의보다는 덕(德) 윤리나, 도덕주의적 경향, 그리고 개인의 권리보다는 관계-공동체 속에서는, 오륜(五倫)에 보이듯이 부자(父子)·부부(夫婦)·군신(君臣)·장유(長幼)·붕우(朋友) 사이의 친(親)·별(別)·의(義)·서(序)·신(信)과 같은, '-이어야 한다, -있어야 한다, -다워야 한다'는 이른바 당위·의무 개념이 발달하였다. 이것은 개인이든 사회이든 마찬가지였다.

이상과 같은 논의를 토대로 「유교와 인권」 강의에서는 '권(權)'의 의미, '사람(人)'-'백성(民)'에 부여된 기본권의 이론적 근거를 살펴볼 필요가 있다.[23]

---

22) 이에 대해서는 함재봉, 「유교 전통과 인권사상」, 『계간 사상』 Vol.31 No.1, (사회과학원, 1996) 참조. 아울러, 유교의 인간관에 대해서는 赤塚忠·金谷治 외, 『중국사상개론』, 조성을 옮김, (서울: 이론과 실천사, 1987) 속의 「Ⅳ. 인간관」 부분(161-304쪽)과 加地伸行, 『유교란 무엇인가?』, (서울: 지영사, 1993)을 참조.

23) 이 부분의 주요 참고자료는 柳父 章, 『飜譯語成立事情』/鈴木修次, 「三權分立にまつわる用語」/石塚正英 柴田隆行, 「人權 人間の權利」/이승환, 『유가사상의 사

⑥ 동아시아(중국 · 한국 · 일본) 유교 속의 '유사 인권 개념' 혹은 인권 관련 '도덕적 규범'의 구체적 예들

동아시아 유교 속의 '인권 혹은 유사인권 개념' 혹은 인권 관련 '도덕적 규범'의 구체적 예들을 중국을 비롯한 한국, 일본의 이른바 동아시아 사상사를 중심으로 해서 살펴볼 필요가 있다.

중국의 경우는 공자, 맹자를 비롯하여 근대기 인물까지, 한국의 경우는 이퇴계(李退溪), 이율곡(李栗谷), 정다산(丁茶山) 등의 주요인물을 포함한 근대기 유교 인물까지, 일본에서도 이등인재(伊藤仁齋), 웅택번산(熊澤藩山), 적생조래(荻生徂徠) 등의 이른바 주자학(朱子學), 양명학(陽明學), 고학(古學)의 주요 인물을 포함한 근대기 유교 인물까지 포함한다.

예를 들어 우리나라의 경우, 퇴계가 강의를 듣고 싶어하는 머슴에게도 자신의 강의를 들을 기회를 준 것, 그리고 자기 손자며느리가 아이를 낳은 지 6개월만에 다시 아이를 잉태하여 젖이 끊겨 증손자가 죽어가고 있어 젖먹이가 딸린 본댁 유모(乳母)의 젖을 받아먹고 싶어 했지만 그러지 말도록(유모의 자식이 그 때문에 굶어죽을 염려가 있으므로) 손자에게 충고한 것 등[24]은 우리나라의 유교에서 보이는'인권

회철학적 재조명』/함재봉, 「유교 전통과 인권사상」/이승환, 「유가(儒家)윤리에 '권리' 개념이 있었는가?」/裵傳英, 「簡論孔子的人權思想」/陳啓智, 「儒家的人權思想」/이동희, 「동아시아적 컨텍스트와 인권 그리고 보편윤리」/Wm. Theodore de Bary, *Aslan Values and Human Rights - A Confucian ommunitarian Perspective*/ Wm. Theodore de Bary & Tu Wei-ming, *Confucianism and Human Rights*/ 『說文解字』등이다.

24) 이 이야기는 흔히 알려진 것으로 특히 정비석, 『退溪逸話選』, (퇴계학연구원, 1977)과 강재철, 「退溪先生逸話資料選」, 『국문학논집』 제19집, (檀國大學校國語國文學科, 2003)을 참고바람. 참고로 이 이야기를 풀어서 실으면 다음과 같다.

(혹은 유사 인권) 개념'의 한 예이기도 하다.

⑦ **동아시아(중국·한국·일본) 유교 속의 '인정(仁政)'의 정치사상**

유교에서 인간의 존엄성, 인간에 대한 신뢰를 나타내는 개념은 인(仁)이다. 사람[亻] + 둘[二]의 합자로서[25]'사람다움[人]', '사람(혹은 남을)을 사랑하는 것[愛人]'으로 표현되는 인은 인간중심, 인간 존중을 집약한 개념이라 할 수 있다.[26] 공자에서 논의되는 인은 이후 맹자에서 의(義)와 결합하여 인의(仁義)로 주로 쓰인다.

「손자인 안도(安道)가 아들 창양을 데리고 성균관에 유학하고 있을 때다. 창양이 출생한지 6개월만에 손자 며느리가 딸을 잉태하여 젖이 끊기게 되었다. 오늘과 같이 우유로 아이를 키우는 시대가 아니었으므로 아기를 키우기가 매우 힘들었고, 창양은 영양실조로 별별 병을 다 앓았다. 그래서 도산 본댁에 유모를 구해 보도록 부탁하였다. 마침 딸 낳은 여자 종이 있어서 아기를 떼어놓고 서울로 올라오도록 일을 추진하고 있을 때 퇴계가 그 낌새를 알 게 되었다. 시어른의 엄한 법도를 알면서도 미리 아뢰지 않은 것은, 창양을 출산했을 때 '우리 집에 이 보다 더한 경사가 없다.'라고 기뻐하였으므로 증손자를 위한다면 어떤 일이든 묵인해 주리라 믿고 나중에 알리려고 하였던 것이다. 퇴계는 이 일을 알고 엄히 꾸짖고 중지시키고 『근사록』의 말을 인용하면서 편지를 썼다. "몇 달 동안만 밥물로 키운다면 이 아이도 키우고 서울 아이도 구할 수 있다. 어린 아이를 떼어놓고 가는 그 어미의 마음은 오죽하겠으며 서울까지 가는 동안에 이 아이는 죽고 말 것이고 젖도 막히게 될 것이다. 내 자식을 키우기 위해 남의 자식을 죽일 수는 없다. 어미가 자식 키우는 정은 짐승도 마찬가지인데 학문을 한다는 유가의 체통으로 차마 어찌 이런 일을 할 수 있다냐! 몇 달을 참으면 두 아이를 다 구할 수 있으니 여기 아이가 좀더 자랄 때까지 참고 기다려라. 그 때 가서 데리고 가도록 하마."하고 손자를 타일렀다.94. 그 후 겨울과 봄은 어렵게 넘겼지만 창양은 증조부를 보지도 못한 채 1570년 5월 23일 죽고 말았다. 퇴계는 그 아픔을 가족들에게는 전혀 내색하지 않았으나, 여러 문인들에게 아픈 심정을 여러 번 토로하였다. 퇴계의 인간 평등사상은 당신의 증손자를 잃으면서까지 하인의 딸을 살렸고, 어미가 자식을 키우는 사랑과 천륜은 사람의 귀천에 차별이 없음을 행동으로 가르쳐 주었다.」

25) 여기서 仁 자를 흔히 '두 사람(=하나의 사회) 사이의 이법, 원리'로 해석한다.

26) 그러나 人의 개념과 民의 개념에 대한 구별은 앞서 지적한대로 간과해선 안 된다.

『맹자』의 첫 구절에는 다음과 같이 있다.

맹자가 양나라의 혜왕을 만났는데, 양나라 혜왕이 말하기를『선생께서 천리 길을 멀다 아니하고 와 주셨으니 장차 우리나라를 어떻게 이롭게 해 주시렵니까?』라고 물었다. 이에 맹자가『임금님은 왜 하필 이익[利]을 말씀하십니까? 인의(仁義)가 있을 따름입니다』라고 대답하였다.[27]

즉, 맹자는 국가나 개인의 이익[利]에 대한 일방적인 주장이 아니라 인의(仁義)의 덕목에 바탕한'인정(仁政)'이나 '왕도정치(王道政治)'를 중시하고 있다.

이러한 인정이나 왕도정치의 이상은 동아시아 사상사에서 기본이기는 하지만, 중국, 한국, 일본의 세 지역의 사상가에 따라서는 약간의 차이를 보이기도 한다. 따라서, 동아시아 유교 속의 '인정(仁政)'의 정치사상의 예들을 동아시아 유교사를 중심으로 해서 강의, 토론하는 것이 필요하다.[28]

여기서는 위와 마찬가지로, 중국의 경우는 공자, 맹자를 비롯하여 근대기 인물까지, 한국의 경우는 이퇴계(李退溪), 이율곡(李栗谷), 정

---

27) 孟子見梁惠王, 王曰, 叟不遠千里而來 亦將有以利吾國乎, 孟子對曰, 王何必曰利, 亦有仁義而已矣(「梁惠王」편)

28) 이 부분의 주요 참고자료는 陳志尙, 「儒家傳統 中國人權」/夏勇, 『中國民權哲學』/이승환, 「인권」/이승환, 『유가사상의 사회철학적 재조명』/함재봉, 「유교 전통과 인권사상」/이승환, 「유가(儒家)윤리에 '권리' 개념이 있었는가?」/陳啓智, 「儒家的 人權思想」/조경란, 「유교 민족 인권」/김호종, 「서애 유성룡의 인권사상 및 민주사상」/안옥선, 「원효 사상에 있어서 인권의 기초이념」/이동인, 「율곡의 사회개혁사상과 인권」/김용헌, 「정약용의 민본의식과 민권의식」이 된다.

다산(丁茶山) 등의 주요인물을 포함하여 근대기 인물까지, 일본에서도 이등인재(伊藤仁齋), 웅택번산(熊澤藩山), 적생조래(荻生조徠) 등의 이른바 주자학, 양명학, 고학의 주요 인물들과 근대기 인물까지 포함된다.

⑧ 동아시아 유교 속의 정치적 권리, 시민권의 주장 여부

여기서는 인권에 관계되는 정치적 권리(political right), 시민권(civil rights)의 주장 여부를, 서구와 동아시아 유교 속에서 살펴보고자 한다. 특히 동아시아의 유교 속에 정치적 권리 주장이나 시민권의 존재 여부에 대하여 조사하고, 그것이 존재하지 않았다면 그 합당한 이유에 대해서도 살펴보아야 할 것이다.[29]

⑨ 유교와 인권의 실제(역사적 실례를 통한 사례해결방식 검토 – 특히 현대법과 관련하여)

유교의 역사 속에 존재하는 「유교와 인권」의 실제를, 유교 속에 존재하는 실례를 현대법과 관련하여 토의해볼 필요가 있다. 여기서는 한 두 가지 예만 들기로 한다.

예1) 아버지의 도둑질에 대해 자식이 법으로 처리할 것인가 인정으로 감싸 줄 것인가?를 두고 공자는 법보다 도덕, 가족윤리 쪽의 손을 들

---

[29] 이 부분의 주요 참고 자료는 조효제, 『인권의 문법』/유네스코 한국위원회, 『인권이란 무엇인가?』/한상진 편, 『현대사회와 인권』/이승환, 「인권」/石塚正英 柴田隆行, 「人權·人間の權利」/이승환, 『유가사상의 사회철학적 재조명』/조경란, 「유교 민족 인권」/이동희, 「동아시아적 컨텍스트와 인권 그리고 보편윤리」이 될 것이다.

어주고 있음을 알 수 있다.[30]

섭공(葉公)이 공자에게 「우리 마을에 정직한 자가 있으니, 그는 아비

---

30) 이 이야기를 두고 『韓非子』에서는 공자와 정반대의 입장을 취한 내용이 나온다.(여기서는 직궁을 사람으로 보았다.)
楚 나라에 直躬이라는 사람이 있었다. 그의 아버지가 양을 훔치자 직궁은 자신의 아버지를 관청에 고발하였다. 그런데 楚나라의 재상은 「자식이 아비를 고발하는 것은 있을 수 없다. 직궁을 사형하라!」고 명령하였고, 이에 직궁은 사형되었다. 이렇게 초나라에서는 아래 계층의 하찮은 나쁜 일들은 위에 들리지 않게 되었다. 魯나라에서 사람들이 세 번째로 전쟁에 내몰리자 도망치는 자가 있었다. 공자가 그 이유를 물었더니 "나이든 아버지를 부양하기 위해서이다."라고 하였다. 공자는 그 사람(도망간 사람)을 孝라고 칭찬하여 내세웠다. 그 이후 魯나라에서는 수없이 많은 군대가 도망을 쳤다. 또한 이에 관한 다른 이야기가 『呂氏春秋』(전국시대 말기에 편찬된 일종의 백과전서)에 나온다. 楚나라에 直躬이라는 사람이 있었다. 그의 아버지가 양을 훔치자 직궁은 자신의 아버지를 관청에 고발하였다. 그러자 관청에서는 직궁의 아버지를 죽이려고 하였다. 이 때 직궁은 자신의 아버지의 죽음을 대신하고자 하여 다음과 같이 말했다. "아버지가 죄를 범해서 그 아비를 고발한 것은 국법에 충실한 백성의 행위가 아니겠습니까? 아버지가 사형에 집행되려 하자 이에 제가 대신할 것을 지원하였습니다. 이것은 효성스런 자식의 행위가 아니겠습니까? 그런데, 국법에 충실하고서 아버지에게 효도한 자를 사형한다면 나라 안의 사람들을 모두 사형하지 않으면 안 됩니다."라고 말했다. 이렇게 해서 초나라의 군주는 결국 직궁을 석방하였다. 위의 내용을 표로 정리하면 다음과 같다.

	직궁이 아버지를 고소한 것에 대한 찬반	찬반의 근거	출전
葉公	칭찬(찬성)	법은 가족 내부에까지 미침	『論語』
孔子	반대	법은 가족 내부에까지 미치지 않음	
楚나라의 재상	반대	법은 가족 내부에까지 미치지 않음	『韓非子』 『呂氏春秋』
후세의 법률	반대	법은 가족의 질서를 보호	

참고로 중국 고대에 사람을 구타, 상해한 경우 그 처벌은 어떠했을까를 살펴보면 매우 흥미롭다. 『唐律』에 따르면 다음 표와 같다. 죄는 아랫사람이 윗사람을 구타하거나 상해를 입혔을 때가 윗사람이 아랫사람에게 그랬던 것 보다 훨씬 무거움을 알 수 있다.

가 양을 훔친 것을 가서 고발하였소」라고 하니, 공자께서 「우리 고을의 정직은 이와 다릅니다. 아비는 자식을 감추어주고 자식은 아비를 감추어주니 정직은 그 가운데 있는 것입니다」라고 말씀하셨다.[31]

예2) 아울러 그리고 인정(人情)인가 의리(義理)인가를 두고『춘추좌씨전(春秋左氏傳)』「환공(桓公) 15년」조에 보면 다음과 같은 이야기가 나온다. 정(鄭) 나라 사람 제중(祭仲) 딸 옹희(翁嬉)는 그의 남편 옹규(翁糾)가 친정아버지를 죽이려는 음모를 알고 이를 그(친정아버지)에게 일러 바쳐 남편이 결국 죽음을 맞이한 내용이다. 의리로 맺어진 남

	父母·先祖가 자식·자손구타 상해(○)	叔父母가 甥姪 구타 상해(○)	兄姉가 弟妹 구타 상해(○)	일반인이 일반인을 구타 상해(◎)
斬刑 (참수형)	●			
絞刑 (교수형)		●		
流三千里刑 (먼 곳으로 떠나 보냄)			●	
徒(징역) 일년형				◎
不論罪 (무죄)	○	○	○	
	자식·자손이 부모 선조 구타 상해(●)	甥姪이 叔父母 구타 상해 (●)	弟妹가 兄姉 구타 상해 (●)	일반인이 일반인 구타 상해 (◎)

(이 부분의 내용은 岡本光生,『圖解『論語』の知慧を身につける本』, (東京: 中經出版, 1999), 53쪽, 59쪽을 참조하여 정리한 것임. 인용문의 원문은 생략)

31) 葉公語孔子曰, 吾黨有直躬者, 其父攘羊, 而子證之. 孔子曰, 吾黨之直者, 異於是, 父爲子隱, 子爲父隱, 直在其中矣. (『論語』「子路」).

편보다 혈연으로 맺어진 친정아버지를 택하는 예를 발견할 수 있다.

　정(鄭) 나라 사람 제중(祭仲)이 나라의 정사(政事)를 마음대로 했다. 그러므로 정 나라의 왕[鄭伯]이 이를 근심하여 재중의 사위인 옹규(翁糾)를 시켜 재중을 죽이라고 하였다. 옹규는 교외[郊]에서 연회를 베풀고 장인인 재중을 초청하려 하였다. 옹규의 아내인 옹희(翁嬉. 제중의 딸이며 옹규의 아내)가 이를 알아차리고 자기 어머니에게 물었다. "아버지와 남편 중 어느 쪽이 더 친합니까?" 그러자 그 어머니가 대답했다. "남자들은 모두 너의 남편이 될 수 있다, 그러나 아버지는 하나일 뿐이다. 어찌 비교할 수 있겠느냐?" 옹희는 마침내 아버지 재중에게 이렇게 말했다. "제 남편[翁氏]이 자신의 집을 놔두고 아버지를 교외[郊]에서 향응하려 하는데 이상스런 느낌이 들어서 고합니다." 마침내 재중은 (그의 사위인) 옹규를 죽이고 그 시체를 주씨(周氏: 정鄭 나라의 대부大夫)의 연못에 버렸다. 정의 려공(厲公)이 그 시체를 수레에 실어서 떠나면서 이렇게 말했다. "기밀이 부인에게까지 미쳤으니 죽어 마땅하다."

이와 같이 유교의 역사 속에 존재하는 예를 들어 이것이 현대법과 어떻게 연결되거나 그렇지 않은가를 따져보는 것은 매우 흥미로울 것이다.

3. 나오는 말

동아시아의 유교에서도 인권사상의 바탕이 없는 것은 아니다. 예컨대 맹자(孟子) 등에서 보이는 인정(仁政)과 같이 인자한 사회를 이루어야 한다는 사회적 책임 의식이 동아시아 유학자, 나아가서는 신유학(新儒學. Neo-confucianism)의 성리학자(性理學)들의 사상에서 폭넓게 발견할 수 있다.

그러나 그것이 유교나 유교사회에서 단순히 정치사상으로 그치지 않고, 개인과 시민의 권리를 법적으로 보장하는 것이 법적 차원에서 논의되고 있었는가, 어떤가를 따져볼 필요가 있다.

물론 유교에서 인권의 문제가 서구와 같지 않다고 해서 유교가 서구에 비해 열등하다거나 구시대의 전근대적인 산물이라고 몰아부쳐서는 안 된다. 모든 것을 서구 문화의 평가 잣대로 동아이사 사회의 시비, 선악을 가려내는 것은 일종의 문화적 폭력이다. 다만, 유교와 서구의 대화를 통해서 우리는 유교 사회가 가진 장점들(공동체를 배려하는 개인의 책임의식 등)을 더욱 증진하는 형태로 인권 문제에 관련한 부족한 문제를 더욱 보완해 가는 노력을 적극 보일 필요가 있다.

근대기 동아시아 사회에서 서구의 근대 법제가 어떻게 정착하고, 그런 과정에서 유교적 사고와 생활방식이 서구 법제와 어떻게 불협화음을 가져오는가 하는 것에서 유교와 인권 문제의 구체적 예들을 발견해내는 것도 필요할 것이다. 이런 노력들은 앞으로 동아시아 사회와 서구 사회와의 교류, 협력, 대화를 위한 좋은 자료가 될 것이다.

아울러 「유교와 인권」 강의를 위한 이 예비적 고찰이 학생들과의 대화, 전문가들의 자문을 통해 보완해 가서 하나의 단행본 교재로서 완성되기를 기대해본다.

13 / 유교, 정치의 시녀 혹은 잔소리꾼

"도는 형상이 없고 하늘은 말씀이 없다."
– 이황

1. 들어가는 말

역사 속에서 정치권력 옆에는 항상 철학자, 지식인, 예술인, 그리고 종교인이 붙어있었다. 아리스토텔레스는 알렉산더를 가르쳤고, 불교 사회의 왕 옆에는 고승이 붙어 다녔다. 유교사회에서는, 만년의 이황이 17세의 소년왕 선조를 가르쳤듯이, 유학자들이 대거 정치권력 곁에 있었다. 일제강점기에는 친일 화가, 문학가들이 일제를 도왔다. 박종홍은 박정희 정권을 도와 「국민교육헌장」만들기 등에 큰 역할을 하였다. 어떤 지식이든 권력과 친했고, 가끔은 등도 돌리며 일희일비를 겪었다. 권력은, 자신을 유지하는 수단·도구로써, 최고급의 지식을 수혈하며 체력 유지해 갈 수밖에 없는 운명이다.

조직화, 체계화되어 합리적인 성향을 지닌 지식이면 지식일수록, 권력의 도구로써 활용되기가 쉬웠다. 이 점에서 불교, 도교에 대항하여

'합리적' 사유와 문화체계를 지향했던 유교(儒敎. Confucianism)[1]는 다른 어떤 종교보다도 '정치권력 지향성'이 높다. 중국과 한국과 같은 유교 사회에서 유지되었던 '과거(科擧)'는 유학자(儒學者. Confucian) 들을 정치권력에 목을 매게 한 '달콤하면서도 쓴' 합법적 도구였다. 그 올가미의 몸통은 '앎(knowledge)'이 '힘(power)'으로 변환되는 시스 템, 이른바 유교적인 지식-권력의 합일 구조물이었다. 배움에 의해 권 력의 중심으로 진입할 수 있다는 일종의 '희망'·'환상'은 유교사회의 교육열(敎育熱)·출세욕(出世欲)을 일구는 바탕이 되었다.

일반적으로 이상적인 유학자는 '학자'인 동시에 '정치관료'였다. 그 들은 '자기 수양'(修己)을 토대로 권력의 핵심(중앙권력)에 진입하여 '지배계층으로서 살아가는 것'(治人)을 최종 목표로 한다. 이러한 유 교적 학자관료(Confucian scholar-officials, scholar bureaucrat)의 성 향을 잘 보여주는 말이 '사대부(士大夫)'이다. 사대부는 춘추시대(春 秋時代)의 벼슬로서, 천자(天子)와 제후(諸侯) 다음에 위치하는 '사 (士)'와 '대부(大夫)'를 합쳐 만든 개념이다.[2]

유교사회에서 유학자들은, 마치 공자가 '남들이 자기를 알아주지 않 는 데 섭섭함을 느끼지 않으면 군자 아닌가(人不知而不慍, 不亦君子)' 라고 맘을 달래며 여러 나라를 떠돌았듯이, 정치권력의 옆에서 수신 (修身)이란 걸 한다. 알고 보면 수신의 본질은 정치권력용 '해바라기 신체 만들기'이다. 따라서 위기지학(爲己之學)은 위인지학(爲人之學)

---

1) 이 글에서는 '유교'라는 개념을 주로 쓰되, 필요할 경우에는 '유학'과 구별하여 사용 할 것이다. 각각에 대한 자세한 설명은 ⟨2. 유교란 무엇인가?⟩ 부분으로 돌린다.
2) 이에 대해서는 최재목, 『노자』, (서울: 을유문화사, 2006), 106-107쪽의 각주(4) '士'의 설명을 참조 바람. 사대부의 의미와 그 역사적 변천은 고지마 쓰요시, 『사대 부의 시대』, 신현승 옮김, (서울: 동아시아, 2004)를 참조하면 좋겠다.

과 실제 구별이 힘들었고, 딱히 선을 긋기도 힘들었다. 정치권력과 사이가 좋아지면 그 곁 다가가 수발을 들었고, 불화가 생기면 물러난다. 대개 유교사회에서 이런 행위를 이상하게 여기지는 않는다. 요즘 새 정부가 들어서면 학자(대학교수)가 대거 정치권에 보란 듯이 관료로서 영입되듯이 말이다.

유교는 정치의 시녀이거나 심지어는 권력에 옷 벗는 창녀 노릇을 하기도 한다. 이 점에서 유학자들은 특정 정권을 옹호하거나 그들의 이익을 대변하는 충실한 이데올로그로서 살아가기 일쑤였다. 일제는, 우리 유학자들(원로유림, 양반 등)의 '정치권력 – 명예 – 돈'이란 유착관계와 그런 지향성을 파악하여 그것을 교묘히 식민통치에 활용하기도 한다. 일제의 '남진론(南進論)'을 위한 조사보고서로서, 중의원의원(衆議院議員) 죽월여삼랑(竹越與三朗)이 쓴 『남국기(南國記)』에는 「(통치에 있어서) 양반 이하 토관(土官), 토사(土司)의 힘을 무시하지 말아야 한다. 그들을 이용함에, 큰 이익[巨利]를 주고, 그 욕망을 이루어주며, 명예를 주고 허영심을 채워주어, 그들을 기쁘게 하면서 우리들의 목적대로 활용해야 한다. 양반은 어떠한 결점이 있다하더라도 조선을 움직이는 정신 기력의 근본이 되기에 이들을 무시하고서 일본이 직접 통치하기는 어려울 것이다.」라고 통치 방책을 건의한다.[3]

조선통감 이등박문(伊藤博文) 또한 이러한 유학자들의 특성을 잘

---

3) 이것은 衆議院議員 竹越與三朗가 쓴 『南國記』에 잘 드러나 있다. 즉 「兩班以下の土官土司の力を外にせず, 與ふるに巨利を以てして其欲を遂げしめ, 授くるに名譽を以てして, 其虛榮心を滿たし, 彼等をして喜んで我用を爲さしむべきのみ, 兩班は如何なる缺點あるも, 朝鮮を動かす所以の精神氣力にして, 此勢力を外にして, 日本自ら直接政治を行はんとするは, 殆んど歷史の敎訓を蔑にするものなり.」[竹越與三朗, 『南國記』, (東京: 二西社, 1910), 188-190쪽).

알고서 조선의 양반 유림'원로'와의 관계를 긴밀히 하고[4], 이들을 충분히 활용하고자 한다. 그는 친일파를 앞세워 친일 유림 단체인 「대동학회(大東學會)」를 만들어 거액의 자금을 대는 등 이를 배후 조종하는 형태로[5] 유림계를 활용한다.

여기서는 주로 유교와 정치권력의 문제에 초점을 맞추어 관련되는 문제를 살펴보고자 한다.

2. 유교란 무엇인가?

우리가 사용하는 유교(儒敎), 유학(儒學), 유가(儒家)란 말은 이 유(儒)를 기본으로 해서 후대에 발전한 개념들인데, 보통 유학, 유교, 유가는 구별되어 사용된다. 여기서는 이것을 정리해두고 다음으로 넘어가고자 한다.

'유(儒)'의 글자 뜻

'유(儒)'는 『설문해자(說文解字)』를 비롯한 여러 자전(字典)을 보면 유(儒)는 '유(柔)', '유(濡)', '윤(潤)'이라고 설명되어 있다. 유(柔)

---

4) 예컨대, 이에 대해서는 原田豊次郎, 「伊藤公と韓國元老」, 『伊藤公と韓國』, (京城: 日韓書房/東京: 同文館,明治42年)을 참고.
5) 이런 일제의 의도를 간파한 이완용(李完用)·조중응(趙重應)이 이등박문으로부터 2만 원의 자금을 받아 장례원경(掌禮院卿)·수학원장(修學院長)을 지낸 신기선(申箕善) 등을 내세워 조직한 유교학회이다. 이에 대한 활약상은 大東學會에서 간행한 『大東學會月報』, (大東學會會館, 1908-)(大東學會, 『大東學會月報』, (서울: 亞細亞文化社, 1989, 影印本]을 참조 바람.

는 '부드럽다'는 뜻이고, 유(濡)는 '스며들다' · '젖다'의 뜻이고, 윤(潤)
은 '(물에 젖어) 붇다' · '윤택하다'는 뜻이다.[6] 모두 물[水, 氵]이나 비
[雨]와 관계된다.[7] 유(儒)는 '인(亻(=人)) + 수(需)'로 구성되어 있으
며, 수(需)는 '길게 자라 밑으로 늘어진 수염(콧수염 · 턱수염) 모양'을
본 딴 것으로 '(물이나 비에) 젖어 부드럽게 된 수염'의 뜻이다. 그래
서 유(柔), 유(濡), 윤(潤)과 통한다. 그리고 수(需) 자는 '雨 + 而'로 구
성되어 있는데, 이(而)는 인간의 형(大)이라는 설도 있다. 그렇다면 수
(需) 자는 '(가뭄 등에) 비가 내리도록 하늘에 비는 사람'으로 해석이
된다.[8]

이런 뜻들을 종합하면, 유(儒)라는 집단은 '사람'[=亻]이 살아가는
일상생활에 '수요가 있는, 필수적인'[=需] 관혼상제(冠婚喪祭)의 예
(禮), 특히 상례(喪禮)와 제례(祭禮)와 같은 사자의례(死者儀禮)를 관
장 · 전승하거나, 가뭄일 때 비를 부르며 무속, 점술에 능한 전문가 그
룹을 포괄적으로 말한 것 같다.

따라서 유(儒) 그룹은 종교적인 의례, 제사와 관련이 깊다. 더욱이
유(儒)의 사상적 전통에서 사용하는 주요 개념인, 살신성인(殺身成
仁) 등에서 쓰이는 '인(仁)', 유화(柔和) 등에서 쓰이는 '화(和)', 극기
복례(克己復禮)의 '예(禮)' 자 등도 본질적으로는 종교성을 상징하는

---

6) (성균관대)유학주임교수실, 『유학사상』, (서울: 성균관대학교출판부, 2001), 11쪽
과 조남욱, 『현대인의 유교읽기』, (서울: 아세아 문화사, 2005), 18쪽 참조.
7) 일상에서 친지신명 등에게 신성한 禮를 관장할 때 그들은 일반적으로 沐浴齋戒를
하였거나 또는 비 등의 물을 부르는(비는) 행위와 관련되었기에 '물(氵=水)'의 의
미와 연관되고, 나아가서 '닦다(깨끗이 하다, 씻다, 고치다, 제거하다 드으이 뜻)'의
의미인 '修'자가 몸(己/身)이나 도(道)에 활용되어, 修身, 修己, 修道와 같은 용어들
이 형성되어 고전에 정착하였다고 보아도 좋을 것이다.
8) 北村弘明, 『現代の新儒教知』, (東京: 東京教育情報センター , 1996), 33쪽 참조.

개념들이다.[9]

'유가(儒家)'라는 말

'유가(儒家)'라는 말은 전국시대의 도가, 묵가, 법가와 대비되는 용법이다. 다시 말해서 다른 학파와 대립 개념으로서 사용되기 시작한 말이다. 즉, 한대(漢代) 초기의 유가는 극히 정치적인 색채를 띤 도가(道家)인 황노학파(黃老學派)와 대립하였다. 하지만 무제(武帝)가 유교를 국교(國敎)로 정한 이후에는 유가와 대등하게 겨룰 수 있는 사상 집단은 존재하지 않게 되었다. 후한(後漢) 말 동란의 발생으로 분열기에 접어들면서 유가는 다시 노장사상, 불교사상과 대립하게 된다. 그러나 유가는 크게 빛을 발하지 못한다. 당대(唐代) 중기부터 불교를 의식한 끝에 유가는 다시 각광을 받는다. 이후 송대를 통해 불교와의 대항 관계에서 벗어나 인간을 사회적 존재(修身齊家治國平天下를 실현해야 할 존재)로 파악하려는 유가 본연의 자세를 깨닫게 된다.

'유교(儒敎)'라는 말

'유교(儒敎)'라고 할 때는 (1) '유(儒)의 가르침(敎)', 즉 윤리적 · 정치적 규범 혹은 교설 · 교리의 뜻이 되어 사람들을 억누르는(억압하는) 듯한 느낌을 준다. 그리고 (2) '종교적'(종교가 아니고) 성격도 풍긴다. 사실 한대(漢代)의 유교에는 신비적이고 주술적인 성격이 강했으며 일시적으로 '종교화되었다(혹은 종교였다)'고 할 수 있다. 일본

---

9) 이에 대해서는 北村弘明, 『現代の新儒敎知』, 32-33쪽 및 江連隆, 『諸子百家の事典』, (東京: 大修館書店, 2000), 48-50쪽을 참조.

에서는 보통 유교라는 말을 많이 쓰지만 이 경우에도 주로 (1)의 뜻이
다. 그러나 중국에서는 (1)과 (2)의 의미를 포함하면서도 (2)쪽이 강
하다.

'유학(儒學)'이란 말

'유학(儒學)'이란 말은 유교의 전통적인 고전(古典. 六經과 같은 경
전)을 공부한다(즉 탐구한다)는 성격이 짙다. '학(學)'이란 말에는 합
리성, 객관성, 논리성, 체계성 등의 뜻이 함축되어 있다. 다시 말하면
그것은 고전 즉 연구학습의 대상으로 삼는 문헌이 진리(道) 자체임을
전제하고 인정하고 나서 성립한 것이다. 여기서는 종교적이라는 뜻보
다는 성현의 진리를 담고 있는 문헌을 연구 · 학습한다는 학문성의 의
미가 강하다. 한국에서는 보통 유교라는 말보다는 유학이라는 말을
많이 쓴다. 그러나 성균관을 중심으로, 혹은 민간에서도 유학을 종교
로서 보려는 움직임도 있는 것도 사실이다.[10]

유교는 종교인가?

그런데, 유교는 종교인가? 한마디로, 유교는 종교이다! 이 물음에
답한 글들이 이미 여러 편 있다. 최재목(1997), 고건호(1999), 황필호
(2001)의 글이 그것이다.[11]

---

10) 최재목, 『쉽게 읽는 퇴계의 성학십도』, (서울: 예문서원, 2004), 13-14쪽 참조.
11) 이를 밝히면 다음과 같다. 115.
　　① 최재목, 「동양철학에 있어 철학과 종교 - 儒敎를 중심으로 -」, 『철학연구』제52
　　집, (대한철학회, 1994.6) [이 논문은 「유교는 철학인가, 종교인가」라는 제목이 약
　　간 수정되어 『나의 유교 읽기』라는 책에 다시 실렸다. 최재목, 「유교는 철학인가,
　　종교인가」, 『나의 유교 읽기』, (부산: 소강, 1997) 참조]116.

유교는 종교, 윤리 체계 또는 정치 철학으로서 다원적 성격을 지니
며, 뚜렷한 교단 조직이나 사회 제도 대신에 유교만의 신성한 공동체
를 '가'(家)라는 구상적(具象的)인 사회 · 정치상의 광범위한 조직을
발전시켜 왔다.[12]

아울러, 근대기에는 유교가 여러 사회적 정치적 상황 속에서 '서구
종교'에 맞춰 해석되는 모습도 있었다. 예를 들어, 여기서는 지면관계
상 황필호의 「유교는 종교인가?」라는 글 가운데 일부를 인용[13]하는 것
으로 그칠까한다.

고건호는 '한국 유교 1600여년 역사에 남을 특별한 사건'을 다음과
같이 설명한다.

　　1995년 11월 28일 성균관 유도회는 유교 제도 개혁을 중심으로 하
　는 종헌을 제정했는데, 그 골자는 '유교의 종교화 선언'으로 요약될 수
　있다. 새로 제정된 종헌에서는 종단 명칭을 〔종전의 '성균관 유도회' 대
　신에〕'성균관 유교회'로 하며, 공자를 기독교의 예수나 불교의 붓다에
　비견할 수 있는 종사(宗師)로 삼고, 사서오경(四書五經)을 『성성』나
　『코란』에 비견할 수 있는 경전으로 삼겠다고 한 것이다.
　　이 개혁안은 유교를 윤리 규범 전통 사상 통치 철학 등으로 이해하

---

　　② 고건호, 「유교는 종교인가?」, 한국종교연구회 편, 『종교 다시 읽기』, (서울: 청
　년사, 1999)117.
　　③ 황필호, 「유교는 종교인가?」, 『중국종교철학 산책』, (서울: 청년사, 2001)118.
　［이 글은 『종교철학 에세이』에 다시 실렸다. 황필호, 「유교는 종교인가?」, 『종교철
　학 에세이』, (서울: 철학과 현실사, 2002)을 참고 바람]
12) 최재목, 「유교는 철학인가, 종교인가」, 『나의 유교 읽기』, 103쪽 참조.
13) 황필호, 「유교는 종교인가?」, 『중국종교철학 산책』, 468-470쪽.

는 일반의 경향을 반박하면서, 유교는 '공자가 인본주의를 바탕으로 윤리가 바로 서고 도덕이 실현되는 사회를 이룩하는 것을 목표로 창시한 종교'라고 주장했다. 또한 개혁안은 "이제까지 유교를 단순히 사상·철학·문화적 관습으로 여겨 왔으나, 유교는 원래부터 종교였으며, 그러나 지금까지는 종교로서의 성격이 약했던 것이 사실이므로 이제부터라도 종교로서의 성격을 보다 강화해나가겠다"는 선언으로 보인다.[14]

예상했던 대로 이 개혁안은 유교인들의 찬반양론에 부딪쳤으며, 결국 최근덕(崔根德) 성균관장의 석연치 않은 퇴임으로 아무런 성과도 올리지 못하고 그냥 수면 아래로 가라앉고 말았다.

유교를 종교로 만들려는 시도는 이번이 처음이 아니었다. 실제로 "유교는 종교인가?"라는 물음과 논쟁은 이미 19세기 말 20세기 초에도 등장했으며, 특히 이 논쟁은 중국에서 1898년 이에 공교회 운동(孔教會運動)과 유교교회화 운동(儒教教會化運動)을 둘러싸고 심각하게 벌어지기도 했으며, 우리나라에서는 1989년에 유교계 안팎에서 벌어지기도 했다. 금장태는 이렇게 말한다.

> 유교 전통에 대한 객관적 인식을 추구한 장지연(張志淵, 1864-1921)은 "종교란 국민의 뇌질(腦質)을 주조(鑄造)하는 원료이며, 실로 한 나라의 강약흥망이 여기에 걸려 있다"라는 신념을 밝히면서, 양명학적 입장에서 유교 개혁 이론서인 『유교구신론(儒教求新論)』을 저술한 박은식(朴殷植, 1859-1926)과 함께 대동교(大同教)를 세워 민족 의식

---

14) 고건호, 「유교는 종교인가」, 한국종교연구회 편, 『종교 다시 읽기』, (서울: 청년사, 1999), 106쪽.

을 고취하는 유교 개혁 운동을 일으키기도 했다.

또한 중국에서 청말 민국 초에 강유위(康有爲, 1857-1927)의 주도로 일어났던 공자교 운동(孔子敎運動)의 영향을 받아 유교 개혁 운동을 전개한 인물들도 있다. 이승희는 한주 이상진의 아들로 전형적인 도학의 수련과 신념을 가졌던 인물이지만 만주를 망명하여 1913년 '동삼동 한인공교회'를 창립하여 활동했다. 그리고 이병헌은 전통 유교와 개혁 유교를 각각 '향교식 유교'와 '교회식 유교'로 부르면서 유교 개혁에 기독교적 요소를 받아들였으며, 또한 그는 『유교의 종교 집중론(儒敎爲宗敎集中論)』이라는 저술에서 유교는 서양 종교인 기독교의 범위를 넘어서 철학 과학 종교를 집합하는 사상이라는 점에서 유교의 우월성을 강조하기도 했다.[15]

이런 상황에서 고건호는, 현재 우리가 토론해야 할 문제는 "유교는 종교인가?"라는 질문보다는 차라리 "왜 우리는 이 질문을 하는가?" 혹은 "이런 질문이 전제하고 있는 인식 체계는 어떤 것인가?"라는 질문이라고 말한다.

사람과 사람 '사이(間)'에서 사는 가르침

유교는 인간과 인간 사이에서 살아가는, 관계적 존재 즉 인륜(人倫)을 지향한다. 이것은 공자의 어록이 남아있는 유교의 성전 『논어(論語)』에 잘 제시되어 있다.

『논어』의 첫머리 「학이편(學而篇)」 첫 구절은, 「배워서 때 맞춰 이

---

15) 금장태, 「서양 종교와 전통 사상과의 관계」, 『동양철학과 종교』, (한국동양철학회, 1986), 96-97쪽.

를 익히면 기쁘지 아니한가(學而時習之不亦說乎)」로 시작한다. 공
자 당시에 배우던 필수 교양과목인 육예(六藝), 즉 「예절[禮]·음악
[樂]·활쏘기[射]·말타기[御]·글씨 쓰기[書]·셈하기[數]」를 배우
는 기쁨을 제일 먼저 내세우고 있다. 사람이 태어나서 사람으로서 갖
출 기본교양을 닦아 사람의 도리를 하며 사람답게 살아가는데서 향유
할 수 있는 기쁨을 제시한 것이다. 배움을 통한 자기완성은 바로 '사람
이 사람으로서 바로서는 기쁨'인 것이다. 이렇게 인간의 묻고 배움[學
問]과 자기수양[修己]의 과정으로 드러나는 사람임·사람됨의 무늬
[人文]는 인륜(人倫)·윤리(倫理)를 성립케 한다.

이어서 둘째 구절에서는, 「친구가 있어 멀리서 찾아오면 즐겁지 아
니하겠는가(有朋自遠方來不亦樂乎)」라고 말한다. 자기완성을 위해
힘쓰는 자에게는 그 뜻을 알아주고 서로 어울려 사는 모습이 있게 마
련이다. '사람이 서로 무리 지어 어울려 사는 즐거움'의 무늬가 바로
친구들의 찾아듦일 것이다. 덕(德) 있는 인간의 윤리와 덕이 있는 정
치(=德治)도 여기서 성립한다.

마지막 구절은 「남들이 알아주지 않더라도 불만스럽게 여기지 아니
하면 군자가 아니겠는가(人不知而不慍, 不亦君子乎)」이다. 사람은 남
들의 이목에 이끌려 살기 쉽다. 다시 말하면 남에게 자신이 인정받고
싶은 것이다. 하지만 인정받지 못하면 서운하고 불만이 생겨 화나기
마련이다. 남이 알아주지 않더라도 불만스럽게 여기지 않는다는 것은,
남의 이목 때문이 아니라 '자신을 위해서' '마땅히 해야 할 일' '가치 있
는 일' 그 자체를 자신이 진정으로 원해서 할 때를 말한다. 하지만 그
것은 누구나 가능한 것이 아니다. 그것을 초연히 해낼 수 있는 사람은
바로 '사람이 사람으로서 해야 할 가치를 추구하고 실현하는 인간'인

군자(君子)인 것이다. 사람이 사람답게 사는 원리인 '인(仁)'과 생명보다 귀한, 생명을 넘어선 가치인 '의(義)'도 여기서 성립한다.

그래서 이 책의 마지막은 군자(君子)가 되기 위해서는 '하늘이 부여한 길(=하늘의 뜻)을 알아야 하며[知命]', 사회에 몸을 뚜렷이 세우기 위해서는 예를 알아야 하며[知禮], 사람이 어떠한가를 잘 알기 위해서는 (그 관계맺음의 기본인) 말을 알아야 한다[知人]는 말로 장식된다.

『논어』에는 '인간의 냄새'로 가득하다. 모든 시선은 '인간의 현실' 그 자체로 향해지고, '무엇이 가장 사람답게 사는 것인가?'를 절실히 캐묻고 반성하도록 만든다. 이렇게 『논어』에는 '사람이 희망임'을 말한다.[16) 그러면서도 한편으로는, 정치권력에 가려 사람이 희망이지 않았던 시대의 '그늘'을 함께 읽게 해준다.

3. 유교와 정치권력

'수기안인', '수기치인' 등의 대의명분에서 드러나듯이, 다른 어떤 종교보다도 유교는 정치권력과 동거를 자원하는 편이다. 그래서 유교에서는 정치적 수양론, 신체론, 공부론이 나타난다. 유학자들은 「선우후락(先憂後樂)」의 우환의식(憂患意識)을 가진 '유교 이데올로그'로서 살고자 한다.

---

16) 최재목, 「사서의 핵심」, 『교양의 즐거움』, (서울: 북하우스, 2005), 72-73쪽을 요약하였음.

유교의 대주제: '內外合一之道'라는 고뇌

'수기안인(修己安人)'(자신을 수양하고 타자를 평안히 함)', '수기
치인(修己治人)'(자신을 수양하고 남을 통치함), '내성외왕(內聖外
王)'(내면적으로는 도덕적 성인이 되고 외면적으로는 최고통치자가
됨), '성기성물(成己成物)'(자신을 완성하고 타자(남)를 완성함) - 모
두 유교의 대의명분을 나타내는 개념이거나 슬로건이다.

유교라는 종교는 사람과 사람의 '사이(間)'에서 일어나는 인간의 일
상적 삶과 행위에서 성립할 수 없다. 나(=안/內)와 타자(남)(=밖/外)
사이의 일, 즉 나의 몸[身]에서 출발하여 가(家)-국(國)-천하(天下)
의 일들로 충만해 있다. 나의 내면의 긴장은 늘 바깥 풍경이었다. 그
근본은 '정치권력'의 풍진(風塵)이다. 풍진에 시달리며, 나의 덕성을
닦아 나아가는 것이다.

유교, 신유교을 영위한 유학자들의 앎[知]은 앎 자체로서 독립한,
순수학문이나 순수학술이 아니었다. '나'와 '타자(만인 만물)'을 일
치시키기 위한 부단한 내적(심리적 · 도덕적) 긴장[17] 속에서 영위되
고 있었던 것이다. 메쯔거(T.A. metzger)는 그의 유명한 저서『고뇌

---

17) T.A. metzger는 중국의 신유학자(new-confucian)들은 의식적이든 무의식적이
든 간에 현실과의 긴장(tension)-심리적 · 도덕적 · 형이상학적인 내적 긴장과 정
치적 · 경제적인 외적 긴장- 속에서 깊은 고뇌(predicament)의 의식을 가지고 있
었으며 ,여기서 결국 자기와 사회를 변혁함으로써 복잡하게 뒤얽혀서 형성된 고
뇌로부터 탈출하고자 했다고 본다.(『escape from predicament』, columbia univ.
press, 1977 참조). 이에 대해서는 최재목,「고뇌로부터의 도피 -「知的 帝國主義」
의 자기반성은 과연 가능했는가? -」,『문화 · 비평 · 사회』I , (현대미학사 · 동아
대인문과학연구소, 1999)와 이에 대한 논의는 사토 신이치,「미국의 근대 중국 연
구와 하버드 학파」, 최재목 옮김,『오늘의 동양사상』제9호, (예문동양사상연구원,
2000)를 참고바람.[이 두 글은 최재목,『멀고도 낯선 동양』, (이문출판사, 2004)에
도 실려 있음.]

로부터의 도피(Escape from Predicament)』[18] 속에서 중국의 신유학자(new-confucian)들은 의식적이든 무의식적이든 간에 현실과의 긴장(tension), 즉 '심리적 · 도덕적 · 형이상학적'인 '내적 긴장'과 '정치적 · 경제적'인 '외적 긴장' 속에서 깊은 '고뇌'(predicament) 의식을 가지고 있었고, 여기서 그들은 결국 자기와 사회를 변혁함으로써 복잡하게 뒤얽혀서 형성된 고뇌로부터 탈출하고자 했다고 본다.

안과 밖을 통일하려는, 그 긴장감을 가진 고뇌는 구체적 시공간 속에서 '실천적'으로 드러나기도 하고 좌절하기도 한다. 중국(나아가서는 동아시아 전반)의 근세-근대기 유학자들은 이러한 고뇌로부터 도피하려는 노력 속에서 다양한 삶과 실천의 행태를 보여준다.

三間(天地人)의 패러다임과 인간의 靈長性 – 정치 권력의 철학적 정당화

전통적으로 유교에서는 천지인(天地人) 삼간(三間)을 중시하였다. 천(天)은 시간성(temporality)을 말하며 추상성(abstraction)을 상징하고, 지(地)는 국부성(locality)을 말하며 구체성(concreteness)을 상징한다. 천지인 삼간의 천간(天間)은 시간(時間)이며, 지간(地間)은 공간이며, 인간(人間)은 지의 국부성(공간)에 발을 붙이고 살면서도 천의 보편성(시간)에 따른다.[19] '인간은 천과 지를 포섭하며'(人參天

---

18) T.A. metzger, escape from predicament, (columbia univ. press, 1977) 참조.
19) 이 부분은 김용옥,『도올의 청계천 이야기 – 서울, 유교적 풍류의 미래도시 – 』, (서울: 통나무, 2003), 14-15쪽을 참고하여 필자가 보완한 것임.

地[20], 人參兩間[21]), 또한 '지는 천과 인을 포섭하며'(地參天人, 地參兩間), '천은 지와 인을 포섭한다'(天參地人, 天參兩間). 여기서 '포섭'이란 말은 '상호침투'와 '소통' 혹은 감통(感通)을 내용으로 하는 '상생적 화해'로서 '서로 제자리를 잡고서 편히 길러짐=위육(位育)'[22]이다.

천의 시간성, 지의 공간성 속에서, 인간의 '시간(←시간적 이력='생노병사' 등)'이 있고, '공간(←공간적 배치='주거' 등)'이 있다. 또한 인간은 그 시간·공간의 '사이(間)'(즉, 기억·추억·목적·장래, 순간·퇴행, 원근 등)를 구조화하여 꿈 등의 '상상(想像)'(像의 드러남·형성, 기도·瞑想 등)을 보여준다.[23] 유기적이고 전일적인 천일합일(天人合一), 물아일체(物我一體)의 사상(思想)은 이렇게 해서 탄생된다.

여기에 우주의 탄생, 만물의 생성, 인간의 우월성/빼어남(靈長性), 기질의 차이, 인간의 삶과 죽음의 우주적 의미, 만물의 유기적·전일적 결합과 관계성, 보편성/동일성(一)과 다양성/차별성(多), 이 태극-음양-오행-만물의 도식을 통해 체계적으로 설명된다. 북송 시기 주돈이(周敦頤, 자 茂叔. 호 濂溪. 1017-1073)의 태극도(太極圖)와 그 설

---

20) 이 용어는 『鍼灸甲乙經』, 「券七 陰衰發熱厥陽衰發寒厥第三」(이 책은 『甲乙經』 『黃帝甲乙經』이라고도 하는데, 晉代의 黃甫謐(215~282)이 지었다고 전해짐)과 『訓民正音 解例本』의 「制字解」에 나오는 용어. 128. 이하, '地參天人', '天參地人' 그리고 '地參兩間', '天參兩間'은 모두 필자가 위의 용어에 맞춰 지은 용어임.

21) 念齋 金均(1888 1978)이 지은 『大東千字文』 속의 용어.

22) 「천지가 제자리를 잡고, 만물이 길러진다」는 『중용(中庸)』의 「天地位焉, 萬物育焉」에서 따온 말이다.

23) 이것은 黑住眞, 「人において德とはなにか」, 『思想の身体: 德の卷』, 黑住眞編著, (東京: 春秋社, 2007), 9쪽의 내용을 보완, 수정한 것임.

명(태극도설)은 이러한 내용을 잘 디자인한 것으로 보여진다.[24]

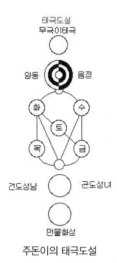

주돈이의 태극도설

이황의 『성학십도』 제1도인 「태극도」

중국 고대 이래 인간은 만물의 영장으로서 인식되어 왔다. 위의 주돈이의 태극도(太極圖)에서 볼 수 있듯이 음양 · 오행(陰陽五行)에 의해 우주 만물이 생성된다는 해석 아래 인간과 우주 만물과의 차별이 설정되고, 인간은 다른 사물에 비해 우위에 놓여 있는 것으로 간주된다. 즉, 인간은 오행의 기(氣) 가운데서 가장 훌륭한 기운을 얻어 탄생되었기에 신령한 존재라고 설명된다.[25] 물론 이러한 인간의 우위를 인정하는 사고는 주렴계의 분석적 사색에서 처음 발견되는 사상은 아니

---

24) 이에 대해서는 주회와 여조겸이 편집한 『근사록(近思錄)』의 「도체편(道體篇)」, 퇴계의 『성학십도(聖學十圖)』의 제일도(第一圖) 태극도(大極圖)에 잘 설명되어 있다.

25) 周惇頤, 『太極圖說』: 惟人也, 得其秀而最靈, 形旣生矣, 神發知矣.

다. 중국 고대로부터 인간을 만물의 영장(靈長)으로 보려는 사상[26]이 있어 왔고, 단지 주렴계가 그것을 음양·오행의 구성 요소에 의해 합리적으로 설명한 것에 불과한 것이다. 다만 그는 여기서 인간의 지위를 확정하고 인간인 이상 누구나 배움에 의해 이상적인 인간, 즉 성인의 경지에 도달할 수 있다[27]고 함으로써, 인간은 자기완성의 능력을 갖추고 있으며 궁극적으로 자기 완성이 가능하다[28]는 것을 제시하였다. 이러한 인간에 내재된 가능성 내지 잠재 능력을 문자적으로 표현한 것이 바로 '인간이 가진 탁월한 인식 및 행위 능력'인 '밝은 덕=명덕(明德)'이다.

인간이 만물을 리드해가는 능력은 갖춘 이상, 만물들의 어그러짐은 전적으로 인간의 책임이라는 논리가 성립한다.

'천지(天地)도 모르고 날 뜀'에 대한 경계

이황(李滉. 호 退溪. 1501-1570)은 68세 되던 해 17세의 선조를 위하여, 중국의 유학 및 성리학적 언설들을 창의적으로 편집하여 지적 재산권을 획득한 『성학십도(聖學十圖)』를 완성하였다. 어쩌면 이것은 그의 학문을 체계화한 만년의 지형도(知形圖)이다.

퇴계는 「성학십도를 올리는 글」(「진성학십도차(進聖學十圖箚)」)

---

26) 예컨대, 『書經』 「泰誓」상에 「천지는 만물의 부모요, 사람은 만물의 영장이다」(惟天地萬物父母, 惟人萬物之靈)라는 것이 그것이다.

27) 『通書』 「聖學」제20 : 聖可學乎, 曰, 可. 즉 그는 「성인은 배워서 이를 수 있다」(聖人可學而至)(『근사록』 「爲學大要」)는 것을 제시하였다.

28) 물론 이러한 사고는 『맹자』에도 「인간이면 누구나 堯舜 임금(=성인)과 같이 될 수 있다」(人皆可以爲堯舜)는 것을 인정한 것이 있고(『맹자』 「告子」하 참조), 『순자』에서도 「거리에 있는 사람도 禹 임금(=성인)과 같이 될 수 있는」(塗之人可以爲禹) 가능성이 있음을 인정한 것(『순자』 「性惡」)과 맥락이 닿을 것이다.

제일 앞머리에서 「중추부 판사 신 이황은 삼가 두 번 절하고 임금님께 말씀을 올립니다(判中樞府事臣李滉謹再拜上言)」라고 말한 뒤,

　　신이 가만히 생각해 보니, '도는 형상이 없고 하늘은 말씀이 없습니
　다'(道無形象, 天無言語).

라는 매우 중요한 발언을 한다. 이것은 공자가 「사시가 운행되고 온갖 것들을 생성해도 하늘이 어디 말을 하더냐(天何言哉, 四時行焉, 百物生焉, 天何言哉?)」(『論語』「陽貨篇」)고 말한 것[29]과 같다고 생각한다.

　인간은 하늘과 땅의 룰에 따라 산다. 하늘[天]은 인간을 통제하는 의지나 주재력을 가진 '인격적, 주재적, 종교적'인 것이었으나 차츰 '자연적, 원리적, 이법적, 철학적'인 것으로 바뀌게 된다.[30] 아동용 문

---

29) 子曰 : 「予欲無言.」子貢曰 : 「子如不言, 則小子何述焉?」子曰 : 「天何言哉? 四時行焉, 百物生焉. 天何言哉?」이 말은 공자가 "나는 이제 말을 하지 않겠노라." 즉 언어라는 테두리를 벗어나고자 한다고 하자 제자인 자공이 그 진의를 캐치하지 못하고 되물었다. "선생님이 제게 만일 말씀으로 가르쳐 주시지 아니하시면 小生이 어떻게 선생님의 가르치는 바를 좇을 수 있겠습니까?". 그러자 공자가 "하늘이 어찌 말로 하더냐? 봄, 여름, 가을, 겨울 사시사철이 시시각각 운행하고 있지 않느냐? 온갖 것들이 자기 생명을 꾸려가고 있지 않느냐? 하늘이 도대체 말로써 이런 시간의 진행에 따른 생명원리를 가르쳐 주는 것이겠느냐?"라고 한 것이다. 노자는 「하늘의 도는 사사로움이 없다. 그러나 항상 선한 자의 편에 서 있다(天道無親, 常與善人)」(왕필본 79장)고 했다. 하늘의 도(道)는 삼라만상의 모든 것과 친함이 없다네. 단지 늘 한결같이 선한 이들에게 자비를 베푼다는 말이다.

30) 여기서는 天에 대한 자세한 설명을 생략하고 간단히 요약해 둔다.(최재목, 『나의 유교 읽기』, 77-81쪽을 참조 하였음). 즉, 공자에 이르러면 그 이전의 주재적, 인격적 천이 도덕적 원리로서 크게 내면화된 점이 있다. 그러나 공자의 천 사상에는 여전히 전래의 초월적 주재성을 인정하는 경향이 있다. 즉 역사의 바뀜이나 개인의 운명이 천명에 의한 것이라는 중국 고대적 관념을 그대로 답습하고 있었다. 그런데 송대의 주자는 고대의 주재적 천(天)을 이(理)라[天卽理也](『논어』집주 八佾제3 「王孫賈 問曰」조의 註)고 하여 합리적인 해석을 가함으로써 이법(理法)적

자교재인 『천자문(千字文)』에서 알 수 있듯이, 「'하늘' 천(天)과 '땅' 지(地)」는 일상의 지평에서 인간과 소통하는 것이다. 천지는 「가물玄, 누루黃」에서처럼 우리가 일상에서 바라보는 질감과 색감을 넘어선 것이 아니다. 바로 우리 눈앞에 드러나 있는 시공간의 세계이다. 이 점에서 존 레논(John Lennon)의 「이메진(Imagine)」이란 노래에 나오는, 「천국도 지옥도 없는, 오직 머리 위에서 푸른」(Imagine there's no heaven. …No hell below us. Above us only sky), 있는 그대로의 창천(蒼天)에 가깝다.

본질적으로 유교는 하늘이니, 귀신이니 하는 것에 중심을 두지 않는다. 문제는 '인간' 자신에 있다. 하늘 탓이 아니라, 인간 자신이 인간 속에서 어떻게 '천지'의 룰을 알고 그것에 따라 살아가는가가 중시된다.

인 것으로 만들고 있다. 이 의미에서 주자에 의해 해석된 천과 중국 고대의 천과는 크게 달랐다고 할 수 있다. 『주자어류』권1, 理氣상 · 太極天地상에는 「창공을 천이라고 한다. 돌고 옮기며 널리 펼치어 그치지 않는 것이다. 이제 하늘 가운데 한 사람의 인격이 있어 사람의 죄악을 감시하고 있다고 한다면 원래 잘못이다. 그렇다고 하여 완전히 주재가 없다고 한다면 그것도 잘못이다. 이점은 잘 깨달아야 한다」(蒼蒼之謂天, 運轉周流不已, 便是那箇, 而今說天有箇人在那裏批判罪惡, 固不可, 說道全無主之者, 又不可, 這裏要人見得)(沈한錄)라고 있다. 여기서 주자가 천을 완전한 자연물로도 보지 않고 또 완전한 인격체로도 간주하지 않았음을 알 수 있으나, 그는 「帝는 理를 主로 하는 것」(帝是理爲主)(陳淳錄)(『주자어류』권1, 같은 곳)이라 여김으로써, 그(帝) 인격성을 지우고 강하게 이법화 하고 있다. 덧붙인다면 위의 沈한이 기록한 곳의 주에 보면, 주자가 천을 자연적 천(蒼蒼者), 주재적 천(主宰者), 이법적 천(理)으로 삼분하여 설명하고 있음(要人自看得分曉, 也有說蒼蒼者, 也有說主宰者, 也有單訓理時)을 알 수 있는데, 이것은 이후 중국철학에서 천 분류의 모범이 되고 있다. 예를 들면 풍우란은 천을 物質 · 主宰 · 運命 · 自然 · 義理의 다섯가지 천으로 나누고 있지만[馮友蘭, 『中國哲學史(상)』, (上海:商務印書館, 1934), 55쪽] 이러한 분류도 결국 그것을 세분화한 것으로 주자의 분류의 틀을 벗어나지 못했다고 하겠다.

工夫의 정치성: 유교적 교판(敎判) 주희의《四書》

유교의 정치권력 지향은 그들의 텍스트 확정에도 매트릭스되어 있다. 즉, 신유교(新儒敎. Neo-Confucianism)로서 송학(宋學)이라는 독보적인 영역을 탄생시킨 최대의 공헌자 주희(朱熹)는 사서를 ① 『대학(大學)』 → ② 『논어(論語)』 → ③ 『맹자(孟子)』 → ④ 『중용(中庸)』의 순서로 읽을 것을 주장하였다.[31] 이것은 유교적 의미의 새로운 '교상판석(敎相判釋)' 즉 '교시(敎時)'의 작업에 해당한다.

먼저 『대학』을 통해 학문의 규모를 정하고 뜻을 정립하며, 다음으로 『논어』를 배워서 학문하는 근본을 세우고, 『맹자』를 읽어 학문의 발전과 의리를 분별하는 법을 배우며, 『중용』을 통해서 우주의 원리를 터득한다는 것이 주희의 '사서 읽기의 철학'이다. 이렇게 주희가 사서독해의 순서를 정한 이후 이것이 일반화되었다.

주자가 《사서》의 처음에 『대학』을 둔 것은, 거기에는 학문의 총괄로서의 삼강령(三綱領)과 그 분석인 팔조목(八條目)이 나오기 때문이다. 그래서 그는 『대학』을 수기치인(修己治人)이라는 유교의 이상 즉 공자의 가르침의 골격(규모)을 알 수 있다고 보고, 「초보자가 덕성 함양에 들어가는 문(初學入德之門)」으로 간주하였던 것이다. 주희는 《사서(四書)》 가운데서도 『대학』을 가장 중시하고, 『대학』 가운데서도 격물(格物) 두 자를 중시하였다. 이것은 정이(程頤)의 사상적 입장을 계승한 것이다.

『대학』의 다음에 『논어』를 둔 것은 공자와 그의 제자들이 유교의 이

---

31) 이 내용은 최재목, 「사서(四書)의 핵심 내용」, 『신동아』2003년 신년호 특별부록 『교양이 경쟁력이다』(신동아, 2003)를 참조하였음(이 글은 다시 『교양의 즐거움 – 문화적 교양인이 되기 위한 20가지 키워드 – 』(북하우스, 2005)에 실려 있음).

상인『대학』의 도를 어떻게 실천했나를 알 수 있기 때문이었다.

『맹자』가 세 번째로 오는 것은 맹자는 공자의 가르침을 이론화·철학화 하여 심오한 경지로 끌어올렸으며, 또한 송대 신유학의 관점에서 본다면 불교의 심성론(心性論)에 대항할만한 인간 마음에 대한 이론적 논거마련이 필요하였던 것이다.『맹자』에서는 인간의 본성문제를 다루어 성선론(性善論)을 전개하고 있으니 그것은 불교의 불성론(佛性論)에 대응할만한 주요 논거(재료)가 될 것으로 생각했을 것이다. 더욱이『맹자』에는 위아주의자(爲我主義者)(=극단적 이기주의자)인 양주(楊朱)와 겸애주의자(兼愛主義者)(=박애주의자)인 묵적(墨翟)과 같은 이단(異端)의 사설(邪說)을 비판·배척하여 유가의 별애(別愛)(=차등적·원근법적 사랑)라는 유가적(儒家的) 논조가 담겨있어 도통(道統)의 확립에 지대한 도움이 되기 때문이다.

마지막에『중용』을 둔 것은 성(性)·도(道)·교(敎)의 관계를 천명(天命)과 결합시켜 설명하고 있어, 유학의 최종 결론격인 천인합일지도(天人合一之道. 우주와 인간의 합일의 원리), 그리고 하늘의 운행원리를 언표한 형이상적인 개념인 성(誠) 등이 제시되어 있기 때문이다.『중용』은 인간과 사물의 근저에 있는 추상적 원리를 제시하고 있기에, 다른 경전을 먼저 읽고서 이것을 제일 마지막에 이해해야 마땅하다고 판단한 것이다.『대학』은 인간과 사물을 정면(正面)에서 바로서서 바라보도록 하는 것이라면,『중용』은 그것들의 이면(裏面)에서 거꾸로 뒤집어서 성찰하도록 한 것이라 할 것이다.[32)]

---

32) 최재목,「사서의 핵심」,『교양의 즐거움』, (서울: 북하우스, 2005), 66-68쪽을 요약하였음.

유교, 특히 신유교의 텍스트 읽기는 매우 합리적으로 조정된다. 맹자가 말하는 대로, '나도 좋고'(=獨善)-'남도 좋고'(=兼善)의 합일'을 지향하는 읽기이다. 여기서 '수기치인적(修己治人的)' 신체론, 공부론을 낳는다.

孝 – 유교의 '정치적 몸'의 근원

다시 말해서 '내 몸은 내 몸만이 아니라 남과 관련된 몸이다.'라는 말을 성립케 한다. 나의 몸은 사회적, 정치적 컨텍스트 속에서 의미를 갖는다는 것이다.

『효경(孝經)』의 첫 장 「개종명의(開宗明義)」 앞머리에는 효의 시작은 부모로부터 물려받은 몸을 온전히 하는 것이며, 그 완성은 입신양명(立身揚名)이라고 하였다.

> 사람의 신체와 터럭과 살갗은 부모에게서 받은 것이니, 이것을 손상시키지 않는 것이 효의 시작이다. 몸을 세워 도를 행하고 후세에 이름을 날려 부모를 드러나게 하는 것이 효도의 마지막이다.[33]

유교적 몸(身體)은 개체적인 의미에서 머무르는 것이 아니라, 그 자체로 이미 '정치권력적'임을 명시한다.

따라서, 출세하여 명예를 얻는 것은, 자신을 위한 것임과 동시에 부모를 위한 것이다. 항상 정치적 문맥을 생각하며 살아가는 것이 효도의 삶이다.

---

33) 身體髮膚受之父母, 不敢毀傷, 孝之始也, 立身行道, 揚名於後世, 以顯父母, 孝之終也.

우리 속담에 '사람의 자식은 서울로 보내고, 마소의 새끼는 시골로 보내라'는 말이 있는 것처럼, 중앙의 정치권력에 눈길을 돌리지 않으면 '마소의 새끼' 되는 것이다. 유교는 다른 어떤 종교보다도 이러한 현실 사회의 본질을 잘 간취하고 있었다. 예컨대, 유배 중의 다산(茶山) 정약용(丁若鏞)이 남한강 근처 양수리에서 성장하던 아들에게 보낸 「서울에서 살도록 하라」는 편지에서 「너는 사정이 어지간해지면 한양 사대문 밖에 살지 말고 어떻게 해서라도 사대문 안에서 살거라. 그것도 힘들거든 사대문 가까운 곳에서 살아야 한다. 그래야 여러 가지 보고 듣는 게 많고 기회들이 많다.」[34] 라고 하였다. 정약용의 이 편지는 조선시대 유교 지식인들의 내면을 솔직히 드러내 보이는 말 같기도 하고, 유교 이데올로그들이 정치권력 주변에 서성거린 풍경을 잘 그려준다.

유교 이데올로그의 철학 – 「선우후락」의 우환의식

『주역(周易)』에 「역을 지은 자는 우환(憂患)이 있었을 것이다.」(「계사하(繫辭下)」)라고 하였다. 이것은 문왕이 유리라는 곳에 7년 동안 유폐되어 있을 때 역(易)의 사(辭. 해설)를 지었다는 이야기와 통한다. 역(易)의 우환의식(憂患意識) 때문에 역에는 '신중함'이 중요한 덕목으로 논의된다. 만사에 신중해야 한다는 것이 역의 가르침이다. 함부로 말하고 함부로 행동하는 것이야말로 역(易)이 가장 경계하는 것이다.

---

34) 정약용, 『유배지에서 보낸 편지』, 박석무 옮김, (서울: 시인사, 1979), 126-127쪽 참조,

중국 북송(北宋) 때의 정치가·학자 범중엄(范仲淹, 989-1052)의 「악양루기(岳陽樓記)」에는 「선우후락(先憂後樂)」이란 멋진 말이 나온다. 「세상 사람들이 걱정하기에 앞서 걱정하고, 세상 사람들이 기뻐한 뒤에 기뻐하라(先天下之憂而憂, 後天下之樂而樂歟)」는 슬로건은, 만물·만사에 따뜻한 사랑을 가진 자(仁者)가 언제 어디서나 세상에 대해 근심하는 일종의 우환의식(憂患意識)이다. 천하가 근심하기에 앞서서 근심하고 천하가 즐거운 후에야 즐거워한다는 것이다.

孔子, "세상이 어지러울수록 세상에 나아간다!"

『논어(論語)』「미자편(微子篇)」의 다음 이야기는 유교의 본질을 잘 드러낸다.

초나라의 은자인 장저(長沮)와 걸익(桀溺)이 함께 밭을 가는데, 공자가 그곳을 지나다가 제자인 자로(子路)[35]에게 나룻터[津]를 묻게 하였다. 자로가 말고삐를 공자에게 넘기고 장저(長沮)와 걸익(桀溺)에게 가서 나루를 물었으나 가르쳐 주지 않았다. 이 다음의 이야기는 내용이 좀 심각해진다. 공자의 기본 이념을 읽어낼 수 있는 중요한 대목이다.

장저는 자로에게 "천하가 어지러워 도도한 흐름이 이와 같은데, 그대들은 누구와 더불어 그것을 개혁하려 하는가? 그대는 (공자와 같이) 나쁜 사람을 피해 다니는 사람과는 어울리면서 어찌 (우리와 같이) 어지러운 세상을 피하는 사람은 따르지 않는가?"라고 하고는 씨앗 덮는 밭

---

35) 이름은 仲由. 자로는 字. 季路라고도 함.

일을 계속하였다.

자로가 돌아와 공자께 고하니, 공자께서 실망스런 듯 이렇게 말하였다.

"우리가 새나 짐승과는 한데 어울려 살 순 없을진대, 내가 이 세상 사람들과 어울려 살지 않는다면, 누구와 더불어 살겠느냐?(鳥獸不可與同群, 吾非斯人之徒與而誰與) 천하에 도가 있다면 내가 구태여 세상을 개혁하려 들지 않았을 것이니라."(天下有道, 丘不與易也)".[36]

여기서 보듯이, 천하에 도가 있으면 도를 따라 살고, 도가 없으면 도를 바로잡으러 나가겠다는 강한 의지가 있다. 자신의 몸 하나를 깨끗이 하고자 큰 인륜을 어지럽히는(欲潔其身而亂大倫)[37] 일은 하지 않는다는 것이다.

어지러운 세상을 피해서 '수신(修身)'의 '홀로 좋음(獨善)'만을 지향하는 것이 아니라 끊임없이 '사람들과 더불어 사는'(斯人之徒與) '치인(治人)'적 삶을 지향하였다.

孟子, '독선과 겸선의 균형'을

『맹자(孟子)』에서는 이것을 '겸선(兼善. 같이 좋음. 共同善)'이라 하였다.

---

36) 長沮桀溺, 耦而耕, 孔子過之, 使子路, 問津焉. 長沮曰, 夫執輿者, 爲誰, 子路曰, 爲孔丘, 曰是, 魯孔丘與, 曰是也, 曰是知津矣. 問於桀溺, 桀溺曰, 子爲誰, 曰爲仲由, 曰是魯孔丘之徒與, 對曰然, 曰滔滔者, 天下皆是也, 而誰以易之. 且而與其從辟人之士也, 豈若從辟世之士哉, 耰而不輟. 子路行以告, 夫子憮然曰, 鳥獸不可與同群, 吾非斯人之徒與而誰與. 天下有道, 丘不與易也.

37) 『論語』「微子篇」

즉, 맹자는 「곤궁하게 되면 혼자서 자신을 선하게 하였으며, 영달하
게 되면 자신과 천하를 선하게 하였다(窮則獨善其身, 達則兼善天下)」
는 옛 현인의 말을 인용한다.

> 맹자가 송(宋)나라 유세객 구천(句踐)에게 말했다.
> "그대는 유세(遊說)를 좋아하시지요? 제가 유세에 대하여 말씀드리
> 겠습니다. 유세라는 것은 남이 자기의 말을 알아주어도 만족해야 하고,
> 자기 말을 알아주지 않아도 만족해야 하는 것입니다."
> "그러하다면 어떻게 해야 만족할 수 있겠습니까?"
> "덕(德)을 존중하고 의(義)를 즐거워하면 만족하게 될 수 있습니다.
> 그러므로 선비는 비록 가난할지라도 의리를 잃지 않으며, 영달(榮達)
> 할지라도 정도(正道)에서 벗어나지 않는 것입니다. …옛날의 현인(賢
> 人)들은 뜻을 이루면 그 덕택(德澤)을 백성들에게 보태었고, 뜻을 이루
> 지 못하면 자신을 수양하여 세상의 본보기가 되었습니다. 곤궁하게 되
> 면 혼자서 자신을 선하게 하였으며, 영달하게 되면 자신과 천하를 선하
> 게 하였습니다."[38]

'나도 좋고'(=獨善)-'남도 좋고'(=兼善)의 전략은, '수기안인-수기
치인-내성외왕-성기성물'이라는 내외합일의 틀을 잘 말해준다.

정권의 정당성 평가와 '進退'의 어려움

---

[38] 孟子謂宋句踐曰, 子好遊乎, 吾語子遊, 人知之, 亦囂囂, 人不知, 亦囂囂, 何如斯可以
囂囂矣, 尊德樂義, 則可以囂囂矣, 故士窮不失義, 達不離道, 窮不失義, 故士得己焉,
達不離道, 故民不失望焉, …古之人, 得志, 澤加於民, 不得志, 脩身見於世, 窮則獨善
其身, 達則兼善天下.(『孟子』「盡心章句」上)

나라에 '도(道)가 있고 없고'에 따라 어떻게 처신하는가를 결정하는 것도 쉬운 일이 아니다. 『논어』에는 이렇게 기술되어 있다.

> 공자가 말했다. "참으로 곧은 사람이다. 사어(史魚)는! 나라에 도가 있어도 화살같이 곧았으며, 나라에 도가 없어도 화살같이 곧았다." "참으로 군자다운 거백옥(蘧伯玉)이로다! 나라에 도가 있으면 벼슬하고, 나라에 도가 없으면 (자신의 지혜와 능력을) 거두어 숨길 수 있더라."[39]

나라에 도가 없으면 벼슬하지 않고, 지혜와 재능을 감추고 물러나 몸을 숨긴다는 거백옥(蘧伯玉) 식의 전략, 그리고 도가 없을수록 오히려 나아가서 적극적으로 구한다는 사어(史魚) 식의 전략이 서술되어 있다. 공자는 '거백옥'의 태도를 '군자답다'고 칭찬하였고, 사어의 태도를 '대쪽 같다'고 칭찬하였다. 둘 다 가능한 이야기이다. 그러나 어느 쪽이든 그리 쉬운 결정은 아닐 것이다.

공자는 다른 곳에서,

> 독실하게 믿고 배우기를 좋아하며, 죽을 각오로 도를 잘 닦는다.
> 위태로운 나라에는 들어가지 아니하고, 어지러운 나라에는 살지 않으며, 천하에 도가 있으면 나가고, 도가 없으면 숨을 것이다.
> 나라에 도가 있는데도, 가난하고 천한 것은 부끄러운 것이고, 나라에 도가 없는데도 부유하고 귀한 것은 부끄러운 것이다.」[40]

---

39) 子曰, 直哉, 史魚, 邦有道, 如矢, 邦無道, 如矢. 君子哉, 蘧伯玉, 邦有道則仕, 邦無道則可卷而懷之.(「衛靈公篇」)
40) 子曰篤信好學, 守死善道, 危邦不入, 亂邦不居, 天下有道則見, 無道則隱, 邦有道, 貧且賤焉, 恥也, 邦無道, 富且貴焉, 恥也(「泰伯篇」)

라고 하였다. 이것은 「천하에 도가 있으면 나가고, 도가 없으면 숨는다.」는 거백옥 식의 전략이다. 여기서 은둔은 정치를 포기하는 것이 아니라, '도가 없다'는 것을 시위하는 것이다. 은둔도 하나의 '정치'인 것이다. 은둔은 도피가 아니다. 실제로 해당 정권에 치명적 타격을 줄 수는 효과적인 정치이다. 나아가고 물러나는 것은 정권의 정당성 여부에 대한 평가에 기인하지만, 그것을 평가하는 당사자의 태도는 매우 중요한 요인이 된다.

공자는 「우리가 새나 짐승과는 한데 어울려 살 순 없을진대, 내가 이 세상 사람들과 어울려 살지 않는다면, 누구와 더불어 살겠느냐? 천하에 도가 있다면 내가 구태여 세상을 개혁하려 들지 않았을 것이니라.」고 하였다. 세상이 어지러울수록 그 세상을 구하기 위하여 어지러운 세상의 중심으로 나아간다고 하였다. 은둔만이 능사가 아니라, 사람 속에서 사람과 더불어 살다가 사람 속에서 죽어가기를 원했다. 사람들 속을 피하는 것이 아니라 사람만을 진정한 희망으로 여기며, 사람 속에서 살고자 하였다.

자! 그렇다면, 정치권력도 '사람의 일'이 아닌가? 사람이 사람 사는 곳의 정치권력에 밀착하는 것이 왜 나쁜가? 이렇게 유교는 우리에게 반문할 수 있다.

4. 나오는 말

역사 속에서 보면, 유교는 이런 세속적인 욕망을 인간과 사회의 본래적인 것으로 받아들이고, 스스로를 합리화하며, 현실과 끊임없이

'타협'하면서 끈질긴 생명력, 탄력성, 자기 정화력을 발휘해 왔다. 이것이 장점이기도 하고 단점이기도 하다. 잘 보면 세상에 역동적으로 잘 대응한 것이고, 잘못 보면 세상에 타협하고, 영합한 것으로 보인다. 순결주의를 기준으로 결론짓기에는 너무 단순하고, 거친 평가처럼 보인다.

유교에서는 세상이 좋아도 정치에 가담하고[進], 세상이 어지러워도 그 세상을 구하려 정치에 가담하는 것을 합리화 한다. 물론 세상을 떠나 은둔할 때도 무작정 떠나지 않고, 현실을 우려하는 하나의 정치적 행위로서 '재야로 물러남[退. 山林隱居]'을 택한다. 나아감도 철학적 행위이고, 물러남도 철학적 행위이다. 어느 쪽이든 정치권력의 해바라기였음을 알 수 있다. 그렇다고 그것을 모두 부정할 수도 없고, 무조건 모두 긍정할 수도 없다.

조선시대의 구체적 역사에서 본다면, 정치적 진퇴(進退)에서 약간 대조적인 모습을 보이는 퇴계 이황과 남명 조식을 '도가 있어도 나아가고, 없어도 나아가는' 사어(史魚) 식의 태도와, '도가 있으면 나아가고 없으면 물러나는' 거백옥(蘧伯玉) 식의 태도에 비긴다면 흥미로울 것이다. 과연 어느 쪽의 태도가 옳은 것인가? 청음 김상헌의 주전론(主戰論)과 지천 최명길의 주화론(主和論)의 정당성을 판단하는 만큼이나 어려운 일이겠다.

버나드 쇼(George Bernard Shaw. 1856-1950)가 「합리적인 사람은 자신을 세계에 맞춘다; 비합리적인 사람은 줄곧 세계를 자신에게 맞추려고 애쓴다. 결국 모든 변화는 비합리적인 사람에게 달려 있다.」(The reasonable man adapts himself to the world; the unreasonable one persists in trying to adapt the world to himself. Therefore, all progress depends on the unreasonable man.)고 했을 때, 유학자는 어느 쪽이라 할 수 있는가? 대개의 유교인은 권력의 세계에 자신을 맞추는 '합리적인' 사람이기도 하다. 그러나 다른 편에서 보면, 유교인은 세계에 영합하지 않고, 세계를 자신의 철학과 가치판단대로 이끌어 가려는 완고한 '대쪽 같은 선비'의 '비합리적' 면도 갖는다.

　모두가 가능한 이야기이다. 그러나 관점에 따라서는 어느 한 쪽만이 옳을 수도 있다. 문제는 정치권력의 정당성에 대한 유교인의 태도, 나아가서는 정치의 본질을 꿰뚫어 보는 그들의 판단력이나 가치관일 것이다.

14 『千字文』의 '天地' 환경교육에 대하여
- Environmental Education and the
Thousand-Character Text(千字文) - [1]

1. 시작하는 말

이 글은 우리 전통사회의 교육 교재, 그 가운데서도 아동교육의 필수교재였던 『천자문』에 나타난 환경교육의 한 단면을 살펴보는 것이다. 흔히 우리는 전통 교육교재라고 하면 칠서(七書), 즉 『대학』·『논어』·『맹자』·『중용』의 四書와 『시경』·『서경』·『역경』의 삼경(三經)을 떠올릴 것이다. 그러나 이외의 많은 교재들을 칠서(七書)를 배우기 이전의 아동기에 배우는 것이 관례로 되어 있었다. 그 중에 주요한 것이 『천자문』이다.

---

1) 이 글은 영남대학교 2007학년도 교비특별공모과제(207-A-235-086)의 지원에 의해 연구되었다. 아울러 이 논문은 〈한국환경철학회 제42회 학술발표회〉(2007. 2. 23(금) 14:00~17:00 동국대학교 명진관 1층 103호)에서 「『千字文』의 '天地' 환경교육에 대하여」란 제목으로 발표한 것을 대폭 수정 보완한 것이다.

『천자문』은, 여러 설이 있지만, 중국 6세기 중엽 남북조시대 양(梁)의 무제(武帝) 때 문인인 주흥사(周興嗣, 470?-521)가 황제의 명을 받아 지었다고 전해지는 250개의 사언절구로 된 책이다. 서로 다른 1천자의 글자로 편집된 이 책은 중국의 고전적 지(知)에 바탕해 편집된 것으로 내용이 결코 얕지 않다. 마치 불교의 『대승기신론』을 떠올릴 만큼 체계적인 디자인이 돋보이는 이 책은, 겉으로 보기에는 허술한 듯하다. 그러나 매우 치밀한, 일종의 문자 매트릭스 知形圖를 보여준다. 『천자문』은 전통사회에서 뿐만이 아니라 최근에까지, 예컨대 「천자문」식의 책들이 나돌고 소설가나 학자 층에서도 새로 번역하여 내보이는 등 여전히 인기를 누리고 있어 시선을 끌만하다.

『천자문』의 첫머리에는 「하늘 天, 땅 地, 검을 玄, 누를 黃, 집 宇, 집 宙, 넓을 洪, 거칠 荒, 날 日, 달 月, 찰 盈, 기울 仄, 별 辰, 잘 宿, 벌릴 列, 베풀 張, 찰 寒, 올 來, 더울 暑, 갈 往, 가을 秋, 거둘 收, 겨울 冬, 감출 藏」처럼, 우리 전통사회에서 가장 초보적이고도 핵심적인 '自然學(physica)'의 개념들이 등장한다. 즉 '天地宇宙'라는 시공간 관념, 별자리, 기후 및 시간의 변화 등을 설함으로써, '세계는 어떻게 존재하는가?'에 대해 제일 먼저 사려하고 통찰하도록 안내한다. 다시 말해서 자연학적 체계를 먼저 제시하고서, 그 바탕 위에, 인간론, 인성론을 펼친다. 다시 말하면 '세상은 어떻게 있는가?'에서 '어떻게 살 것인가?'/'무엇을 할 것인가?'를 도출해낸다는 말이다. '이러이러하게 있음' 즉 존재(Sein)에서, '이러이러하게 해야 함' 즉 당위(Sollen)의 도출된다는 면에서 자연학이 인간학의 기초를 이루고 있다.

'자연학'이란, 일반적인 정의를 보면, 「근대적인 정밀과학으로 발전

하기 이전의 사변적 경향이 강한, 자연에 관한 학문[2]이라고 기술한
다. 「자연학」은 서양의 고대 그리스철학에서 자연(physis)을 연구하
는 철학의 한 부문이다. 그래서 자연학을 자연철학이라고도 한다. 고
대 그리스철학은 처음에는 만물의 자연(생성과정)을 탐구하는 데에
서 시작되었다. 이것은 온갖 종류의 사물의 자연 연구로서 발전하였
다. 그것은 다만 우주의 원소(당시는 흙·물·공기·불의 네 가지가
원소)에 대해서만이 아니라, 천문학·기상학·생물학·의학 등 많은
영역에 걸친 것이었다. 이런 의미의 자연학이라면, 전통시대의 동아시
아 儒學者나 新儒學者들에게서도 이미 존재해왔으며, 그것이 직·간
접적으로 心性學을 완성하는데 주요 이론적 기초가 되고 있음을 부인
할 수 없다. 예컨대 동아시아 사상사의 주류를 이루었던 儒學의 경우,
그것이 지향하는 成己·修己와 成物·治人의 합일적 구조 속에는 근
본적으로 '사변적 경향이 강한, 자연에 관한 학문'이 내재해 있기 마련
이다. 특히 중국인들이 具象的 혹은 卽物的 사유방식을 갖고 있었다
고 하는 지적[3]에서도 알 수 있듯이, 인간의 눈앞에 펼쳐진 事와 物의
情[=정황·실정] 속에서 인간사를 성찰해왔던 것으로 볼 수 있다. 다
시 말하면 事情, 物情과 긴밀한 관련 속에 人情에 대한 물음이 있었다
는 말이다. 이 점에서 유학자들의 자연학은 다름 아닌 '자기가 존재하
고 있는 환경을 인식하는 체계'(=「자기환경인식체계」[4])이므로 자연

---

2) 한국교육문화사 편, 『원색세계대백과사전』권25, (서울: 한국교육문화사, 1994), 31
쪽.
3) 이에 대해서는 中村元, 『중국인의 사유방법』, (서울: 까치, 1990)을 참조.
4) 이 말은 도올 김용옥이 『朱子의 自然學』에 대한 해설로서 쓴 「과학과 인식」속의 말
이다.[야마다 케이지, 『朱子의 自然學』, 김석근 옮김, (서울: 통나무, 1991), 13쪽].

관 혹은 세계관이라 불러도 무방할 것 같다.[5] 이러한 「자기환경인식
체계」는 사실 대부분의 유학자들의 사유 속에서 어떤 형태로든 존재
했던 것이며, 이 환경의 인식에 바탕하여 자신의 삶이 아젠다를 설정
하도록 고려된다. 이러한 일종의 '철학적 방법론'은 성인용 유학 교재
에만 국한 된 것이 아니고, 아동용 文字 교재나 儒學 교재에서 흔히 나
타나는 양상이다. 예컨대, 『啓蒙篇』「首篇」이 「上有天, 下有地, 天地之
間, 有人焉, 有萬物焉, 日月星辰者, 天之所係也, 江海山嶽者, 地之所載
也, 父子君臣夫婦長幼朋友者, 人之大倫也」로 시작하고[6], 『童蒙先習』
이 「天地之間, 萬物之衆, 惟人最貴, 所貴乎人者, 以其有五倫也」로 시
작하는 데서[7] 알 수 있듯이, '天地에서 혹은 天地에 근거하여 大倫 ·
五輪(=人倫)으로'라는 도식이 일반적이다.

이처럼 교재의 첫머리에서 삶의 기초인 '天地'의 환경인식체계 →
'人倫'이라는 圖式이나 기획은 우연이 아니고, 전통 교육이 갖는 일종
의 자연적, 관습적 규칙처럼 보인다. 흔히 어른들이 아이들이 버릇없
이 행동하는 것을 나무랄 때, '天地도 모르고 날 뛴다', '철없이 날 뛴
다'고들 한다. 이것은 『천자문』이 대중화되면서 그에 영향을 받은 일
상 語法(話法)에서 유래한 것이 아닐까? 天地는 말 그대로 '하늘과 땅'
이다. 철은 '계절'을 말한다. 하늘과 땅, 철(계절)을 안다는 것은 공간
과 시간 즉 '宇宙'를 안다는 말이다. 천지를 알고, 철이 드는 것, 다시
말해서 '시공간의 구조와 변화의 원리를 내포한 우주'를 이해하는 것

---

5) 최재목, 「하곡 정제두의 자연학에 대한 예비적 고찰」, 『陽明學』제6호, (한국양명학
   회, 2001), 77-78쪽 참조.
6) 각주 (11) 참조.
7) 각주 (12) 참조.

은 학문, 철학사상의 공부에서 매우 중요하다. '이 뭐꼬?'가 풀어야, '나는 누구이며, 어떻게 살 것인가'의 문제가 풀리기 때문이다.[8)]

『천자문』은 기존의 환경철학론 등의 연구에서는 크게 주목받지 못했고, 또한 그것이 아동용 초보 교재이긴 했지만, 전통 환경교육론의 一端을 살필 수 있는 매우 중요한, 고급의 자료라고 생각한다. 이 글에서는「조선시대 전통 아동교육 과정과『千字文』의 위상」을, 이어서「『千字文』의 '天地' 환경 교육의 시사점」을 차례로 살펴보게 될 것이다.

2. 조선시대 전통 아동교육 과정과『千字文』의 위치

1) 아동교육의 과정

조선시대의 교육과정을 살펴보면 나름대로 합리적인 단계별 교육 시스템을 구축하고 있었다. 즉, 조선시대의 양반 계층인 사대부(士大夫) 자제는 7, 8세가 되면, 오늘날의 초등학교에 해당하는 교육으로서, 가숙(家塾)이나 서당(書堂)에서 여러 해 동안『천자문』, 『유합(類合)』[9)], 『명심보감(明心寶鑑)』등의 초등교재를 배우게 된다. 이 기초 과정을 거치고 나면, 군(郡) 주(州) 현(縣) 등과 같은 지방에서는 향

---

8) 최재목, 『쉽게 읽는 퇴계의 성학십도』, (서울: 예문서원, 2004), 102-106쪽 참조.
9) 조선시대에 아동들이 한자를 쉽게 매우기 위해 만든 교본 즉 한자입문서이다. 전 21장으로 수록 한자는 1515자이다. 의미에 따라 수목(數目) · 천문(天文) · 중색(衆色) 등으로 나누되 4언으로 對句를 만들고 한글로 새김과 독음을 달았다. 목판본으로 서문과 발문이 없어서 저자와 간행연대도 알 수 없다. 선조조에 자수가 적다고 판단한 유희춘(柳希春)이 수정 증보하여『신증유합(新增類合)』을 만들었다.

교(鄕校)에 들어가, 수도인 한양(漢陽)에서는 선비를 가르치기 위하
여 그 중앙 및 동 서 남의 네 곳에 세운 중학(中學) 동학(東學) 남학
서학(南學西學) 즉 사학(四學)[10]을 통하여, 경술(經術) 문학(文學)을
이수한다. 이렇게 하여 중고등 과정을 끝낸다. 그다음 국가고시인 진
사(進士) 생원(生員)의 시험을 거쳐, 최고학부인 성균관(成均館)에
입학하게 된다. 성균관에서는 대학재(大學齋), 논어재(論語齋) 등의
소정과정을 마친 뒤 과거(科擧)의 문과시(文科試)에 응시하는 것이
일반적이었다.[11]

　아동교육의 과정과 교재를 좀 더 살펴보면, 예컨대, 『천자문』이나
『유합』을 다 배워 책씻이(=책걸이)를 하고, 다음 단계로 『계몽편(啓蒙
篇)』[12] 『동몽선습(童蒙先習)』[13] 『명심보감』중에서 선택하여 읽은 후

---

10) 太宗 11年에 시작하여 高宗 31年에 폐지하였다.
11) 이에 대해서는 류점숙, 『傳統社會의 兒童敎育』, (대구: 중문, 1994), 53쪽 참조.
12) 저자·연대는 미상이다. 조선시대 서당이나 향교(鄕校)에서 학동(學童)에게 글을
　　가르칠 때, 먼저 천자문(千字文)이나 유합(類合)으로 한자(漢字)를 익히게 한 다
　　음, 교훈적(敎訓的)인 교재로서 이《계몽편》이나《동몽선습(童蒙先習)》을 가르쳤
　　다. 내용은 수편(首篇)·천편(天篇)·지편(址篇)·물편(物篇)·인편(人篇) 등으
　　로 구성되어 있다. 장절(章節)이 비교적 짧막하여 초학자(初學者)가 구두(句讀)
　　와 문의(文義)를 해득하는 데 비교적 쉽게 되어 있다. 『啓蒙篇』의 首篇에는 「上有
　　天하고 下有地하니/天地之間에 有人焉하고 有萬物焉하니/日月星辰者는 天之所
　　係也요/江海山嶽者는 地之所載也요/父子君臣夫婦長幼朋友者는 人之大倫也니
　　라」(위에는 하늘이 있고 아래에는 땅이 있으니, 하늘과 땅 사이에 사람이 있고, 만
　　물이 있다./해와 달과 별은 하늘이 매달고 있는 것이고, 강과 바다와 산은 땅이 싣
　　고 있는 것이고, 부자·군신·부부·장유·붕우는 사람의 커다란 윤리이다.)
13) 조선 중종 때 학자 박세무(朴世茂)가 저술하여 1670년(현종 11)에 간행하였다.
　　『천자문』을 익히고 난 후의 학동들이 배우는 초급교재로, 먼저 부자유친(父子有
　　親)·군신유의(君臣有義)·부부유별(夫婦有別)·장유유서(長幼有序)·붕우유
　　신(朋友有信)의 오륜(五倫)을 설명하였다. 이어 중국의 삼황오제(三皇五帝)에서
　　부터 명나라까지의 역대사실(歷代史實)과 한국의 단군에서부터 조선시대까지의
　　역사를 약술하였다. 이 책의 중요성을 깨달은 영조는 교서관(校書館)으로 하여금

에, 『십팔사략(十八史略)』, 『통감(通鑑)』, 『소학』 등을 배우게 되며, 그 다음에야 비로소 《사서삼경》의 칠서(七書)로 들어가는데, 보통 마지막에 역경(易經), 즉 『주역(周易)』을 배운다.

이처럼, 대체로 漢字의 音訓을 익히는 제 1단계 敎育이 있다. 이를 마치면 短文 · 名言 등과 더불어 간단한 유학의 기초지식을 익히는 제 2단계로 들어간다. 그 다음에, 歷史와 禮節의 기초를 배우고 익히는 이루는 제 3단계에 오른다. 이후 儒敎의 본령이라 할 수 있는 제 4단계인 고등교육으로 나아간다.[14] 크게 보면, 학문의 기초로서 문자와 학문의 기초 지식을 익히는 이른바 기초교육, 그리고 이를 기초로 하여 보다 심층적인 유학 내용을 배우는 전문교육으로 나눌 수 있다.

이해를 돕기 위해 전통 아동교육과 관련한 문자교육 및 유학교육의 교재를 정리하면 다음과 같다(각 교재에 대한 세부적인 설명은 피하기로 한다).

발간하여 널리 보급하도록 하였다. 『童蒙先習』의 앞머리에 보면, 「天地之間 萬物之衆에 惟人이 最貴하니 所貴乎人者는 以其有五倫也라. 是故로 孟子曰 父子有親하며 君臣有義하며 夫婦有別하며 長幼有序하며 朋友有信이라 하시니, 人而不知有五常이면 則其違禽獸이 不遠矣리라. 然則 父慈子孝하며 君義臣忠하며 夫和婦順하며 兄友弟恭하며 朋友輔仁然後에야 方可謂之人矣리라.」(하늘과 땅 사이 만물의 무리 중에, 오직 사람이 최고로 귀하니, 사람을 귀하게 여기는 까닭은 오륜이 있기 때문이다. 이러한 고로 맹자께서 말씀하시길 "아버지와 아들은 친함이 있으며 임금과 신하는 의리가 있으며 지아비와 아내는 구별이 있으며 어른과 어린이는 순서가 있으며 벗은 믿음이 있다"라고 하시니 사람이 오상을 알지 못함이 있은즉, 그것을 어기면 금수에게서 멀지 않으리라. 그러한 즉 아버지는 자애롭고 아들은 효도하며 임금은 의리가 있고 신하는 충성하며 지아비는 화목하고 부인은 순종하며 형은 우애하고 동생은 공경하며 벗은 어짊으로 도운 연후에야 떳떳하게 가히 사람이라 말할 수 있다.)

14) 朴世茂, 『童蒙先習』, 李錫浩譯, (서울: 乙酉文化社, 1971), 3쪽 및 류점숙, 『傳統社會의 兒童敎育』, 54쪽 참조.

[표 1] 文字敎材−覽表[15)

敎材名	著者	編輯國	刊行年代	內容
訓蒙字會	崔世珍	朝鮮	1527	人倫, 天文, 地理, 博物
新增類合	柳希春	〃	1576	人倫, 天文, 地理, 博物, 自然
兒學編	丁若鏞	〃	1800年代初?	人倫, 天文, 地理, 博物
蒙學史要 (歷代二千字)	金用獻	〃	1868	人倫, 歷史
正蒙類語	李承熙	〃	1884	人倫, 帝王, 立政, 聖學, 明道
兒學編	池錫永	〃	1908	人倫, 天文, 地理, 博物, 歷史
幼學字聚	尹致昊	〃	1909	人倫, 天文, 地理, 自然
歷代千字文	李祥奎	〃	未詳	歷史
詠史千字文	未詳	〃	未詳	歷史
類合	未詳	〃	未詳	人倫, 天文, 地理, 博物, 數目, 自然
千字文	周興嗣	中國	未詳	人倫, 歷史, 敎育, 博物, 自然
三字經	應麟	〃	未詳	敎育, 幼學, 讀書, 學問

[표 2] 儒學敎材−覽表[16)

敎材名	著者	編輯國	刊行年代	內容
明心寶鑑	秋適	朝鮮	高麗忠烈王代	倫理, 學問, 禮節, 修身
童蒙先習	朴世茂	〃	1541	倫理, 歷史
百聯抄解	金麟厚	〃	중종조	漢詩入門書
擊蒙要訣	李珥	〃	1577	倫理, 禮節, 學問要訣
童子禮	金誠一	〃	1513~1593	倫理, 禮節, 學問要訣
居鄕雜儀	〃	〃	1513~1593	倫理, 禮節, 學問要訣
養正篇	鄭經世	〃	1604	倫理, 禮節, 學問要訣
童蒙初學	趙希逸	〃	1630	倫理, 天道, 地理, 人道
筆語	曹守初	〃	1642	倫理, 禮節, 處世

15) 류점숙, 『傳統社會의 兒童敎育』, 56-57쪽.
16) 류점숙, 『傳統社會의 兒童敎育』, 61-63쪽.

初學字訓增輯	李植	〃	1664	玉篇型
制養錄	李象靖	〃	1741	倫理, 禮節, 聖賢
大東小學	兪彦鏶	〃	1746년 이전?	倫理, 嘉言, 善行
警民篇	金正國	〃	1748	人倫
士小節	李德懋	〃	1775	修身, 禮節, 敎習
紀年兒覽	李萬運	〃	1778	歷史
東賢學則	黃德吉	〃	1786	嘉言, 善行, 立敎, 明倫, 敬身
立本	金宗德	〃	1724~1794	倫理, 嘉言, 善行, 修身, 禮節
胎敎新技	師朱堂	〃	1801	胎敎
兒戱原覽	張混	〃	1803	事文의 類聚
蒙喩篇	〃	〃	1810	事文의 類聚
學問三要	宋秉珣	〃	1831	學問의 指針, 讀書, 存省, 踐履
學語	朴載哲	〃	1862	天道, 人道, 修道
日用指訣	尹最植	〃	1880	一日生活課程表
海東續小學	朴在馨	〃	1884	倫理, 立敎, 嘉言, 善行
蒙語類訓	李承熙	〃	1888	倫理, 天道, 人道, 王統, 星學, 人物
牖蒙彙編	〃	〃	1905	天道, 地道, 人道, 博物, 歷史
東國史略	玄采	〃	1906	歷史
蒙語	郭鍾錫	〃	1924	倫理, 天理, 地理, 人道
初學必知	洪鍾珏	〃	1927	自然, 人倫, 聖賢
訓子篇	柳永善	〃	未詳	倫理, 禮節, 學則
四蒙輯要	鄭光淑	〃	未詳	倫理, 天文, 地理, 自然, 學問
啓蒙篇	未詳	中國	未詳	自然, 博物, 人倫
訓兒遊覽	未詳	〃	未詳	事文의 類聚
蒙求	李澣	〃	746(唐)	倫理, 嘉言, 善行, 聖賢
小學	朱熹	〃	1187	倫理, 立敎, 敬身, 嘉言, 善行
童蒙須知	〃	〃	1187年頃	倫理, 禮節, 修身, 讀書要訣
童子習	朱逢吉		1404	倫理, 禮節, 修身, 學問要訣
孝經	曾子門人		未詳	倫理, 孝道

2) 『千字文』의 전통 텍스트 속의 위상 및 지역적 마음 · 風流 와의 만남

오늘날 전하는 대표적인 『천자문』은, 중국 양무제(梁武帝) 시대 주흥사(周興嗣)가 한자 일천자(漢字 一千字)를 모아서 사언고시(四言古詩) 250구(句)로 만든 것이다. 글자 수가 각기 다른 1,000자이어서 『천자문』이라 한다. 그리고 하룻밤에 이 글을 짓고 머리가 희어져버렸기에 『백수문(白首文)』혹은 『백두문(白頭文)』이라고도 한다. 6세기에 만들어진 이 책은 일찍 우리나라에 수입되고 백제를 통해 일본에도 전해진 것으로 알려져 있다.[17)]

[표 3] 『千字文』의 원문 일부

天地玄黃(천지현황): 하늘은 검고, 땅은 누렇다.
宇宙洪荒(우주홍황): 하늘과 땅 사이는 넓고 커서 끝이 없다.
日月盈昃(일월영측): 해는 서쪽으로 기울고 달도 차면 점차 이지러진다.
辰宿列張(진숙열장): 성좌가 해 달과 같이 하늘에 넓게 벌려져 있음을 말한다.
寒來暑往(한래서왕): 찬 것이 오면 더운 것이 간다.
秋收冬藏(추수동장): 가을에 곡식을 거두고, 겨울이 오면 그것을 저장해둔다.
閏餘成歲(윤여성세): 일년 이십사절기, 나머지 시각을 모아 윤달로 하여 해를 이루었다.
雲騰致雨(운등치우): 수증기가 올라가서 구름이 되고 냉기를 만나 비가 된다.
露結爲霜(로결위상): 이슬이 맺어 서리가 되니 밤기운이 풀잎에 물방울처럼 이슬을 이룬다.
(중략)
謂語助者(위어조자): 어조(한문의 조사)라 함은
焉哉乎也(언재호야): '언재호야' 이다.

---

17) 車相轅, 『新釋千字文』, (서울: 鮮文出版社, 1972), 10~12쪽 참조.

『천자문』은 중국에서는 물론, 우리나라에서도 이와 유사한 다른 문자의 교본이 생겨나서, 다양한 판본과 사본이 있다. 그러나 지금까지 전하는 것으로『광주천자문(光州千字文)』,『언해천자문(諺解千字文)』,『석봉천자문(石峰千字文)』등이 있는데, 이 가운데 가장 널리 보급된 것은『석봉천자문』이다.『천자문』의 내용은 자연의 이치, 나라 다스리는 도리(道理)나 역사를 담은 고사(故事)를 두루 싣고 있다. 다루는 범위가 매우 넓고, 초보자가 이해하기에는 수준이 좀 높은 편이다. 그러나 기초한자 내지 상용한자의 학습이 주는 단조로움을 벗어나 광범위한 교육을 곁들일 수 있다. 중국에서는 물론 우리나라에서도 오랜 동안 가숙(家塾), 서당(書堂)의 제일입문서 구실을 해왔다. 따라서『훈몽자회(訓蒙字會)』와『신증유합(新增類合)』등이 편찬된 뒤에도 그 위치가 조금도 흔들리지 않을 정도로 널리 사용되었다.[18]

『천자문』이 아동 교재 중에서 으뜸을 차지할 수 있었던 그것이 사언고시(四言古詩)로 이루어진, 암송하기 쉬운 문장체의 시문학서(詩文學書)이자 철학서(哲學書), 역사서(歷史書)였기 때문이다.[19] 우리의 전통사회에서『천자문』이 얼마나 잘 뿌리를 내렸고, 또 문화적으로 우리나라의 지역적 마음(心性), 에토스에 어떻게 소통, 결합하고 있었는지는 다음의『창본춘향전(唱本春香傳)』에 단적으로 드러나 있다.

춘향전은 본래 '무녀의 굿 → 창극조 → 소설화' 과정을 겪었다거나[20] 아니면 '설화 → 소설 → 판소리' 혹은 '설화 → 판소리 → 소설'

---

18) 檀國大學校附設東洋學硏究所, 東洋學叢書, 第三輯,『千字文』, (서울: 檀國大出版部, 1973), P. 296.

19) 박광민,『천자문에서 삶의 길을 찾다』, (서울: 넥서스, 2006), 322쪽 참조.

20) 鄭魯湜,『朝鮮唱劇史』, (서울: 朝鮮日報出版部, 1940), 40쪽.[이것은 같은 제목으로 1994년 서울: 東文選에서 復刊되었다. 여기서는 이것을 사용하였다)

등의 과정을 겪으며 형성된 것으로 말해지는데[21], 여러 판본이 있고
또한 판본에 따라 내용에 다소 차이가 있다.

　　(李道令이) "千字를 들여라. 하늘天 따地 거물玄 春香이 누루黃 집宇
집宙 넓을洪 春香아 거칠荒."ⓐ
　　房子 여짜오되,
　　"千字가 도련님께 당치 않소."
　　道令님 대책하여,
　　"千字라 하는 글이 七書의 本文이라. 梁천나라 주싯변 周興嗣가 하
룻밤에 이 글을 짓고 머리가 희었기로 책 이름을 白首文자이라, 낱낱이
새겨보면 뼈똥 쌀 일이 많았지야."
　　"小人놈도 千字속은 아옵니다."
　　"네가 알드란 말이냐."
　　"알기를 이르겠소."
　　"안다 하니 읽어 봐라."
　　"예, 들으시오. 높고 높은 하늘天, 깊고 깊은 따地, 홰홰친친 가물玄,
불타것다 누루黃."ⓑ
　　"예 이놈, 상놈은 的實하다. 이놈, 어디서 場타령하는 놈의 말을 들었
구나, 내 읽을게 들어라.
　　天開子時生天하니 太極이 廣大 하늘天
　　地闢丑時하니 五行八卦로 따地
　　三十三天 空復空에 人心指示 가물玄

---

21) 이에 대해서는 정설이 없다. 김영희 · 이대영, 「춘향전 연구사」, 『춘향전 연구의 과
제와 방향』, 설성경 편, (서울: 국학자료원, 2004), 21쪽, 31쪽. 그리고 김광순, 「춘
향전 연구의 경향별 검토와 쟁점」, 같은 책, 487쪽 참조.

二十八宿 金木水火土之正色의 누루黃

宇宙日月 重華하니 玉宇 崢嶸 집宇

年代國都 興 盛 衰 往古來今에 집宙

禹治洪水 箕子 推에 洪範九疇 넓을弘

三皇五帝 崩하신 後에 亂臣賊子 거칠荒

東方이 將次 啓明 天邊日輪紅 날日

億兆蒼生 擊壤歌에 康衢烟月에 달月

寒心 微月 時時 불어 三五日夜에 찰盈

世上萬事 생각하니 달빛과 같은지라 三五夜 밝은 달이 旣望부터 기울昃

二十八宿 河圖洛書 벌인 法 日月星辰의 별辰

可憐今夜宿娼家라 鴛鴦衾枕에 잘宿

絶對佳人 좋은 風流 羅列春秋에 벌릴列

依依月色의 萬端情懷 베풀張

今日 寒風蕭蕭來하니 寢室에 들거라 찰寒

베개가 높거든 내 팔을 베어라 이만만큼 오너라 올來

에후리쳐 질끈 안고 임脚에 드니 雪寒風에도 더울暑

寢室이 덥거든 陰風을 取하여 이리저리 갈往

不寒不熱 어느 때나 葉落梧桐 가을秋

白髮이 장차 우거지니 少年風度를 거둘收

落木寒風 찬바람 白雪江山에 겨울冬

寤寐不忘 우리사랑 閨中深處에 갈물 藏

芙蓉 昨夜 細雨中에 光潤有態 부를潤

이러한 고운 태도 평생을 보고도 남을餘

百年期約 깊은 盟誓 萬頃蒼波 이룰成

이리저리 노닐 적에 不知歲月 햇 歲

糟糠之妻 不下堂 아내 薄待 못 하느니 大典通編 법중律

君子好逑 이 아이냐, 春香 입 내 입을 한테다 대고 쪽쪽 빠니 법중 呂

字이 아니냐, 애고애고 보고지고.[22]

　　(밑줄 및 부호는 인용자)

　위의 인용에서 볼 수 있듯이, 『창본춘향전』은 唱을 위한 것이니 운율로 짜여 있다. 따라서 애당초 시조의 운율과도 상통하는 점이 있다. 예를 들면 「(李道令이) "千字를 들여라. 하늘天 따地 거물玄 春香이 누루黃 집字 집宙 넓을洪 春香아 거칠荒."(ⓐ)」과 「(房子의) "예, 들으시오. 높고 높은 하늘天, 깊고 깊은 따地, 홰홰친친 가물玄, 불타것다 누루黃."ⓑ」을 비교해보자.

[표 4] 『唱本春香傳』 속의 李道令과 房子 唱의 音數律 대비

ⓐ 李 道令	하늘 天	따 地	거물 玄	[春香 이]	누루 黃	집 字	집 宙	넓을 洪	[春香 아]	거칠 荒
	3	2	3	[3]	3	2	2	3	[3]	3
ⓑ 房子	높고 높은 하늘天	깊고 깊은 따地	홰홰 친친 가물玄		불타 것다 누루黃					
	4(2+2) +3	4(2+2) +2	4(2+2) +3		4(2+2) +3					

　위의 표에서 보듯이 『천자문』은 기본적으로 '3·2·3·3,

22) 金秀煥 編, 「唱本春香傳」, 『修正增補 拾六春香傳』, (서울: 명문당, 1992), 483-485쪽. 아울러 閔濟, 『春香傳』, (서울: 中央大學校 出版部, 1994), 51-57쪽도 참조하였다.

2·2·3·3'(ⓐ), '4(2+2)+3·4(2+2)+2·4(2+2)+3·4(2+2)+3'와 같이, 3·3조, 2·3조, 4·3조로서 ⓐ, ⓑ 어느 것이나 노래나 시로서 읊조리기에 적절하며, 지겹지 않고, 즐겁게 흥을 돋구어가며 암기를 할 수 있게 되어 있다. 위의 3·3조, 2·3조, 4·3조는 시조(時調)나 창(唱)에 익숙했던 당시의 풍습에서 보편화된, 소리의 강약, 장단, 음수율(音數律), 율동과도 친숙성을 보여주고 있다. 다시 말해서 시조(時調)는 음수(音數)의 형식으로 되어 있는데(이것을 음수율이라 함), 예컨대, 「태산이(3) 높다 하되(4) 하늘 아래(4) 뫼이로다(4). 오르고(3) 또 오르면(4) 못 오를 리(4) 없건마는(4), 사람이(3) 제 아니 오르고(6) 뫼만 높다(4) 하더라(3)」에서 보는 바와 같이 초장(初章) 3·4·3(4)·4, 중장(中章) 3·4·3(4)·4, 종장(終章) 3·5(6)·4·3으로 되어 있다.

과거시험 준비나 교양을 위해서 조선시대 지식인이 행했던 독서(讀書)와 경서(經書)의 암기(暗記)[23] – 이것은 이른바 '공동체적 독서'와

---

23) 조선시대 지식인들의 경서 讀書 및 暗記熱은 대단했다. 예컨대, '鈍才·讀書狂·무식한 엽기적 노력가' 등으로 불리는 金得臣(1604 1684)은 그의 「독수기(讀數記)」에서 다음과 같이 말한다.

"백이전(伯夷傳)은 1억 1만 3천 번(=현재의 숫자로 11만3천번)을 읽었고, 〈노자전(老子傳)〉, 〈분왕(分王)〉, 〈벽력금(霹靂琴)〉, 〈주책(周策)〉, 〈능허대기(凌虛臺記)〉, 〈의금장(衣錦章)〉, 〈보망장(補亡章)〉은 2만번을 읽었다. 〈제책(齊策)〉, 〈귀신장(鬼神章)〉, 〈목가산기(木假山記)〉, 〈제구양문(祭歐陽文)〉, 〈중용서(中庸序)〉는 1만 8천 번, 〈송설존의서(送薛存義序)〉, 〈송수재서(送秀才序)〉, 〈백리해장(百里奚章)〉은 1만 5천 번, 〈획린해(獲麟解)〉, 〈사설(師說)〉, 〈송고한상인서(送高閑上人序)〉, 〈남전현승청벽기(藍田縣丞廳壁記)〉, 〈송궁문(送窮文)〉, 〈연희정기(燕喜亭記)〉, 〈지등주북기상양양우상공서(至鄧州北寄上襄陽于相公書)〉, 〈응과목시여인서(應科目時與人書)〉, 〈송구책서(送區冊序)〉, 〈마설(馬說)〉, 〈후자왕승복전(朽者王承福傳)〉, 〈송정상서서(送鄭尙書序)〉, 〈송동소남서(送董邵南序)〉, 〈후십구일부상서(後十九日復上書)〉, 〈상병부이시랑서(上兵部李侍郎書)〉, 〈송료도사서

〈송료도사서(送廖道士序)〉,〈휘변(諱辨)〉,〈장군묘갈명(張君墓碣銘)〉은 1만 3천 번을 읽었다.〈용설(龍說)〉은 2만 번 읽었고,〈제악어문(祭鱷魚文)〉은 1만 4천 번을 읽었다. 모두 36편이다."(정민,『미쳐야 미친다』,(서울: 푸른역사, 2004), 52-53쪽에서 재인용). 그리고 金得臣은「고문삼십육수독수기(古文三十六首讀數記)」란 아주 흥미로운 글을 남겼다. 그 가운데서 그는 자신이 즐겨 읽은 36편의 읽은 횟수를 꼼꼼히 기록해 둔 것을 볼 수 있다. "한유(韓愈)의〈획린해(獲麟解)〉,〈사설(師說)〉,〈송고한상인서(送高閑上人序)〉,〈남전현승청벽기(藍田縣丞廳壁記)〉,〈송궁문(送窮文)〉,〈연희정기(燕喜亭記)〉,〈지등주북기상양양우상공서(至鄧州北寄上襄陽于相公書)〉,〈응과목시여인서(應科目時與人書)〉,〈송구책서(送區冊序)〉,〈장군묘갈명(張君墓碣銘)〉,〈마설(馬說)〉,〈후자왕승복전(朽者王承福傳)〉은 1만 3천번씩 읽었고,〈악어문(魚文)〉은 1만 4천번 읽었다.〈정상서서(鄭尙書序)〉,〈송동소남서(送董邵南序)〉는 1만 3천번 읽었고,〈십구일부상서(十九日復上書)〉도 1만 3천번을 읽었다.〈상병부이시랑서(上兵部李侍郎書)〉,〈송료도사서(送廖道士序)〉는 1만 2천번을 읽었고,〈용설(龍說)〉은 2만번을 읽었다.〈백이전(伯夷傳)〉은 1억 1만 1천번을 읽었고,〈노자전(老子傳)〉은 2만번,〈분왕(分王)〉도 2만번을 읽었다.〈벽력금(霹靂琴)〉은 2만번,〈제책(齊策)〉은 1만 6천번,〈능허대기(凌虛臺記)〉는 2만 5백번을 읽었다.〈귀신장(鬼神章)〉은 1만 8천번,〈의금장(衣錦章)〉은 2만번,〈보망장(補亡章)〉도 2만번,〈목가산기(木假山記)〉는 2만번,〈제구양문(祭歐陽文)〉은 1만 8천번을 읽었다.〈설존의송원수재(薛存義送元秀才)〉와〈주책(周策)〉은 1만 5천번,〈중용서(中庸序)〉는 2만번,〈백리해장(百里奚章)〉은 1만 5천번을 읽었다. 갑술년(1634)부터 경술년(1670)까지 읽은 횟수다. 그러나 그 사이에《장자》와《사기》,《대학》과《중용》은 많이 읽지 않은 것은 아니나, 읽은 횟수가 만 번을 채우지 못했기 때문에 이 글에는 싣지 않는다. 만약 뒤의 자손이 내〈독수기(讀數記)〉를 보게 되면, 내가 독서에 게으르지 않았음을 알 것이다. 경술년 늦여름, 백곡 늙은이는 괴산 취묵당(醉默堂)에서 쓰노라."(정민, 위의 책, 64-65쪽, 정민,『책 읽는 소리-옛 글 속에 떠오르는 옛 사람의 내면 풍경』,(서울: 마음산책, 2002), 56쪽에서 재인용). 뒤에 이 글을 읽은 黃德吉(1750-1827)은「김득신의 독수기 뒤에 쓰다(書金伯谷得臣讀數記後)」란 글을 남겼다. "일찍이 선배들을 살펴보니, 김일손(金馹孫)은 한유의 문장을 1천 번 읽었고, 윤결(尹潔)은《맹자》를 1천 번 읽었으며, 노수신(盧守愼)은《논어》와 두시를 2천 번 읽었고, 최립(崔笠)은《한서》를 5천 번 읽었는데, 그 중에서〈항적전(項籍傳)〉은 두 배를 읽었다. 차운로(車雲輅)는《주역》을 5천 번 읽었고, 유몽인(柳夢寅)은《장자》와 유종원의 문장을 1천 번 일었고, 정두경(鄭斗卿)은《사기》를 수천 번 읽었고, 권유(權愈)은《강목(綱目)》전체를 1천 번 읽었다. 지금까지 동방에서 대가의 문장을 논할 때면 반드시 이분들을 지목하는데, 그 시를 읽고 글을 읽어보면 그 글이 어디서 힘을 얻었는지 알 수 있다. 근세에 재주가 뛰어난 자로 칭송을 받는 자로, 중추(中樞) 곽희태(郭希泰)는 다섯 살에 〈이소경(離騷經)〉을 다섯 번 읽고 다 외웠다. 그 아들 곽지흠(郭之欽)은 일곱 살에 〈이소경〉을 일곱 번 읽고 외웠는데, 한 글자도 틀리지 않았다. 권유의 아들 권호(權護)와 종제(從弟) 권민(權愍)이 어릴 적에 〈우공(禹貢)〉을 가르쳐 총명한지 시험하였다. 문장의 뜻을 다 가르친 뒤, 책을 덮고 외우게 하니, 권민은 바로 외웠고, 권호는 한 번 읽은 뒤에 외웠다. 그들의 총명한 재주가 남들보다 뛰어나니 비록 옛날에 암기력이 뛰어난 장수양(張睢陽)이라 하더라도 어찌 이들보다 낫겠는가? 하지만 그들의 문장은 단지 한 때 재능이 있다는 이름만 얻었을 뿐 후세에 전하는 것이 없다." (정민, 위의 책, 64-65쪽에서 재인용)

李德懋(1741~1793)는 초가집이 통째로 얼어붙는 엄동설한에『漢書』로 이불을 삼고『論語』를 병풍 삼아 겨우 얼어죽기를 면하였는데, 다른 책이 아니라 經史를 가지고 목숨을 부지하였다는 것을 자랑한다.

"지난 경진년과 신사년 겨울의 일이다. 내가 거처하던 작은 띠집이 몹시 추웠다. 입김을 불면 서려서 성에가 되곤 해, 이불 깃에서 버석버석하는 소리가 났다. 내 게으른 성품으로도 한밤중에 일어나 창졸간에『漢書』한질을 가지고 이불 위에 주욱 늘어 놓아, 조금이나마 추위의 위세를 누그러뜨렸다. 이것이 아니었더라면 거의 얼어 죽은 陳師道의 귀신이 될뻔 하였다. 간밤에도 집 서북편 모서리로 매서운 바람이 쏘듯이 들어와 등불이 몹시 다급하게 흔들렸다. 한동안 생각하다가《논어》한권을 뽑아 세워 바람을 막고는 혼자서 그 經濟의 수단을 뽐내었다. 옛 사람이 갈대꽃으로 이불을 만든 것은 기이함을 좋아함이라 하겠거니와, 또 금은으로 새 짐승의 상서로운 상징을 새겨 병풍으로 만드는 것은 너무 사치스러워 족히 부러워할 것이 못된다. 어찌 내『한서』이불과『논어』병풍이 창졸간에 한 것임에도 반드시 經史를 가지고 한 것만 같겠는가? 또한 한나라 王章이 쇠덕석을 덮고 누웠던 것이나, 두보가 말 안장을 깔고 잔 것 보다야 낫다 할 것이다. 을유년 겨울 11월 28일에 적다. (정민,『李德懋 青言小品: 한서 이불과 논어 병풍』, (서울: 열림원, 2000), 112쪽에서 재인용). 조선시대의 독서는 한번 읽고 마치는 것이 아니었다, 읽고 또 읽어 완전히 뗄 때까지 읽는 반복적인 독서였다. 任聖周(1711~1788)가 한 겨울을 옥화대(玉華臺)에서 지내면서 공부할 때 하루 일과를 적은 글이다.

"새벽에 잠 깨면『논어』본문 한편을 묵묵히 외운다. 아침에 일어나 다시 앞서 외운『논어』가운데 의심나는 곳을 찬찬히 살핀다. 세수하고 머리 빗은 뒤에『주역』계사(繫辭)를 한장 또는 두세장씩 힘 닫는 대로 읽는데, 30번씩 읽는다. 밥 먹은 뒤에는『주자대전(朱子大全)』과『주자대전차의(朱子大全箚疑)』그리고『고증고초(考證草藁)』를 자세히 따져가며 읽고 몇 장씩 베껴쓴다. 피곤하면 눈을 감고 고요히 앉아 있는다. 어떤 때는『남헌집』을 몇 장 뒤적여 본다. 아침 식사 전에 읽은 횟수가 30번을 못채웠으면, 추가로 읽어 숫자를 채운다. 저녁밥을 먹은 뒤에는 등불을 밝혀놓고「계사」를 10번씩 줄줄 읽는다. 또 매일 밤 지금까지 읽은 것을 합쳐 외우고, 날마다 읽은 것을 되풀이해서 음미한다." (정민,『책 읽는 소리-옛 글 속에

음독(音讀. 개인적인 묵독(默讀)이 아닌)으로 표현되는 전근대적인
문화로서의 구술문화에 관련된다.[24] 이런 문화는 성인에게만 해당되
는 것이 아니고 아동들에게도 적용된다. 그런데 이런 암기 위주의 독
서가 자칫 아동들의 흥미를 앗아가기 쉽다. 당연한 이야기지만, 독서
는 전통에서 주어지는 텍스트나 문사(文辭)의 형식을 어떻게 습득하
는가의 문제이다. 다시 말해서 전통과 당대(當代)의 앎[知]의 이해 방
식, 그리고 텍스트에 대한 권위 부여의 정당성, 삶 · 신체의 텍스트화
등을 둘러싸고 이루어져 왔다. 그 이면에는 국가 권력의 개입, 텍스트
에 담긴 저자-사상가 개개인의 성향이나 이념적 지향의 차이도 들어
있다.[25] 아동 혹은 지식인들의 독서를 통해 선택적 혹은 전면적으로
체질화되어 국가, 사회의 공동체의 원리에 체험적, 내면적 자각을 동

떠오르는 옛 사람의 내면 풍경』, 56쪽에서 재인용)
　　이처럼 조선시대 지식인의 독서열은 대단했다. 이 독서에 의해 조선 지식인의 지
　　형도가 탄생한다. 그 이면에 묻힌 많은 哀歡과 이야기들이 있다. 이것은 經書와 그
　　를 둘러싼 지식인 문화에 관련된 것이다.[조선시대 지식인의 글쓰기에 대한 생각
　　은, 고전연구회 사암 한정주 · 엄윤숙, 『조선지식인의 글쓰기 노트』, (서울: 포럼,
　　2007)과 박수밀, 『18세기 지식인의 생각과 글쓰기 전략』, (서울: 태학사, 2007), 박
　　희병 편역, 『선인들의 공부법』, (서울: 창작과 비평사, 1998)을 참고바란다. 그리고
　　중국 혹은 국내에서 발간되는 책이 어떻게 지식인에게 유통이 되었는가 하는 것
　　은 이민희, 『16-17세기 서적 중개상과 소설 · 서적 유통 관계 연구』, (서울: 도서출
　　판 역락, 2006)을, 경서 이외의 여러 장르에서 보여주는 지식인들, 문예인들의 활
　　동상은 안대회, 『조선의 프로페셔널』, (서울: 휴매니스트, 2007) 참고바람]
24) 천정환, 『근대의 책 읽기』, (서울: 푸른역사, 2003), 50쪽 참조. 특히 구술문화에
　　대해서는 Walter J. Ong, Orality and Literacy: The Technologizing of the Word
　　(Moonye Publishing Co., 1996); 이기우, 임명진 역 『구술문자와 문자문화』 (서울:
　　문예출판사, 2003)을 참조.
25) 이런 문제에 대해서는 크리스토퍼 리 코너리, 『텍스트의 제국』, 최정섭 옮김, (서
　　울: 소명출판, 2005), 그리고 벤저민 엘먼, 『성리학에서 고증학으로』, 양휘웅 옮김,
　　(서울: 예문서원, 2004)를 참조.

력(動力)으로 해서 참여하게 된다.

독서는 어쩔 수 없이 암기를 수반하며, 그럴 경우 음악성을 가미하는 것은 중요하다. 그것은 심신의 율동에 따라 기억력을 증진하고, 건강을 도우며, 아울러 아동의 흥미도를 높이게 된다. 한글로 음독하는 『천자문』이 대중성의 확보에 플러스 효과를 주된 요인은 이런 음악성을 잘 확보한 데 있다고 생각한다.

덧붙여서, 위에서 든 내용에서, 우선 『천자문』의 첫 구절의 문구를 두고 하인 房子가 읊는 내용과 양반 자제 이도령(李道令)이 읊는 내용이 사뭇 다름을 알 수 있다. 예컨대, 하늘과 땅이라는 환경 인식에 대해서 양자 사이에 큰 차이를 보이고 있다. 방자의 천지 이해는 지역의 에토스에 바탕하여 색채감, 입체감을 가진 '경험적, 일상적, 구체적' 언어라면, 이도령의 천지 이해는 중국적 한문 지식에 입각한 '지적(知的), 추상적, 관념적'인 성격이 강하다. 그러므로 당연히,『천자문』唱의 맛과 멋(風流)도 달라지고 있다.

3.『千字文』의 '天地' 환경 교육의 시사점

그러면 『천자문』의 첫 구절 '천지(天地)' 운운 하는 것에서 시작하는 것이 오늘날의 환경교육에 시사하는 바는 무엇인가? 아래에서는 이에 대해서 정리를 해두고자 한다.

첫째로, 위에서 서술한 대로,『천자문』암송(=독서)에 '음악성+문학성'을 바탕으로 '철학성+역사성'을 아우르며, 더욱이 이런 통합적인 사유 속에서 자연스럽게 천지, 우주, 시간 인식과 같은 '환경인식'을 체질화 해 갈 수 있었다는 특이점이다.

둘째로, 『천자문』에서는 천과 지를 이분법적이 아니고, 양자를 세트화하여 내적으로 상호교합(相互交合) 융합적(融合的)으로 이해하고 있다는 점이다. 천(天)/조감(鳥瞰)-지(地)/충감(蟲感)의 교합 융합을 말한다. 현대의 우리들은 보통 자기 자신과 세계를 두 가지 양 극단에서 진전시켜가기 일쑤이다. 우리들의 인식은 '본다 · 관찰한다'는 사물을 대상화 객관화하는 측면, 그리고 '접촉한다 감촉한다'는 사물과 직관적으로 교류하는 측면을 갖고 있다. 전자는 새[鳥]가 높은 위치에서 대상이나 지상(地上)을 보는 것과 같은 시점(조감(鳥瞰). 원(遠) 대(大), 보편)이며, 후자는 벌레들이 낮은 곳에서 기어가며 촉각을 사용하여 예컨대 아메바가 사물을 인지하는 것과 같은 감각의 시점(충감(蟲感), 근(近) · 소(少), 구체)이다. 이것은 개념적으로 보면, 전자는 이성 · 이(理)(=logos)이며, 후자는 생명 · 기(氣)(=eros)로서 파악할 수 있다. 인간적 측면에서는 전자는 남성성-머리, 후자는 여성성-몸이다. 그러나 우리의 삶과 세계는 실제로 전자와 후자가 확연하게 구분되지 않고 오히려 이 양자가 교합(交合) · 통합 · 통섭되는 원만한 '사이'[間]를 가지고 있고, 또한 서로 '겹 맞물리고'[際] '맞닿아 붙어서'[卽] 있기도 하다.[26]

셋째로, 『천자문』에서는 天과 地를 일상의 지평에서 인간과 소통하는 하나의 신체로서, 합일적 생명체로서 보고 있다는 점이다. 즉, 천지는 「가물玄, 누루黃」에서처럼 우리가 일상에서 바라보는 질감과 색감

---

26) 아래 표를 포함한 이 내용은 최재목, 「책머리에: 늪의 발견, 발상법의 回春」, 『글쓰기와 상상력의 유비쿼터스 네트워크: 늪』, (경산: 知&智, 2006) 참조.

을 넘어선 것이 아니다. 바로 우리 눈앞에 드러나 있는 시공간의 세계
이다. 그처럼 인간 속에서 서로 교호하는 환경이다.

구분	인식	시점					개념	인간	실제현실
a	본다·관찰한다	鳥瞰. 遠·大, 보편/유목적/敬	逍遙/꼴림	外/喙	同機	이성·이(理)(=logos)	남성성 - 머리	妙合	a·b의 교합(交合) 융합(融合)적
b	접촉·감촉한다	蟲感. 近·少, 구체/농경적/誠	體驗/끌림	內/口卒		생명·기(氣)(=eros)	여성성 -몸		

『천자문』에서, 천지현황(天地玄黃) 다음에는 우주홍황(宇宙洪荒)
이란 말이 나온다. 우주홍황의 '우주'란 『회남자(淮南子)』27)에서, 「天
地四方, 曰宇, 古往今來, 曰宙」(하늘, 땅, 4방을 '우(宇)'라고 하며, 과
거가 가고 현재가 오는 것을 '주(宙)'라고 한다)라고 하듯이, 우는 천
지4시의 무한공간을, 주는 고금왕래의 무한 시간을 의미한다. 시공간
속에서 인간이 있는 그대로 모든 것을 받아들이고 살아가는 일, 하늘
을 보면서 그 너머에 신이니, 절대니 라는 존재를 생각하지 않고, 오직
저 푸르고 푸른 것[蒼蒼]으로 생각하는, 누구나가 그런 시공간을 공유
하여 일체감을 갖는 정신이 『천자문』에는 있다.

그런데, 조선시대에 天의 이해가 꼭 구상적, 구체적이었던 것만은
아니다. 예컨대, 『열하일기(熱河日記)』로 유명한 연암(燕巖) 박지원
(朴趾源.1737-1805)은 유한준(兪漢雋)에게 보내는 편지에서 이렇게
말하고 있다: 「마을의 어린애[里中孺子]에게 천자문을 가르치는데,

---

27) 『회남자』는 중국 전한(前漢)의 회남왕 유안(劉安)이 편찬한 책인데 경제(景帝) 말
년 여러 빈객 방술가(方術家)들과 함께 만들었다.

읽기에 싫증을 내는 것을 꾸짖으니, 하는 말인즉 '저 하늘을 보면 푸르기 짝이 없는데, 天 자는 푸르지가 않잖아요. 그래서 읽기가 싫어요.' 이 아이의 총명이 창힐[28]을 굶겨 죽입니다.」[29] 실재하는 것이 푸른 하늘이라면, 생동하는 색채가 없는 문자인 '天'은 추상화된 기성의 지식이다. 天의 리얼리티는 기성의 지식으로 도달할 수 없다. 기성의 지식은 있는 그대로의 천을 인식하는 것을 방해한다. 하늘의 푸른색(하늘 그대로)을 인식하기 위해서는 어린아이의 오염되지 않은 눈=동심(童心)이 필요하지만, 중국에서 도래한 천에 대한 지식정보, 더욱이 성리학적 천은 아무래도 관념적, 추상적, 철학적, 형이상학적이었다.[30]

그리고 『성경』에서는

---

28) 창힐은 중국 고대에 최초로 문자를 수집 정리하고 창조한 인물로서 오랜 기간에 걸쳐 그에 관한 많은 신화와 전설이 생겨났다.

29) 「答蒼厓之三」, 『燕巖集』; 『韓國文集叢刊』252, (서울: 한국문집총간위원회) 96면. "里中孺子, 爲授千字文, 呵其厭讀, 曰: '視天蒼蒼, 天字不碧, 是以厭耳.' 此兒聰明, 餒殺蒼頡."

30) 퇴계는 17세의 선조임금에게 『성학십도(聖學十圖)』를 지어 바치는 글(「성학십도를 올리는 글」(進聖學十圖箚))의 제일 앞머리에서 「도(道)는 형상이 없고, 하늘은 말(言語)이 없다(道無形象, 天無言語)」고 하였다. 하늘은 말이 없는 것이다. 마치 공자가 「사시가 운행되고 온갖 것들을 생성해도 하늘이 어디 말을 하더냐(天何言哉, 四時行焉, 百物生焉, 天何言哉?)」(『論語』「陽貨篇」)고 하던 것과 같다. 이 말은 공자가 "나는 이제 말을 하지 않겠노라." 즉 언어라는 테두리를 벗어나고자 한다고 하자 제자인 자공이 그 진의를 캐치하지 못하고 되물었다. "선생님이 제게 만일 말씀으로 가르쳐 주시지 아니하시면 小生이 어떻게 선생님의 가르치는 바를 좇을 수 있겠습니까?" 그러자 공자가 "하늘이 어찌 말로 하더냐? 봄, 여름, 가을, 겨울 사시사철이 시시각각 운행하고 있지 않느냐? 온갖 것들이 자기 생명을 꾸려가고 있지 않느냐? 하늘이 도대체 말로써 이런 시간의 진행에 따른 생명원리를 가르쳐 주는 것이겠느냐?"라고 한 것이다. 노자는 「하늘의 도는 사사로움이 없다. 그러나 항상 선한 자의 편에 서 있다(天道無親, 常與善人)」(왕필본 79장)고 했다. 하늘의 도(道)는 삼라만상의 모든 것과 친함이 없다네. 단지 늘 한결 같이 선한 이들에게 자비를 베푼다는 말이다.

태초에 하나님이 천지를 창조하시니라(창세기 1장 1절)

In the beginning God created the heavens and the earth.

땅이 혼돈하고 공허하며 흑암이 깊음 위에 있고 하나님의 영은 수면 위에 운행하시니라(창세기 1장 2절)

Now the earth was formless and empty, darkness was over the surface of the deep, and the Spirit of God was hovering over the waters.

태초에 말씀이 계시니라. 이 말씀이 하나님과 함께 계셨으니, 이 말씀은 곧 하나님이시니라(요한복음 1장 1절)

In the beginning was the Word, and the Word was with God, and the Word was God.

라고 한다. 그러나 『천자문』에서 인간은 하늘과 땅의 룰에 따라 살지만, 하늘과 땅은 인간을 통제하는 意志나 主宰力을 가진 人格的, 主宰的, 宗教的인 天을 상정하지 않는다. 김용옥은, 성서에서처럼, '태초에 말씀이 있었다'거나 '신이 있었다'거나 하는 것이 아니라 단지 이 '태초에 天地가 있었다'고 선언하는 『천자문』의 특징을 아예 「천자문 우주관」이라고 확정한 적이 있다.[31] 매우 적절하다는 생각이 든다. 이 점에서,

Imagine there's no heaven

---

31) 김용옥, 『논술과 철학강의 2』, (서울: 통나무, 2006), 266쪽.

It"s easy if you try
천국이 없다고 상상해보세요
해보려고 하면 어려운 일도 아니죠.

No hell below us
Above us only sky
우리 아래 지옥도 없고
오직 위에 하늘만 있다고 생각해봐요.

Imagine all the people
Living for today...
모든 사람들이 오늘 하루에
충실하며 살아간다고 상상해보세요. (下略)

이라고 하는 존 레논(John Lennon)의 「이메진(Imagine)」노래의 가사에서 말하는, 그야말로 「천국도 지옥도 없는, 오직 머리 위에서 푸른」있는 그대로의 창천(蒼天)이 바로 『천자문』의 天이다. 거기에는 오직 나를 둘러싼, 내가 바라봄으로써 존재하는 하늘과 땅이라는 환경만이 있는 것이다. 신에 주눅들지 않고 '인류'의 세계를 꾸려가는 자유로운 인간상이 또렷이 탄생한다.

　넷째로, 아동의 문자 인식 단계에서부터 '천지'라는 문자를 성찰하고, 깊이 있게 인식하게 함으로써, 다시 말해서 시공간(=환경체계) 인지 교육을 조기에 실시하여(이것을 환경예방교육이라 해도 좋겠다), 나아가서는 신체와 환경이 일치하는 삶을 살도록 유도한다는 점이다.

'세상이 이러이러하니 나도 이러이러 하게 살아야 한다'는 것은 바로 환경 인식의 신체화(身體化), 체질화(體質化), 의례화(儀禮化)인 셈이다. 천지를 알고, 철이 들어, '천지도 모르고 날 뛰는', '철없이 날 뛰는' 몰환경적(沒環境的)인 인간을 양산하지 않는 교육이 우리의 전통 아동교육에서부터 있었던 점은 흥미로울 뿐 아니라 적지 않은 시사를 준다.

4. 맺는 말

지금까지 『천자문』의 '천지' 환경교육에 대한 한 시사점을 논의해왔다. 『천자문』을 비롯한 우리의 전통 교재 속에는, 전근대적, 근대적 혹은 탈근대적인 의미의 여러 환경론, 환경교육론이 들어있다.

그런데, 우리가 관심을 기울일 것은, 여기서 논의되는 환경론, 환경교육론의 매우 현대적이며, 오늘날에 계승해도 손색이 없을 시사점을 가진다는 것이다. 이미 지적하였듯이, 아동이 문자를 인식하는 단계에서부터, 특히 '천지'라는 문자에 주목하고, 주변 산천을 자신의 몸과 동일시하여 성찰할 수 있게 된다. 그러면서, 천지를 알고, 철이 들어, '천지도 모르고 날 뛰는', '철없이 날 뛰는' 일이 없는 환경적인 인간을 길러 낼 수 있다.

천지 이외에도, 『천자문』의 환경교육은, 일례로 「일월영측(日月盈昃): 해는 서쪽으로 기울고 달도 차면 점차 이지러진다」는 구절을, 우리 삶의 양면성을 제대로 인식하면서 그 전체를 통찰하는 능력을 기를 수 있는 데에 활용할 수 있다. 다시 말해서 음식물 쓰레기를, 사물

이 본래 가진 양면성 즉 음양적(陰陽的) 관점에서 바라본다면, 먹는
것은 삶을 만들고 채워가는 플러스적 측면(=盈)이고, 쓰레기 배출은
삶이 배출해내는 자연스런 마이너스적 측면(=昃)이니 쓰레기의 처리
는 바로 '나의 삶을 치유하는 과정'으로 이야기 할 수도 있다.[32)]

---

32) 예를 들면, 이에 대해서는 다음의 글을 참고해보자.

(前略) 음식물 쓰레기는 대개 사료나 퇴비 등으로 재활용된다. 이를 위해서 관련
기관에서는 분리 배출의 요령을 홍보한다. 즉 음식쓰레기의 물기를 최대한 없애
고, 비닐·병뚜껑·나무 이쑤시개 등의 이물질을 제거하고, 전용 용기나 봉투에
담아서 배출할 것을 권장한다. 그러나 이것이 결코 음식쓰레기를 억제하는 근본
적 방안은 되지 않는다. 우리는 숙명적으로 쓰레기와 함께 지내야 한다. 특히 음식
쓰레기는 생존의 그림자이며 우리 삶의 동반자이다. 어차피 일생 동반해야 할 것
이라면 우리는 그에 대한 발상을 전환해 가야 한다. 쓰레기는 우리 삶이 만든 상처
이자 업보이다. 쓰레기를 처리하는 것은 바로 우리 삶을 치유하는 것이다.

예컨대, 우리는 생성된 음식물 쓰레기의 철저한 재활용에도 주의를 기울여야 하
지만 그보다도 먼저 음식에 대한 태도나 문화 자체를 차츰 교정해갈 필요가 있다.
우선 우리는 '먹을 만큼' '남김없이' 먹는 습관을 가져야 한다. 음식물도 생명이다.
살아가기 위해 어쩔 수 없이 그것을 섭취해야 한다면 우리는 그것이 지닌 힘, 가치
가 헛되지 않게 내 몸에서 온전히 실현해야 한다. 완전식 같은 것은 불살생(不殺
生)의 한 실천인 것이다.

보다 근본적인 문제로, 우리는 쓰레기를 낯선 것(타자)으로 인식하지 말아야 한
다. 어떤 물건을 좋아하고 아끼는 동안 그것은 나와 동일시되어 나와 그것 사이의
경계는 모호하다. 그런데 그것이 나의 기호와 애정을 벗어날 때는 마치 내 몸 속을
벗어난 배설물과 분비물처럼 더러워하고 기피한다.

밥이 그릇이나 입 속에 있을 때는 깨끗하다 생각하지만, 그 밖으로 튀어 나가면 그
것을 더럽게 여긴다. 배설물을 더럽고 구린 것으로 인식하는 것은 거기서 몸(=나)
의 붕괴, 즉 죽음의 모습을 엿보기 때문이다. 우리는 죽음 근처에 서성거리는 것
또는 그런 모습을 띤 것들을 전부 꺼린다. 쓰레기가 싫은 것도 이 때문이다. 그러
나 쓰레기는 분명 우리가 만든 것이다. 쓰레기는 본래 하나의 생명이었다. 우리가
그것을 죽여서 버린 것이다. 시체 옆에서 몇 달간을 머물면서 육신이 썩어 백골로
변하는 과정을 지켜보는 불교의 수행법으로 백골관(白骨觀)이 있다. 이런 백골관
을 하고 나면 탐욕이 모두 떨어진다고 한다. '누가 우리의 쓰레기를 치우고 있는
가.' '그것이 어떻게 썩어가고 있고, 그 이후 그것들은 어디로 가는가.' 쓰레기장 앞
에서 이런 사실들을 놓치지 않고 끝까지 관찰하는 교육도 쓰레기 배출 억제에 효
과가 있지 않을까. 마치 전통 유교에서 부모의 묘 옆에 움막을 짓고 3년 동안 죽음

이처럼 우리의 전통 교육 교재들을 환경 교육에 활용하는 것을, 한자 및 한문 교육과 더불어서, 다각도로 고려해볼 필요가 있다.

마지막으로, 여기서는 다루지 못했으나. 이제 앞으로 『유합』 등의 문자 교재에도 관심을 기울일 필요가 있다. 문자를 통한 '환경(시공간) 인식'은 매우 중요하며, 아동기에서부터 환경 문제를 인식하고 체질화시켜가는, 이른바 예방환경교육의 좋은 방법이 아닐까 한다.

과 부모의 은혜에 대해 생각하던, 이른바 3년 시묘(侍墓)처럼 말이다. 아무리 우리가 깨끗하고 우아해도 그 뒷면에는 썩어가는 구린 쓰레기가 쌓인다. 삶의 행복은 쓰레기를 잘 치우는 일일지도 모른다. 쓰레기 처리는 결국 우리들 삶을 치유하는 길이다. 가톨릭에서는 11월 한 달을 죽은 자의 영혼을 기억하면서 기도하는 성스러운 달(慰靈聖月)로 정하고 있다. 그렇다. 각자가 버린 모든 쓰레기를 기억하고 그것을 자연의 생태로 순환시켜주며 그 혼령을 달래는 기간을 국가적으로 정하는 것도 괜찮을 것 같다. 우리 삶의 참된 의미를 찾는 차원에서 쓰레기 문제를 고려할 때다. (최재목, 「영남시론: 쓰레기 처리는 '삶의 치유'」, 『영남일보』(2005. 1. 24.))

15/ 韓國에서 '日流'의 現狀
- 특히 일류 붐의 '한계'와 그 극복방안 논의를 중심으로 -

1. 서론

이 글은 한국에서 '일류(日流)'의 현상(現狀)에 대해 논하는 것이다. 특히 일류 붐의 '한계'와 그 극복방안을 논의의 중심으로 해서 서술해 보고자 한다.

'일류'라는 것은 풀어 쓰자면 일본 문화의 유행을 말한다. 일류라는 말은 '한류(韓流)' '한류(漢流)' '불류(佛流)' 등과 같이 이미 보편적 일반적인 용어이며, 특수용어가 아니다.

문명이 인류의 물질적 소산이라고 한다면, 문화는 인간의 지식, 신념 및 행위와 같은 응결된 정신의 표출이다. 정신은 자아의 존재방식이다. 그것이 개인적인 차원에서는 인격적 자아의 표현이며, 민족적 차원에서는 민족적 자아의 드러남이라 이해할 수 있다. 따라서 문화는 개인적으로건 국가적으로건 그것을 그것이게끔 하는 이른바 자기

정체성, 공동체적 단일성의 기초를 만들어준다.[1]

최근 동아시아 나아가서는 범국제적으로 한류(韓流) 붐이 화제가 되고 있다. 이것이 단지 일시적인 열풍(熱風)인지, 오랫동안 축적되어 온 잠재력의 지속적 발산인지에 대한, 심층적, 현상적 차원의 논리적 분석이 필요하다.[2] 다만, 한류가 어떤 하나의 요인과 조건으로 이루어진 것이 아니며, 문화와 지역 등의 복합적이고 중층적인 것들의 결합체임이 분명하다. 이렇듯이 일류를 이해하는 데에도 문화 그 자체를 이해하는 보편의 눈과 일본을 이해하는 특수의 눈을 교직(交織)시켜 균형감 있게 바라보는 시야가 필요할 것이다.

우리나라에서는, 일본의 한류열풍에 대비되는 일본 문화사랑의 움직임도 있다. '니혼필'이 그것이다. 니혼(일본) 필(Feel)은 말 그대로 일본식으로 먹고 입고 마시고 놀면서 일본을 그대로 느끼자는 것이다. 이와이 슌지 감독의 「러브레터」가 우리 나라의 많은 관중을 모았듯이, 일본 문화가 한국에서 붐을 일으킬 가능성은 얼마든지 있다. 문화란 애당초 그렇게 열려 있는 것이다.

그리고 다른 차원이긴 하지만, 이러한 일본문화의 유입은 현재에만 보여지는 것은 아니다. 임진왜란과 식민지배기에도, 비록 고통스런 시기였지만, 문화의 본질상 적지 않은 일본의 문화가 우리 속에 정착을 하였다. 다산(茶山) 정약용(丁若鏞)이 이토진사이(伊藤仁齋), 오규소라이(荻生徂徠)와 같은 일본의 코쿠가쿠(古學)의 영향을 입은 것처럼

---

1) 엄정식, 「한류, 세계화 그리고 민족적 자아」, 『계간 철학과 현실』2006 여름 69호, (서울: 철학문화연구소, 2006), p.15.
2) 이에 대해서는 전게서(『계간 철학과 현실』2006 여름 69호)의 〈특집: 세계화와 한류〉, pp.29-82를 참조 바람.

3) 우리 사상사의 면에서, 그리고 화투의 고도리(ごどり)4), 닭도리탕5), 쯔키다시(つきだし)6), 가마솥7), 입빠이(いっぱい)8), 18번9), 와리바시(わりばし)10), 카라오케(カラオケ)11), 벚꽃놀이12), 그리고 곤조13), 오라이14), 빠꾸15), 등등의 일상적 언어 사용에서 알 수 있듯이 문화사적 면

---

3) 이에 대한 일례는 하우봉, 『조선후기실학자의 일본관 연구』, (서울: 일지사, 1989)를 참고바람.

4) 화투는 일본이 우리민족의 정신을 흐리게 하기 위해 만들었다고 한다. 화투는 그림 하나 하나에 모두 일본 문화의 상징성을 담고 있는 놀이기구이다. 삼광은 일본의 국화에 해당하는 사쿠라(さくら)를, 보통 우리가 둥근 보름달로 생각하는 팔광은 일본 국기 히노마루(ひのまる)를, 똥광은 일본이 전 아시아를 제패했을 때를 상상해서 그린 지도라고 한다. 그리고 비광은 노인이 비오는 우산을 받치고 게따(げた, 일본식 나막신)를 신고 걷는 발밑에 개구리 한 마리가 뛰어오르는 그림이다.

5) 닭을 뜻하는 니와토리(にわとり)의 '토리(=鳥. 새)'와 '탕'이 결합한 말로서, 닭도리탕을 직역하면 닭닭탕이 된다.

6) 일본요리에서 처음에 내 놓은 가벼운 안주를 의미하는 말이다. 우리나라에서는 주로 횟집 등에서 주 메뉴에 덤으로 나오는 먹거리 말하자면 곁들임 반찬을 일컫는다. 사람들에게 와전되어 '찌게다시' 등으로도 부른다.

7) 솥을 뜻하는 가마(がま)와 우리말 솥이 결합한 말로서, 가마솥은 직역하면 솥솥이 된다.

8) 가득, 한잔의 뜻.

9) 가장 잘하는 것(장기)의 뜻. 에도(江戶)시대에 일본 고유의 대중 연극인 가부끼(歌舞伎)를 하던 이치가와가(市川家) 가문에는 자신 있게 하던 레퍼토리가 18가지 있었다고 한다. 이것을 가부끼 18번(十八番. 쥬하치방)이라고 한다. 그런데, 오늘날에는 자신의 가장 잘하는 것(장기)을 지칭할 때 쓴다.

10) 우리나라 음식점에서 사용하는 위생저(두 쪽으로 나뉘는 나무젓가락). 우리 식당에서는 와전되어 '와라바시'라고도 부른다.

11) 카라(カラ. 빈, 거짓)+오케(オケ. 오케스트라)로 된 말. 즉, 거짓오케스트라 또는 빈 오케스트라라는 뜻이다.

12) 벚꽃(さくら. 사꾸라)가 가득 피는 4월 일본인들은 꽃놀이(はなみ, 하나미) 가는 풍습에서 유래.

13) 근성(根性)의 일본식 발음.

14) all right(아주 좋은)의 일본식 발음.

15) back(뒤, 뒷면)의 일본식 발음.

에서 그렇다.

그리고, 우리가 현재 사용하는 정치·경제·법률·철학사상 등등 학술용어의 대부분이 '근대일본한어(近代日本漢語)'라는 점을 상기하면 일본문화는 대중문화에서만이 아니고 이미 지식인문화나 고급문화에도 깊이 침투해있음을 알 수 있다. 이것은 중국에서도 마찬가지이다. 최근 한 책에서 「오늘날 일본어를 배우는 중국 학생은 중국고유의 단어라고 생각하고 있던 어휘의 대부분이 사실은 근대기 일본에서 수입한 일본한어(日本漢語)라는 것을 알고 깜짝 놀란다. 그 가운데에는 "우리들은 영원히 일본이라는 얇은 망사(薄紗. veil)를 통해서만 서양에 접촉할 수 없는 것일까"라고 개탄하는 사람도 있다」[16]라는 지적은 시사하는 바가 크다고 생각한다.

그런데, 문제는 일본에서 보이는 한류 붐만큼 한국에서는 일류 붐이 일어나고 있지 않고 있다. 과연 그 이유는 무엇인가? 이 논문에서는 이에 대한 원인을 밝히는 하나의 시론으로서 특히 '일류' 붐이 일어나지 않는 한계의 원인에 주목해보고자 한다. 이를 위해서, 한국인에게 '일본의 이미지'가 생겨나는 과거사의 문제, 우리의 유교적 전통에서 발원하는 보편적 원리인 '이(理)'와 일본의 현실적 상황 원리인 '임'의 문제가 보여주는 상호간의 간극과 같은 이른바 일류가 확대, 지속되지 못하는 몇 가지 근거를 제시해보고자 한다. 따라서 이 논문에서는 예컨대, 영화, 에니메이션, 만화, 대중가요 등등의 일류에 대한 현상을 분석하고 통계를 내는 일이 제외되어 있음을 미리 밝혀둔다.

---

16) 加藤徹, 『貝と羊の中國人』, (東京: 新潮社, 2006), p.227.

2. 본론

1) 한국인의 '일본 이미지'의 모태인 '과거사'

일본하면 자연스레 떠오르는 말이 임진왜란(壬辰倭亂), 토요토미 히데요시(豊臣秀吉), 일제식민지(日帝植民地), 일본제국주의(日本帝國主義)(＝日帝), 이토히로부미(伊藤博文), 강점(强占), 수탈(收奪), 침탈(侵奪), 닛뽄도(日本刀), 야꾸자, 일본놈, 쪽발이, 친일파(親日派), 반일감정(反日感情), 독도영유권(獨島領有權) 등이다. 이러한 개념들이 만든 이미지는 당연히 전쟁, 피해의식, 잔혹감, 원흉 등을 요소로 하는 '부정적'인 것들이다. 그래서 좋아하려고 해도 좋아할 수도 없고, 가까이 하려고 해도 가까이 할 수 없는, 우리에게 씻을 수 없는 치욕을 안겨준 나라로서 일본은 기억도어 있다.

그러나 한편에서 보면 일본은 세계 2위의 경제대국, 막강한 군사력, 문화 강국, 에니메이션의 나라, 전자제품 강국, 튼튼한 학술 기반 등 긍정적, 첨단적인 이미지도 가지고 있다. 우리 의식 속에는 왜놈-쪽발이-일본 놈, 일본 사람, 일본 분 등의 반감, 불신, 호감, 평가 등등의 이미지가 복합적으로 들어 있는 것이다. 일본에 대한 감정과 불신은 전쟁과 식민지배로 인한 것이며, 게다가 근대 이후 지속적으로 제기된 독도 영유권 문제와 일본 교과서의 역사 기술에 대한 논란도 큰 몫을 하였다.

최근 우리나라는 2002년도에 일본과 월드컵을 공동으로 개최하였고, 그 이전부터 일본의 대중문화가 점차적으로 개방되어왔다. 따라서 일본의 대중문화는, 마치 서양문화가 그렇듯이, 이미 어느 정도는 우리 문화 속에 깊숙이 침투되어 있다.

사실 일본문화가 제도적으로 개방되지 않았을 때에도 이미 우리 사회 어디에서나 일본 상품이 홍수를 이루고, 만화 게임기 학용품에서부터 방송사 정치권 학술분야 등의 일본 베끼기에 이르기까지 일본문화가 우리사회에 미치고 있는 영향은 엄청났다.[17]

이미 일본의 대중문화가 개방되었음에도 우리는 그것에 대해 아직 자신이 없는 듯하다. 아래의 자료를 읽어보자.

김대중 대통령은 1998년 4월 "일본 대중문화 개방에 두려움 없이 임하라"는 지시를 내렸고 이에 따라 정부당국은 일본 대중문화의 단계적 개방방침을 밝혔다. 이어 5월 한일문화교류정책자문위원회를 구성하여 10여 차례 논의한 결과를 문화관광부의 관계국 협의를 거쳐 단계적 개방방침을 마련하였다.

개방 분야는 '즉시 개방'과 '즉시 개방 이후' 부문으로 나누고 1차적으로 영화 비디오 만화만을 개방하였다. 특히 '즉시 개방 이후' 부문에 속하는 가요 방송 애니메이션 등의 개방일정은 신설되는 '한일문화교류위원회'의 의견을 들어 결정한다고 발표하여 이 부문의 개방에 신중을 기하였다. '즉시 개방'의 영화 및 비디오 부문에서는 공동제작 영화, 한국 영화에 일본 배우 출연, 4대 국제영화제(칸 베니스 베를린 아카데미) 수상작, 한 일영화주간 개최를 허용하였다. 또 출판부문에서는 일본어판 출판문화와 만화잡지를 개방한다.

문화관광부는 일본대중문화 개방의 부정적 측면을 고려하여 각종 심의 수입추천 허가 등의 절차과정에서 저질 불량 일본대중문화는

---

17) 최재목, 「일본문화 개방을 두고」, 『시인이 된 철학자』, (수원: 청계, 2000), p.49.

여과시키겠다고 밝혔다. 또 우리 문화산업의 경쟁력 강화방안을 마련
하고 일본대중문화 개방에 따른 부작용을 최소화하는 등 대응방안을
수립, 추진할 예정이다.[18]

여기서 보듯이, 일본의 대중문화 개방 문제가 나오면 그 '부정적 측
면'으로서 '저질 불량'이라는 표현이 꼭 끼어들고 있다. 그런데 따지
고 보면 과연 이 '저질 불량'이라는 것이 꼭 일본문화에만 국한된 것
인가? 그렇지 않다. '저질 불량'이라는 것은 꼭 일본의 대중문화에만
겨냥될 것이 아니라 미국 내지 서구의 대중문화, 나아가서는 어느 대
중문화이든 그 저변에 보편적으로 갖고 있는 것들이다. 예컨대 ① 해
학성(the comic), ② 관능성(the erotic), ③ 선정성(the sensational),
④ 환상성(the fantastic), ⑤ 감상성(the sentimental)[19]인지도 모른다.
물론 이런 것들의 편향성 내지 경향성의 강도의 차이는 있을 수 있겠
다.

다시 말해서 일본문화의 수용에서 우려하는 '부정적 측면'이라는 것
은 문화 그 자체에서 제기한 것이라기보다는 '일본'에 대한 우리의 역
사적 평가가 투영된 것이라고 보는 점이 타당할 것이다. 일본을 있는
그대로 보기 전에 하나의 선입견=일정한 가치평가를 통해서 보고 잇
다는 말이다. 그러면 그것은 무엇인가? 현재 한국인이 일본인을 생각
하고 판단하는 주된 근거는 바로 역사적 '과거'이다. 진주에 거주한 적
이 있는 일본의 저널리스트인 사와이 리에(澤井理惠)씨가 쓴 「실감

---

18) 네이버 백과사전: http://100.naver.com/100.nhn?docid=700503(2006.8.7일 검
    색)
19) 박정하, 「문화를 보는 철학」, 『문화와 철학』, (서울: 동녘, 2001(초판 4쇄)), p.22.

진주 생활(實感 晉州暮らし)」에 보면 아주 극명하게 드러난다.

「주한 외국인을 대상으로 한 한국 이미지 조사」라는 기사가 있다
(2003년 5월 26일자 조선일보). 이것은 한국의 이미지 커뮤니케이션
연구원이 조사한 것으로서 대상은 한국 내의 외국기업 주재원, 외교관,
대학교수, 특파원 등이다.

한국인은 친절, 정이 많음, 약동적, 여성이 아름답다 라는 등의 긍정
적인 면 외에 폐쇄적, 무례, 의사소통곤란, 대기오염, 교통정체, 외국인
차별 등 부정적인 요인도 다수 눈에 띄었다. (중략) 나는 진주에서 (한
국 사람들로부터) 폐쇄성을 강하게 느낀다. 진주에서는 일본하면 곧 ①
풍신수길(豊臣秀吉. 토요토미 히데요시)+②일제(일본제국주의)·일
제시대인 것이다. ①과 ②의 사이에 가로놓인 400년이란 시간을 단숨
에 넘어서, 항상 세트로 등장한다.

한류(韓流) 선풍이 아무리 불어도 일본인이 한국을 잘 모르는 것은
변함없지만, 실은 한국인도 일본인을 잘 알지를 못한다.[20]

사와이 리에의 말처럼 한국인에게는 과거사를 통해 '일본'을 바라보
는 눈의 고정화되어 잇다.

이 점은 일본으로부터 전쟁 피해의 경험이 있는 중국에서도 마찬가
지이다. 중국사회과학원 일본연구소가 중일 국교 정상화가 30주년을
맞아 실시한 여론조사에 따르면 「'일본에 친근감을 느끼느냐'는 질문
에 5.9%만이 '그렇다'고 응답했다. 반면 친근감을 느끼지 않는다는 대

---

20) 澤井理惠,「實感 晉州暮らし」①, 韓日交流誌『STESSA』6호, (동경 서울, 2006),
pp.32-33.

담은 43.3%, '보통이다'는 응답은 47.6%였다. 일본에 친근감을 느끼지 않는 이유로는 63.8%가 '중국침략을 아직도 분명히 반성하고 있지 않다'고 대답했다」고 한다.[21]

지난 2005년 3월 16일 일본 시마네현 의회가 '다케시마의 날' 조례안을 가결시켰다. 그 다음날 우리 정부에서는 3·1기미독립선언문 등을 참고하여 한·일관계 신(新)독트린을 발표하였다. 이에 일본 외상은 '뭐라 하건 우리 갈 길을 간다'는 식의 냉담한 담화를 발표하였다. 독도문제에다 역사 왜곡 문제까지 겹쳐 현재 국내에는 반일감정이 고조되면서 '일본인 비토(veto)' 현상도 급속 확산되던 일을 우리는 목격하였다. 시마네현 의회의 조례안을 가결 이후, 모 신문사 인터넷 홈페이지에서는 네티즌을 대상으로 우리 정부의 대응 방식을 일정 기간 설문 조사하였다. 그 문항은 한·일 국교 단절, 주한 일본대사 추방, 독도 군대 파견·주민 정착, 기존 무시정책 일관 등이었다.[22] 이들 항목에서도 볼 수 있듯이, 한일 관계에는 항상 불신과 감정적 대립이 잠복해 있다.

최근 국내에서 일본에 대한 이미지가 호전되는 기미가 보이기도 한다. 그 배후에는 일본문화 개방, 한일의 우호적 교류 등이 있다. 최근 한국일보 요미우리 공동 여론조사에 따르면, 한국인의 일본에 대한 호감도는 1년 새 6%P 올랐고, 일본의 한국에 대한 호감도는 10%P 하락하였다는 보도도 있다.[23] 이 호감도를 좌우하는 근거는 예컨대, 최근

21) http://www.koreaimi.com/data/read.cgi?board=content_02_01&y_number =63&nnew=2(2006년 8월 4일 검색)

22) 최재목, 「체계적 독도연구를 기대하며」, 영남시론,(『영남일보』, 2005. 3. 21)

23) 『한국일보』(2006-08-06) http://news.naver.com/news/read.php?mode=LSS2D &office_id=038&article_id=0000340235&section_id=104&section_

의 북한 미사일 관련 문제, 일본의 독도 영유권 문제 등 양국간에 예민한 현실의 정치적 문제이긴 하다. 그러나 그 뿌리는 역시 '과거'이다.

2) 한국의 儒教的 '理' 중시와 일본의 현실적 '힘' 중시 사이의 간극

우리는 일본의 눈부신 경제성장, 국제정치상의 현실적인 파워에 대해 그다지 평가하려고 하지 않는다. 물론 알고는 있지만, 어쨌든 얕잡아본다. 우리의 일본에 대한 이러한 불신 내지 감정적인 무시는 과연 어디서 비롯한 것일까? 여러 요인들이 있겠지만, 유교문화가 가져다준 문화-도덕의 '중심'이라는 자각과 우월감에서 일 것이다. 이 때문에 일본은 유교문화의 '주변'으로 보고 무시하려는 경향이 짙다.

다시 말해서 과거 우리가 일본을 평가해온 하나의 주된, 아니 '자신만만한 관점'은 바로 유교적 전통 관념이다. 다시 말해서 우리의 눈에 일본은 좀 이질적인, 유교적 평가를 벗어나 있는 주변-야만의 문화였던 것이다. 유교의 전통이 강한 우리나라에서는 '힘(權力)'보다도 의리(義理)와 예절(禮節) 같은 이른바 '이(理)'를 존중해왔다.

이러한 이의 중시는 중국 대륙의 유교적 가치에서 발원한 전통이다. 한국과 중국은 같은 유교 전통의 국가로서 정서가 통하는 점이 있다. '이' 중시는 보편적 원리, 질서, 명분을 존중하는 경향성을 갖는다. 아시아적, 세계적, 인류적인 것과 같은 이른바 '보다 넓은 공동체적 가치'에 대한 지향성 말이다. 이런 문화는 가끔은 '현실'을 빼먹거나 그

---

id2=231&menu_id=104 (2006년 8월 1일 검색)

단계를 대충 건너뛰어 곧바로 이상적, 추상적인 단계로 진입하기도
한다. 그래서 치밀함과 구체성을 결여하여 ‘나이브하다’는 충고까지
듣기도 한다. 반면에 중국 대륙으로부터 멀리 떨어진 섬나라 일본은
유교를 편의적, 실용적으로 받아들여 유교국가라는 호칭을 쓰기에는
좀 곤란한 면이 있다.

　얼마 전, 일본 학계의 원로인 오카다 다케히코(岡田武彦)씨는 중국
의 짱 따이니엔(張岱年)씨와의 대담 속에서 다음과 같은 이야기를 하
고 있다.

　　일본은 전후(戰後), 전통적인 것이나 사고방식을 몹시 경멸하고, 새
　로운 서양 것 특히 미국 것을 받아들인 결과 사회사정이 대단히 혼란해
　졌습니다. 혼란한 첫째의 이유는 이른바 인륜도덕, 유교적인 정신에 대
　해 비판이 일어난 것입니다. 그 때문에 일본 사상계가 혼란하고 일본인
　이 어떻게 존재해야 하는가를 탐구하는 방법을 알 수 없게 돼버렸습니
　다. 그런데, 그 가운데 일본 경제는 크게 발전을 이루었습니다. 하지만
　경제 발전을 지향하는 가운데서도 적어도 회사 속에서는 유교적인 정
　신이 실천되고 있고 이것이 어떤 면에서 경제발전을 성공시킨 것이 아
　닐까 하는 느낌이 있습니다. (중략) 일본의 회사 속에는 사원에 대한 배
　려나 후생 면에서의 충실로 유교정신이 지금에도 발휘되고 있는 것 같
　습니다. 이것은 어떤 의미에서 몰래 몰래 유교적 정신의 영향을 받고
　있는 결과라고 생각합니다.[24]

---

24) 難波征男 편, 『岡田武彦・張岱年 對談: 簡素と和合』, (京都: 中國書店, 1999),
　　pp.86-88.

　오카다 씨는, 서구사상의 영향으로 일본사회와 일본인의 정신에 혼란이 초래되긴 했으나 현대 일본과 일본인에게는 여전히 유교의 정신이 살아 있고 그것이 또 일본경제 발전의 원동력이 되었다고 보고 있다. 이러한 생각은 현대의 일부 일본 유교연구자들 사이에서 뿐만이 아니라 근대의 일본 지식인들 사이에도 유포되어 있었던 것 같다.

　명치시대에 일본 정부는 유교를 체제 교학으로 이해하고 그것을 근대 일본의 정신적 지주로 삼고자 하였다. 예컨대 모토다 나가자네(元田永孚. 1818-1891)의 「교학대지(敎學大旨)」(明治12年發布)에서는 이렇게 말하고 있다.

　　근래 오로지 지식재예(知識才藝)만을 숭상하고, 문명개화(文明開化)의 말단에 치닫고,품행을 깨트리고,풍속을 손상하는 자가 적지 않다. (中略) 이것은 우리 나라(我邦) 교학의 본의가 아니다. 그래서 지금 이후,조상들(祖宗)의 가르침(訓典)에 기초하여 오로지 인의충효(仁義忠孝)를 밝히고,도덕의 학은 공자를 위주로 하여,이 때문에 사람들이 성실과 품행을 숭상하여서 (中略) 대중지정(大中至正)의 교학(敎學)이 천하에 두루 꽉 차도록 하면 우리 나라 독립의 정신에 있어,온 세상(宇內)에 부끄러울 것이 없을 것이다.[25]

　모토다 나가자네는 요코이 쇼난(橫井小楠. 1828-1883)과 함께 메

---

25) 輓近專ラ知識才藝ノミヲ尙トビ,文明開化ノ末ニ馳セ,品行ヲ破リ,風俗ヲ傷フ者少ナカラズ, (中略) 是我邦敎學ノ本意ニ非ザル也.故ニ自今以來,祖宗ノ訓典ニ基ヅキ,專ラ仁義忠孝ヲ明カニシ,道德ノ學ハ孔子ヲ主トシテ,故ニ人 誠實品行ヲ尙トビ,(中略) 大中至正ノ敎學, 天下ニ布滿セシメバ,我邦獨立ノ精神ニ於テ,宇內ニ恥ル事無カル可シ.

이지유신(明治維新) 무렵부터 명치시대에 걸쳐서 활약한 사람으로, 모두 오오쯔카 타이야(大塚退野. 1677-1750)의 학풍을 잇는 사람이다.

오오쯔카는 퇴계의 『자성록(自省錄)』을 읽고 주자학의 참된 의미를 깨달았으며, 퇴계의 '퇴(退)'자를 따서 '타이야(退野)'라고 호를 할 정도로 퇴계를 존숭한 사람이다. 모토다 또한 타이야의 영향으로 퇴계를 매우 존경하였다. 모토다는 메이지텐노(明治天皇)가 스무 살이던 때부터 시강(侍講)이 되어 그의 절대적인 신뢰를 얻었다.

일본의 문부성(文部省)이 당초 서양의 학제를 모방하여 교육방침을 공리주의, 실용주의, 입신출세주의로 하였는데, 텐노오는 그것을 바로잡아야만 일본의 장래가 있다고 생각하여 메이지 12년 모토다에게 「교육대지」를 기록하도록 명령하였다. 이것은 메이지의 교육방침을 크게 바꾸어 놓는 실마리가 되었을 뿐만 아니라 훗날(메이지23년) 『교육칙어(教育勅語)』로서 공포되어 그 정신이 구체적으로 서술되었다. 모토다는 『교육칙어』를 기초하는데 누구보다도 크게 힘썼던 사람인데, 그는 「정주(程朱)의 학문은 조선의 퇴계에게 전해졌으며 타이야 선생은 퇴계가 편찬한 『주자서절요(朱子書節要)』를 읽고서 문득 깨달은 바가 있었다. 나는 지금 타이야의 학문을 이어받아 그것을 폐하께 올리고자 한다.」고 말하였다.

이처럼 『교육대지』거나 『교육칙어』는 유교윤리를 근간으로 한 것이었다. 물론 『교육칙어』는 일본의 패전 이후, 학교에서 시행하는 방법상에 문제가 있고 또 일본 군국주의의 국민도덕교육으로써 악용되었던 탓에 그 효력이 상실되어 현대의 일본의 교육학계에서는 고려의

대상이 되고 있지 않다.[26)]

식민지 시기 우리나라 경성제국대학 교수를 역임하였고 조선의
주자학(특히 퇴계학)에 많은 관심을 가졌던 아베 요시오(阿部吉雄.
1905-1978)는『이퇴계 그 행동과 사상(李退溪 その行動と思想)』이
란 책[27)]에서 대략 앞서 서술한 내용을 언급하고 나서 다음과 같이 말
하였다.

> 메이지 시대는 표면적으로 보면 서양문화가 지도적인 정신이 되고
> 유교는 쇠퇴해버린 것으로 생각되지만 실은 교육정신을 근간으로 이
> 룬 것이 유교윤리이며, 또 당시의 문화인 · 지식인은 에도시대 한학(漢
> 學)의 교양을 깊이 몸에 갖추고 있는 사람들이며, 그런 교양을 토대로
> 하여 새로운 문화를 만들어낸 사람들이었다. 그런 의미에서 유교는 표
> 면적으로는 그림자도 형체도 없어져 버린 것처럼 보이지만, 실은 일본
> 인들의 피가 되고 살이 되어 새로운 문화를 만들어 내는 토대가 되었
> 던 그런 시대라고 볼 수도 있을 것이다. 아마도 2백 개 이상이나 있었던
> 일본의 공자묘(孔子廟)가 일제히 그 모습을 감추어버려, 유교는 그림
> 자도 형체도 없어져 버린 것처럼 보이지만 실은 그렇지 않았던 것이다.
> 그것은 마치 일본이 한자와 가나가 뒤섞인 문장을 써서, 전래된 한자를
> 완전히 일본화시켜 버린 것과도 같은 것이다. (중략) 그것과 마찬가지
> 로 유교사상도 완전히 일본화된 것이며, 메이지 시대에 일본이 비약적
> 인 발전을 할 수 있었던 것도 유교가 근간이 되어 있었기 때문인 것으
> 로 생각된다. 형식적인 유교의 예(禮)는 없어지고, 단지 그 정신만 살아

---

26) 아베요시오,『퇴계와 일본유학』, 김석근 옮김, (서울: 전통과 현대, 1998), pp.125-
129 참조.
27) 이 책은 김석근에 의해『퇴계와 일본유학』(주14)이란 제명으로 번역되었음.

있다는 것은 일본 유학의 가장 큰 특색인 것이다.[28]

아베 요시오는, 메이지 시대는 「유교는 표면적으로는 그림자도 형체도 없어져 버린 것처럼 보이지만, 실은 일본인들의 피가 되고 살이 되어 새로운 문화를 만들어 내는 토대가 되었던 시대」로 보고 있다. 이런 지적은 이미 앞서서 든 『교육대지』에서도 「조상들(祖宗)의 가르침(訓典)에 기초하여 오로지 인의충효(仁義忠孝)를 밝히고, 도덕의 학은 공자를 위주로 하」자 라는, 이른바 과거 일본의 참된 유교정신 회복이라는 선언적인 언설과도 맥을 같이한다. 그런데 과연 일본의 근대 혹은 그 이전에서도 유교가 뿌리내렸고, 유교도덕이 일본사회의 근간이 되었다고 할 수 있을까?

친쑨천(陳舜臣)씨는 유교관련 그의 저서에서 다음과 같이 말한다.

> 일본에서는 유시마(湯島)의 성당(聖堂)을 비롯하여 번학(藩學)에 공자를 제사지내지만 유(儒)를 종교로는 생각하지 않았다. 유(儒)가 종교인지 아닌지는 일본에서는 근대에 이르기까지 그다지 논해지지 않았다. 종교가 아닌 것이 자명한 것으로 여겨졌기 때문이다. 「유교(儒敎)」라는 말을 사용해도 그 「교(敎)」는 교육, 교훈의 「교」로 생각되고 있었다. 학문이나 교양으로서의 유교는 전해졌지만 그것은 생활에는 파고들어가지 못했던 것이다. (중략) 유(儒)는 일본에 전래했다고는 하지만, 제사(祭祀)를 뺀 것이었다. 유시마 성당(湯島聖堂)이나 시즈타니

---

28) 아베요시오, 『퇴계와 일본유학』, pp.130-131.(인용자가 문맥에 맞게 약간 고친 곳이 있음.)

학교(閑谷學校)[29]에 공자를 제사지내고는 있지만 어쩐지 단순한 의례 (儀禮)에 지나지 않는다고 생각한다. 「아저씨(おじ)[30]」, 「아주머니(お ば)[31]」, 「사촌(いどこ)[32]」(의 세부적인 내용)[33]을 구별하지 않는 것은 유적(儒的) 제사가 일본에 전해지지 않았던 것을 의미하는 것이라 말 해도 좋을 것이다. 무엇보다도 일본에서는 동성금혼(同姓禁婚)이라는 타부가 없다. 동성 결혼은 중국에서는 법률로는 금지되어 있지 않다. 그런데 한국에서는 본관(본적지)를 같이하는 동성끼리의 결혼은 법률 로 금지되어 있다. (중략) 유교는 조선에서는 그대로의 모습으로 전래 되었는데, 일본에서는 유교로부터 제사를 빼고, 윤리, 학문, 교양으로서 의 유(儒)만을 채용한 것이다. 이러한 일본의 유(儒)를 본래의 유로서 논하는 것은 문제가 있다.[34]

이 논의에 따르면 일본에서는 유교로부터 제사를 빼고, 윤리, 학문, 교양으로서의 유(儒)만을 채용한 것인데, 이러한 일본의 유(儒)를 본 래의 유로서 논하는 것은 문제가 있다고 한다.

쿠로즈미 마코토(黑住眞)씨는 다음과 같이 말한다.

유학을 배우든지, 연구하는 사람들, 또 그것과 관련된 학교, 그 외의 사회제도는 19세기까지는 일본(근세, 에도 시대)에서는 꽤 많이 퍼져

---

29) 시즈타니코우(閑谷黌)를 말함. 에도(江戶) 시대의 향학(鄕學)[옮긴이 주].
30) 삼촌, 백부, 숙부, 외숙부, 고모부, 이모부. 부모의 손위는 伯父, 손아래는 叔父로도 씀. 또 이모 고모의 남편의 경우도 같음[옮긴이 주].
31) 큰어머니, 작은어머니, 외숙모, 고모, 이모의 총칭(옮긴이 주).
32) 사촌 형제(從兄弟) 사촌자매(從姉妹) 모두를 일컬음.(옮긴이 주)
33) ( ) 안의 것은 옮긴이.
34) 陳舜臣, 『儒教 三千年』, (東京: 朝日新聞社, 1993(7刷)), pp.208-212.

있었다. 여기서 상세하게 다루지는 않지만 근세 일본인들에 있어서 지식의 기초 교양이 유학에 의해서 길러지고 그것이 사회를 어느 정도 이끌어 갔다는 것은 분명하다. (단지 사회 전체 속에서의 유학의 위치 설정 방법이 어떠했는가에 대해서는 주의할 필요가 있다.) 그러나 서양의 충격에 의해서 유학의 학습 연구 상태는 크게 바뀐다. 서양의 충격을 계기로 해서 일어나고 그리고 이미 일어나고 있었던 근대 국민(국가) 형성 운동 속에서 근세까지의 유학의 학습 연구의 흐름은 상당수가 단절되어 버렸다. 하지만 그것은 세 개의 영역에서 새롭게 이어졌다고 보여진다. 첫째는 도덕의 영역, 둘째는 근대 독자의 영역, 셋째는 대학 아카데미즘의 영역이다. 첫째는 초등 중등 교육, 사회 교육 등을 비롯한 관(官)·민(民)에서의 여러 가지 국민 사상 계몽 이데올로기 운동이다. 둘째는 근대적 미디어의 성립에 의해 태어난 문학 독서인에 있어서의 유학과 한학 교양의 세계이다. 이것은 첫째 보다는 직접적인 정치성, 도덕성이 엷다. 셋째는 관·민에 의해 만들어진 대학에서의 학과·학계를 기초로 해서 전개되는 연구의 세계이다. 이들 세 가지는 독립되어 있으면서도 서로 연결되어 있고 어느 정도 서로 침투해 있다.[35)]

이러한 논의를 두고 볼 때, 일본의 근대에 있어서 유교는 지식인들의 기초교양이거나 학자들의 학문적인 방법론, 연구 시각에 의해 주도되고 각색되는 대상화된 어떤 것이었지 일본인에게 체질화된 것은 아니었다는 것을 이해할 수 있다. 그래서 유교는 일본 대중문화의 전통과는 다르다는 주장도 가능하다. 모토다 나가자네의 「교학대지(敎學大旨)」같은 것은 그야말로 초등 중등 교육, 사회 교육 등을 비롯한

---

35) 黑住眞, 「일본에 있어서 신유학 연구」, 『제1회 경주국제학술포럼논문집: 동아시아 사상의 세계』, (국제동아시아사상연구회, 1995), pp.39-45을 요약한 것임.

관(官) · 민(民)에서의 여러 가지 국민 사상 계몽 이데올로기 운동이며, 그런 점에서 작위적이고 인위적인 노력의 소산에 해당한다고 해야 할 것이다.

이 점은 다음과 같은 지적에서도 잘 드러난다.

> 일본의 봉건체제 하에서 서민은 위정자가 되는 길이 막혀 있었기 때문에 군자에 대한 길을 말하는 유교를 그대로 넓혀도 무의미한 것이었다. 거기서 통속 도덕들은 가족 · 정촌(町村) · 상업관계와 같은 한정된 사회 속에서 유용한 도덕으로서 유교를 재구성한 것이다. 이러한 근세의 유교적 사상은 명치 이후 소용돌이에 말려드는 것처럼 국가 신도 속에 수렴되어 간다. 그리고 패전 후의 국가 신도 해체와 함께 사실상 붕괴했던 것이다. 이 때문에 전후의 일본에는 유교의 전통은 끊겨 버리고 말았다. 그러나 「인의(仁義)」, 「의리(義理)」와 같은 유교의 중심 개념이 이른바 야꾸자 용어로서 살아 남은 것은 흥미롭다. 혹은 이 점을 추구해 보면 일본인과 유교의 관계의 알려지지 않은 면을 밝힐 수도 있을 것이다.[36]

이처럼 유교는 이른바 「일본적」인 것을 주도적으로 형성한 것이 아니었다.[37] 일본인들은 유교적 가치 이전에 구체적 현실상황의 '추이' '동태'를 중시한다. 현실에 근거하여 실제적 대응 방식과 합리적 원칙을 찾아낸다. 여기서 유교적인 '이'는 부정되거나 무시된다. 이런 문화

---

36) 澁谷申博 외, 『東洋思想がわかる』, (東京: 日本文藝社, 2000), p.103.
37) 지금까지의 논의는 최재목, 「일본사상(특히 유교)의 기저는 무엇인가?」, 『동아시아학의 모색과 지향』, (서울: 성균관대 동아시아학술원, 2005), pp.238-246을 많이 참조.

에서는 이미 정해진 원리(天理/定理)란 없고 주어진 일에 대한 성실성(誠)이 부각된다.

유교에서 말하는 이미 정해진 이(理)보다는 현실적 국가권력이나 법에 의존하고, 인간의 차별·차이(分)를 있는 그대로 인정한다. 이들에게 의리, 아시아적 평화와 가치같은 보편적·추상적인 개념은 잘 이해되지 않는다. 애당초 그들에게 보편적 '이'란 부재한다고 할 수 있다.

일본이 18세기 말기에서 19세기 초기 서양 세계와의 만남과 충격(western impact)에서 보여준 분명한 자타(自他) 인식, 그리고 아시아 침략으로 귀결된 근대 내셔널리즘의 생성과정은 '뒤떨어진 아시아적 가치'를 빨리 버리고 '앞선 서구적 가치'를 배워 그들과 어깨를 나란히 하는 일이었다. 탈아입구((脱亞入歐)의 논리가 그것이다. 그들은 서구 열강의 침략에 대해 심각한 위기감을 느끼면서도 심저(心底)에서는 그들의 현실적 '술수·기술(術)'에 감탄하며 그것을 착실히 학습·모방했다. 그 결과 근대 일본은 탈아입구의 제국주의자로서 성장했다. 서구를 미워하면서 닮아간 그들은 아시아 속의 서구 행세를 하며 종래 그들이 당한 원한과 콤플렉스를 아시아 지배를 통해 해소했다. 자기들이 지배하지 않았다면 서구의 누군가가 아시아를 지배했을 것이기에 "우리는 아무런 잘못도 저지르지 않았다"는 식의 어법에 그들은 현재도 친숙하다. 이런 살육자의 몰염치한 변명은 죽은 자를 다시 죽이는 일이며, 피비린내 나는 식민지배를 정당화하고 그런 역사를 이상화·미화하는 작업이다.[38] 같은 사농공상(士農工商)의 '사' 자를 두

---

38) 이러한 논의는 고야스 노부쿠니, 『동아 대동아 동아시아 (근대 일본의 오리엔탈리

고 한국은 유교적 이를 존중 · 실현하는 인간상인 '선비'로, 일본은 힘을 행사하는 계층인 '사무라이(무사)'로 풀이한다. 우리는 아직도 유교적 원리와 같은 보편적 이상을 버리지 않고 있다. 그러나 일본은 여전히 냉혹한 국제사회의 힘(무력)의 원리를 중시한다.[39]

따라서 과거에 대한 한국인의 입장과 일본인의 입장은 다를 수가 있다. 전쟁과 지배의 경험에 대해 한국은 늘 '어떻게 이웃 나라가 그럴 수 있느냐?'고 하고, 일본은 '인간 사회, 더욱이 국제사회에 얼마든지 그럴 수가 있다'는 입장이다. 이 간극이 크면 클수록 한국에서 일류 붐은 진전되지 못할 것이다.

3) 한국에서 '일류' 붐의 가능성 탐색[40]

2004년 6월 한 · 일 양국의 정상회담에서 2005년을 '한 · 일 우정의 해'로 정한 적이 있다. 우리는 이미 한 · 일 양국 국교정상화 40주년을 넘겼다. 2002년 월드컵 공동개최 이후 증대된 양국간의 우호적 협력 분위기가 지속 · 발전돼야 한다는 취지에서 우리 문화관광부와 일본 국토교통성은 2004년을 '한 · 일공동방문의 해'로 정하여 다양한 행사를 마련한 바 있다.

즘) 』, 이승연 옮김, (서울: 역사비평사, 2005)를 참조.

39) 최재목, 「反日, '힘'과 '理'의 균형에서 」, 『영남시론』(『영남일보』2005. 4. 18) 참조.

40) 이 부분은 졸고 「일본사상(특히 유교)의 기저는 무엇인가?」 영남일보의 「영남시론」에 연재한 졸고 「'친일' 콤플렉스를 넘어서 (2005. 2. 21), 「체계적 독도연구를 기대하며」(2005. 3. 21), 「反日, '힘'과 '理'의 균형에서」 (2005. 4. 18), 「경계 · 탈경계의 혼돈기에」(2005. 5. 16), 그리고 졸고 「일본문화 개방을 두고」, 『시인이 된 철학자』, (수원: 청계, 2000)를 많이 참고하였다.

최근 욘사마(배용준)의 인기로 불붙은 한류붐이 일본 전역을 휩쓸었다. 욘사마 열풍의 경제효과는 자그마치 2조 3천억원 규모라고 한다. 치욕적인 과거사를 떨쳐버리지 못한 우리에게는 강한 반일 감정이, 대다수 일본인들에게는 식민지에 대한 편견이 잔재해 있는 가운데 양국 간의 문화교류 '밀월'은 반가운 일이다. 대중문화 교류를 매개로 두 나라 사이 해묵은 감정의 벽 허물기는 상호침투적으로 진행되어', 쪽발이', '조센징'과 같은 민족적 편견을 '일본인', '한국인' 즉 대등한 인간적 관점으로까지 끌어올렸다.

한 · 일 양국간에는 1998년 10월 이후 2000년 9월까지 모두 네 차례의 문화개방이 이뤄졌다. 그리고 지금 두 나라는 자유무역협정(FTA) 체결을 눈앞에 두고 있다. 하지만 한 · 일 관계의 진정한 회복은 무엇보다도 '상호 신뢰'의 구축이다. 따지고 보면 두 나라 사이의 어제와 오늘은 '과거사 청산'과 '대중문화 교류'라는 두 틀의 복잡한 교직(交織)으로 점철되어 관점 정리도 단순치 않은 것이 사실이다.

한국에서 일류 붐은 분명히 일본을 긍정적으로 이해하는데 큰 역할을 할 것이다. 그런데 교과서 왜곡과 망언, 일본군 위안부 보상, 고위 관리들의 신사참배와 같은 과거사와 관련된 단시일에 해결될 수 없는 문제가 지속적으로 한국인의 반일 감정을 부추기고 있다. 이 외에 독도영유권 주장, 자위대 해외파견 등 보수 우익화 등도 거기에 큰 몫을 한다. 물론 그렇다고 국내에 꼭 반일 감정만 있는 것은 아니다. 의식적이든 무의식적이든 우리는 이미 일본문화에 깊이 발을 들여놓고 있다.

종래 일본이라는 지역의 문화가 갖는 성향 경향들을 우리 학계나 사회 일각에서 너무 특수화시켜온 것도 사실이다.[41] 그것은 하나의 바라봄의 간극을 만들어 내어, 일본을 다름 차이에서 존중하기 보다는 너무 쉽게 '가깝고도 먼 나라'로서 단절, 정리해버리는 경향도 있어왔다. 다름 차이는 소통을 위한 자료이지 단절을 위한 방법론적 무기는 아니다.

이제 우리는 한일은 상호간의 이해를 위해서, 한국은 이렇고 일본은 저렇다는 식으로, 어느 한 민족이나 특정 지역의 지성과 논리를 유형별로 추출해내고, 더욱이 그러한 어떤 성향, 경향성, 특질을 성급하게 고정화, 실체화, 정태화(靜態化) 도식화하여 마침내 그것을 한 민족과 지역을 도식적으로 이해하는 일을 자제해야 한다. 과거 식민사관이 우리 민족, 나아가 아시아 민족을 형편없이 추악한 꼴로 만들었듯이, 지금 우리에게 한 사회의 독특한, 이른바 독자적인 성격·특성 규정이 얼마나 그리고 왜 중요하고 유효한 것인지는 신중히 고려해 볼 보아야 할 것이다. 물론 지역의 문화적 사회적 특성이 지니는 특성들이 무시되어서도 안 될 것이다. 그러나 분명한 것은 그러한 특성들을 구별하려는 시각에 숨은 의도들에 대한 근본적인 성찰이 필요하다는 것이다.[42] 이를 통해서 일본 지역의 실체화·고정화를 넘어설 수

---

41) 이에 대한 논의는 최재목, 「일본사상(특히 유교)의 기저는 무엇인가?」, 『동아시아학의 모색과 지향』, pp.233-252을 참조.

42) 예를 들면 그 대표적인 예가 「오리엔탈리즘(orientalism)」이다. 오리엔탈리즘이란 근세 유럽의 문학·예술상의 동방 취미(東方趣味) 풍조 즉 낭만주의의 한 경향인 이국취미(異國趣味)를 대표하는 것으로 오리엔트=동방세계에 대한 동경을 표현상의 동기 또는 제재(題材)로 삼은 것이다. 이러한 풍조는 아주 막연한 것이긴 하나 18세기경부터 유럽 각지의 상류계급 사이에 유행하여 시누아즈리(chinoiserie: 중국취미)·튀르크리(turquerie: 터키취미) 등이라고 하여 미술이나 음악의 주제로 삼게 되었다. 19세기에 들어와 동방과의 교류가 빈번해짐에 따라 작가 자신이

있다. 그것은 이제 일본에 대한 기층연구란 일본이란 지역의 구체적인 역사와 제도, 사회와 문화 등등을 구체적이고도 객관적으로 연구

동방의 나라들을 여행하여 직접 그 풍토와 풍속에 접하여 그들의 표현영역을 확대하는 경향이 커졌다. 문예상에서 오리엔탈리즘이라고 하면 용어에 내포된 '오리엔트'의 개념, 즉 고고학(考古學)이나 역사학상의 '오리엔트'와 같이 분명한 것은 아니고 극동지방이나 아프리카 북부까지도 포함한 동방세계 전체를 가리키는 것이 통례이다.

정치와 권력의 문제에서 오리엔탈리즘은 서구에 의한 동양의 부정적 인식과 폄하, 동양 침략의 근거가 되어왔다. 서구 근대 이후의 세계사는 서양이 다른 문명권을 지배 억압하는 역사였다. 다시 말하면 오리엔탈리즘은 오리엔트, 즉 동양(중동, 아랍, 아시아)에 대한 선입견과 인식의 틀이 일정한 방향으로 굳어져 확대·재생산되어 나오는 근거였다. 그 핵심은 사람들로 하여금 동양이 열등하고 비이성적이며, 폭력적이라고 느끼고 사유하도록 만드는 것이다. 그 반대 항으로 묘사된 서양은 우월하고 이성적이며 평화를 애호하는 존재이다. 서양문명과의 만남 이후 한국인들이 미국과 유럽에 대해 느끼는 열등감도 바로 오리엔탈리즘에 근원한다. 오리엔탈리즘은 동·서양의 두 항의 대리구도로서만 머무르지 않는다. 일본 제국주의의 한반도 지배, 그리고 우리 내부에 존재하는 지역색, 지역차별의 논리도 이에 속한다. 특히 위대하고 세련되고 강한 중앙=서울에 대해서 약하고 촌티나는 시골=지방의 대립적 논리는 우리 내부에 기생하는 오리엔탈리즘의 전형이다. 에드워드 사이드(Edward Said)는 일찍이 그의 저서인 『오리엔탈리즘(Orientalism)』(1979)에서 「서양에 의해 구성되고, 전유되고, 날조된 동양」이해와 관점을 말한 적이 있다.

오리엔탈리즘과 더불어 「아시아적 가치」의 우위를 강조하는 것도 문제이다. 아시아적 가치는 경제적 성과를 등에 업은 싱가폴의 리 콴유, 말레이시아의 마하티르 모하마드가 권위주의적 통치를 정당화하기 위한 도구로 앞세운 논리이다. 그리고 아시아적 정실자본주의는 원래 필리핀의 독재자 페르디난드 마르코스의 족벌체제를 가르키는 말이다. 아시아적 가치논쟁, 중국형이니 일본형, 한국형이니 하는 사고구조 경제성장의 모델들이 갖는 한계가 무엇인지 하는 것에서 우리는 되새겨볼 대목들이다. 마찬가지로 유교자본주의론, 유교르네상스론, 유교권, 한자문화권 등의 말들도 무조건 긍정되고 찬양될 것은 아니다.

여기서 한가지 간과해서는 안될 것은, 오리엔탈리즘(Orientalism)과는 반대로 '옥시덴탈리즘(Occidentalism)'이란 것이 있다는 점이다. 반오리엔탈리즘으로서의 옥시덴탈리즘은 「동양에 의해 구성되고, 오해되고, 날조된 서양」이해나 관점을 말한다. 다시 말해서 오리엔탈리즘이 「동양을 열등하게 설정하는 서양의 편견」이라면, 옥시덴탈리즘은 「서양을 우월하다 상정하는 동양의 편견」이다.

하는 것이다. 그것을 바탕으로 일본을 다시 바라봐야 할지도 모른다. 여기서 객관적이란 이러한 기층적인 차원의 논의들이 충분히 다른 문화들과 「비교」, 「대비」, 「대조」되는 방향으로 나아가는 일이다.[43] 비교와 대비, 대조도 그 대상으로 삼는 상이한 어떤 것이 어째서 그렇게 그런 논의의 틀 속에 들어올 수 있는지를 추궁해 들어가면 논거가 궁색하다는 원초적인 한계가 있다. 하지만 애당초 비교나 대비, 대조는 상이한 어떤 것들 사이에 「같다(同)」는 점보다는 「다르다(異)」는 것이 있음을 인식 · 자각하는 것에 중요성이 있다. 다른 것을 다른 것으로 바라보는 훈련, 그리고 그 다른 것을 나 혹은 우리의 것과 차별 · 차등화하지 않는 것이 중요한 것이다. 더욱이, 역사 속에서 많이 보아왔듯이, 나 혹은 우리와 다른 것(타자)를 고정불변의 어떤 것, 즉 실체로서 본질화하여 그것을 무시, 멸시, 배척하는 것은 더더욱 위험한 일이다.[44]

우리와 남 사이의 경계를 확인하는 일은 결국 각기 하나 되는 국가와 민족을 확인하고 총화단결을 유도해내는 고전적인 매우 유효한 방법의 하나이다. 그런데, 흔히 문화 특질 및 성향의 구분이 과도한 민족주의, 국가주의와 연결되곤 한다. 여기서는 경계와 탈경계의 중간 항

---

43) 이렇게 우리가 지역사의 의미를 재인식해 가는 것은 지역이 가진 「내재적 변화의 중시」이고, 중앙(혹은 중심)에 대해 「지역연구의 중시: 공간적 차별화/기층사회의 중시」라고 말할 수 있다. 이 점에서 서구=중심에 서서 중국=주변을 바라보고자 했던 종래의 서구중심의 중국연구를 비판하고, 「중국중심의 역사를 향하여!」를 외치는 폴 A. 코언의 입장은 동아시아 사상사 속에서 지역 연구에도 하나의 좋은 지침을 제시하고 있다.[이에 대해서는 폴 A. 코언, 『미국의 중국 근대사 연구』, 장의식 외 옮김, (서울: 고려원, 1995)를 참조할 것].

44) 최재목, 「일본사상(특히 유교)의 기저는 무엇인가?」, 『동아시아학의 모색과 지향』, pp.249-251을 많이 참조.

을 용납하지 않는다. 아니면 탈경계적 자유주의를 내세워 중간 항마저 경계 속에 삼켜버리거나 자신의 힘이 닿는 모든 것을 경계로 삼으려고도 한다. 그런 관점의 근원은 유럽에서 태생된 제국주의다. 제국주의에 당하며, 그들을 미워하며 닮아 온 것이 아시아이다. 일본의 대동아공영권, 중국의 대중화공영권 등과 같이 '하나되는 아시아'의 환영은 제국주의적 침탈 수법의 모범적 실천론이다. 흔히 가진 자들이 더 가지려고 하고, 힘 있는 자들이 더 많은 힘을 지니려고 한다. 그들은 더 '높은' 언덕에 올라 그들의 시야에 들어오는 '낮은 곳'의 모든 것을 자기 것으로 만드는 데 익숙하다. 아마도 우리는 제국주의를 미워하면서 그들의 논리에 너무 친숙해져있는 것이 아닐까.

우리가 향후 일본과 동반자로서 공동 이익 및 선(善)을 창출하려면 우선 같음(同)보다도 다름(異)을 존중하는 데서 출발해야 한다. 이를 토대로 만남·대화의 '횟수'와 '폭'을 확대해 갈 수밖에 없다. 오늘날 필요한 새로운 의미의 '친함'도 여기서 조성될 것이다.

3. 결론

우리나라에 일류 붐이 일어나기까지는 아직 갈 길이 멀다는 생각이 든다. 이제 아래에서는 앞서서 충분히 논의하지 못한, '일류 붐의 걸림돌'이 되는 두 가지 예를 들어 설명하면서 마무리하고자 한다.

첫째, 우리 의식 깊숙이 내재한 친일파 분류 등에서 보여지는 이른바 '일본 콤플렉스'이다. 우리 현대사에서 '친일'이라는 말은 빨갱이처럼 대단한 인신공격력을 갖는다. 정적(政敵)을 낙오시키는 고전적 수법 중의 하나가 그 사람의 행적을 조사하여 친일파라는 명칭을 뒤집어씌워 반민족적 인물임을 부각시키는 일이다. 최근 영화 '그때 그 사람들'로 화제인, 군부독재의 표상 박정희의 부정적 평가 중의 하나는 바로 일본육사 출신과 같은 친일 행적이다. 그것은 다른 행위보다도 강하게 부각되고, 심지어 그 정치적 후예들의 보폭마저 좁게 만들고 있다. 이렇게 친일이라는 말에 우리가 예민한 것은 지난 일제치하의 처참하고도 불행한 기억 때문이다. 그 만큼 한일간의 과거사는 강인하고도 집요하게 우리를 옥죄고 있다. 따라서 일본의 경우에는 무의식 중에 피해의식·반일감정·배타적 애국주의(chauvinism)가 복합적으로 작동하고 만다. 사실 이러한 일본 콤플렉스를 벗어나지 않고서는 진정한 지일(知日)도 극일(克日)도 없다. 친하다는 말에 편안해질 때 일본과의 진정한 우호도 가능할 것이다.

둘째, 일류 붐을 제어하는 정치적 기제가 바로 독도 영유권 문제이다. 잊을만하면 터져 나오는 이 문제는 양국 정치가들의 입지 구축을 위한 일종의 국민적 이용물이다. 이것이 상시 작동하고 있는 한 일본의 문화가 한국 속에 깊이 침투하는 일은 어려울 것이다. 물론 영토를 몸에 비유한다면 아무리 작은 땅, 돌 하나라도 내 몸 아닌 것이 없다. 그런 만큼 영토 문제 하나로 얼마든지 국민을 적나라하게 자극·선동하여 긴장케 할 수 있다. 개인이나 특정 집단이 공공의 명분과 가면을 쓰고 얼마든지 불순한 의도로 경계 논리 조작·장악으로 국민감정을 최대한 이용할 수 있다. 독도 논의가, 좋은 일본 문화 유입을 항상 방해하는 것이 되어서는 안 된다. 그 동안 우리나라에서 국제화, 세계화의 기치로 영토적 경계마저 희미해지고 허물어지는 듯했다. 그러나 중국의 동북공정, 일본의 독도 영유권 주장 등으로 우리 경계에 대해 자주 신경이 곤두서곤 한다. 민족, 국가라는 울타리를 초월하여 세계로 직입(直入)하기에는 여전히 거쳐야 할 절차가 많음을 실감한다. '우리 땅에서'라는 경계의 삶과 '어느 땅이든'이라는 탈경계의 삶은 서로 모순된 것처럼 보인다. 하지만 실제 우리는 국가와 세계, 민족과 인류, 경계와 탈경계라는 양항(兩項) 사이를 오가며 살고 있음도 부정할 수 없다. 우리말도 배우며 외국어도 배우고, 우리 것도 좋아하지만 동시에 남의 것도 좋아하는 것은 지극히 정상적인 우리 일상이다. 한국인으로서 살 것인가, 세계인으로서 살 것인가를 칼로 자르듯이 이분법적으로 구분·선택하는 것이 아니다. 발 디딘 곳을 향토-국토로 아끼되 이향·타향-이국·타국의 시점도 추량하여 수용할 수 있는 균형감 있는 인간이어야 한다.

이렇게 본다면 일류 붐은 국가적 차원이 아니라 민간적 차원에서 적극 추진되어야 하며, 또한 국제적 시야를 가진 새로운 세대들에 의해 새롭고도 활발하게 추진되어야 한다. 최근 한일 간에 평화 및 환경 등에서 시민 차원의 민간 연대가 형성되고 있다. 이렇듯이 문화 부문에서도 상호 교류연대가 필요하다고 본다. 그리고 한일 간의 문화 교류에서 국가의 과도한 개입보다는 대중들의 자정 능력을 신뢰하고 또한 지원해주어야 할 것이다.

특히 한일간의 관계에서는, 문화건 정치건,「국가적 경계들(national boundaries)이나 민족적 정체성(ethnic identity)에 얽매이지 않는 일종의 보편적 공간에 존재하는」많은 '지성인'[45]의 출현과 그들의 역할

---

45) 에드워드 W. 사이드,「민족과 전통의 차단」,『권력과 지성인』, 전신욱 서봉섭 옮김, (서울: 도서출판 窓, 1996), p.63 참조.

이 중요하다는 생각이 든다. 왜냐하면 문화가 감추고 있는 어떤 각 민족들이 가진 전통과 전통적 가치들의 '기념비적인 고요함' '냉담함'을 뒤흔들고 자극적으로 깨뜨릴 수 있는 사람들이 바로 지성인들이기 때문이다.[46]

마지막으로, 이 글에서는 일류 붐의 '한계'와 그 극복방안에 대한 논의를 중심으로 '일류'의 현상을 언급하였기에 '일류의 현상'에 대한 구체적인 예들의 분석은 다루지를 못했다. 따라서 이에 대한 연구는 다음 기회로 돌리기로 한다.

---

46) 에드워드 W. 사이드, 「민족과 전통의 차단」, 『권력과 지성인』, p.79 참조.

참/고/문/헌

〈韓國思想의 低流와 退溪學〉

- 『詩經』
- 『中庸』
- 權近, 『入學圖說』(『入學圖說』, 권덕주 역, 을유문화사, 1974)
- 李彦迪, 『晦齋全書』(『國譯 晦齋全書』, 默民回甲記念事業會, 1974)
- 李滉. 『退溪先生全書』
- 中江藤樹, 『藤樹先生全集』1, 岩波書店, 1940
- 丁若鏞, 『與猶堂全書』
- 『三一神誥』
- 금장태, 『『聖學十圖』와 퇴계철학의 구조』, 서울대 출판부, 2003
- 다비드 르 브르통, 『다비드 르 브르통 산문집』, 김화영 옮김, 현대문학, 2011
- 대니얼 맥닐, 『얼굴(THEFACE)』, 안정희 역, 사이언스북스, 2003
- 마리아라이너 릴케, 『말테의 수기』, 민음사, 2013
- 마르티나 도이힐러, 『한국사회의 유교적 변환』, 이훈상 옮김, 아카넷, 2003
- 문석윤, 『동양적 마음의 탄생』, 글항아리, 2013
- 방인, 『다산 정약용의 『周易四箋』, 기호학으로 읽다』, 예문서원, 2014
- 성낙주, 『석굴암, 법정에 서다』, 불광출판사, 2014
- 吳經熊, 『禪의 황금시대』, 류시화 옮김, 경서원, 1993

- 원효,『대승기신론소별기』, 은정희 역, 일지사, 1990
- 윤사순,『조선, 도덕의 성찰』, 돌베개, 2009
- 伊藤博文,『伊藤博文伝』下卷, 春畝公追頌會, 1940
- 이기영,『열반종요강의』, (서울: 한국불교연구원, 2005)
- 이기동,『동양삼국의 주자학』, 정용선 옮김, 성균관대학교출판부, 2003
- 최영성,『한국유학사상사·2』, 아세아문화사, 1995
- 최석기·강현진,『조선시대 大學圖說』, 보고사, 2012
- 鷲田淸一,『顔の現象學』, 講談社, 2013
- 澤井啓一,『山崎闇齋』, ペリカン社, 2014
- 테오도르 아도르노,『미니마 모랄리아』, 김유동 옮김, 도서출판 길, 2012
- 테오도르 아도르노,『부정변증법』, 홍승용 옮김, 한길사, 2010
- 필립 볼,『흐름』, 김지선 옮김, 사이언스 북, 2014
- 황종현 엮음,『신라의 발견』, 동국대학교 출판부, 2008
- Merleau-Ponty M, Phenomenology of perception, London: Routledge and Kegan Paul, 1962
- 김기완,「묵연 속에 지은 집, 이국의 벗을 향한 그리움」,『감성사회』, 글항아리, 2014
- 金東煥,「初夏의半月城」,『巴人金東煥全集』2권, 국학자료원, 1995
- 김왕배,「도덕감정: 부채의식과 죄책감의 연대」,『감성사회』, 글항아리, 2014
- 김현숙,「근대 시각문화 속의 석굴암」, 황종현 엮음,『신라의 발

견』, 동국대학교 출판부, 2008

- 保田與重朗, 「朝鮮旅行」, 『保田與重朗全集』제16권, 講談社, 1987

- 아닐라 야페, 「시각예술에 나타난 상징성」, 카를 G 융 외 지음, 『인간과 상징』이윤기 옮김, 열린 책들, 1996

- 伊藤博文, 「日本は韓國の獨立を認承す」, 小松綠 編, 『伊藤公全集』第二卷, 昭和出版社, 1928

- 이하나, 「반공영화라는 감성기획은 왜 실패했나: 반공주의의 내면 풍경」, 『감성사회』, 글항아리, 2014

- 井上厚史, 「封印された朝鮮儒教」, 『現代思想 · 3 (〈特輯: いまなぜ儒教か)』, 靑土社, 2014

- 제임스 클리포드, 「민족지의 알레고리에 관하여」, 제임스 클리포드 · 조지 마커스, 『문화를 쓴다-민족지의 시학과 정치학』. 이기우 역, 한국문화사, 2000

- 최재목, 「이토 히로부미(伊藤博文)의 한국 유교관(儒敎觀)」, 『한국과 이토 히로부미』, 이토 유키오 외, 선인, 2009.

- 崔在穆, 「伊藤博文の韓國儒敎觀」, 『伊藤博文と韓國統治』, 伊藤之雄 外, ミネルヴァ書房, 2009

- 金凡父, 「朝鮮文化의 性格(제작에對한對話秒)」, 최재목 · 정다운 편, 『凡父金鼎卨短篇選』, 선인, 2009

- 최재목, 「李退溪의 陽明學觀에 대하여 - 退溪의 독자적 心學 형성 과정에 대한 一試論 -」, 『퇴계학보』제113집, 퇴계학연구원, 2003.6

- 최재목, 「退溪像의 변모」, 『退溪學報』130집, 퇴계학연구원, 2011.12

- 최재목, 「咸錫憲과 陽明學」, 『양명학』32, 한국양명학회, 2012.8
- 최재목, 「탄허의 철학사상에 보이는 '會通'적 사유의 근저-예언, 민족주의, 신비주의 '풍류도적 방법'에 대해-」, 대발해동양학한국학연구원 한국불교사연구소, 2013.6
- 최재목, 「退溪象의 두(修己的-治人的) 系譜 탄생에 대한 고찰」, 『유학연구』27, 충남대학교 유학연구소, 2012.12
- 최재목, 「聖人을 꿈꾼 조선시대 여성철학자 張桂香-한국 '敬' 사상의 여 성적 실천에 대한 한 試論-」, 『양명학』37, 한국양명학회, 2014.4.

〈退溪思想과 '거울'의 隱喩〉

- 李滉, 『退溪先生文集』
- ____, 『(增補)退溪全書』
- ____, 『退溪集』
- ____, 『退陶先生言行通錄』
- ____, 『(增補)退溪全書』
- ____, 「進聖學十圖箚」
- ____, 『陶山雜詠』
- ____, 『自省錄』(최중석 역주, 『이퇴계의 자성록』, 서울: 국학자료원, 2003)
- ____, 『退溪雜詠』(이장우 장세후 옮김, 『퇴계잡영』, 서울: 연암서가, 2009)
- ____, 「陶山十二曲」
- 『近思錄』

• 『성경』, 「야고보서」

• 『性理大典』影印本, 서울: 保景文化社, 1988.

• 白川靜, 『字統』, 東京: 平凡社, 1984.

• ____, 『字訓』, 東京: 平凡社, 1987.

• 『莊子』

• 吳兢, 『貞觀政要』

• 王守仁, 『傳習錄』

• 韓嬰, 『漢詩外傳』

• 이황 편저, 『고경중마방 : 퇴계선생의 마음공부』, 박상주 역해, 서울: 예문서원, 2004.

• 임영효(진광), 『憨山의 三敎合一思想 硏究』, 영남대학교 대학원 박사학위논문, 영남대학교 대학원, 2008.12.

• 장세후, 『退溪詩索引』, 서울: 以會文化社, 2000.

• 崔在穆, 『東アジア陽明學の展開』, 東京: ペリカン社, 2006.

• ____, 『쉽게 읽는 퇴계의 성학십도』, 서울: 예문서원, 2004.

• 하영삼, 『연상 한자』, 서울: 예담, 2004.

• 한국교육문화사, 『원색세계대백과사전』, 서울: 교육문화사, 1994.

• 加藤常賢, 『漢字の起源』, 東京: 角川書店, 1985.

• 葛兆光, 『사상사를 어떻게 쓸 것인가』, 이연승 옮김, 경산: 영남대학교출판부, 2008.

• 高明 編, 『古文字類編』, 北京: 中華書局, 1980.

• 구보타 료온, 『中國儒佛道三敎의 만남』, 최준식 옮김, 서울: 민족사, 1990.

• 정비석, 『退溪小傳』, 서울: 퇴계학연구원, 1981.

- 渡部武, 『中江藤樹』, 東京: 清水書院, 1976.

- 빈 멜쉬오르 보네, 『거울의 역사』(원제: Histoire du Miroir), 윤진 옮김, 서울: 에코리브르, 2001.

- Joseph K. S. Chow, DETACHMENT IN THE PHILOSOPHY OF WANG YANG-MING: THE CONCEPT OF LIANG-CHIH, New Jersey: Drew University, 1981.

- 신귀현, 「『고경중마방』과 수양론」, 『퇴계이황, 예 잇고 뒤를 열어 고금을 꿰뚫으셨소』, 서울: 예문서원, 2001.

- 이동건, 「退溪先生의 自己革新」, 『2008 동계 초등 1급 정교사 자격연수 · I』, 대구: 대구광역시교육연수원, 2008.

- 이성렬, 「禪思想에 있어서 거울의 比喩와 象徵意味에 대한 硏究」, 동국대학교 석사학위 논문, 서울: 동국대학교 대학원, 1994.

- 최재목, 「퇴계 '산림 은거'의 현대적 의미」, 『동양철학연구』제33 집, 동양철학연구회, 2003.

- _____, 「이퇴계의 양명학관 – 퇴계의 독자적 '心學' 형성 과정에 대한 一試論 –」, 『퇴계심학과 왕양명』, 서울: 새문사, 2009.

- 菊地章太, 「シンクレティック東アジア」, 『儒敎 · 佛敎 · 道敎 : 東 アジア思想空間』, 東京: 講談社, 2008.

- 權五鳳, 「退溪家年表」, 權五鳳, 『退溪學硏究叢書』제2집, 서울: 여 강출판사, 1989, 所收.

- 스기우라 고헤이, 『형태의 탄생』, 송태욱 옮김, 서울: 안그라픽스, 2005.

- http://cafe.daum.net/knou9509(검색일자: 2009.7.20)

- http://report.paran.com/report/view.hcam?no=10702800(검색일자: 2009.7.20)
- http://100.nate.com/dicsearch/pentry.html?s=K&i=265886&v=42(검색일자: 2009.7.20)
- http://cafe.daum.net/munyemaeul〈작가 김우영의 소설속 명언산책(거울)-2〉(검색일자: 2009.7.20)

〈칼과 방울의 은유〉
- 曹植,『南冥集』
- 조식,『교감 국역 남명집』, 경상대학교 남명학연구소 편역, (이론과 실천, 1995)
- 一然,『三國遺事』
- 『桓檀古記』
- 贊寧,『宋高僧傳』
- 『論語』
- 王守仁,『傳習錄』
- 中江藤樹,『中江藤樹先生全集』
- 申采浩,『丹齋申采浩全集』
- 신채호,『丹齋申采浩全集』하권(朝鮮史研究其他), (을유문화사, 1972)
- 金凡父,「國民倫理特講」,『花郎外史』(三版)(以文出版社, 1981)
- 金凡父,「朝鮮文化의 性格(제작에對한對話秒)」, 최재목·정다운 편,『凡父金鼎卨短篇選』, (도서출판 선인, 2009)
- 블레즈 파스칼,『팡세』, 현미애 옮김, (을유문화사, 2013)

- 손병욱, 「동학의 '삼칠자 주문'과 '다시 개벽'의 함의」, 『동학학보』 제18호, (동학학회, 2009)

- 슈테판 츠바이크, 『에라스무스 평전』, 정민영 옮김, (아름미디어, 2015)

- 최재목, 『노자』, (을유문화사, 2006)

- 탕누어, 『한자의 탄생』, 김태성 옮김, (김영사, 2015)

- 幣原坦, 『朝鮮敎育論』, (六盟社, 1919),

- 하이데거, 『형이상학이란 무엇인가?』, 최동희옮김, (서문당, 1999)

- 한형조, 「남명, 칼을 찬 유학자」, 『남명 조식』, (청계, 2001)

- 황런다, 『중국의 색』, 조성웅 옮김, (예경, 2013)

- 최재목, 「해악 김광진의 양명학에 대한 예비적 고찰-'한국근대양명학'의 영남지역 전개에 대한 새로운 발굴-」, 『한국사상사학』30집, (한국사상사학회, 2008.6)

- 최재목, 「퇴계의 초상화에 대하여」, 『퇴계학논집』2집, (영남퇴계학연구원, 2008.6)

- 최재목, 「韓國における「武の精神」·「武士道」の誕生」, 『陽明學』제22호, (한국양명학회, 2009.4)

- 최재목, 「이토 히로부미(伊藤博文)의 한국 유교관(儒敎觀)」, 『한국과 이토 히로부미』, 이토 유키오 외, (선인 출판사, 2009)

- 최재목, 「退溪思想과 '거울'의 隱喩」, 『양명학』24호, (한국양명학회, 2009.12)

- 최재목, 「범부 김정설의 〈최제우론(崔濟愚論)〉에 보이는 동학 이해의 특징」, 『동학학보』제21호, (동학학회, 2011.5)

- 최재목, 「퇴계상의 변모」, 『퇴계학보』130집, (퇴계학연구원, 2011.12)
- 최재목, 「退溪象의 두(修己的-治人的) 系譜 탄생에 대한 고찰」, 『儒學硏究』27집, (충남대학교 유학연구소, 2012.12)
- 최재목, 「근현대기 사상가 凡父 金鼎卨과 朴正熙의 이념적 연관성」, 『日本思想』24집, (한국일본사상사학회, 2013.6)
- 최재목, 「한국사상의 자류와 퇴계학 – 조선 유교의 〈사상 '신체-얼굴'〉 試論」, 『한국학논집』, (계명대학교한국학논집, 2014.9)
- 최재목, 「元曉와 王陽明의 사상적 문제의식과 그 유사성」, 『한국불교사연구』6, (한국불교사학회/한국불교사연구소, 2015.2.28.)

〈어둠(蒙)'에서 '빛(光)'으로의 기획〉

- 『擊蒙要訣』
- 『國語』
- 『老子』
- 『論語』
- 『孟子』
- 『周易』
- 『通書』
- 『傳習錄』
- 『程氏遺書』
- 『近思錄』
- 『朱子語類』
- 『退溪全集』

- 노발리스(김재혁), 『푸른꽃』(서울: 민음사, 2009)
- 데카르트(김선영), 『정념론』(서울: 문예출판사, 2013)
- 도올, 「〈도올담세〉 어린이 '어둠'으로 내몰고 있다」, 『문화일보』 (2003.5.5)
- 박홍규, 『빈센트가 사랑한 밀레』(서울: 아트북스, 2005)
- 발타자르 그라시안(박지우), 『명화로 보는 천년의 지혜의 서』(서울: 정민미디어, 2011)
- 鈴木規夫, 『スフラワルディーとモダン』(東京: 國際書院, 2008)
- 요한네스 헷셴(허재윤 외), 『서양철학 입문』(대구/서울: 이문출판사, 1994)
- 생떽쥐페리(박남수), 『야간비행』(서울: 동아출판사, 1960)
- 슈펭글러(양해림), 『서구의 몰락』(서울: 책세상, 2008)
- 서경수 옮김, 『밀란다팡하』(서울: 동국역경원, 2007)
- 쇠렌 키에르케고르(임규정), 『불안의 개념』(서울: 한길사, 2014)
- 井筒俊彦, 『イスラーム哲學の原像』(東京: 岩波書店, 2013)
- 崔在穆, 『東アジア陽明學の展開』(東京: ペリカン社, 2006)
- 최재목, 『동양철학자, 유럽을 거닐다』(서울: 책세상, 2013)

〈농암(籠巖) 김주(金澍)에 대한 '기억' 형성의 인문적 성찰〉

- 『周易』
- 『論語』
- 『莊子』
- 『籠巖先生文集』, (籠巖先生崇慕事業會, 2013),
- 尹根壽, 「籠巖先生傳」

- 崔晛,『一善誌』
- 安鼎福,『東史綱目』
- 최재목, 「'독도'연구에 대한 성찰과 제언」, 『일본문화연구』제47 집, (동아시아일본학회 2013.7)
- 加藤 徹,『本当に危ない『論語』』, (NHK出版, 2011)
- 사사키 겡이치, 『미학사전』, 민주식 옮김, (동문선, 2002)
- 서종학, 『문자생활의 역사』, (영남대학교출판부, 2005)
- 安富步,『生きるための論語』, (筑摩書房, 2012)
- 옹(Walter J. Ong), 『구술문자와 문자문화』, 이기우, 임명진 역, (문예출판사, 2003)
- 丁若鏞,『역주 欽欽新書』 · 1, 朴錫武 · 丁海廉 역주, (현대실학사, 1999)
- 김동협, 「금생이문록의 창작배경과 서술의식」, 『東方漢文學』제 27집, (동방한문학회, 2004).
- 金凡父, 「朝鮮文化의 性格 – 제작에 對한 對談抄」, 『新天地』통권 45호, (서울신문사, 1950.4)
- 金凡父, 「國民倫理特講」, 『現代와 宗教』 창간호, (현대종교문제연구소, 1977)
- 權泰乙, 「籠巖 金澍先生의 節義思想과 그 影響」, 『月巖書院誌』, 月巖書院復元推進委員會, (도서출판솔솔, 2011)
- 權泰乙, 「고려말 道學史上 節義의 표상으로 남은 君子儒의 총체적 삶」, 『籠巖先生文集』, (籠巖先生崇慕事業會, 2013)
- 權泰乙, 「「籠巖先生의 선비 精神考 – 후손에게 끼친 영향을 중심으로 –」, 『籠巖先生文集』, (籠巖先生崇慕事業會, 2013)

• 엄기영, 「忠臣은 어떻게 만들어지는가 - 高麗末 金澍 관련 작품
  과 기록을 대상으로 -」, 『東洋學』第51輯, (檀國大學校 東洋學研
  究院, 2012.2)
• 엄기영, 「鄕賢의 事跡을 둘러싼 시비와 의혹의 해소 -琴生異聞錄
  의 창작 의도에 대하여-」, 『한국문학이론과 비평』제52집, (한국
  문학이론과 비평학회, 2011)
• 李九義, 「麗末 · 鮮初의 社會 · 政治相과 籠巖의 위치」, 『籠巖先生
  文集』, (籠巖先生崇慕事業會, 2013)
• 張仁鎭, 「籠巖先生의 節義思想闡揚과 時代的推移」, 『籠巖先生文
  集』, (籠巖先生崇慕事業會, 2013)
• 최재목, 「전습록과 퇴계선생 언행록의 언행비교로 본 양명과 퇴
  계의 사상적 동이점」, 『퇴계학논집』· 5, (영남퇴계학연구원,
  2009)
• 최재목, 「기억과 희망의 단층 혹은 가교 - 古와 古典의 재음미 -」,
  『인문연구』제4집, (영남대학교 인문과학연구소, 2001)

〈'獨島' 연구에 대한 성찰과 제언〉

• 김범부(1950. 4)「朝鮮文化의 性格 - 제작에 對한 對談抄」『新天
  地』통권45호, 서울: 서울신문사.
• 김범부(1961), 「邦人의 國家觀과 花郞精神」『最高會議報』2, 國
  家再建最高會議.
• 김범부(1986), 『정치철학특강 : 凡父遺稿』, 대구/서울: 以文出版
  社.
• 김범부(2009), 「邦人의 國家觀과 花郞精神」『凡父金鼎卨短篇選』,

최재목 · 정다운 편, 서울 : 선인출판사.

- ショ ペンハウエル, 細谷貞雄 역(2011), 「知性について」 『知性について』東京: 岩波書店, 73-74쪽.

- 伊藤博文(1928), 「列國の國土侵略主義と日淸戰爭の意義」 『伊藤公全集』第一卷』, 昭和出版社.

- 伊藤博文, 瀧井一博 편(2011), 『伊藤博文演說集』, 東京: 講談社.

- 岡本隆司(2011), 『中國 「反日」源流』, 東京: 講談社,.

- 피터 터친(2011), 『제국의 탄생』, 윤길순 옮김, 서울: 웅진지식하우스.

- 淺羽祐樹 · 木村幹 · 佐藤大介(2012), 『韓國論の通說 · 俗說: 日韓對立の感情 vs. 論理』, 東京: 中公公論社.

- 목촌간(2009), 『近代韓國のナショナリズム』, 京都: ナカニシヤ出版.

- 進藤榮一(2007), 『東アジア共同体をどうつくるか』, 筑摩書房.

- 安部晋三(2013), 『新しい國へ』, 文藝春秋.

- 黑田勝弘(1999), 『韓國人の歷史觀』, 文藝春秋.

- 和田春樹(2012), 『領土問題をどう解決するか: 對立から對話へ』, 東京: 平凡社.

- 櫻井よしこ · 田久保忠衛 외(2012), 『日中韓歷史大論爭』, 東京: 文藝春秋社.

- 澤井理惠(2006), 「實感晉州暮らし」, 韓日交流誌 『STESSA』6号, 東京 · ソウル.

- 池內 敏(2012), 『竹島問題とは何か』, 名古屋 : 名古屋大學出版會.

- 下條正男(2004), 『竹島は日韓どちらのものか』, 東京: 文藝春秋, 2004.
- 下條正男(2012), 「최종보고에 즈음하여: 다케시마(竹島) 문제의 해결을 저지하는 것」, 『제2기 竹島문제에 관한 조사연구 최종보고서』, 제2기 시마네현 죽도문제연구회.
- 安富步(2012), 『生きるための論語』, 東京: 筑摩書房.
- 정약용(1999), 『역주 欽欽新書』1, 朴錫武 · 丁海廉 역주, 서울: 현대실학사.
- 장의식 外(1995), 『미국의 중국 근대사 연구』, 서울: 고려원.
- Paul A. Cohen(1984), Discovering History in China : American Historical Writing on the Recent Chinese Past, New York : Columbia University Press.
- 西成活裕(2012), 『疑う力』, 東京: 株式會社PHP硏究所,.
- 데카르트(1982), 『方法敍說』(三省版 世界思想全集11), 김형효 역, 서울: 삼성출판사.
- 니체(1982), 『라투스트라는 이렇게 말했다』(三省版 世界思想全集21), 정경석 역, 서울: 삼성출판사.
- 도스토옙스키(1998), 『지하생활자의 수기』, 이동현 옮김, 서울: 문예출판사, 1998.
- 渡辺哲雄(2002), 『死と狂氣-死者の發見』, 東京: 筑摩書房.
- 末木文美彦(2002), 『仏敎vs.倫理』, 東京: 筑摩書房.
- 養老孟司(2006), 『超バカの壁』, 東京: 新潮社.
- ダライ・ラマ14世(2012), 『傷ついた日本人へ』, 東京: 新潮社.
- 최재목(2009), 「이토 히로부미(伊藤博文)의 한국 유교관(儒敎

觀)」, 이성환 외, 『한국과 이토 히로부미』, 서울: 선인.

- 伊藤之雄(2009), 『伊藤博文と韓國統治』(京都: ミネルヴァ書房).

- 春畝公追頌會(1940), 『伊藤博文伝』下卷, 東京: 春畝公追頌會.

- 河井朝雄(1936), 『大邱物語』, 大邱: 朝鮮民報社.

- 保阪正康・東郷和彦(2012), 『日本の領土問題-北方四島, 竹島, 尖閣諸島-』, 角川書店.

- 橫山宏章・王雲海(2013), 『對論! 日本と中國の領土問題』, 東京: 集英社.

- 西成活裕(2012), 『疑う力』, 東京: 株式會社PHP研究所.

- 박홍규(2009), 「에라스무스」 『인간시대의 르네상스』, 서울: 필맥.

- 롤란드 베인턴(2001), 『에라스무스의 생애』, 박종숙 옮김, 서울: 크리스찬 다이제스트.

- 池內 敏(2012), 「공통의 토대에서 논의하는 독도/죽도 논쟁」, 『獨島硏究』 제13호, 영남대학교 독도연구소.

- 최재목(2010), 「東의 誕生 - 水雲 崔濟愚의 '東學'과 凡父 金鼎卨의 '東方學'」 『陽明學』 제26집, 한국양명학회.

- 최재목(2011), 「범부 김정설의 〈최제우론(崔濟愚論)〉에 보이는 동학 이해의 특징」, 『동학학보』 21권, 동학학회.

- http://www.yeongnam.com/mnews/newsview.do?mode=newsView&newskey=20121229.0102307122500 01(검색일자: 2012.12.1.)

- http://news.hankooki.com/lpage/politics/201209/h2012091215580421000.htm

- 〈프레시안 박동천 칼럼〉(2012.8.29)(검색일자: 2013.2.1)

〈울릉도에서 獨島가 보이는 조건 '風日淸明'의 해석〉

- 『高麗史』
- 『世宗實錄』
- 『新增東國輿地勝覽』
- 『鬱陵島事蹟』
- 『西溪雜錄』
- 『牧隱藁』
- 『泛虛亭集』
- 東鄕和彦,『歷史認識を問い直す:靖國, 慰安婦, 領土問題』, 角川書店, 2013, p.71.
- 경상북도,『대한민국의 아름다운 섬, 독도』, 경상북도, 2013, p.18.
- 『중학교 역사(하)』, 두산동아, 2012, pp.62-63.
- 池內 敏,『竹島問題とは何か』, 名古屋大學出版會, 2012, pp.218-9.
- 권정·오오니시 토시테루,『죽도기사』1, 한국학술정보(주), 2011, pp.97-98.
- 홍성근 외,『독도! 울릉도에서 보인다』, 동북아역사재단, 2010, p.17. p.24.
- 川上健三, 權五曄 역,『일본의 獨島論理 - 竹島의 歷史地理學的 硏究 - 』, 백산자료원, 2010, p.105, pp.115-6.
- 송병기,『독도영유권자료선』, 한림대학교 아시아문화연구소, 2004, pp.5-7.
- _____,『(개정판) 울릉도와 독도』, (단국대학교추판부, 2007), p.24.

- 울릉군지편찬위원회, 「이규원 울릉도 검찰 계초본」, 『울릉군지』, 울릉군, 2007, p.1379.

- 下條正男, 『竹島は日韓どちらのものか』, 文藝春秋, 2004.

- _____ , 「竹島問題考」, 『現代コリア』, 現代コリア研究所, 1996, p.62.

- 신용하, 『獨島領有權 資料의 探究』제1권, 독도연구보전협회, 1998, p.66. p.148.

- 川上健三, 『竹島の歴史地理學的研究』, 古今書院, 1996, pp.281-2, p.275.

- 申奭鎬 외, 『獨島』, 大韓公論社, 1965.

- 동북아역사재단, 「(개정) 독도 통합홍보 표준 지침」, 영남대학교 독도연구소 편, 『초 · 중 · 고등학교 '독도교육 내용체계' 수정 · 보완』, 영남대학교 독도연구소, 2014.3.21., p.46.

- 최재목, 「'獨島' 연구에 대한 성찰과 제언」, 『일본문화연구』제47집, 동아시아일본학회, 2013.7, p.448.

- 유미림, 「『世宗實錄』「地理志」」, 『독도사전』, 한국해양수산개발원, 2011, p.186.

- 下條正男, 「최종보고에 즈음하여: 다케시마(竹島) 문제의 해결을 저지하는 것」 『제2기 竹島문제에 관한 조사연구 최종보고서』, 제2기 시마네현 죽도문제연구회, 2012, pp.11-12.

- 김호동, 「조선시대 독도 · 울릉도에 대한 인식과 정책」 『歷史學研究』제48호, 湖南史學會, 1012.11, p.108.

- 이성환, 「일본의 독도 관련 연구의 새로운 동향과 분석 -사회과학 분야를 중심으로-」 『일본의 독도연구 동향과 분석』, 경상북

도 독도연구기관 통합협의체 연구총서2, 도서출판 지성인, 2014, p.128.

- 홍성근, 「총론: 독도 가시일수 조사의 배경과 의미」『독도! 울릉도에서 보인다』, 동북아역사재단, 2010, pp.25-26.

- 문철영, 「'울릉도에서 독도가 보인다'는 것의 역사적 의미」『독도! 울릉도에서 보인다』, 동북아역사재단, 2010, p.61. pp.89-90.

- 전영신 · 이효정, 「'울릉도에서 독도가 보인다'는 것의 기상학적 의미」『독도! 울릉도에서 보인다』, 동북아역사재단, 2010, pp.142-7. p. 157. p.160.

- 정태만, 「독도문제의 수학적 접근 - 독도는 왜 지리적, 역사적으로 우리 땅이 될 수 밖에 없는가?」『獨島硏究』, 영남대학교독도연구소, 2008.12, p.177.

- 「"울릉도에서 독도가 육안으로 보인다"의 의미는?」(한겨레뉴스, 2008.7.21.)(http://www.hani.co.kr/arti/society/society_general/299875.html)(검색일: 2013.5.1)

- http://www.mofa.go.jp/region/asia-paci/takeshima/pamphlet_k.pdf)(검색일: 2013.5.1)

- http://cafe.naver.com/rhfu202/123(검색일: 2013.5.1)

- http://www.mofa.go.kr/main/index.jsp(검색일:2013.5.1)

- http://dokdo.mofa.go.kr/kor/(검색일:2013.5.1)

- http://www.dokdo.re.kr(검색일: 2013.5.1)

- http://dokdo-or-takeshima.blogspot.kr/2009_04_01_archive.html(검색일:2013.5.1)

〈환경의 관점에서 읽는 중국 고대 사상 試論 〉

- 『爾雅』
- 『老子』
- 『論語』
- 『莊子』
- 『孟子』
- 『韓非子』
- 『史記』
- 벤자민 슈워츠(1996), 『중국 고대사상의 세계』, 나성옮김, 서울: 살림.
- 阿辻哲次(1994), 『漢字の字源』, 東京: 講談社
- 이운구 옮김(2010), 『한비자』, 서울: 한길사.
- 岩田進午(1985), 『土のはなし』, 東京: 大月書店.
- 原宗子(2005), 『「農本」主義と「黃土」の發生』, 東京; 硏文出版.
- 原宗子(2009), 『古代中國の開發と環境-『管子』地員篇硏究 - 』, 東京: 硏文出版.
- 原宗子, 『環境から解く古代中國』, (東京: 大修館書店, 2009)
- 찰스 그레이엄(2005), 『도의 논쟁자들-중국 고대 철학논쟁-』, 나성옮김, 서울: 새물결.
- 풍우란(2007), 『중국철학사』상 · 하, 박성규 옮김, 서울: 까치.
- 한국고전 번역원 DB(http://www.itkc.or.kr/)(검색일자: 2015.3.31)
- 네이버 백과사전: http://100.naver.com/100. nhn?docid=97330(검색일자: 2015.3.31)

- http://jamesrommel.blog.163.com/blog/static/ 171872909201242892543145/(검색일자: 2015.5. 20)
- http://blog.voc.com.cn/blog_showone_type_blog_id_821670_ p_1.html〉(검색일자: 2015.5. 20)

〈근대 번역어 '자유' 개념의 성립과 중국 유입에 대하여〉
- 鈴木修次,『日本漢語と中國』, 中公新書626, (東京: 中央公論社, 1981)
- 石田雄,『日本の政治と言葉』上, (東京: 岩波書店, 1989)
- 松澤弘陽,『近代日本の形成と西洋經驗』, (東京: 岩波書店, 1993)
- 柳父章,『飜譯語成立事情』, 岩波新書189, (東京: 岩波書店, 1996)
- 佐藤愼一,『近代中國人の知識人と文明』, (東京: 東京大學出版會, 1996)
- 高坂史郎,『近代という躓き』, (京都: ナカニシヤ出版, 1997)
- Wm. 시어도어 드 배리,『중국의 '자유' 전통』(원제: The Liberal Tradition in China), 표정훈 옮김, (서울: 이산, 1998)
- 張華金,『自由論』, (上海: 上海人民出版社, 1990)
- 溝口雄三 · 丸山松幸 · 池田知久 編,『中國思想文化事典』, (東京: 東京大學出版會, 2001)
- 錢穆,『中國思想通俗講話』, (北京: 新華書店, 2002), 94~96쪽.
- 서병훈,『자유의 미학』, (서울: 나남출판, 2002)
- 啓良,『西方自由主義傳統』, (廣東: 廣東人民出版社, 2003)
- 石塚正英 · 柴田隆行 監修,『哲學 · 思想飜譯語事典』, (東京: 論創社, 2004)

• 有田和夫, 『"近代"のかたち-中國と日本-』, (東京: 硏文出版, 2004)

• 中國社會文化學會 編, 『中國 - 社會と文化』, (東京: 中國社會文化學會, 2004)

• 石田雄, 「自由と福祉」, 『日本の政治と言葉』上, (東京: 岩波書店, 1989)

• 加藤周一, 「明治初期の飜譯」, 日本近代思想大系 · 15, 『飜譯の思想』, (東京: 岩波書店, 1991)

530

찾/아/보/기/

최 재 목

현재 영남대 철학과 교수로 재직 중이다.

일본 츠쿠바(筑波)대학에서 문학석사 · 문학박사 학위를 취득하였고, 전공은 양명학 · 동아시아철학사상 · 문화비교이다. 그 동안 동아시아의 양명학(근세, 근대, 현대)에 대해 전반적으로 연구를 해오고 있다.

주요 저서로는『동아시아 양명학의 전개』(일본어판, 대만-중국어판, 한국어판이 있음),『노자』등 다수가 있다.

동경대, 하버드대, 북경대, 라이덴대(네덜란드)에서 객원연구원 및 방문학자로 연구하였고, 한국양명학회장, 한국일본사상사학회장을 지냈다.

방법 · 은유 · 기획의 사상사

초판 인쇄 | 2017년 12월 6일
초판 발행 | 2017년 12월 6일

지 은 이 최재목

책임편집 윤수경

발 행 처 도서출판 지식과교양
등록번호 제2010-19호
주 소 서울시 도봉구 삼양로142길 7-6(쌍문동) 백상 102호
전 화 (02) 900-4520 (대표) / 편집부 (02) 996-0041
팩 스 (02) 996-0043
전자우편 kncbook@hanmail.net

ISBN 978-89-6764-101-6 93150   정가 38,000원